논어의 자치학

- 인간경영 도시경영의 나침반 -

논어의 자치학

- 인간경영 도시경영의 나침반 -

강형기 지음

비봉출판사

논어의 자치학

2006년 3월 25일 초판 1쇄 발행
2022년 4월 15일 개정2판 4쇄 발행

저 자 | 강 형 기
펴낸이 | 박 기 봉
펴낸곳 | 비봉출판사
출판등록 | 2007−43 (1980년 5월 23일)

주 소 | 서울 금천구 가산디지털2로 98, 2동 808호(가산동, IT캐슬)
전 화 | (02) 2082−7444
팩 스 | (02) 2082−7449
E−mail | bbongbooks@hanmail.net
ISBN | 978−89−376−0341−9 03350

값 20,000원

나에게 보내는 나 자신의 논어

오늘날 사람들은 그 어느 시대보다도 바쁘게 살아가고 있다. 그러나 바쁜 만큼 허전하다. 열심히 살아가는 사람일수록 하루하루 잡다한 문제풀이에 집착하다가 목표를 잃어버리는 경우도 많다. 마치 쟁기만 보고 밭을 갈아 삐뚤삐뚤하게 된 것처럼. 그래서 후회 없는 인생을 살려면 농부가 밭 저 건너편에 있는 소나무를 보고 밭갈이를 하듯 분명한 목표를 설정해 놓고 의식적으로 자기경영을 해야 한다.

사람들이 자신을 경영하지 못하는 이유는 지혜보다 지식을 앞세운 탓이다. 급변하는 세상에 적응한다면서 덕(德)보다는 기술을 키우고, '지혜의 학문'이 아닌 '지식의 학문'에만 매달려 왔던 응보이다. 지식보다 더 중요한 것은 사색과 반성으로 쌓아가는 생명의 지혜(智慧)이다. 지금 우리에게 진실로 절실한 것은 '지혜의 학문'을 통해 내면의 덕성을 쌓는 것이다.

나는 지혜의 학문을 통해 스스로를 반성하고 새로운 나를 찾으려는 생각에서 논어를 읽었다. 주체할 수 없는 희망에 부풀어 들떠 있을 때, 내가 당연히 옳은데도 비방을 들을 때, 지금까지 알고 있던 지식의 파편들로는 해명되지 않는 의문이 생길 때, 그럴 때 나는 논어를 읽었다. 논어를 읽으면 반성과 찬탄을 반복하게 되었고, 나의 거친 숨소리는 공자의 평온한 입김 속으로 포근히 가라앉았다.

　나는 논어의 암호를 통해서 많은 것을 풀고 배우려 했다. 빈곤하고 낮은 곳에 살면서도 비꼬이지 않을 수 있는 삶을 배우려 했고, 가시밭길도 마다하지 않는 열정을 배우고 싶었다. 배우고 가르치며 기다려야 하는 교육자로서의 인내도 본받고 싶었다. 이 책은 애초에 책으로 만들기 위한 원고가 아니었다. 나 자신을 돌아보려는 마음으로 메모 한 것이었다. 그러나 혼자 간직하기보다는 이 글이 필요한 사람들에게 도움을 줄 수 있으리라는 생각에서 일부를 잡지에 실었고, 이제 그 내용을 보완하여 책으로 엮게 된 것이다.

　논어는 고난의 시대를 살면서 거듭된 좌절과 절망 속에서도 인간 사회의 구제를 위해 몸부림쳤던 공자와 제자들의 생각을 기록한 것이다. 그러나 논어의 내용은 결론만 기록한 것이어서 표면적으로 보면 단지 교훈이나 격언을 나열하고 있는 것처럼 보인다. 따라서 우리가 논어를 읽을 때에는 그 응축된 언어 속에 어떤 역사와 문화가 담겨 있는지, 그러한 결론에 이르게 된 배경이 무엇인지를 생각해야 한다.

　논어의 언어는 암호와도 같아서 읽는 사람에 따라 다양한 상상과 해석을 가능하게 한다. 암호란 그것을 해독하는 만큼의 의미만 가진다. 문제는 암호를 해독하기가 어렵다는 것이다. 그러나 논어의 깊은 뜻을 풀이하는 단서는 의외로 쉽게 발견할 수 있다. 공자가 만났던 사람과 가르쳤던 제자들을 찾아보면 금방 그 단서가 나타난다. 공자는 무수한 지방을 찾아다니며 그 지방의 지도자와 간부공무원들을 가르쳤다. 공자는 왜 이들을 가르쳤고 이들을 통해서 무엇을 이루려고 했던가? 논어의 언어를 해석하는 가장 기초적인 단서는 여기에 있다.

나는 논어라는 기억과 상상의 출입구를 통해 참으로 많은 것을 얻었다. 그간 배우고 생각해도 풀리지 않았던 리더십의 근본문제, 지방자치의 기본원리 등이 논어를 통해 명쾌하게 이해될 줄은 상상조차 하지 못했다. 그러나 그러한 결과는 결코 뜻밖의 일이 아니다. 일생을 배우고 가르치며 기다리는 것으로 일관했던 공자의 여정은 '자율 하는 인간과 자치하는 지방'을 만들려는 것이었고, 논어는 그 열정과 고난 그리고 지혜의 기록이기 때문이다.

논어의 메시지는 인간경영과 지방경영으로 일관하고 있다. 논어에는 정치·행정의 기본원리, 인간관계와 리더십의 근원, 지역개발과 이벤트의 방향, 교육훈련의 원리와 방법, 변화를 수용하고 혁신을 추진하는 자세, 인사행정의 원칙, 지도자의 사명과 공무원의 역할, 심지어는 지방분권의 원리와 방향까지도 망라되어 있다. 논어는 인간경영과 도시경영의 원전이자 가장 오래된 교과서인 것이다.

공자는 천하를 주유하면서 배우는 데 물리지 않았고 가르치는 데 지치지 않았다. 그러나 우리 주위에서 볼 수 있는 논어는 공자가 말하고자 했던 인간경영과 도시경영 그리고 국가경영에 대한 문화적

맥락을 설명하기보다는 단지 한문풀이의 수준에 머물고 있다. 따라서 오늘의 현실을 생각하고 행동하게 하는 살아있는 지혜로 다시 태어나게 할 필요가 있다. 본서는 이러한 노력의 하나로 태어난 것이다.

논어는 읽는 목적과 활용분야에 따라서 다양한 전문분야의 논어를 만들 수 있다. 본서도 다양한 장르로 발전할 수 있는 '전문논어' 중에서 공자의 사상을 '자율하는 인간과 지방경영'이라는 관점에서 오늘의 언어로 해석해 본 것에 불과하다. 이러한 측면에서 본서는 지방자치와 공동체의 경영에 관심이 있는 독자들에게 도움이 될 것이다. 또한 본서는 인간경영을 기본 토대로 한 것이기 때문에 가정주부에서 정치가에 이르기까지 모든 사람들에게 의미가 있을 것이라 생각한다. 본서의 제목인 '논어의 자치학'은 읽는 사람에 따라 '논어의 경영학'이 될 수도 있고 '논어의 인간학'이 될 수도 있을 것이다.

경륜과 수양 그 어느 면에서도 아직 '지혜의 학문'을 논하고, 더욱이 논어를 해석할 능력이 부족한 저자가 '전문논어'를 쓰려고 한 것은 만용이라는 생각도 든다. 과욕임을 알면서도 저자의 비망록에 살을 붙인 이유는 단 한 가지였다. 누구라도 자신의 논어를 한 권쯤은 써야 한다는 생각에서였다. 이 책은 저자가 자신에게 보내는 저자 자신의 논어이다. 영감이 떠올라야 글을 쓰는 것이 아니다. 글을 써야 좋은 영감이 떠오른다. 마찬가지로 좋은 생각을 자꾸 하다보면 좋은 행동을 하고 있는 자신을 발견하게 될 것이다. 오늘날 모든 사람들이 자기 자신의 논어를 써야 하는 이유가 바로 여기에 있다.

본서가 세상에 나오기까지는 많은 분들의 도움을 받았다. 특히 저자의 일천한 지식으로는 논어의 원전을 그냥 그대로 이해하기 어려워서 기존에 출판된 많은 번역서를 참고로 하였다. 그 중에서도 가장 대표적인 몇 가지만 열거한다면 박기봉 논어(比峰出版社), 朴琪鳳 孟子(比峰出版社), 張基槿 論語(平凡社), 吉田賢抗 論語(明治書院) 등이다.

본서는 이 밖에도 많은 분들의 지도와 애정으로 빛을 보게 되었다. 그 중에서도 언제나 따뜻이 보살펴주시는 최창호 선생님의 격려에 큰 힘을 입었다. 정성을 다해 교정을 봐 준 안혜원, 김현주, 최종암군의 도움도 컸다. 특히 이 책의 제자(題字)를 써 주신 신영복(申榮福) 선생님께 감사드린다.

끝으로, 밤낮도 휴일도 함께 보내지 못하고 서재에서만 지낸 지난 시간을 인내해준 가족들에게도 사랑의 마음을 전하고 싶다.

2006년 3월 鄕富塾에서

姜 瑩 基

▌목　차▌

제 1 편

꿈을 경작하라

제1장 믿어야 세울 수 있다

믿어야 세울 수 있다. 민심이 떠난 조정에는 군대가 있다고 해도 힘을 쓸 수 없다. 정치를 못 믿고 이웃을 못 믿는 마을에는 미래가 없다. 그래서 정치를 한다는 것은 신뢰하게 만든다는 것이다. 인간은 믿는 만큼 기대하며, 기대하는 만큼 믿는다. 그리하여 믿음은 바라는 것의 실체가 된다. 자신을 믿고 세상을 믿는 것은 이래서 중요하다.

믿음 없이 세울 수 있는 것은 없다

나라를 경영함에 있어서 가장 중요한 것이 무엇이냐고 묻는 자공(子貢)의 질문에 공자는 다음과 같이 대답했다.

"나라를 경영하는 기본은 식량을 비축하고, 군비를 충실히 하고, 백성의 신뢰를 얻는 것이다."「足食, 足兵, 民信之矣.」(논어, 顏淵 7).

자공이 다시 질문했다.

"만약 부득이하여 이 세 가지 가운데 어느 하나를 포기해야 한다면 어느 것을 먼저 포기해야 하겠습니까?"

공자가 대답했다.

"군비와 병력 확충을 포기해야 한다."

다시 자공이 질문 했다.

"만부득이 어느 하나를 또 포기해야 한다면, 둘 중에서 어느 것을 포기해야 합니까?"

공자가 대답했다.

"식량 비축을 포기해야 한다. 먹을 것이 풍부하더라도 백성들이 믿고 따르지 않는다면 아무것도 이룰 수 없다."「民無信不立.」(논어, 顔淵 7).

공자는 아무리 상황이 어려워도 신뢰를 잃어서는 안 된다는 것을 가르치고 있다. 인간이 죽음에 의하여 인생의 단락이 맺어지는 것은 어쩔 수 없는 절대적 조건이다. 인간은 이러한 인간 최대의 조건 앞에서 다른 많은 조건을 포기할 수 있다. 그러나 최후까지 포기할 수 없는 것이 있다. 그것은 바로 신뢰이다.

사회는 신뢰감 없이는 성립하지 못한다. 정치를 못 믿고 사람을 못 믿어 불신이 극한에 이르면 사회는 붕괴하고 만다. 옛날이나 지금이나 정치의 근본에는 차이가 없다. 국민과 위정자가 서로 믿어야 돌아가는 것이 정치이다. 신망 없는 위정자가 국민 앞에 나설 수 없듯이, 신망을 잃은 나라는 세계로 진출할 수가 없다.

불신으로 가득 찬 사회의 특성은 모든 책임을 남에게 돌린다는 것이다. 라면가게에 손님이 줄어도 대통령 탓이요, 시내버스 운전수가 불친절해도 정부를 욕한다. 이러한 가운데 우리 국민 중 400만 명이 신용불량자가 되었다. 외환위기를 극복한다며 정부가 외상카드를 장려했고, 능력 이상으로 커진 씀씀이와 어려운 살림살이가 겹쳐진 탓이다.

그 결과 외상값 때문에 뜬눈으로 밤새우는 사람, 이들로부터 받아야 할 돈 걱정으로 잠 못 이루는 사회가 되었다. 지금 우리가 역사상 그 어느 때보다도 군비확충과 식량비축을 했지만 점점 더 불안한 삶을 살아가는 이유도 이처럼 신뢰할 수 없는 사회에서 살고 있기 때문이다.

현재 우리가 겪고 있는 문제의 근원은 믿고 기다려 주지 않는 조급함과 정신적 빈곤이 부채질하는 심리적 불안정에서 연원하는 것이다. 그리고 이러한 현상의 근원에는 자신의 가치를 믿지 못하는 자신감의 상실과 남을 믿지 않는 신뢰의 결여가 자리 잡고 있다. 오늘날 우리사회가 점점 더 각박해지고 또 험악해지는 것도 따지고 보면 그 모두가 믿지 못하는 것에서 비롯된 것이다. 그래서 지금 우리에게 중요한 것은 자신의 가치를 믿고 자신의 미래를 믿게 하는 자기신뢰의 회복이다.

우리를 작게 만드는 4가지의 질병

우리는 지금 우리가 겪고 있는 고통의 원인을 이해하고 이에 진정으로 대처하느냐 아니면 기약도 없는 세월을 보내며 허둥거리느냐 하는 역사의 갈림길에 서 있다. 지금 우리가 역사의 고갯길을 잘못

선택한다면 앞으로 아무리 아픔을 감내한다고 해도 결국은 절망의 늪으로 빠질 것이다.

따라서 시간이 걸리더라도 제 길로 들어서야 한다. 본체가 넘어져 있는데 부속품만 바꾼다고 해서 문제가 해결되는 것이 아닌 것처럼, 문제의 근본은 방치하고 말엽만 다스려서는 안 된다.

근본을 바로잡기 위해서는 먼저 우리의 실체를 있는 그대로 보아야 한다. 현재 우리 사회는 불신과 무질서의 골이 깊어질 대로 깊어져 4가지의 고질병을 만들고 있다. 위선(僞)과 사리사욕(私) 그리고 방종(放)과 사치(奢)라는 국난사환(國難四患)이 그것이다. 현재 우리나라 온 천지에 창궐하고 있는 사환(四患)의 증상을 살펴보자.

첫째, 우리의 정치는 거짓이 가득한 위(僞)라는 중병을 앓고 있다. 높은 자리에 앉으려는 것을 목표로 삼을 뿐, 자신이 꿈꾸는 세상을 만들기 위한 수단으로 자리에 앉으려는 사람이 너무 적다. 자리를 목표로 하는 사람들의 행적을 살펴보면 앞과 뒤가 너무 다르다.

함부로 내건 공약 때문에 엄청난 힘을 낭비하게 해 놓고도 '뭐 그런 거지' 하면서 오히려 유권자를 힐난하는 지도자도 많다. 어제의 말을 하루사이에 번복하면서 그 이유조차 말하지 않는다. 상황이 이러함에도 대부분의 사람들은 정치를 구경거리로만 보다가 남의 일처럼 비난만 한다. 이런 시민들이 자리만 탐내는 불량지도자를 만들고 있는 것이다.

둘째, 국가와 사회라는 공공(公共)은 잊어버리고 내 몫만 챙기려는 사(私)라는 병도 골이 깊다. 도자기를 구우려면 가마를 구워야 한다. 그러나 가마는 깨면서 도자기만 챙기려는 사람이 너무도 많다. 조직의 존폐를 염두에 두지 않는 노동운동, 자기 주머니만 챙기는 경영자, 기관의 안일만 고집하는 관료가 너무나 많다.

주민들도 마찬가지이다. 권리만 주장할 뿐 협동과 연대로 아름다운 경관을 빚어내고 아름다운 도시를 스스로 만들 생각을 하지 않는다. 내 간판만 잘 보이면 된다는 '나 뿐인 사람'의 도시에서 '나쁜 사람'이 되어 가는 우리의 모습을 반성해야 한다.

셋째, 방(放)이라는 병균도 깊게 퍼져 있다. 법과 원칙을 무시하고 '떼 법'을 앞세우는 무법과 방종이 난무하고 있다. 무례한 행동을 용기로 착각하고, 정직을 가장하여 남의 아픈 곳만 들추어내는 사람도 늘고 있다. 의무에는 눈 감고 권리만 주장하는 조직구성원, 큰 그림은 외면하고 극한 대립만 부추기는 시민단체도 많다. 도리(理)는 접어두고 권리(利)의 발톱만 세운 결과 붕괴하고 있는 우리 경제의 실상을 보아야 한다. 방종은 작은 여유도 감당 못하는 우리의 왜소함이 빚어내는 것임을 자각해야 한다.

넷째, 사치(奢)라는 질병도 온 나라를 삼킬 것만 같다. 사치란 상실된 자신의 정체성을 물질의 소비로 표현하면서 스스로를 속이는 자기기만 행위이다. 인간의 가치란 그 사람에게 내재되어 있는 문화적 가치를 말한다. 따라서 자신의 가치를 키운다는 것은 자신의 문화를 싹 틔우고 성장해 나가는 것이다.

자신의 문화가 없는 사람일수록 돈으로 문명을 사서 그 허전함을 메우려는 충동에 빠진다. 이처럼 사치란 자신의 가치를 스스로 만들지 못하고 자신의 가치를 믿지 못하여 스스로 왜소해진 자신을 속이는 행위이다. 우리 주위에는 분수에 넘치는 소비로 자신을 기만하고 남을 기만하는 사람이 너무나 많다. 자신을 믿지 못하는 사람은 결국 남도 믿지 못한다. 그래서 사치는 사회적인 문제이다.

바람이 불면 풀은 눕는다

　이러한 상황에서 우리는 어디에서 돌파구를 찾아야 하는가? 한 사회가 무규범의 상태에 빠질 경우 법률을 더욱 엄격히 하고 공권력을 증강하면 그 사회는 곧바로 질서를 회복할 수 있을까? 그렇지 않다. 한 사회나 시대가 무규범의 상태에 이르면 그곳의 공권력도 내적 규범을 상실하기는 마찬가지이다.

　우리는 이러한 사실을 미국에서 여실히 살펴볼 수 있다. 허리케인 '카트리나'가 미국의 뉴올리언스를 덮쳤을 때 뉴올리언스 경찰의 15%인 249명이 카트리나 사태 도중에 허가 없이 직무를 이탈했다. 심지어 허리케인이 덮치고 온 도시가 약탈과 방화로 지옥이 되었을 때 이를 이용하여 약탈에 가담한 경찰도 적지 않았다(서울신문, 2005. 10. 1).

　공자는 가르치고 있다.

　"법률과 명령만을 동원하여 백성을 이끌려고 하면서 이에 따르지 않는 사람을 형벌로 다스린다면, 백성들은 법망을 피하여 처벌받지 않을 방도만 궁리하게 된다. 따라서 나쁜 짓을 하고서도 부끄러워하지 않게 된다. 그러나 지도자가 스스로 모범을 보이고 덕으로 이끌고 그래도 따르지 않을 경우 예(禮)[1]로써 교정한다면, 백성들은 스

---

1) 여기에서 말하는 예(禮)란 인간이 사회생활을 영위해 나가는 과정에서 만들어 놓은 예의, 의례, 제도, 습관을 포함한 각종 약속을 의미한다. 즉, 사회인으로서 사회적 결정이나 약속에 따르지 않을 경우 인간으로서의 수치심을 느끼는 분위기가 중요하다는 것이다. 바람직한 정치란 무엇이든 법률로 규제하는

스로 부끄러움을 알게 되어 자발적으로 지도자를 따르게 된다." 「道之以政, 齊之以刑, 民免而無恥. 道之以德, 齊之以禮, 有恥且格.」(논어, 爲政 3).

정부가 아무리 온전하다고 해도 법률과 공권력으로 해결할 수 있는 일에는 한계가 있다. 그런데도 모든 것을 법률로 다스리려는 사회에서는 일반 국민들의 도덕적 감정은 땅에 떨어진다. 국민들은 법에 저촉되지만 않는다면 무슨 짓을 해도 괜찮다고 생각하고 부끄러움을 느끼지 않게 된다. 의식과 기강이 무너진 사회에서는 악행을

것이 아니라 그 사회의 양식을 고양시키고 이를 통해서 가꾸어 나아가게 하는 것이라는 뜻이다.

공자가 이러한 말을 했던 배경에는 이미 공자의 시대(기원전 551년 - 479년)에 성문법이 태생되어 법치사상의 보급이 확대되고 있던 상황에서였다. 예컨대 정(鄭)나라의 재상 자산(子産)은 형법의 조문을 수록한 '형정(刑鼎)'을 기원전 536년에 발표했고, 비슷한 시기에 진(晉)나라의 재상 숙향(叔向)도 형정을 발표하니 백성들은 관리의 위세를 두려워하면서도 법망을 피할 방도만 궁리하는 모습이 나타났다는 것이다.

그 후 법치사상은 점점 더 확대 보급되었고, 그로부터 130년 정도가 경과하면서 법치사상을 채택한 진(秦)나라에서 일시적으로는 반발이 있었으나 결국에 가서는 법치사상을 토대로 통치하던 시황제(始皇帝)에 의하여 천하통일이 이루어졌다(기원전 221년).

시대는 다시 흘러 전한(前漢)시대(기원전 202년)가 되면서 진의 법치주의에 대한 비판의 목소리가 높아지면서 도가사상(道家思想)을 주장하는 사람들이 나타나기 시작했다. 그러나 도가의 무위자연(無爲自然) 사상으로는 큰 나라를 다스릴 수 없어서 60여년 후 한나라의 무제(武帝) 시대에 유가사상을 국가의 지도이념으로 삼게 되었다. 물론 이렇게 말한다고 해서 무제(武帝)가 유가사상만으로 나라를 다스렸던 것은 아니다. 법치주의를 가미한 유가사상을 통치의 수단으로 삼았던 것이다. : 宇野精一, 『論語と日本の政治』(東京 : 明治書院, 2003), pp.6~10.

일삼는 악당을 강력한 법으로 처벌해도 잘못된 풍토를 바로잡을 수가 없다. 제악(諸惡)의 근원이라고 생각되는 악당들을 모두 일소(一掃)한다고 해서 그 사회가 깨끗해지는 것도 아니다.

노나라의 대부였던 계강자(季康子)는 스스로의 무능을 숨기지 못하고 공자에게 다음과 같이 질문했다.

"세상이 착하게 돌아가지 않는 것은 백성 중에 착하지 못한 사람이 많기 때문이라고 생각합니다. 따라서 무도(無道)한 인간들을 모조리 쓸어버리고 백성들을 착한 길로 인도한다면 세상이 좋아질 것이 아니겠습니까?"

공자가 대답했다.

"정치를 한다면서 어찌 사람을 죽이려 합니까? 그렇게 해서는 안 됩니다. 지도자가 자신부터 착한 마음을 먹고 행동으로 옮긴다면 백성들도 그 영향을 받아 착한 길을 가려고 할 것입니다. 윗사람의 덕을 바람(風)이라고 한다면, 아랫사람의 덕은 풀(草)과도 같습니다. 바람이 풀 위로 지나가면 풀은 그 바람결을 따라 반드시 눕게 되는 것이 자연의 이치입니다."「君子之德風, 小人之德草. 草尙之風, 必偃.」(논어, 顔淵 19).

바람이 불면
풀은 눕는다.
눕는 풀 단속 말고
부는 바람 다스려라.
정치를 한다는 것은
그렇게 하는 것이다.

공자가 법치보다도 덕치를 강조했던 것은 자신이 살았던 시대환경에서 크게 영향을 받았기 때문이다. 공자의 조국인 노(魯)나라와 이웃의 정(鄭)나라 그리고 진(晉)나라 이들 모두는 인구가 작은 소국이었다. 이러한 작은 영토를 다스리기 위해서는 지도자 스스로가 모범을 보임으로써 국민을 사상적으로 교화해야 한다고 생각했다.

그렇다면 법치국가인 지금의 우리나라에서 덕치를 주장한다는 것은 시대에 뒤떨어진 처사인가? 모든 것을 법률로 규율하려는 미국 사회를 살펴보자. 미국에서는 변호사가 없으면 일상생활을 영위할수 없을 정도로 법이 사람들의 일상을 지배하고 있다. 그러나 변호사가 득실거리는 로스앤젤레스와 뉴올리언스에서 지진이 발생하자 도시는 어떻게 변했는가. 그곳은 염치도 자존심도 없는 약탈과 방화 그리고 살인으로 치닫는 무법천지로 추락했다.

미국은 성인 인구의 1%가 감옥살이를 하고 있는 나라다. 뉴욕타임스(NYT)에 의하면, 2006년 현재 미국 전체 인구 3억 명 중 232만 명이 수감되어 있다. 성인 인구가 약 2억 3천만 명인 것을 고려하면, 성인 99.1% 중 1명꼴로 감옥살이를 하고 있다. 미국인 10만명 중 751명이 수감자인데 비하여 한국은 97명인 것을 보아도 미국은 엄청난 범죄국가다. NYT에 따르면, 미국 각 주는 수감자 교정과 의료비 등에만 평균 7%의 예산을 쓰고 있다.(조선일보 2008. 3. 1)

법만으로 중요한 문제를 해결할 수 없다는 사실은 우리의 현실을 보더라도 알 수 있다. 현재 한국에서 계층 간 위화감을 조성하는 가장 암적인 사회문제는 극소수 부유층들의 부동산 투기이다. 그러나 이러한 사회문제는 5만여 명 안팎으로 추정되는 '투기자들'을 제거한다고 해도 해결되지 않는다. 우리 사회의 가치관이 변하지 않고 또한 보람 있는 투자처를 마련하지 않는 한 아무 소용이 없다. 이들이 없어져도 그 제거된 암을 대신하여 수십만 수백만 명에 이르는 투기 혹은 예비 투기꾼들이 새롭게 투기의 대열에 진입하게 될 것이기 때문이다.

긴 역사의 눈으로 볼 때 우리나라의 지도자 중에서 국민들로부터 칭송받고 있는 사람은 모두가 유교적 지도자였다. 우리 국민들은 일반인이 하는 잘못에 대해서는 침묵을 하면서도 남의 위에 서 있는 사람이 하는 잘못에 대해서는 가혹하리만치 문제를 제기한다. 우리 국민들은 의식적으로 그리고 무의식적으로 지도자에 대해서는 뛰어난 도덕심을 기대하고 있는 것이다.

그 이유는 단순하다. 바람결을 따라 풀이 눕게 하듯이 준범(遵範)을 보여서 따라오게 하는 것이 지도력의 근본이기 때문이다. 따라서 우리나라에서 지도자가 되려면 성인군자는 못 될지라도 도덕적으로 문제가 있는 사람이어서는 안 된다.

무조건 믿는 것이 진정으로 믿는 것

신뢰를 인프라로 하고 있는 조직에서는 구성원들이 서로 협력함으로써 핵심역량이 점점 커진다. 신뢰는 문제를 공감하게 하고 혁신의 결과를 공유하게 함으로써 조직원 스스로 변화에 능동적으로 대응하게 한다. 서로 믿게 되면 관리비용이 줄어들고 창조력은 커진다.

인간의 신뢰는 신뢰할수록 더욱 커진다. 서로에 대한 믿음을 보이면 보일수록 상호신뢰는 더욱 두터워지게 되는 것이다. 신뢰와 같은 도덕적 자원은 그것을 사용하면 할수록 공급이 많아지지만, 반대로 사용되지 않으면 않을수록 고갈되는 속성도 지니고 있기 때문이다.

신뢰가 자기강화적(self-reinforcing)이고 축적적(cumulative)인 선순환의 고리로 움직이는 반면, 불신은 악순환의 고리를 강화시킨다. 뿌리 깊은 불신은 사회적인 실험을 통하여 불신을 극복하려는 어떠한 시도에 사람들을 참여시키기조차 어렵게 한다. 따라서 상호 불신이 싹트기 시작하면 서로가 신뢰하는 것이 올바른 길이라는 것을 알기가 점점 더 어려워진다. 뿌리 깊은 불신을 단기간에 치유하기 어려운 이유가 여기에 있다(Robert D. Putnam, *Making Democracy Work*, 1992).

이 세상의 어디에서도 권력을 행사하는 조직이 베일에 쌓여있게 되면 그곳에는 자연계에서 곰팡이가 피는 것처럼 부정과 부패가 발생하게 된다. 그러나 곰팡이를 없애려고 독한 약을 치면 그 약은 곰팡이보다도 더한 독성을 나타낼 수도 있다. 부정과 부패를 없앤다고 강한 벌칙을 제정하고 과정을 엄격히 통제하면 조직이 경직되어 부정부패보다도 더한 부작용이 생긴다.

그래서 가능하면 약을 쓰지 않고도 그리고 조직을 경직되지 않게 하면서도 부패를 없애야 한다. 그 방법이 바로 정보공개라는 일광소독이다. 어느 곳에서나 개혁의 첫 번째 항목으로 '설명책임의 의무'를 지우고 정보공개의 원칙을 실현하게 하는 이유가 여기에 있다. 지금 정부가 하고 있는 사업을 왜 해야 하며, 현재 어떻게 하고 있고, 어떤 효과를 거두고 있는지를 설명할 의무를 지우는 것이야말로 모든 개혁의 기본이라는 것이다. 오늘날 시민들이 정부가 하는 사업에 대한 정책형성 정보, 정책결정 정보, 정책집행 정보, 정책평가 정보를 알 수 있어야 한다는 것은 이러한 논리에서 나온 것이다.

그러나 정보공개 그 자체가 시민의 신뢰를 키우는 것은 아니다. 정보를 감추려는 마음에서 불신이 잉태되는 것이다. 그래서 정보공개는 불신을 사지 않으려는 최소한의 행동일 뿐이다. 정부의 시정방침을 모든 시민이 이해하고 납득하도록 하는 것은 바람직하고도 중요하다. 그러나 실제로 그렇게 하는 것은 간단한 일이 아니다. 설령 그것이 가능하다고 할지라도 모든 것을 하나하나 알려줄 때에 비로소 믿어주는 관계라면 그것이야말로 진정한 믿음이 없다는 것을 증명하는 것이다.

공자는 "백성으로 하여금 정부의 시정방침에 따르게 하는 것은 가능하지만, 모든 시책을 일일이 설명하여 이해시키는 것은 불가능하다"고 말했다. 「民可使由之, 不可使知之.」(논어, 泰伯 9).

공자의 사상을 잘 모르면서 배척부터 하려는 사람들은 "民可使由之(민가사유지), 不可使知之(불가사지지)"를 '백성이란 존재는 정부의 시정방침에 따르도록 하면 되는 것이지, 왜 그런 시정방침을 세웠는지를 일일이 알게 할 필요는 없다' 는 뜻으로 해석하면서 공자를 우민정치(愚民政治)의 주창자라고 공격하기도 했다.

그러나 공자가 말하려 했던 메시지는 그런 뜻이 아니다. 공자가 말하려 했던 요체는 민중을 비판하려는 것이 아니라 위정자들에게 교훈을 주고자 한 것이다. "백성들이 정치를 신뢰하도록 만드는 것은 가능하나, 정치의 내용을 일일이 알게 하기는 어렵다"는 공자의 가르침은 우리의 정치현실을 날카롭게 직시하면서 지도자들에게 다음과 같은 무서운 교훈을 주고 있다.

첫째, 민중이라는 존재는 자기 자신의 욕망을 표현하면서 자신의 입장에서 세상을 보게 된다. 그러므로 본질적인 것, 그리고 원대한 전체를 보기 어렵고, 자신의 이익을 떠난 전체의 입장에서 행동하기도 어렵다. 상황이 이러하기 때문에 위정자는 가능한 모든 방법을 동원하여 민중들이 전체를 보고 이해하도록 노력해야 하지만, 그러한 노력에는 본질적인 한계가 있다.

따라서 지도자들은 민중의 한계를 탓하지 말고 '하여간 잘 몰라도 저 사람이 하는 말이니까 틀림없을 거야, 나는 저 사람을 믿고 따라야지' 하는 신뢰의 정치를 할 수 있어야 한다는 것이다. 정책을 이해시키려 하기 이전에 먼저 인간적 신뢰를 받도록 해야 한다는 것이다.

둘째, 정치의 세계에는 다양한 이해득실이 얽혀 있고, 특히 먼 장래에 대비하는 정책의 효과는 설명하기도 어렵다. 따라서 현실의 정치와 행정의 모든 내용을 국민들에게 자세히 이해시키기는 불가능하다. 복잡한 정책내용을 알리기도 어렵지만 설령 그것을 문서로 작성하여 홍보한다고 해도 실제로 그것을 읽는 사람, 그것을 읽고 모두 이해하는 사람은 많지 않다. 예컨대, 재판의 결과를 알려줄 때, 조목조목 법률을 따져가면서 재판의 내용을 평가할 수 있는 사람은 거의 없다.

따라서 국민들이 그 재판의 내용을 일일이 판단할 수 있는 능력을 갖게 하는 것보다는 사법기관을 신뢰하게 하는 것이 더 중요하다. 사법기관이 아무리 공정한 재판을 한다고 해도 국민들이 사법기관을 신뢰하지 않고 자꾸 의혹을 제기한다면 걷잡을 수 없는 혼란이 따른다. 그래서 국민들이 구체적으로는 잘 모르더라도 하여간 믿고 따를 수 있는 사법기관이 되어야 한다는 것이다.

정치의 근본은 계산이 아니라 감정이다. 감정이 어긋나 있는 사람에게 계산은 의미가 없다. 국민으로부터 신뢰를 받지 못하면 정치의 힘은 작동하지 않는다. 신뢰 없이는 아무 것도 세울 수 없다는 "無信不立(무신불립)"이라는 말은 바로 이러한 현실을 예리하게 지적하고 있다.

지금 우리에게 닥친 가장 큰 위험은 국민적 컨센서스(consensus)를 이끌어 낼 메커니즘을 잃었다는 사실이다. 국민적 컨센서스는 그냥 얻어지는 게 아니다. 국민에게 신뢰받는 사람이 결정을 내릴 때 그리고 그런 사람이 우리에게 앞으로 나아갈 방향을 제시할 때 가능하다.

부하 장졸들이 이순신 장군을 따랐던 것은 전투의 내용을 상세히 알리고 승리를 보장했기 때문이 아니었다. 이순신 장군 그 자체를 믿었던 것이다. 이순신 장군이 부하들에게 자신을 믿어 달라고 호소했기 때문이 아니라 평소의 모습을 보고 저절로 믿었던 것이다. 칠천량 전투에서 조선 수군이 전멸하고 겨우 수습한 13척의 전함으로 일백 척이 넘는 왜군과 싸우러 나가는 길에도 이순신 그 자체를 믿고 따랐던 것이다.

그때까지 19번 싸워서 모두 이긴 장군을 믿었고, 임금이 명령하고 심지어는 옥에 가두더라도 불리한 싸움에는 나가지 않았던 판단력을 믿었다. 부하를 형제처럼 아끼는 마음을 믿었고, 대장선이 제일 앞에서 공격을 하겠다며 위험을 먼저 감내하는 살신성인(殺身成仁)의 영혼을 믿었던 것이다.

"우리 인간들은 상대방이 무엇을 할 것이라고 말하기 때문에 그 사람을 믿는 것이 아니다. 상대방의 성향과 가능한 선택 그리고 그 결과와 그의 능력을 알고 있어서, 상대방은 자신이 원하는 선택을 할 것이라고 기대하기 때문에 상대방을 믿는다. 인간은 기대한 만큼 믿는다."(Dasgupta, *Trust as a Commodity*).[1]

정치를 한다는 것은 기대하게 하는 것

공자는 다음과 같이 준엄하게 가르치고 있다.

"인간으로서 그 사람의 말을 믿을 수가 없다면 아무짝에도 쓸모가 없다. 그것은 마치 소가 아무리 힘이 있다고 한들 큰 수레에 멍에가 없거나 작은 수레에 멍에 갈고리가 없어서 끌고 갈 수 없는 것과도 같다."「人而無信, 不知其可也, 大車無輗, 小車無軏, 其何以行之哉.」 (논어, 爲政 22).

믿음(信)이라는 글자는 사람(人)의 말(言)로 이루어진 것이다. 따라서 인간으로서 사람을 신뢰한다는 것은 그 사람의 말을 믿는다는 뜻이다. 독일의 철학자 하이데거가 '말은 존재의 집'이라고 했던 것도 바로 이런 이유에서였다. 진실된 마음과 헤아림 그리고 신뢰가 없다면 진정한 인간관계는 존재하지 않는다. 인간사회는 신뢰를 바탕으로 할 때에만 존립할 수 있으며, 신뢰가 없다면 앞으로 진보할 수가 없다.

---

1) Robert D. Putnam, *Making Democracy Work*(New Jersey : Princeton University Press, 1992). p.171. 재인용.

인간에게는 자신의 장점을 살리고 재능을 발휘하기 위한 무대가 필요하다. 우리가 자신의 인생을 연기하는 곳은 다름 아닌 '신뢰라는 무대' 이다. 따라서 신뢰의 크기는 그 사람의 크기이다. 작은 일을 하려는 사람에게는 믿고 따르는 몇 사람만 있으면 된다. 그러나 세상을 교화하고 다스리려는 사람은 큰 믿음을 심어 많은 사람이 따르게 해야 한다.

지도자에게 능력이 모자라는 것은 큰 문제가 되지 않는다. 다른 사람이 능력을 보태주면 된다. 그러나 지도자에게 더 이상 믿고 기대할 것이 없다면 그것으로 모든 것은 끝이다. 이처럼 지도자에게 가장 중요한 것은 믿고 기대하게 하는 매력이다.

세상이 자신을 믿고 따르게 하기 위해 멋진 퍼포먼스로 정치를 한 역사적 사건을 하나 들어보자.

제갈공명(諸葛孔明)은 적벽대전에 임하여 동남풍을 부른다면서 기우제로 멋진 정치 퍼포먼스를 했다. 세상 사람들에게 기우제라는 축제를 통하여 자신은 천지의 조화를 마음대로 하는 능력이 있음을 알리는 정치를 했던 것이다. 제갈공명은 기우제를 통하여 정치야말로 만인으로부터의 신뢰 속에서 이루어지는 것이어야 한다는 것을 깨우쳐주고 있다.

조조(曹操)가 이끄는 엄청난 대군을 코앞에 둔 총사령관 주유(周瑜)는 가슴이 답답하고 속이 터질 것만 같았다. 그 많은 조조의 군대와 물 위에서 싸워서는 승산이 없었기 때문이었다. 유일한 계책이라고는 노장 황개(黃蓋) 장군이 말한 대로 화공(火攻)을 퍼부어 공격하는 것이었다. 북쪽에 있는 조조군을 공격하려면 동남풍이 불어야 한다. 서북풍이 부는 겨울철에 어찌 동남풍을 기대할 수 있겠는가. 그러던 참에 서북풍 강바람에 대장기의 깃대마저 부러지니 치밀어 오른 울화를 참지 못해 자리에 드러눕고 말았다.

제갈공명은 주유가 몸져누워 있는 이유를 알고 있었다. 제갈공명은 문병을 가서 주유에게 제안을 했다.

"도독께서 동남풍이 필요하다면 제가 비법을 써서 동남풍이 불도록 하겠습니다. 저는 일찍이 기인을 만나 '팔문둔갑천서(八門遁甲天書)'라는 책을 얻어 공부한 결과 바람과 비를 부르는 비법을 알고 있습니다. 도독께서는 남병산에 칠성단을 쌓아 주십시오. 저는 그 위에서 동남풍을 빌어 11월 20일부터 23일까지 사흘 밤낮 동안 비바람이 불도록 하겠습니다."

주유는 서둘러 남병산에 3층으로 된 사각뿔 모양의 칠성단을 쌓게 했다. 그리고 각 층마다 사방에 깃발을 꽂고 120명의 군사를 시켜 제단을 둘러싸듯 지키게 했다. 드디어 강동(江東)의 운명을 결정짓는 11월 20일이 되었다.

제갈공명이 명령을 내렸다

"군사들은 내가 제단에서 기도를 하는 동안 절대로 자리를 뜨거나 말을 해서는 안 된다. 또한 아무리 이상한 일이 생기더라도 절대 소란을 피워서는 안 된다. 만약 내 명령을 어기는 사람이 있으면 그 자리에서 바로 참수하겠다."

서북풍이 불고 있는 겨울철에 과연 동남풍을 불게 할 수 있을 것인가. 인간에게는 기대하며 기다리는 즐거움도 있다. 그러나 제갈공명의 말이 무너지면 제갈공명의 세상도 무너진다. 모두가 마음 졸이며 기다리는 순간, 드디어 바람이 거꾸로 불기 시작했다. 동남풍이 불기 시작한 것이다.

제갈공명이 진정 바람을 부른 것인가? 제갈공명은 해마다 11월이 되면 바닷물의 흐름과 남쪽 지방의 기온이 변화를 일으켜 하루 이틀 동안은 따뜻한 동남풍이 불어온다는 사실을 알고 있었다. 제갈공명은 천문도술을 부린다며 세상을 우롱한 것이 아니다. 무지한 무명천지(無明天地)를 향하여 홀로 설명조차 할 수 없는 기상과학을 믿었던 것이다.

제갈공명이 부린 것은 바람이 아니었다. 세상이 다 보도록 높은 제단을 쌓아 놓고 그 위에서 자신은 비도 바람도 부리는 능력이 있다는 것을 천명한 것이다. 그래서 군사들에게 아무리 위험한 명령이 내려진다 해도 대장이 안전한 대책을 세워놓았을 것이라는 믿음으로 따르게 하려고 했던 것이다.

제갈공명은 하늘을 보고 기도한 것이 아니었다. 세상과 군사들을 보고 기도한 것이었다. 칠성단이란 발언대에서 기도로 정치를 했고, 그의 정치는 사람의 마음을 얻는 묘술을 부렸다.

정치인의 말은 곧 그의 정치다. 정치란 사람들이 기대하게 하는 것이며, 그 기대는 자신이 천명한 말을 지키는 것으로서 확대 재생산시켜야 한다. 제갈공명의 기도는 바로 이러한 사실을 가르쳐주고 있다.

공유지의 비극과 죄수의 딜레마

우리가 살고 있는 정보화시대는 신용을 토대로 경작된다. '신용'이라는 말은 어원상 '믿는다(credere)'는 말에서 나온 것이다.

산업혁명에 비견될 수 있을 만큼 위대한 혁명인 '신용제도'는 중세 이탈리아에서 마을 사람들 사이의 믿음에서 창안된 것이다. 개개의 저축자들과 독립적인 투자자를 효과적으로 연결시킴으로써 사적 자본축적의 힘을 경제성장으로 연결시킨 그 역동적인 고안도 마을 사람들의 상호신뢰에 토대를 둔 것이었다.

신용에 의존한 금융업과 장거리 교역이 오늘날 세계경제의 토대를 만들었다는 사실을 모르는 사람은 없다. 마찬가지로 공동선을 위해 모든 사람이 협력한다면 보다 발전된 삶을 영위할 수 있다는 것을 모르는 사람도 없다.

그러나 18세기 영국의 철학자 흄(David Hume)은 다음과 같은 우화를 통하여 인간의 합리적 공익정신을 혼란시키는 근원적인 딜레마를 표현하고 있다(David Hume, *A Treatise of Human Nature*, 1740).[1]

"이웃집 옥수수는 오늘 익고 우리 집 옥수수는 내일 익는다. 따라서 오늘은 내가 이웃집에 가서 일하고 내일은 이웃이 우리 집에 와서 일한다면 서로에게 도움이 될 것이다. 그러나 내가 이웃에 가서 열심히 일을 해주더라도 이웃이 우리 집에 와서 열심히 일해 준다는 보장이 없다. 사실 나는 내 마음만 믿고 이웃의 성의를 기대하는 것이 얼마나 허망한 짓인가를 잘 알고 있다. 그 결과 오늘 나는 이웃이 혼자서 추수하도록 내버려 둔다. 그렇게 되면 내일은 우리 밭의 옥수수를 나 혼자서 추수해야 할 것이다. 계절은 바뀌었다. 이제 와서 보니 우리 집도 이웃집도 서로간의 믿음과 확신이 없었던 탓에,

---

1) Ibid., pp. 163~164. 재인용.

그렇지 않았더라면 지금 우리 창고에 들어 있을 많은 옥수수를 잃어버렸다."

오늘날 우리 사회에서 사람들이 상호이익을 위해 협력하지 않는 것은 인간이 무식하거나 비합리적인 존재이기 때문이 아니다. 오히려 너무나도 계산적이고 합리적으로 행동하려고 한 결과 사회의 비합리성은 더욱 커지고 공통의 이익도 깨어지고 있다.

구성원 각자가 자신의 이익만 추구함으로써 공통의 이익이 깨어지는 실태를 설명하는 게임 이론가들의 말을 들어보자(Robert D. Putnam, *Making Democracy Work*, 1992).

○공유지의 비극(tragedy of the commons) : 어느 목부(牧夫)도 다른 사람의 가축이 풀을 뜯어 먹는 것을 제한할 수 없다. 만약 어떤 목부가 공유지 목장에서 자신이 방목하고 있는 가축의 수를 줄인다면 자신만 손해를 볼 뿐이다. 따라서 어느 누구도 자신의 가축수를 줄이려 하지 않는다. 하지만 나 하나쯤이야 하는 생각으로 행하는 과도한 방목은 목부 전원의 생계가 달려 있는 공유자원을 파괴하고 만다.

○집합행동의 논리(logic of collective action) : 만약 모든 노동자가 동시에 파업을 한다면 목적을 달성할 수 있을 것이다. 하지만 파업을 선동하는 주동자는 사용자로부터 은밀한 약속을 받고 파업을 깨려는 다른 노동자로부터 배신당할 수도 있다. 따라서 많은 사람들은 다른 사람들의 강경한 노선에 무임승차를 하려고 파업에 참여하기를 유보하고 남의 태도를 관망한다.

○죄수의 딜레마(the prisoner's dilemma) : 어떤 범죄의 공범자

로 두 사람이 체포되어 서로 의사소통이 불가능한 독방에 수감되었다. 경찰은 두 사람에게 각각 다음과 같은 말을 했다.

"만약 당신은 저쪽 사람이 죄를 지었다고 말하고 저쪽에서는 당신이 죄를 지었다고 말하지 않는다면, 당신은 무죄방면이다. 만약 당신은 저쪽 사람이 한 짓이라고 말하지 않지만 저쪽에서는 당신이 범인이라고 말한다면, 당신은 중벌을 받게 될 것이다. 만약 두 사람 모두가 서로를 범죄자라고 주장하지 않고 또 범죄를 부인한다면, 모두가 가벼운 처벌만 받고 방면될 것이다."

이러한 경우에 서로 협력할 수 있는 대화의 채널이 없기 때문에 피의자들은 서로를 위하는 방향보다는 상대방이 어떻게 나오더라도 자신은 상대방이 범인이라고 주장하는 전략을 택하게 되고, 결국 둘 다 무거운 처벌을 받게 되는 상황에 처하게 된다.

위의 모든 상황은 마치 오래된 흄의 우화처럼 모든 당사자가 서로 협력할 수만 있다면 보다 바람직한 결과를 만들 수 있다는 것을 설명하고 있다. 그러나 상호신뢰가 부재한 상황에서 인간은 서로를 배신하고 무임승차를 하려고 한다. 특히 기회주의가 만연한 마을에서 사람들은 상대방이 자신을 배신할 것이라고 가정하는 것이 합리적인 생각이라고 결론짓는다. 그 결과 그 마을 사람들에게 남는 것은 무엇인가. 그것은 '혹시 상대방이 배신할지도 모른다는 생각'으로부터 당하는 보복과 배신이다.

이러한 교훈이 우리에게 주는 것은 무엇인가. 그 사회의 구성원이 극도로 자신만의 이익을 추구한다면 그러한 행동이 합리적인 선택처럼 보일지라도 실제로는 모두의 이익을 저버린다는 가르침이다.

서로 믿는 사회를 위하여

서로간의 믿음이 무너지면 그들의 세상도 무너진다. 신뢰라는 직물로 짜여진 공동체가 붕괴하면 그 사회에서는 기회주의를 극복하는 장치도 붕괴한다. 기회주의 속에서는 모든 사람들이 각자 주도면밀한 계획 하에 자기만의 행동을 취하고 집합행동에서 이탈할 기회만 노리게 된다.

자신이 상대방을 신뢰하는 것보다도 자신이 상대방으로부터 신뢰받고 있다는 것을 먼저 증명받고 싶어하는 사회에서도 배신의 달콤한 유혹을 떨쳐버리지 못한다. 그러나 이러한 인간사회에서는 공통의 이익도 개인의 이익도 보장되지 않는다. 이처럼 한 사회의 구성원이 서로에게 신뢰할 만한 약속을 할 수 없다면 그들은 가장 합리적인 방식으로 서로의 이익을 추구할 수 있는 기회를 잃어버린다.

그렇다면 우리는 어떻게 해야 하는가. 흄이 말한 농부의 우화에 있어서 무엇보다도 중요한 문제는 배반을 처벌할 수 있는 신뢰할 만한 제재장치가 없다는 것이다. 배신의 달콤한 유혹 속에서도 상대방이 약속을 지킬 것이라고 믿게 하는 사회적 장치가 없다면 남을 믿는 것은 오히려 무모한 행위가 될 수도 있다.

배신으로 얻을 수 있는 열매가 배신에 따르는 위험보다 훨씬 크다고 여겨지는 한 배신하려는 사람은 생겨난다. 따라서 국제 금융시장에서부터 지방자치단체의 운영 그리고 버스를 타기 위해 줄을 서는 것까지 모든 사회적 제도의 성공 여부는 서로 신뢰할 수 있고 또한 약속을 지키게 하는 시스템에 의존한다. 개인들은 그들의 행동이 맥락 지워지는 사회적 규범과 사회적 네트워크의 장치하에서 신뢰할 수 있게 되는 것이다. 따라서 민주정부 하에서도 시민들은 자신들의 행복과 질서있는 생활의 영위를 위해 자신들의 많은 선택권을 국가와 지방자치단체에 맡기고 있다.

특히 사회가 복잡하고 거주공간과 직업이동의 유동성이 강하여 '지속적인 사회관계'가 불확실해진 현대사회에서는 시민들의 자발적 협력이나 상호신뢰도 '호혜성의 규범'을 보증하는 정부의 역할에 크게 의존한다. 따라서 정부는 사회적 규범을 지키게 하는 적극적인 대책과 소극적인 대책을 아울러 강구해야 한다.

예컨대 헌혈증서를 가지고 수혈을 받을 수 있는 것처럼, 건강한 시절 독거노인에게 행한 봉사증명서를 가지고 언젠가는 자신도 봉사를 받을 수 있게 하는 정부의 증명제도가 자원봉사를 유도하는 것과 같은 적극적인 유인책을 강구해야 한다. 그리고 공동체 속에서 배신으로 얻을 수 있는 이익보다도 배신에 따르는 위험을 크게 함으로써 배신을 상상하지 못하게 하는 사회적 장치도 강화해야 한다.

그러나 정부의 강제나 제3자의 규제에 의해 신뢰가 유지되는 사회는 공동체의 자율적 규제로 신뢰가 유지되는 사회에 비해 효과적이지도 못하면서 비용만 많이 든다. 또한 비용을 생각하지 않아도 정부가 할 수 있는 일에는 기본적인 한계가 있다.

마키아벨리는 "대중들이 타락하지 않는 국가에서 일을 처리하는 것은 아주 쉽다"고 말했다. 마키아벨리의 말은, 시민들이 자발적으로 공동체의 이익을 지키고 시민공동체도 그 구성원을 위하여 존재하는 사회에서는 국가와 지방자치단체가 애써가며 해결해야 할 일은 많지 않다는 뜻이다. 따라서 우리가 기본으로 삼고 귀중히 여겨야 할 사항은 시민공동체의 덕성을 키워 나가는 것이다.

시민공동체의 덕성은 무엇에 의존하고 어떻게 발전시켜 나가야 하는가. 그것은 비록 성인(聖人)까지는 되지 못하더라도 관용적이며 자발적인 결사에 적극적인 유덕(有德)한 시민들을 육성하는 것이다. 물론 개인이 신뢰할 수 있게 되는 것은 자신들의 행동이 맥락 지워지는 사회적 규범과 네트워크에 크게 의존한다. 그러나 신뢰를 포함한 인간의 자발적 협력이나 참여와 같은 개인적 속성은 사회적 규범과 네트워크에 의해서만 규정되는 것이 아니다.

다른 한편에서 볼 때 인간은 바람직한 규범을 정착시키려고 노력하는 강력한 존재이기도 하다. 그리고 이러한 노력이 공동체의 중요 명제로 되어 있는 사회야말로 가능성 있는 사회이다. 특히 오늘날과 같이 확대되고 복잡해져서 서로가 서로에 대하여 아는 것이 많지 않은 사회의 구성원들은 다른 구성원들이 자신을 신뢰할 것이라는 것을 신뢰하면서 자신의 의무와 역할을 다해야 한다. '상호신뢰란 서로가 만들어 가는 것(mutual trust is lent)'이기 때문이다(Robert D. Putnam, *Making Democracy Work*, 1992).

우리는 먼저 자신을 믿고 가까운 사람을 믿는 것으로 믿음을 키워 나가야 한다. 믿어야 믿음을 줄 수 있으며, 존중해야 존중받을 수 있다. 세상을 믿다가 세상으로부터 배신당할 수도 있을 것이다. 그러나 그보다도 더 큰 배신은 세상을 믿어야 할 때 믿지 않아 스스로가 세상을 닫아버린 배신이다. 세상은 믿어야 믿어지게 되는 것이며, 믿어야 세울 수 있다.

제 2장   운명도 지역도 생각처럼 만들어진다

세상의 모든 사람들이 다 믿도록 강요해도 아름다운 믿음이 있다. 그것은 앞으로 더 좋아질 것이라고 믿게 하는 믿음이다. 세상일은 생각한 대로 되지 않는다고 말하는 사람이 많다. 그러나 생각대로 되지 않는 것이 인생이라고 말하는 그 사람의 생각처럼 그의 인생은 전개되고 있다. 운명도 지역도 결국은 생각처럼 만들어지는 것이기 때문이다.

비슷한 시작, 다른 결말

오늘날까지 소개된 많은 성공철학의 핵심을 한마디로 요약한다면 '인생은 생각의 소산'이라는 것이다. '생각'은 행동을 낳고, 행동은 습관을 만들며, 습관은 성격을 만든다. 그리고 성격이 운명을 결정 짓는다. 나라도 지역도 마찬가지이다. 결국 그곳 사람들이 가지고 있는 생각처럼 만들어지기 때문이다.

인간은 자신이 생각하는 대로의 인생길을 걸어가도록 설계되어 있는 존재이다. 다만 그 생각을 현실화하기 위해서는 본인의 깨달음과 실천이 필요할 뿐이다. 자신의 가능성을 깨닫지 못한 사람을 불교에서는 무명(無明)이라고 한다. 인간은 스스로 빛을 찾으려고 노력하는 정도에 따라서 훌륭한 사람이 되기도 하고 쓸모없는 사람도 된다. 꿈을 가지고 노력을 거듭하는 사람은 성취할 수 있지만 현재처럼 사는 것이 운명이라고 생각하는 사람은 그냥 그렇게 살 수밖에 없다.

공자는 "사람의 기본 자질은 서로 비슷하지만 배움과 습관으로 점점 차이가 나게 된다"고 했다. 대부분의 사람들은 출발시점에서는 별 차이가 없지만 살아가면서 교육과 습관으로 선악이 갈리고 현명함과 우매함이 쌓이면서 점점 차이가 나게 된다는 것이다. 「性相近也, 習相遠也.」(논어, 陽貨 2).

후천적으로 선을 익히고 가까이 한 사람은 착한 사람이 되고, 악을 가까이 하면 악한 사람이 되는 것을 보아도 그렇다. 좋은 사람과 교류를 하다보면 자신도 모르는 사이에 좋은 사람이 된다. 좋은 사람과의 만남 그 자체가 좋은 인자를 끌어들이고 있기 때문이다.

'性'이란 인간이 태어날 때 선천적으로 가지고 나오는 자질을 말하는 것으로서 본능, 마음의 움직임, 사고력 등을 말한다. 이러한 기본 자질에 있어서 대부분의 사람들은 그다지 차이가 없다. 차이가 있다고 해도 그것은 극복 가능한 수준이다.

'習'이란 태어난 이후의 교육과 습관에 의하여 몸에 익히게 된 것으로서 예컨대 독해력, 계산, 예의범절 등을 말한다. 세상에 다양한 인간이 존재하는 것은 습관이나 교육에 의하여 달라지기 때문이다. 처음 시작할 때에는 비슷한 수준이었지만 스스로의 노력 여하에 따라 점점 큰 차이가 만들어지는 것이다. 공자가 습관이야말로 제2의 천성이라고 하면서 환경과 교육을 중시했던 이유가 여기에 있다. 인간은 배움을 받아들이고 실천하는 습관에 의해 서로 다른 유형의 인간이 되어 가는 것이지 처음부터 인간의 종류가 따로 있는 것이 아니기 때문이다. 「有教無類.」(논어, 衛靈公 39).

'유교(有教)'란 선생의 지도나 환경의 영향에 의해 사람마다 차이가 생긴다는 것을 전제한 말이다. '무류(無類)'란 인간의 선(善)·악(惡)·현(賢)·우(愚)가 선천적으로 결정되는 것이 아니며, 신분에 따라 결정되는 것도 아님을 뜻한다. 물론 공자도 인간이 그 성질이나 재능에 있어서 절대적으로 평등한 것은 아니라고 했다.

인간이 가진 천품(天稟)의 재능에는 차이가 있지만 그것을 실제의 차이로 나타나게 하거나 반대로 그러한 차이를 없애는 것이 바로 교육과 환경의 힘이다. 인간은 교육과 환경을 통하여 어떤 습관을 갖느냐에 의해서 현명해지기도 하고 바보가 되기도 한다. 건강한 사람과 성공한 사람들의 공통점은 한결같이 좋은 생활습관에서 찾을 수 있다.

물론 예외는 있다. 태어나면서부터 인간의 길을 알고 있어 더 이상 배울 필요가 없는 성인(聖人)이 있다. 공자가 '上知(상지)'라고 부른 이러한 성인은 어떠한 환경에 처하더라도 그것에 영향을 받지 않고 흔들림도 없다. 반면에, 일을 당하고 곤궁에 빠지면서도 배우고 개선하려 하지 않는 우매한 사람도 있다. 공자가 '下愚(하우)'라고 부른 이러한 사람에게는 아무리 환경을 좋게 하고 교육을 하려고 해도 소용이 없다. 그래서 공자는 "上知(상지)와 下愚(하우)는 변화할 가능성이 없다"고 했다. 「唯上知與下愚不移.」(논어, 陽貨篇 3).

생각은 행동을 낳는다

인생의 모든 것은 생각하는 것으로 시작하여 목표설정으로 결정된다. 청주에서 안동으로 여행을 하려면 그렇게 하려고 생각하는 것이 여행의 시발이다. 꽃을 피우기 위해서는 꽃씨를 심어야 하는 것처럼, 무엇을 하려면 먼저 생각을 해야 한다. 사람이 살아가는 여정은 목표로 가는 프로세스다. 자신이 목표로 하는 도달점에 가기 위해서는 어떻게 살아야 하고, 어떤 프로세스를 거쳐야 하는지를 생각해야 한다. 목표가 다르면 살아가는 방법도 달라진다. 목표가 다른 사람과 그 프로세스를 비교해서는 안 된다.

사람들은 자신의 소망을 이루고자 할 때 기원(祈願)을 한다. 기원이란 생각의 외침이다. 기원은 기원하는 사람 스스로에게 자기 자신이 진정으로 바라는 것이 무엇인지를 생각하게 하고 바라는 마음을 결집시키는 작용을 하게 한다. 따라서 기원을 하면 누구보다도 먼저 자기 속에 있는 마음의 신(神)이 듣게 된다. 마음의 신은 기원하는 사람이 얼마만큼 강한 의지를 가지고 있느냐에 따라 행동으로 대답하게 한다(Alan Cohen, *Handle with Prayer*, 1998).

공자가 심한 병을 앓자 자로가 걱정이 되어 신에게 쾌유를 비는 것을 허락해 달라고 말했다. 그러자 공자는 그런 일이 전례에 있었느냐고 물었다. 이에 자로가 대답하기를 "제문(誄)에, 위로는 하늘의 신(神)에게 기도하고 아래로는 땅의 신(祇)에게 기도한다는 말이 있습니다"라고 대답했다.

자로의 대답을 듣고 나서 공자는 다음과 같이 말했다.

"기도가 그런 것이라면, 내가 기도한 지는 이미 오래되었다. 따라서 새삼스럽게 하늘에 빌 필요는 없다."(논어, 述而 34).

"내가 기도한 지는 이미 오래되었다"는 말은 무슨 뜻인가. 그것은 인간의 선의와 정성 그리고 노력이야말로 하늘에 비는 것과 같다는 뜻이다. 따라서 자신은 이미 오래도록 하늘에 빌고 있는 셈이라는 뜻이다. 인간은 스스로 뜻을 품고 그것을 이루려고 노력할 때 비로소 그 뜻을 이룰 가능성이 생긴다. "하늘은 스스로 돕는 자를 돕는다"는 말이 이것이다.

미국 우주왕복선의 몸체를 만드는 것으로 유명한 '교세라'의 창업자 이나모리 카즈오(稻盛和夫)는 간절히 갈구한 것만이 손에 들어오는 것이 인생의 법칙이라면서 다음과 같이 말하고 있다.

"마음이 부르지 않는 것이 자신에게 가깝게 다가올 리가 없다. 진정으로 갈구한 것만이 실현 가능성의 범위 내로 다가온다. 자신이 생각하고 소망하지 않으면 이루어질 일도 없다. 그러나 스스로의 마음가짐이나 갈구하는 것은 그대로 자신의 실제 인생에 형태를 드러내게 된다."

이나모리씨는 어느 날 우연히 마츠시타(松下)그룹을 일으킨 마츠시타 코노스케(松下幸之助) 회장의 강의를 들었다. 마츠시타씨는 '댐식 경영'에 대한 이야기를 했다.

"댐을 갖지 않은 강은 비가 많이 오면 홍수를 일으킵니다. 반면에 햇볕이 쨍쨍 내리쬐는 날이 계속되면 말라서 물 부족에 빠집니다. 그러므로 댐을 만들어 물을 고이게 해야 합니다. 날씨나 환경에 좌우되는 일 없이 수량을 항상 일정하게 유지할 수 있어야 합니다. 경영도 마찬가지입니다. 경기가 좋을 때야말로 경기가 나쁠 때를 대비하여 저축해 두는 여유있는 경영을 해야 합니다."

강의가 진행되는 가운데 청중들 사이에서 불만과 비아냥거리는 소리가 조금씩 퍼져가고 있었다.

"무슨 말을 하고 있는 거야. 그런 여유가 없으니까 모두 매일 땀을 흘리면서 악전고투하고 있는 것이 아닌가. 여유가 있다면 누가 그런 고생을 하겠는가. 우리들이 듣고 싶은 것은 어떻게 하면 그 댐을 만들 수 있는가 하는 것인데, 댐의 중요성을 새삼 강조한들 무슨 소용이 있단 말인가?"

질의시간이 되자 한 청중이 일어서서 불만을 토로했다.

"댐식 경영이 가능하다면 확실히 이상적입니다. 그러나 현실적으로 그것은 쉬운 일이 아닙니다. 따라서 어떻게 하면 댐을 만들 수 있는지, 그 방법을 가르쳐 주시지 않는다면 강의의 의미가 없다고 생각합니다."

마츠시타가 대답했다.

"그런 방법은 나도 모릅니다. 그렇지만 댐을 만들려고 생각하지 않으면 댐은 만들어지지 않습니다."

강의실에는 다시 실소가 퍼져나갔다. 대답이 되었다고 생각하지 않는 대부분의 사람들이 실망하고 있었던 것이다. 그러나 이나모리 씨는 달랐다. 마치 몸에 전류가 흐르는 것처럼 커다란 자극과 감동을 받았다(稻盛和夫, 『生き方』, 2004).

"댐은 댐을 만들려고 노력하는 사람에 의해서만 만들어지는 것이다."

무엇을 이루겠다고 생각한다면 우선 '그렇게 되고 싶다', '그렇게 되어야 한다'고 생각하는 것이 성공의 출발이다. 진심으로 원하면 일이 이루어지도록 돕는 사람도 생긴다. 따라서 누구보다도 강하게, 몸이 타들어 갈 정도의 열의를 가지고 그렇게 되고 싶다고 갈망하는 것이 무엇보다도 중요하다. 최고의 스타도 그리고 천재로 보이는 인간도 사실은 그렇게 되고 싶은 자신의 모습을 만들기 위하여 끊임없이 노력하면서 작은 성과를 축적한 결과 만들어진 것이다.

생각하는 방법을 생각하자

우리가 무엇을 바라고 추구할 때에는 그것을 열망하고 추구하는 자세도 매우 중요하다. 스스로 자기 자신을 가치 없는 존재라고 생각하는 사람, 가장 극단적으로 스스로를 거지라고 생각하는 사람은 기원을 할 때에도 마치 동냥을 하는 것과 같은 감각으로 한다. 거지가 '제발 좀 주세요'라든가 '제발 도와 주세요' 하면서 손을 내미는 것은 무가치한 존재가 간절히 자비를 바라는 태도를 표현하는 것이다. 그러나 기원하는 사람의 본질을 존중하지 않고 하는 기원은 그것이 이루어진다고 해도 스스로를 위축시킨다.

'역시 실패했다'는 표현을 쓰는 사람이 있다. 실패가 두려운 나머지 일에 마음을 집중하지 못했기 때문에 그러한 말이 나온 것이다. 실패를 너무 두려워하면 그만큼 실패할 위험이 크다. 인간이란 불안한 마음에 사로잡히면 다른 많은 장점에도 불구하고 자신의 약점에 희생되기 쉬운 존재이기 때문이다.

우리 주위에는 '내가 뭘!' 하는 심정으로 자신의 잠재적인 많은 가능성을 스스로 포기해버리는 사람이 있다. 한두 번 시험에 실패하거나 추진하던 일이 잘 진척되지 않으면 '내가 그렇지 뭐!' 하면서 스스로를 포기하는 사람이 있다. 이렇게 되면 '감정의 노화'가 시작되어 새로운 일에 도전할 의욕을 상실하고, 감동을 받는 것도 어렵게 된다. 그리고 급기야는 기억력의 저하와 체력의 쇠퇴까지도 초래한다.

무슨 일을 하려면 스스로를 믿고 좋은 결과를 상상하는 것부터 시작해야 한다. 가능하다고 생각하는 것만이 가능해지기 때문이다. 동서고금을 통틀어 성공한 사람들은 '자신이 성공하는 것은 당연하다'고 생각하는 공통적인 사고방식을 가지고 있었다.

그래서 알랜 코헨은 다음과 같이 말하고 있다.

"우리가 넘어야 할 것은 원죄(原罪)가 아니라 신의 사랑으로부터 멀리 떨어져 있는 작고 무기력한 존재라는 의식이다. 우리의 신이란 사랑의 신이며 우리들은 신으로부터 사랑받는 자손이라는 것을 알아야 한다. 우리들이 마음으로 바라는 그 모든 것을 들어주는 것이야말로 신의 기쁨이라는 것을 알아야 한다."(Alan Cohen, *Handle with Prayer*, 1998).

열심히 노력하면 반드시 좋은 결실을 맺을 수 있다고 확신하는 것은 자신의 능력을 최대한 활용하는 바탕이 된다. 따라서 '자신은 아주 운이 좋은 사람'이라고 생각하는 것은 이미 그 자체만으로도 운을 좋게 하는 중요한 자산이다. 이렇게 볼 때 인생을 바꾸려면 먼저 생각을 바꾸어야 한다. 자신의 내면은 그대로 두면서 외부의 세계만 바꿀 수는 없다. 내면세계의 변화 없이 외면만 변화시키려 한다면 외부세계는 어쩔 수 없이 같은 패턴으로 반복되기 때문이다. 그러나 생각과 태도를 바꾸면 상황이 바뀐다.

인간의 운명은 그 사람에게 일어난 일의 결과로만 결정되는 것이 아니다. 그 사람에게 일어난 일을 그 사람이 어떻게 받아들이느냐에 따라 운명은 달라진다. 생각이 상황을 이끌어 가는 것이다. 따라서 생각을 바꾸면 상황도 바뀐다. 인간에게 있어서 운(運)이란 밖에서 우연히 찾아오는 것이 아니다. 운이 좋고 나쁨의 대부분은 당사자의 노력과 성격에 달린 것이다.

우리 주위의 유능하면서도 불운한 사람을 잘 관찰해 보면 극심한 자기도취에 빠져 있는 경우가 많다. 이러한 사람은 자기 주위 사람들에 대한 험담을 자주 한다. 따라서 다른 사람으로부터 배척을 당하게 된다. 운을 자기편으로 끌어당기기 위해서는 먼저 다른 사람의 장점을 인정하고 그 사람의 존재를 존중해야 한다. 그러한 겸허(謙虛)함이 없다면 운은 찾아오지 않는다. 이 세상에서 최고의 행복은 사람들로부터 그리고 세상으로부터 사랑받는 것이다. 주위로부터 사랑받는 정도가 그 사람의 기량(器量)이다.

인간은 두 다리로 걷는다. 인생행로도 두 다리로 걸어가는 것과 같다. 한쪽 다리는 실력으로 그리고 한쪽 다리는 인품으로 걷는다. 인간은 실력만으로 세상을 살아가는 것이 아니다. 세상은 지나칠 정도로 감정적이기 때문이다. 인품만으로 살아갈 수 있는 것도 아니다. 인간의 기량은 두 다리의 힘이 합쳐질 때 발휘될 수 있으며 그 기량의 크기가 다름 아닌 인격의 크기이다(谷澤永一, 『人間學』, 2000).

인간은 살아가면서 다양한 문제에 직면한다. 그래서 언제나 '어떻게 하면 문제가 해결될 것인가'를 생각하며 살아간다. 생각한다는 것은 창조하는 것이며 훌륭한 생각을 받아들인다는 것이다. 그러나 대부분의 사람들이 충분히 생각하지 않고 그냥 떠오르는 생각으로 문제를 해결하려 한다. 가볍게 떠오른 가설(假說)을 결론으로 받아들이는 경우도 많다. 대부분의 사람들은 '무엇을 어떻게 생각하면 될까' 하는 생각하는 방법을 생각하려고 하지 않기 때문이다.

더욱 문제는 사고방식이 잘못되어 생각하면 할수록 오히려 더 큰 잘못으로 치닫는 경우이다. 사고방식이란 의사결정을 이끌어내고 사람들이 자신의 세계를 구축하고 표현하는 발상의 방법이다. 따라서 합리적인 행동을 하려면 사고회로(思考回路)를 바꾸어야 한다.

습관이 성격을 만든다

우리 주위에는 입사할 당시에는 꽤 똑똑한 친구였는데 나이가 들면서 점점 어리석게 행동하는 사람이 있다. 반면에, 처음 직장에 들어올 때에는 그냥 보통이었는데 해가 지날수록 점점 현명하게 활동하는 사람도 있다. 이러한 차이는 어디에서 오는 것일까? 바로 습관에서 오는 것이다.

습관이란 무의식적으로 반복하는 행동을 말한다. 중요한 것은 머릿속의 생각만이 아니라 실제의 행동이다. 그리고 더욱 중요한 것은 의식적으로 하는 행동이 아니라 그것을 무의식적으로 반복하는 '행동의 습관화'이다.

사람과 사람의 차이란 처음에는 구체적인 모습으로 나타나지 않는다. 약간의 징후를 보일 뿐이다. 그러나 그 징후가 거듭되면 하나의 조류(潮流)를 이루고 그것은 하나의 구체적인 현상으로 굳혀진다. 마치 하루하루를 보면 비슷한 날이지만 봄과 여름 그리고 가을이 오는 것과 같이 시간이 흐르면서 그 차이는 더욱 확실히 나타난다. 좋은 생각을 행동으로 옮기고 그것이 습관으로 정착하면서 사람이 달라지는 것은 마치 계절이 변화하는 것과 같다. 행동의 습관화는 이렇게 위대한 것이다.

인간은 스스로의 행동을 조금이라도 바꿀 수 있고 이를 습관화 할 수 있다면 얼마든지 새로운 가능성을 잉태시킬 수 있다. 누구나 스스로의 운명을 스스로가 연출할 수 있는 것이다. 사람은 누구나 매일 하나하나의 작은 행동을 거듭한다. 습관이란 이러한 행동의 축적으로 만들어지는 것이다. 그리고 이러한 작은 행동의 축적이 그 사람의 큰 운명을 만든다.

누구나 처음에는 망설임 끝에 행동을 한다. 처음부터 무엇이 좋아서 그것을 하는 경우는 드물다. 대부분의 경우는 그것을 하다보면 좋아지게 되는 것이다. 아무 것도 하지 않으면서 '재미있다'고 느낄 수 있는 것은 없다. 무엇을 하다보면 그것에 재미를 느낄 수 있게 되는 것이다. 무슨 일에나 보람을 느끼지 못하는 사람들의 결정적인 결점은 어떤 일을 하기 전에 먼저 재미와 의미부터 찾는다는 것이다. 그것을 하다보면 재미가 붙을 텐데, 재미있는 일이 있다면 나도 하겠다고 나서니 재미있게 할 일이 없다.

'의미'는 이해로부터 생겨나는 것이다. 그러나 이해하기에 앞서서 의미부터 찾는다면 새로운 보람을 찾기도 어렵다. 골프를 치는 의미는 골프를 쳐보고 골프를 이해하는 사람이 안다. 아침마다 달리는 이유는 달려 본 사람이 가장 잘 안다. 그런데도 불구하고 달려 보기도 전에 달리는 기분이 어떤지를 알려 하고, 골프를 쳐보기도 전에 얼마나 재미있는가를 알려고 하는 사람이 많다. 그러한 사람은 결국 골프도, 달리기에도 흥미를 느낄 수 없다.

어떤 일에 자신감을 갖는 것도 마찬가지이다. 아무 것도 하지 않고 있는데 저절로 자신감이 생긴다는 것은 있을 수 없다. 자신감이라는 것은 무엇인가를 행한 결과로 생겨나는 것이다. 자신이 있기 때문에 무언가를 하는 것이 아니라 무엇을 함으로써 자신감이 생기는 것이다. 따라서 자신감을 갖고 싶다면 스스로를 보다 많이 움직여야 한다. 생각한 것을 행동으로 옮기는 것만으로도 길은 열리기 시작하기 때문이다. 그럼에도 불구하고 자신감이 없는 사람은 행동하기를 주저한다.

성공은 '위대한 단순'의 산물

인간이 태어날 때에는 큰 차이가 나지 않는 것처럼 대부분의 지역도 처음에는 큰 차이가 없었다. 그러나 그곳에 살고 있는 사람들의 생각과 살아가는 방식의 차이가 조금씩 쌓이면서 하나의 습관이 되고, 이러한 습관이 지역의 고유한 성격을 만들게 되는 것이다. 이처럼 有敎無類(유교무류)는 지역에도 그대로 적용된다.

좋은 지역과 나쁜 지역이 애초에 따로 있는 것이 아니다. 좋은 생각을 하면서 그것을 실천하는 사람이 많은 곳일수록 좋은 지역이 되는 것이다. 따라서 '좋은 지역'이란 그곳에 살고 있는 사람 중에서

"이 마을에 …이(가) 조금 더 있으면 더 좋을 텐데" 라고 생각하는 사람이 많은 지역인 것이다.

인간은 뜻하는 바가 무엇이건, 종사하는 일이 무엇이건, 혼자서는 큰 일을 이룰 수 없다. 큰 업적은 반드시 다른 사람과의 밀접한 관계를 통해서 이루어진다. 다른 사람과의 관계는 최소한 무언가의 관계를 전제로 하여, 어딘가에서 누군가와 만나지 않으면 안 된다.

사람과 사람의 만남은 그것이 비록 한 번에 그치는 것이라고 할지라도 일생동안 커다란 영향을 미치는 경우도 있다. 굳이 표현한다면 연(緣)이라는 말 이외에는 설명할 도리가 없는 만남도 있다. 인생은 모두가 연으로 시작하는 것이다. 그러므로 인연을 중히 여기는 것이야말로 인생을 귀중히 여기는 것이다. 인연이 발전하면 새로운 좋은 연을 잉태시킨다. 인간이 성장하고 풍요롭게 되는 것도 이러한 과정을 거친다.

지역개발도 마찬가지이다. 지역개발이란 사람과 사람간의 관계를 좋게 하여 지역의 문제를 여러 사람이 함께 고민하고 해결하려는 것이다. 그래서 지역개발이란 좋은 만남이 이루어지는 기반을 만들어 사람과 사람의 관계를 좋게 하는 작업인 것이다.

예컨대, 어떤 시설을 만들면 수많은 이용자를 동시에 개발하게 된다. 체육관을 이용하면 건강해지고 동시에 여러 사람이 어울리는 기회가 만들어지면서 사람과 사람간의 좋은 관계도 만들어진다. 이처럼 체육시설을 만드는 목적은 이용자의 몸을 건강하게 하는 것만이 아니다. 체육시설을 이용함으로써 사람과 사람의 관계가 좋아지게 하는 것도 중요한 목적이다.

좋은 만남은 서로의 마음에 진동을 일으킨다. 그리하여 무언가의 행동으로 발전하게 한다. 좋은 진동으로 함께 좋은 일을 시작하고 이러한 행동이 하나의 습관으로 정착하면 좋은 도시가 만들어지게 되는 것이다. 아름다운 도시란 한두 번의 의식적인 행동으로 만들어지는 것이 아니다. 좋은 결과를 바란다면 당연한 행동을 거듭하고 반복해야 한다. 아름다운 도시는 하나의 습관처럼 무의식적으로 반복되는 일상생활의 연속으로 경작되는 것이다.

어떤 도시에서 경관을 아름답게 하는 것을 목표로 설정했다고 하자. 이러한 정책의 일환으로 시청이 예산을 들여 민간업자에게 꽃을 심게 했다면 우리는 이를 진정한 경관개발이라 할 수 없다. 업자에게 맡겨서 꽃을 심고 가꾸게 한다면 주민들의 가슴속에 꽃을 심고 물을 주는 아름다운 마음을 심을 수가 없다. 진정으로 아름다운 도시란 주민 스스로가 꽃을 심어 꽃집과 꽃집이 이어지는 마을이 되게 함으로써 만들어진다. 주민들이 자기 집 마당과 거리의 화단에 물을 주는 것이 습관이 된 도시야말로 진정으로 아름다운 도시인 것이다.

훌륭한 사람이 되어 가는 과정도 아름다운 지역이 만들어지는 과정도 결국은 같다. 그것은 습관이라는 '위대한 단순'으로 만들어지는 것이다. 500년 후에 쓸 나무를 심었다면 그 다음에 할 일은 500년간 습관적으로 물을 주는 일이 전부이다. 습관적으로 물을 주는 단순한 반복이 큰 미래를 만든다. 지역개발도 훌륭한 업적도 습관이라는 '위대한 단순'으로 만들어지는 것이다.

습관이 쌓이면 그것은 성격이 되어 고유한 문화를 이룬다. 지역의 특성이란 바로 고유한 성격을 말하는 것이며 우리는 이를 문화라고 표현한다. 우리가 어떤 물건을 살 때에는 그 물건의 용도라는 성격을 보고 산다. 마찬가지로 우리가 어떤 도시로 여행을 할 때에는 그

도시의 성격을 살핀다. 결혼을 할 때 상대의 성격을 중시하듯이, 성격은 선택의 기준이 되고 경쟁의 핵심이 된다. 한 인간이 지닌 매력처럼, 한 지역이 가진 매력도 그곳의 성격에서 나온다.

성격은 매력을 형성하여 운명을 결정한다. 어떤 사람이 악당인데도 불구하고 따르는 사람이 있다면 그에게는 나름대로의 매력이 있기 때문이다. 반대로 아무리 괜찮은 사람이라 할지라도 매력이 없다면 따르는 사람이 없다. 친구를 사귈 때 무엇보다도 먼저 서로 기질과 성격이 맞는지를 따진다. 입장과 주장이 서로 합치하는가는 그 다음의 문제이다. 인간이란 바로 이러한 존재이다.

이렇게 볼 때 레싱(G. E. Lessing)이 그의 저서 『에미리아 가로티(Emilia Galotti)』에서 "우연이라는 말은 신을 모독하는 것이다. 하늘 아래 무엇하나 우연이라는 것은 없다"라고 말했듯이, 운명은 우연이 아니라 필연이다. 사람의 운명은 사람의 성격에서 나오는 것이기 때문이다.

"운명은 성격 속에 있다"는 말이 아무렇게나 만들어진 것이 아니다. 인간의 성공과 실패는 재능보다 성격으로 결정된다. 도시의 번성과 쇠퇴도 도시의 성격이라는 문화로 결정된다. 사람도 도시도 그 운명은 성격 속에 있는 것이다.

한 사람의 꿈은 그냥 꿈이지만, 만인의 꿈은 현실이 된다. 지도자란 자신의 꿈을 모두의 꿈으로 공유시키고 이를 실현하기 위하여 많은 사람들이 함께 행동하게 하는 사람이다. 그리하여 생각은 행동이 되고 행동은 습관으로 굳어져 하나의 고유한 문화를 만들게 하는 사람이다. 지도자란 꿈을 경작하는 사람인 것이다.

'꿈'이 있는 사람에게는 '희망'이 있다. 희망이 있는 사람에게는

'목표'가 있다. 목표가 있는 사람에게는 '계획'이 있고, 계획이 있는 사람에게는 '행동'이 있다. 행동이 있는 사람에게는 '발전'이 있고, 발전하는 사람은 '반성'을 한다. 그리고 반성하는 사람은 새로운 꿈을 꾼다.

마키아벨리는 "인간의 운명은 변전(變轉)하며, 국가라고 할지라도 운명의 변덕으로부터 자유롭기는 어렵다"고 했다. 인간이 제아무리 발버둥치더라도 자신의 숙명을 바꿀 수는 없다고 말하는 사람도 많다. 그러나 운명이 인간을 지배한다고 해도 운명의 구체적인 내용은 결국 인간의 선택에 맡겨지게 된다. 따라서 운명이라는 것은 인간이 스스로의 역량으로 대비하지 않을 때 그 힘을 제멋대로 부리게 된다. 운명은 그 사람의 역량(力量)이 부족할 때 나쁜 기운을 발휘한다 (塩野七生, 『マキアヴェッリ語録』, 2003).

제3장 큰 뜻을 따르면 큰 사람이 된다

'물 길어서 도랑 만든다'는 말이 있다. 물이 추종자라면 도랑은 지도자이다. 큰물이 흐르면 큰 도랑이고, 작은물이 흐르면 작은 도랑이다. 지도자는 물꼬를 트고, 막힘없이 흐르도록 하는 사람이다. 지도자는 자신이 어떤 도랑인지 스스로의 모습을 반성해야 한다. 그러나 지도자가 되고 싶어하면서도 지도자가 되었을 때 어떻게 처신해야 하는가를 고민하고 수양하는 사람은 적다.

길을 만드는 길

지도자의 근본자세를 묻는 자로(子路)의 질문에 공자의 대답은 간결했다.

"지도자란 먼저 솔선수범 한 뒤에 부하들에게 일을 시키는 사람이다. 그리고 끊임없이 정열을 보여주어야 한다."「先之, 勞之, 無倦.」(논어, 子路 1).

지도자는 무엇보다도 먼저 부하들의 앞에 서서 행동으로 모범을 보여야 한다. 그리고 나서 부하들이 열심히 일하도록 해야 한다. 지도자는 이러한 두 가지 일을 게을리하지 말아야 한다.

지도자의 기본 덕목은 모범을 보이는 것이다. 리더십의 근본은 본보기를 보여주는 것이기 때문이다. 리더십이란 '행동으로 보여주고 말로써 이해시켜서 행동하도록 하는 것'이라는 가르침 속에는 오늘날의 지도자들이 마음에 새겨야 할 무한한 메시지가 들어 있다.

'先之'(선지)의 '先'이 의미하듯이, 위정(爲政)의 기본원칙은 솔선수범하는 것이다. 송나라의 정치가 범중엄(范仲淹)의 "지도자는 천하가 근심하기 전에 먼저 근심하고, 천하가 즐거워하고 난 뒤에 즐겨야 한다(先天下之憂而憂, 後天下之樂而樂)"는 말의 '先'도 바로 논어의 이 구절에서 비롯된 것이다. '先'자를 정치철학적으로 해석할 때는 "자신을 돌보지 않음으로써 오히려 자신을 보존한다(外其身而身存)"는 노자의 말을 인용하기도 한다.

지도자라면 누구나 그래야 한다. 어렵고 힘든 일은 앞장서서 먼저 하고, 공은 부하에게 양보하여 자신을 돌보지 않는 것, 즉 "외기신(外其身)"을 실천해야 한다. 이렇게 할 때 최후의 성공은 지도자의 몫으로 돌아온다. 이것이 바로 지도자가 솔선수범한 "先之"의 응보인 것이다.

지도자가 솔선수범하고 나서 부하들을 부리면 부하들은 원망하지 않는다. 지도자가 부하들에게 힘써야 할 것을 골라 힘쓰게 한다면 부하들은 원망하지 않는다. 수고로워도 원망하지 않는 "노이불원(勞而不怨)"의 상태가 되기 때문이다. 그래서 "爲政"을 아는 선인들은 '수고로움'의 원칙을 잘 이용하여 관리와 백성들이 놀고 즐기는 데

빠질 기회가 없도록 했다. 인간은 수고롭고 가난할 때에 인생에 대한 체험도 많이 하게 되고 선량한 심성도 발휘하게 된다. 그러나 분수에 넘치는 대우를 받거나 안일하면 타락하기 십상이다.

공자가 '先之, 勞之'의 철리(哲理)를 설명하자, 자로는 좀더 가르쳐 달라고 요청했다. 이에 공자는 "자신의 임무를 게을리 하거나 부하를 독려함에 있어서 태만해져서는 안 된다(無倦)"고 했다. 솔선수범하기에 게을러서는 안 된다는 것이다. 솔선수범하는 일보다도 더 어려운 것은 그러한 자세를 변함없이 유지하는 것이다. 시작할 때에는 의욕에 넘치다가도 얼마 안 가서 싫증을 내고 해이해지는 것이 범인(凡人)들의 모습이다. 이처럼 항심(恒心)이란 간단한 것이 아니다. 그러므로 식을 줄 모르는 정열이야말로 지도력의 요체이다.

그런데 왜 공자는 지도자가 지켜야 할 세 가지의 자세, 즉 먼저 모범을 보이고 일을 시키되 태만해져서는 안 된다는 가르침을 특히 자로에게 들려주려 했던 것인가? 의협심은 강하나 성미가 급했던 자로는 욱하는 성격 때문에 중도에 포기하거나 일을 그르치는 경우가 많았기 때문이다.

지도자의 '업'(業)이란 하고 싶으면 하고 싫증나면 언제고 걷어치울 수 있는 것이 아니다. 시작할 때는 신명을 바치겠다고 했다가 나중에 더 좋은 자리가 있으면 미련 없이 떠나도 되는 입신(立身)의 사닥다리로 생각해서는 안 된다. 지도자라는 자리는 "그 자리에 있는 한 지치지 않는 열정으로 최선을 다해야 하며, 일에 임해서는 정성을 다하고 충직하게 봉사해야 한다."「居之無倦, 行之以忠.」(논어, 顏淵 14).

우리 주위에는 시작 단계에서는 크게 기대되던 사람도 어느 정도

시간이 흐른 뒤에는 그냥 그렇고 그런 보통의 인물로 끝나버리는 사람이 많다. 애초에는 큰 뜻을 품고 시작했으나 세파에 지치고 중압감에 못 이겨 큰 뜻을 품었던 처음과는 달리 평범한 지도자로 전락하고 마는 사람이 많다.

초조하고 안달하는 병에 걸려 있는 지도자도 많다. 본질적인 일은 나태하게 하면서도 초조해 하는 일에만 열심인 사람도 많다. 지도자가 초조해 하는 이유는 기다려 주지 않는 추종자들 때문이라지만, 그보다도 더 큰 이유는 자신의 거취(去就)를 위해서 일하려 하기 때문이다. 지도자는 현재 자신의 직무와 사명을 다하는 것으로 미래의 자신을 만들어야 한다. 그 다음 단계는 지금의 결과로서 받아들이면 되는 것이다.

현실의 숲에 이상을 심는 사람

지도자의 업(業)은 시민과 인류에 대해 끊임없이 봉사하는 것이다. 지도자가 바로 잡아야 하는 것은 자기 자신만이 아니다. 자기 한 몸만을 정갈하게 하는 것은 그리 어려운 일이 아니다. 정말로 어려운 것은 사회를 정갈하게 하는 것이다.

56세의 공자가 노나라의 정공(定公)과 권신 계씨(季氏)로부터 미움을 사서 고향을 등지고 긴 유랑 길에 올라 위(衛)나라에 머무르고 있을 때였다. 위나라 임금 영공(靈公)은 비록 방탕하기는 했지만 정책적으로 공자를 모시고 싶어했다. 그러나 영공은 아직 공자를 어떻게 예우할 것인지 결정하지 못하고 있었다.

영공의 결단을 기다리는 공자의 마음은 착잡했다. 대우를 받고 싶어서가 아니었다. 과연 자신의 이상과 정책을 펼쳐 볼 기회는 올 것인가! 복잡한 심사를 달래려 공자는 아침부터 경(磬)이라는 악기를 치고 있었다. 그때 밖에서 삼태기를 지고 지나가던 농부가 공자의 '경'소리를 듣고 비웃기 시작했다.

"저 집착하고 잡티 나는 소리를 들어 봐! 자신을 알아주는 사람이 없으면 깨끗이 틀어 박혀 있으면 될 텐데, 세상 돌아가는 형세를 모른다고 해도 분수가 있지. 세상이 그렇게도 그리우면 누군가에게 써 달라고 하고, 군소리 말고 그 자리에 붙어 있으면 될 것 아닌가. 지금처럼 계속 고집을 부리며 살고 싶거들랑 아예 깨끗하게 세상을 단념하든지."

삼태기를 진 농부는 숨어 사는 은자(隱者)였다. 제자 염유(冉有)로부터 은자가 한 말을 전해들은 공자가 대답했다.

"과감한 사람이로구나. 그러나 일신만을 정갈하게 하는 것이야 뭐가 어렵겠나. 정말 어려운 것은 천하를 함께 정갈하게 하는 것이다."(논어, 憲問 40).

결작(傑作)을 혼자서만 간직한 채 시민들의 감동적인 삶과는 거리가 먼 생활을 하는 사람을 문화인(文化人)이라 부르지 않는다. 고매한 학식을 가지고 있어도 일반대중이 살아가는 현장에 관심이 없다면 그를 문화인이라 부르지 않는다. 인간을 멀리하고 나 홀로 길을 걷는 사람은 지도자가 아니다.

지도자는 자신이 추구하는 이상을 실현하기 위해 물고기가 물 속을 헤엄치듯 인간세상을 누비는 사람이다. 지도자는 인간이 마땅히 가야 할 길을 다른 사람들도 같이 가게 하는 사람이다. 따라서 세상이 어지럽다며 세상을 등지고 홀로 고고하게 살아가는 사람은 지도자가 아니다. 흐트러진 세상일수록 그 속에서 천하의 사람들과 더불어 바르게 살아가려고 노력하는 사람이야말로 참다운 지도자이다.

자원의 한계와 제도의 장벽을 넘어 미래로 가야 하는 지도자의 여정(旅程)에는 이정표가 없다. 따라서 현재의 한 발 한 발이 어떤 의미를 갖는지 그 효과는 금방 나타나지 않는다. 그러나 초조해하거나 당황해서는 안 된다. 어려운 현실에 직면하더라도 비굴해져서는 안 된다. 인간이란 존재는 욕망이 생기면 비굴해질 가능성도 생긴다. 인간은 그 자체가 끊임없이 무언가를 바라고 추구하는 욕망의 영혼이기 때문에 누구나 비굴해질 위험성을 가지고 있다. 그러므로 비굴해지지 않으려면 의식적으로 자기 검진을 해야 한다.

목적 달성을 위해 비굴해지는 것을 경계하는 만큼 또한 조심해야 할 것은 거만이라는 허세이다. 거만을 떤다는 것은 무언가 숨겨진 욕망을 추구하는 자기 기만행위이다. 거만이란 비굴함을 숨기고 있는 또 하나의 비굴함인 것이다. 잘못된 고정관념을 신념으로 착각하는 사람은 거만 떨기 쉽다. 따라서 거만하지 않으려면 고정관념에서 벗어나는 것도 중요하다.

훌륭한 지도자는 모든 문제의 원인을 우선 자기 자신에게서 찾고 반성한다. 부하들이 따라오지 않으면 먼저 자신의 모자람부터 반성해야 한다. 불씨가 강렬하면 젖은 풀도 태울 수 있다. 풀이 젖었다고 탓하기 전에 자신의 미지근함을 반성해야 한다. 자신의 한계를 반성하고 극복하려는 지도자의 모습이야말로 부하들에게는 최상의 교육이 된다. 그래서 부하를 보면 그 지도자를 알 수 있다. 부하는 지도자의 '거울'인 것이다.

큰 인물과 작은 인물

"다 같은 사람인데 어떤 사람은 대인이 되고, 어떤 사람은 소인이 되는 것은 무슨 까닭입니까?"「均是人也, 或爲大人, 或爲小人, 何也?」

공도자(公都子)의 질문에 맹자(孟子)가 대답했다.

"큰 몸을 따르면 큰 인물이 되고, 작은 몸을 따르면 작은 인물이 된다."「從其大體爲大人, 從其小體爲小人.」(맹자, 告子 15).

큰 몸(大體)이란 오장육부를 지배하는 마음(心)을 말한다. 마음은 우주 천지와도 통하는 큰 존재를 말하는 것이다. 마음을 따른다는 것은 곧 큰 입장에 선다는 것이다. 작은 몸(小體)이란 육체를 말한다. 시간과 공간의 제약을 받는 유한한 존재인 육체에 따른다는 것은 입의 욕구나 생식기의 욕구 등 동물적 본능에 지배당하는 것과 같다. 따라서 작은 몸에 지배당하는 인간은 큰 뜻을 펼 수가 없다. 지도자가 되려는 사람은 온 몸을 이끌고 영도하는 마음에 따라야지 팔이나 다리처럼 한 부분의 이해를 따라서는 안 되는 이유가 여기에 있다.

큰 이익을 위해 애쓰는 사람이 큰 사람(大人)이라면, 작은 이해에 빠져서 그것만을 관철하려는 사람은 작은 사람(小人)이다. 자기 개인만의 이익을 위하여 전체를 외면한다면 그러한 사람은 소체(小體)를 따르는 소인이다. 그러나 지도자는 우주 천지로 통하는 마음에 따르듯이 큰 이익을 위하는 전체의 마음에 따라야 한다. 팔이나 다리처럼 한 부분이 아니라 온 몸을 지배하는 마음에 따르고 큰 입장에 서는 사람이 큰 인물이다.

다시 공도자(公都子)가 질문했다.

"다 같은 인간인데, 왜 누구는 큰 몸인 마음을 따르고 누구는 작은 몸인 육체를 따르는 것입니까?"「均是人也, 或從其大體, 或從其小體, 何也?」

맹자가 대답했다.

"귀나 눈 같은 감각기관은 생각할 힘이 없기 때문에 물질에 끌리게 마련이다. 그리고 물질과 물질이 서로 엉키면 감각기관이 한 쪽으로 쏠리듯이 한 쪽으로 끌려들게 마련이다. 그러나 마음이라는 기관은 생각하는 힘이 있고, 생각하면 도리(道理)를 터득하게 된다. 도리는 생각해야 얻어지는 것이다. 이들은 다 하늘이 우리에게 준 것이다. 큰 몸(心)을 앞에 내세워야 작은 몸(肉體)이 마음의 자리를 빼앗을 수 없게 된다. 큰 인물이 되려면 작은 것에 구애받지 않고 큰 것, 즉 마음에 따르는 사람이 되어야 한다."「心之官則思, 思則得之, 不思則不得之, 此天之所與我者.」「先立乎其大者, 則其小者不能奪也.」(맹자, 告子上 15).

지도자가 큰 입장에 따르는 최고의 동력(動力)은 사명감이다. 지도자라는 '업'(業)은 사명감을 그 동력으로 해야 하는 것이다. 사명감은 자신의 직분을 천명(天命)으로 받아들이는 신념을 만들며, 신명나게 일하는 힘이 생기게 한다. 진실한 지도자는 자신과 신념이 일체가 되도록 일상에서 자신을 되돌아본다. 그리하여 자신의 신념을 신념으로 의식하여 느끼지 않을 만큼 자신에게 녹아 퍼져 있게 한다.

생활 그 자체가 신념의 일상화로 체현(體現)되는 것이다.

사명감에 불타고 큰 몸에 따르는 지도자의 공통점은 오너(owner) 의식을 가지고 있다는 점이다. 오너 의식을 가지고 있는 사람만이 진정으로 봉사하고 희생할 수 있기 때문이다. 그러나 오너 의식을 가진 지도자가 스스로 경계하지 않으면 언제라도 빠지기 쉬운 함정이 있다. 그것은 오너 의식을 가지고 일에만 매진하다보면 자신도 모르는 사이에 조금씩 물들기 시작하는 공(公)과 사(私)의 혼동이다.

"내가 이렇게 열심히 일하는데, 내가 이렇게 조직을 위해 모든 것을 바치는데, 이 정도의 규칙이야 위반하더라도, 요 정도야 내 마음대로 하더라도 나는 거리낄 것이 없다"고 생각해버리기 쉬워진다는 것이다. 만약 그렇게 되고 있다면 그것은 이미 조금씩 작은 몸(小體)에 따르려는 충동에 젖어들고 있다는 증거이다. 그리고 이러한 충동이 반복되면 마음(大體)은 조금씩 허물어지기 시작한다.

시저의 마누라는 의심사지 말아야 한다

사명감에 불타는 큰 지도자가 되기 위해서는 먼저 무사(無私)해야 한다. 무사할 수 있는 최고의 길은 큰 몸(公心)에 따르는 것이다. 그럼에도 불구하고 공(公)과 사(私)를 혼돈하기 시작하면 그 허물어지는 모습은 곧바로 부하들에게 감지된다. 윗사람은 3년이 지나야 부하를 알 수 있지만, 부하는 3일만 지나면 상관을 알 수 있기 때문이다. 이것은 아주 간단한 산술계산으로도 증명된다.

1천 명의 직원을 두고 있는 회사의 사장은 두 눈으로 1천 명을 보지만, 부하들은 2천 개의 눈으로 1명의 사장을 응시하고 있다. 고작 3일이면 보스의 정체를 적나라하게 파헤치게 되는 것이다. 따라서 지도자는 "집 문을 나서면 누구에게나 큰손님을 대하듯 행동해야 한다. 부하를 부릴 때에는 큰제사를 받들 때의 마음가짐으로 해야 한다."「出門如見大賓, 使民如承大祭.」(논어, 顏淵 2).

　지도자란 어둠 속에서 빛을 비추듯 이끌어 가는 사람이다. 본디 어둠에 속하여 빛이 없는 존재에는 흑점이 생겨도 남의 눈에 띄지 않는다. 그러나 한밤중에 길을 비추는 달이나 해에 흑점이 생기면 금방 눈에 띈다. 이처럼 지도자의 행동은 일식(日食)이나 월식(月食)과 같아서 잘못을 범하면 많은 사람들이 쉽게 보게 된다. 그렇지만, 일식을 끝낸 달이 다시 밤길을 비추듯이 지도자가 허물을 인정하고 고치면 사람들은 다시 우러러 보게 된다.「子貢曰 : 君子之過也, 如日月之食焉. 過也, 人皆見之. 更也, 人皆仰之.」(논어, 子張 21).

　그래서 브루투스는 외쳤다.

　"시저의 마누라는 일절 의혹을 받아서는 안 된다."

　많은 사람을 이끌고 가야 하는 지도자일수록 다른 사람으로부터 어떠한 작은 의심도 받아서는 안 된다. 부하들이나 추종자들로부터 신뢰받지 못하면서 큰일을 할 수는 없다. 따라서 황제인 시저는 말할 것도 없고 시저의 부인까지도 단순한 소문마저 경계하고 결백해야 한다.

　공자는 말했다.

　"자신의 행실이 바르면 명령하지 않아도 따를 것이다. 그러나 행실이 바르지 못하면 아무리 명령한다고 해도 따르지 않을 것이다."「其身正, 不令而行, 其身不正, 雖令不從.」(논어, 子路 6).

열자(列子)라는 책에는 수기치인(修己治人)의 근본을 명료하게 가르쳐 주는 유명한 문답 한 토막이 소개되고 있다.

초나라의 장왕(莊王)이 부하인 첨하(詹何)에게 물었다.

"나라를 잘 다스리려면 어떻게 해야 하는가?"

첨하가 대답했다.

"저는 제 자신을 다스리는 법은 알고 있지만, 나라를 다스리는 법은 알지 못합니다."

장왕이 다시 물었다.

"나는 종묘사직을 받들어야 할 군주로서 나라를 다스리는 법을 배우고 싶다."

첨하가 대답했다.

"저는 군주가 몸가짐을 바로 하고서도 나라가 혼란에 빠졌다는 이야기는 들어본 적이 없습니다. 또한 몸가짐이 바르지 못한데도 불구하고 나라가 잘 다스려졌다는 말도 들어보지 못했습니다. 그러므로 정치의 근본은 군주의 몸가짐에 있습니다." 「臣未嘗聞身治, 而國亂者也, 又未嘗聞身亂而國治者也, 故本在身, 不敢對以末.」(列子, 說符).

제 4장　큰 사람은 후계자를 키운다

조직인이 해야 할 최후의 공헌은 때가 되었을 때 자리를 물려주는 것이다. 조직인이 평소에 해야 하는 중요한 업무는 후계자를 키우고, 후계자에게 일을 맡기는 것이다. 후계자를 키우는 작업은 자신이 없어도 일이 돌아가게 하는 작업이다. 후계자를 키운다는 것은 자신을 없게 함으로써 오히려 자신을 영속적으로 존재하게 하는 작업이다.

상관이란 후계자를 키우는 사람

조직에 참여하고 있는 사람이 일상적으로 준비해야 하는 과업의 하나는 자신이 물러나더라도 업무가 돌아가게 하는 것이다. 일 없이 또는 제대로 일을 처리하지 못하면서도 자리에 머물러 있는 행위를 절위(竊位)라고 한다. 절위란 말 그대로 '자리를 훔치는' 범죄행위이다. 그것은 용변도 보지 않으면서 화장실만 차지하고 있어 다른 사람에게 용변 볼 기회를 주지 않는 것처럼 자신을 더럽히고 남의 기회도 박탈하는 것이다.

조직에 몸담고 있는 사람이 절위의 범죄를 저지르지 않으려면 출처진퇴(出處進退)를 엄격히 해야 한다. 아니, 출처진퇴의 엄격함에 살고 죽는 사람이 되어야 한다. 맡은 일은 최선을 다하되, 자신의 역할이 다했음을 알면 스스럼없이 물러나야 한다. 그러나 현실적으로는 자리에 앉기보다도 더 어려운 것이 자리에서 물러나는 것이다.

주자(朱子)가 편찬한 『송명신언행록(宋名臣言行錄)』에는 다음과 같은 기록이 있다. 중국 북송(北宋)의 혁신관료 왕안석(王安石)은 소위 『왕안석의 신법(新法)』을 시행할 때, 이상하게도 재주만 자랑하는 소인배들을 요직에 앉혔다. 이를 걱정하여 사마광(司馬光)이 그 이유를 묻자 다음과 같이 대답했다.

"처음에는 재주를 자랑하는 인간을 써서 앞뒤 가리지 않고 저돌적으로 신법을 추진시키고, 어느 정도 골격이 갖추어져서 눈코 뜰 수 있게 되면 노련하고 경륜 있는 사람으로 교체하여 그때까지의 성과를 지켜나가도록 하기 위해서 그랬다."

말하자면 지자(智者)에게는 개혁을 실행하게 하고, 인자(仁者)로 하여금 개혁의 성과를 지키도록 하겠다는 것이었다. 그러나 왕안석의 말을 듣는 순간 사마광은 "아 ! 왕안석이 큰 과오를 저지르고 있구나" 하고 절규하듯 외치며 통절한 충고를 했다.

"큰 인물은 높은 관직에 앉히려 해도 사양하며 좀처럼 이를 수락하지 않으려 하네. 반면에, 그 자리에서 물러나야 할 때가 되면 아무 주저함도 없이 몸을 감추지. 그러나 소인들은 아무리 재기가 뛰어나다고 해도 한 번 주어진 지위에 무섭게 집착하며 놓으려 하지를 않네. 따라서 그런 인간을 무리하게 물러나게 하면 반드시 원한을 품게 되고 반항을 하게 된다네. 그러므로 지금과 같은 인사를 한다면 훗날 크게 후회할 일이 생길 것이야."

왕안석이 사마광의 충고를 무시한 결과는 참으로 참담했다. 왕안석은 자리에서 밀려난 소인배들의 중상모략으로 실각했고, 결국 의욕적으로 시작했던 신법도 유야무야 실패로 돌아가고 말았다(山本七平, 『帝王學』, 1997).

"관직을 맡은 사람이 자신의 직분을 다하지 못하게 되면 자리에서 물러나야 한다."「有官守者, 不得其職, 則去.」(맹자, 公孫丑下 5).

스스로 자리에서 물러나는 것도 어려운 일이지만, 부하를 그 자리에서 물러나게 하는 것도 어려운 일이다. 물러남에 있어서도 우리가 보다 관심을 가져야 하는 것은 일을 못해서 물러나는 경우가 아니다. 일을 잘못하여 물러나는 경우는 그 뒤처리가 쉽다. 그러나 일을 잘하고 물러나는 경우, 즉 지난날을 계승하게 하고 이를 토대로 발전시켜 나가게 하는 것이 오히려 더 어렵다. 따라서 우리가 정말 고민하고 노력해야 하는 것은 일을 잘하고 물러나도록 자신을 경영하는 것이다.

일을 잘하고 물러나기 위해서는 평소에 물러날 준비를 해 두어야 한다. 그것이 바로 후계자를 기르는 것이다. 후계자에도 두 종류가 있다. 시장이나 군수가 언젠가는 자신을 대신하여 지역을 경영할 사람을 키우고 있다면 그는 정치적 후계자를 키우고 있는 셈이다. 과장이나 계장이 자신의 업무를 승계할 후임자나 부하에게 일을 가르친다면 그는 행정적 후계자를 키우고 있는 것이다.

정치적인 후계자이건 행정적 후계자이건 후계자는 자신의 상관을 모델로 하여 그의 언동을 모방한다. 인간은 모방을 통해서 자신의 것을 만들어 간다. 따라서 살아있는 인물이건 역사상의 인물이건 간에 자신이 개인적으로 배우고 존경하거나 심취하는 인물을 품고 있다는 것은 행운이 아닐 수 없다. 비록 성장 후에 그 선생을 부정하게 된다고 하더라도 이러한 자기멸각(自己滅却)의 훈련은 한 인간의 기본을 이루게 하는 것이기 때문이다.

독일의 문호 괴테는 말했다.

"빼어난 예술가가 되는 길에 예비학교는 없다. 단지 실력을 습득하는 길만이 있을 뿐이다. 그러므로 배우는 제자에게 있어서 선생의 작업을 직접 도와주는 것보다 더 유익한 배움은 없다. 물감과 붓을 챙기는 조수에서 위대한 화가로 성장한 사람이 많은 것은 이러한 연유 때문이다."

훌륭한 인재를 만드는 데에 별다른 예비학교가 있는 것이 아니다. 훌륭한 지도자를 모시고 일하면서 배우는 것이 최고의 길인 것이다. 좋은 선배 밑에 좋은 후배가 나고, 훌륭한 상사 밑에 훌륭한 직원이 키워진다.

직업인이 된 개인은 집단의 적절한 일원이 되기 위하여 그곳에서 필요로 하는 직업적 규범을 학습하고, 그것이 몸에 배이도록 내면화해 나가게 된다. 이것을 직업적 사회화(職業的 社會化)라고 한다. 직업적 사회화를 촉진함으로써 개인은 조직에 공헌을 하고 또한 스스로도 성장해 나갈 수 있게 된다.

왜 후계자를 기르지 않는가

조직이 존속하고 발전하기 위해서는 후계자를 잘 키워야 한다는 말은 누구나 한다. 그러면서도 왜 많은 사람들은 자신의 후계자를 키우지 않는 것일까. 후계자를 키우는 작업은 '자신이 없어도 되는 작업'을 하는 것이기 때문이다. 따라서 정치적 후계자를 양성하는 것뿐만 아니라 행정적인 후계자를 양성하는 것도 말처럼 쉬운 것이 아니다.

공공기관에서만이 아니라 대차대조표와 손익계산서로 냉정하게 평가하는 기업에서도 정치적인 후계자를 키우기는 간단치 않다. 많은 기업에서 사장이 후계자를 선택하는 제일의 기준을 현재 자신이 누리고 있는 권력을 유지하는 수단의 한 방편으로 고려한다. 따라서 유능하고 실력이 있어서 자신을 밀어낼 가능성이 있는 사람이라면 가급적 부사장으로 쓰려 하지 않는다. 자신이 회장이나 고문이 되어도 자신이 지금 누리고 있는 정신적 물질적 예우를 그대로 받게 해주는 사람을 선택하려 드는 것이다.

정치적 후계자의 선택에 있어서 객관적 기준이 무시되는 것은 공공부문에서 더욱 두드러지게 나타난다. 인재를 보배로 보지 않고 오히려 위협으로 간주하여 경원시하는 경우가 많기 때문이다. 지방자치단체에서 부단체장을 정치적 후계자로 착실하게 키우고 있는 사례가 드문 이유도 여기에 있다. 착실하게 수업을 시키기는커녕 지도자로서의 잠재적인 능력이 있다고 여겨지는 사람은 사전에 그 싹을 잘라버린다. 상관은 부하를 믿지 못하고 부하는 상관을 배반해 온 역사 때문이다.

후계자를 키우지 않기로는 행정적 후계자에 있어서도 마찬가지이다. 경영학자인 파킨슨(Parkinson)에 의하면, 샐러리맨은 자신의 부하를 두고 싶어하면서도 장래 라이벌이 될 인간은 키우려 하지 않는다고 한다. 따라서 좀 힘이 들더라도 지금까지 자신이 맡았던 업무의 절반을 책임져줄 부하를 두려고 하지는 않는다. 가능하면 한 명의 부하를 두기보다는 두 명의 부하를 두면서 이들에게 일을 반씩 나누어주고 자신은 이들을 관리하면서 영향력을 행사하려고 기를 쓰고 노력한다.

파킨슨의 법칙은 민간에서보다 행정에서 더욱 쉽게 나타난다. 순환보직에 의하여 업무교대가 빈번한 정부조직에서 전임자는 자신이 파악한 정보를 후임자에게 전달하지 않는 것을 하나의 생존전략으로 여긴다. 그러나 이러한 생존전략이 적용되고 있는 조직은 이미 도태하고 있다는 증거를 스스로 제시하고 있는 셈이다. 정부 조직에서 행정적인 후계자조차 제대로 육성하지 못하는 이유는 바로 이러한 생존전략에서 비롯된다. 정부조직에서 과거의 실패가 되풀이되는 이유도 여기에 있다.

후계자를 키우려 하지 않는 사람들에게는 몇 가지 공통점이 있다.

첫째, 자신이 소속한 조직이나 사회의 이익은 외면하고 자신의 이익만을 중시하는 사람들이다. 조직을 위해서 자신이 존재하는 것이 아니라 자신을 위해서 조직이 존재해야 한다고 생각하는 사람들이다. 조직의 발전이나 미래에는 관심이 없고 단지 자신에게 미칠 오늘의 이익만을 전부로 여기는 사람은 절대로 후계자를 키우지 않는다. 도자기를 구우려면 가마를 구워야 한다.

그러나 가마는 망가뜨리면서 '내 도자기'만 챙기려는 사람은 결코 후계자를 키울 수 없다.

둘째, 자신감이 없고 팀플레이를 하지 못하는 사람도 후계자를 키울 수 없다. 자신보다 후임자가 더욱 두각을 나타내는 것이 자신의 한계를 나타내는 것이라고 생각하는 작은 사람은 절대로 후계자를 키울 수 없다.

제2차 세계대전이 일어나기 전, 일본에서 미국 대표와 일본 대표 간에 야구시합이 진행되고 있었다. 전설적인 홈런타자 '베이브 루스(Babe Ruth)'는 일본의 명 피처 사와무라(澤村)가 던지는 빠른 스트라이크를 번번이 놓치고 만다. 아니 이럴 수가. 이제 어떻게 해야하나! 베이비 루스는 타순을 기다리는 동안 사와무라의 피칭 폼을 유심히 관찰했다. 아! 바로 저것이로구나! 사와무라가 강한 직구의 스트라이크를 던질 때에는 예외 없이 왼쪽 눈을 감는다는 사실을 감지했다. 베이비 루스는 회심의 미소를 지으며 타선에 들어섰다. 그런데 이건 또 무슨 날벼락인가. 정면에서 작렬하고 있는 태양에 눈이 부셔 사와무라의 눈을 볼 수 없었던 것이다. 결과는 또다시 삼진 아웃이었다.

그러나 세계 최고인 베이비 루스는 달랐다. 자신이 포착한 사실을 다음 타자인 '루 게릭(Lou Gehrig)'에게 재빨리 알려주었다.

'루 게릭'은 창이 긴 모자를 깊이 눌러쓰고 타선에 섰다. 아니나 다를까, 사와무라가 왼쪽 눈을 감는 모습이 포착되었고 힘껏 공을 쳤다. 홈런이었다. 루 게릭 아니 베이비 루스가 홈런을 쳤고, 미국 팀은 승리했다.

정보를 공유한다는 것은 이처럼 힘을 공유하는 것이다. 그리고 후계자를 키우는 것은 자신을 확장시키는 것이다.

후계자를 기르는 마음

후계자는 소리 없이 길러야 한다. 후계자를 기르는 것은 자신이 없어도 일이 돌아가게 하는 작업이다. 따라서 후계자를 기르는 것은 '자기를 없게' 하는 것에서 시작하지만 결국은 자기 자신을 확대 재생산하는 사업이다. 그리하여 더 오래도록 자기 자신이 존재하게 하는 작업이다. 아직도 자신만이 그 일을 할 수 있다고 생각해서, 또는 후계자가 너무 어리다고 생각해서, 후계자에게 일을 맡기지 않으려는 사람이 있다. 그러나 이런 사람은 자기 자신이 언젠가는 죽을 것이라는 것도 모르는 사람과 같다.

후계자를 기르려면 자신의 이름으로 일을 하려는 집착을 버려야 한다. 우리는 지역의 미래에 대한 집착과 자신의 욕심에 대한 집착을 구분해야 한다. 일손을 놓고 멀리 떨어져서 자기 자신과 조직 (지역)의 미래를 바라보면 비로소 자신이 하고 있는 일이 조직에서 어떤 비중을 차지하는지를 알게 된다. 그리고 조직의 미래를 혼자서 감당할 수 없다는 것도 알 수 있게 될 것이다. 그렇다고 해서 어떤 일을 하다가 힘들면 중도에 그만두라는 말이 아니다. 아무리 땅을 깊게 파고 들어가도 수맥이 나오기 전에 우물 파기를 포기한다면 애초에 우물을 파려고 하지 않은 것과 다를 바 없다.

맹자는 다음과 같이 준엄하게 말하고 있다.

"뜻한 바를 도모하려는 사람의 행위는 우물을 파는 것에 비유해서 말할 수 있다. 우물을 파다가 설령 아홉 길까지 파들어 갔다고 하더라도 수맥을 만나기 전에 그만두면 그것은 처음부터 우물을 파지 않았던 것과 마찬가지다."「掘井九軔, 而不及泉, 猶爲棄井也.」(맹자, 盡心上 29).

우물을 파는 목적은 물줄기를 얻으려는 것이다. 무슨 일을 도모하려 했다면 그 목적을 달성할 때까지 최선을 다해야 하고 끝장을 보아야 한다. 인간은 누구나 자신이 심은 씨앗은 자신의 손으로 열매를 거두고 싶어한다.

그러나 자신의 손으로 처음부터 끝까지 혼자서 다 파야만 그 우물을 자신이 판 것은 아니다. 혼자서 다 하려다가 지치고 힘들어 무려 아홉 길(九軔)까지 파고도 수맥을 못보고 포기하는 사태를 만들어서는 안 된다.

인간의 삶은 긴 강이 흘러가는 것과도 같다. 자신이 할 단계에서 잘 흘러가게 하면 다음 단계는 다음 사람이 하도록 하면 되는 것이다. 인생의 길이란 일의 길이다. 일이란 시작도 끝도 없는 그런 것이다. 따라서 파종을 하는 사람, 김을 매는 사람, 결실을 자축하는 사람, 그 모두는 각자에게 주어진 소임을 다해야 할 뿐이다.

병법의 대가 손자(孫子)가 시골로 낙향하여 여생을 보내고 있을 때, 왕이 사람을 보내어 다시 벼슬할 것을 권해 왔다. 이에 손자는 다음과 같이 대답했다.

"인간세상의 일이란 참으로 미묘한 것입니다. 한 시기에는 아주 유능하여 큰 역할을 맡았던 인물이라 할지라도 환경이 바뀌고 새로

운 시기가 오면 더 이상 쓸모없는 사람이 됩니다. 마치 계절마다 갈아입어야 하는 옷처럼…, 봄에는 산뜻한 옷, 여름에는 시원한 옷, 가을에는 겨울을 준비하는 옷, 겨울에는 두터운 외투를 입어야 하지요. 아무리 시원하고 멋있는 모시적삼도 겨울에는 소용없듯이, 계절에 맞지 않는 옷은 초라할 뿐입니다. 사계절은 매년 어김없이 다시 반복되지만 한 인간에게는 순환이 없습니다. 지금 나는 세상을 잊었고 세상도 나를 잊었습니다. 물론 앞으로도 인간으로서 생명이 있는 한 살아가야겠지만, 가능한 한 세상과의 관계는 줄이고 제자신의 생을 영위하는 데 필요한 접촉만을 하면서 살아가려고 합니다"(伊藤肇, 『現代の帝王學』, 1993).

위대한 장군이자 병법의 대가인 손자와는 달리, 우리 주위에는 자신의 역할이 다했음에도 불구하고 시대와 환경의 변화를 외면하고 자리에 연연하는 사람이 많다. 물론 높은 지위는 그만큼 큰 힘을 부여한다.

그러나 권력은 마치 소금물과 같아서 마시면 마실수록 갈증이 난다. 얻으면 얻을수록 마음 편할 날 없고 불안과 초조가 그치지 않는 곳이 높은 자리이다.

왜 그렇게 불안해할까? 그 자리에서 내려오면 모든 것이 끝난다고 생각하기 때문이다. 그래서 노추(老醜)에 빠지는 것이다. 그러므로 권력의 자리에서 내려와도, 현업에서 은퇴를 해도, 자신의 자리가 있는 인생을 살아야 한다.

조조와 유비의 후계자 선택

후계자 선택을 지적(知的)으로 판단하느냐 아니면 정적(情的)으로 판단하느냐 하는 것은 조직의 존망을 가르는 것이다. 죽음을 목전에 두고 조조와 유비가 취한 후계자 선정을 보면 명확하게도 지(知)와 정(情)의 쌍곡선을 그리고 있다.

조조는 평소 첫째아들 조비(曹丕)보다도 셋째아들 조식(曹植)을 더 마음에 두었다. 성실하기는 했지만 차갑고 냉혹한 첫째보다 인간적인 따뜻함을 지닌 셋째에게 정이 끌렸던 것이다. 그럼에도 불구하고 조조는 첫째인 조비를 후계자로 택했다. 인간적이고 따뜻한 조식의 성격으로는 자신이 죽은 후에 이루어야 할 패업(覇業)을 수행할 수 없다고 판단했기 때문이었다.

시인이기도 했던 조조에게는 격정가(激情家)로서의 낭만적 기질도 있었다. 이러한 조조의 낭만적 성격을 빼닮은 자식이 바로 셋째아들 조식이었다. 둘째아들은 용맹하기는 했으나 지략이 모자라서 후계자로 고려할 인물이 아니었다. 첫째와 셋째는 조조의 한 측면씩 그대로 물려받은 자식들이었다.

조조는 생각을 하고 또 고민을 했다. 냉철한 현실주의와 풍요한 감성의 로맨티스트 중에서 과연 누구를 후계자로 선정할 것인가? "내가 죽은 후에는 곧바로 한(漢) 왕조를 찬탈해야 한다. 그렇게 하려면 비정한 조비가 더 적임자다. 그러나 천하 만민을 통치하기 위해서는 마음이 따뜻한 조식이 더 적임자다." 고심하고 고심한 결과 조조는 조비를 후계자로 택했다.

유비는 조조와 달랐다. 유비는 백제성(白帝城)에서 숨을 거두기 직전 제갈공명(諸葛孔明)을 불러 유언을 했다.

"그대의 재능은 조비의 열 배를 넘고도 남을 만큼 위대하다. 나는 그대가 기필코 우리 촉나라를 안정시키고 천하의 대업도 이루어줄 것이라 믿는다. 그러므로 만약 내 아들 유선(劉禪)을 보좌할 가치가 있는 인물이라고 생각한다면 보좌해서 부디 인물로 만들어주면 좋겠다. 그러나 유선이가 제왕의 자질이 없다고 판단되면 사양하지 말고 그대가 촉나라의 왕이 되어주길 바란다. 그것이 천하 창생(蒼生)의 길이라고 나는 생각한다."(谷擇永一·渡部昇一,『三國志』, 2002).

자식은 부모가 가장 잘 안다는 말이 있다. 유비야말로 자기 아들이 얼마나 형편없는 존재인가를 잘 알고 있었을 것이다. 그럼에도 불구하고 부모라는 정에 눌려 어쩔 수가 없었던 것이다. 유비는 알고 있었다. 자신이 그렇게 말하면 결국 제갈공명은 유선을 받들어 충성을 다할 것이라는 사실을. 자식이 모자란다고 생각하면 생각할수록 오히려 더욱 연민을 느낀다고 했던가. 유비도 어쩔 수 없는 아버지였다. 아버지가 너무나도 위대한 탓이었을까. 유선은 아버지에 대한 열등감 때문이었는지 무엇 하나 자신감이라고는 없는 인물이었다. 그러나 더욱 큰 문제는 유선이 자신의 그러한 모습을 숨기기 위하여 당치도 않는 일을 꾸미고 말도 안 되는 논리를 고집하는 바보였다는 것이다.

공명은 생각에 또 생각을 했다. "천하 만민을 위해서라면 나 자신이 제위(帝位)에 오르는 것이 바람직하다. 바보를 왕으로 옹립하는 것은 이미 그 자체로서 죄악이다. 그렇지만 선왕을 생각해서 유선의 가능성을 조금 더 두고 보자." 그렇게 결론을 내린 공명은 유선에게 성충(誠忠)의 뜻을 전하는 '출사의 표(出師表)'를 올렸다. 그러나 바보가 할 수 있는 것이라고는 바보짓뿐이었다. 제갈공명은 위(魏)의 사마중달(司馬仲達)을 맞아 싸우러 나가는 출진(出陣)에 앞서서 유선에게 은밀한 서신을 올렸다.

"저는 성도에 8백 주의 뽕나무를 가지고 있고, 15경(頃)의 밭을 가지고 있어서 현재 가지고 있는 것만으로도 가족의 의식(衣食)은 충분합니다. 저는 원정군의 책임자로서 임무를 완수하는 것 이외에는 다른 생각이 없습니다. 저의 일상에 필요한 물품은 나라로부터 지급되고 있어 개인 재산도 필요 없습니다. 만일 제가 이대로 죽는다 할지라도, 영문도 모르는 막대한 재산 때문에 터무니없는 의혹을 사서 폐하의 신뢰를 저버릴 일은 절대로 없습니다." (伊藤 肇, 『人間的魅力の研究』, 2000).

전쟁터로 나가는 장수 제갈공명이 왜 출진에 앞서서 이러한 글을 황제에게 올렸을까? 그것은 유선이 누군가의 모함에 말려들어 마치 공명에게 부당하게 재물을 취한 의혹이 있는 것처럼 말을 했기 때문이다. 그렇지 않다면 싸움터로 나가는 장군이 이런 글을 올릴 이유가 없지 않은가.

세상에는 CEO가 되어서는 안 될 다섯 부류의 인간이 있다. 첫째는 허례허식과 형식에 사로잡힌 사람, 둘째는 인색한 사람, 셋째는 비전 없는 사람, 넷째는 남을 믿지 못하는 사람, 다섯째는 배짱이 없는 사람이다. 유선이야말로 이러한 다섯 가지 모두에 해당하는 인간이었다. 결국 공명이 죽자 촉나라의 운명도 막을 내리고 말았다.

제 5장 큰 사람에게는 선생이 있다

리더십을 연마한다는 것은 자기 자신을 다스릴 수 있도록 수양하는 것이다. 그러나 인간은 자기 혼자만의 힘으로는 자기 자신을 다스릴 수가 없다. 특히 권력과 부를 가진 사람일수록 남을 다스리기보다 자기 자신을 다스리기가 더 어렵다. 그래서 권력자일수록 선생이 필요하고 신임하는 부하의 진언과 친구의 충고가 필요하게 된다.

국민이 제왕학을 연마해야 하는 시대

리더십 이론은 자신을 가다듬고 바람직한 태도를 몸에 익힘으로써 사람이 따르게 하는 수기치인(修己治人)의 학문이다. 따라서 리더십 이론은 '민주주의의 제왕학(帝王學)'이라고도 할 수 있다. 민주주의는 모든 국민이 제왕학을 연마함으로써 발전하는 시스템이기 때문이다. 전제주의 체제에서 권한을 장악했던 사람은 극히 소수였다. 따라서 소수의 사람들만 제왕학을 연마하면 당시의 세상은 돌아갈 수 있었다.

민주주의에서는 권력의 분산이 이루어지고, 권력의 분산은 수많은 소제왕(小帝王)들을 낳게 된다. 특히 복잡한 현대사회에는 생살여탈(生殺與奪)의 권한을 장악하고 공적·사적 권력을 행사하는 수많은 소제왕들이 있다. 예컨대 인사권, 인·허가권을 가지고 있는 사람은 비록 그 권한의 범위가 과거의 제왕보다 좁다고 할지라도 행사하는 권력의 강도는 오히려 더 강력할 수도 있다. 인사권, 허가권이 한 가족을 살리기도 하고 궁핍하게 할 수도 있다는 점에서 그러하다.

민주주의 사회에서 가장 강한 권력을 가지고 있는 것은 대중(大衆)이다. 그러나 대중이라는 권력자는 책임을 지지 않기 때문에 자제심을 잃어버리기 쉽다. 이러한 사태가 가장 잘 나타나는 것이 바로 군중심리이다. 자제심 없는 권력자인 대중은 인류사상 가장 난폭한 폭군이 될 수도 있다. 따라서 민주주의란 국민 한 사람 한 사람이 스스로 군주라는 자각을 하면서 책임지고 자제할 때 유지되고 발전하는 시스템이다.

민주주의 체제에서 모든 국민들은 과거의 제왕들이 곁에 두고서 자신이 잘못하면 가차없이 비판을 하게 했던 간의대부(諫議大夫)와 같은 조언자를 두고 있어야 한다. 국민들의 간의대부란 스승이나 주변의 선배들이다. 존경하는 스승이나 선배가 없다면 좋은 부하나 후배도 좋다. 아니면 최소한 스스로 규율하는 경구(警句)나 마음을 가다듬게 해주는 서적을 통해서라도 간의대부를 공급받아야 한다.

그러나 일반국민과는 달리 작은 권력이라도 행사하는 지위에 오른 사람이라면 기본적으로 세 종류의 간의대부를 모시고 있어야 한다.

원리원칙을 가르쳐 주는 선생과, 직언을 해 주는 부하, 그리고 형식과 격식을 따지지 않고 충고해 주는 친구가 있어야 한다.

아무리 현명한 사람일지라도 권력을 가지게 되면 3년 내에 바보가 된다는 말이 있다. 권력을 갖게 되면 자신의 생각과는 관계없이 주위에 아첨하는 사람들이 모이기 시작한다. 권력에 의존하는 사람들은 권력을 두려워하고, 권력을 두려워하는 사람들은 권력자에게 아부한다.

그러나 세상 사람들의 눈에는 다 보일지라도 권력자의 눈에는 아첨하는 무리의 모습이 보이지 않을 수 있다. 따라서 권력자는 스스로 자신을 점검하는 안경을 가지고 있어야 한다. 자신의 눈으로는 볼 수 없는 것을 보게 해주는 선생과 부하 그리고 친구라는 안경이 있어야 한다.

권력자의 고독과 권력의 독성

조직의 구성원들은 자기가 부리는 사람의 업적을 통해서 자신을 부리는 사람에게 봉사한다. 따라서 리더의 제1차 고객은 자신이 부리는 부하들이다. 조직의 지도자는 자신이 부리는 제1차 고객을 통해서 자신을 부리는 제2차 고객에게 봉사해야 하기 때문이다.

제1차 고객의 이해는 제2차 고객의 이해와 상반되는 경우가 많다. 부하들이 상관에게 헤아림과 배려를 바랄 때 상관은 부하들에게 업적을 기대하기 때문이다. 따라서 부하를 이끌면서 책임을 짊어져야 하는 지도자는 남모르는 고독감을 느끼며 살아간다. 쇼펜하우어가 말한 것처럼 "고독이란 모든 지도자에게 부과되고 있는 운명"인 것이다.

대 혁명가 모택동에게 다음과 같은 에피소드가 있다.

1964년, 『중국의 붉은 별』의 저자 에드가 스노우(Edgar Parks Snow)가 두 번째로 중국을 방문했을 때였다. 국경절을 맞이하여 모택동의 옆자리에서 '대행진'을 참관하고 있던 에드가 스노우의 눈에는 국가주석이라는 최고 권력자 모택동의 얼굴에 어딘지 공허한 그림자가 드리워 있는 느낌이 들었다. 그래서 물어 보았다.

"무슨 걱정이라도?"

깃발을 높이 세우고 함성을 높이면서 행진하고 있는 군중을 바라보고 있던 모택동이 입을 열었다.

"저 군중들을 대별하면 3가지 부류로 나눌 수 있소. 첫째는 충실한 모택동주의자, 둘째는 남들이 모두 그렇게 하니까 자기도 그렇게 하는 영합파, 셋째는 표면으로는 가장을 하고 있어도 속으로는 호시탐탐 기회만 보고 있는 반모주의자(反毛主義者)가 있지요."

모택동의 에피소드에서 혁명가의 '날카로운 눈'과 동시에 권력자의 '고독한 자아'를 느낄 수 있다.

마키아벨리는 "백성들이 우리는 군주를 위해서 죽을 각오가 되어 있다고 말할 경우는 죽을 필요가 없을 때만이다"라고 했다. 마키아벨리의 경고처럼 부하들이 상관에게 충성을 맹세하는 대부분의 경우는 그러한 맹세가 필요 없을 때에 아첨으로 하는 것이다.

아첨하고 빌붙는 사람일수록 상황이 바뀌면 앞장서서 배반한다. 역사가 이를 증명하고 있다. 그러나 문제는 총명하던 사람도 권력을 잡고 나면 자신도 알지 못하는 사이에 사람의 장벽에 갇히게 된다는 것이다. 이러한 장벽은 깊은 강이 되어 권력자가 좋아하는 정보만이 그 강을 건너가게 한다.

인간은 자기를 꾸짖는 말보다는 추켜세우는 말을 좋아한다. 그 말이 뻔한 아첨인 줄 알면서도 기분이 편안해지기도 한다. 아부를 잘해야 출세를 할 수 있다는 말은 인간의 한 속성을 포착한 것이기도 하다. 인간은 자신의 인격을 높이 평가받고 싶어하는 만큼 허전하다. 자신이 기대하는 만큼 세상이 자신을 인정해 주지 않기 때문이다.

그러나 다른 사람으로부터 존중받는 간단한 방법이 있다. 그것은 자신이 먼저 남을 존중하는 것이다. 상대를 존중하고 받들면 그 상대도 기꺼이 마음을 열고 관대하게 되어 존중하는 마음으로 다가온다. 그래서 공자는 가르치고 있다. "남들이 나를 몰라준다고 걱정할 것이 아니라, 내가 남을 몰라주는 것을 걱정해야 한다."「不患人之不己知, 患不知人也.」(논어, 學而 16).

인간은 누구나 자신을 다른 사람과 비교한다. 비교해서 '저 사람은 나와 비슷하다'고 생각되는 경우는 그 사람이 자신보다 우월하다는 증거이다. '저 사람은 나만 못하다'고 생각되면 실제로는 나와 비슷하다고 생각하면 된다. 누구나 남이 보는 객관적인 상태보다 자기 자신을 더 높게 평가하는 경향이 있기 때문이다. 따라서 대부분의 인간은 '자신은 더 높게 평가받아야 했다'는 불만을 가지고 있다. 그렇기 때문에 평소 상대방을 칭찬하는 것은 다른 사람과의 인간관계를 유지하는 기본 비결이다(谷澤永一, 『人間學』, 2000).

논리를 강조하며 학문을 하는 사람도 아첨의 사슬에서 빠져나오기가 힘들기는 매한가지이다. 청나라의 재자(才子) 원매(袁枚)와 그의 스승 윤문단(尹文端)의 재미있는 일화를 보면 이러한 사실이 더욱 실감난다.

원매는 20대에 그 이름이 널리 알려져 현령이 되었는데, 부임하기 전에 인사차 스승 윤문단을 찾아가 가르침을 청했다. 스승은 젊은 제자에게 현령이 되어 부임하러 가는데 어떤 준비를 했느냐고 물었다. 원매가 대답하기를, 특별히 다른 것을 준비하기 보다는 그저 백 개의 모자(帽子)만 준비했노라고 했다. 당시에 '모자' 란 아첨을 의미하는 말로 사용되었다. 따라서 아첨할 준비를 충분히 해두었다는 말이었다. 이에 선생님은 젊은 사람이 왜 그렇게 하느냐고 묻자, 원매가 대답했다.

"세간의 사람들은 누구나 아첨 받기를 좋아합니다. 선생님처럼 아첨 받기를 좋아하지 않는 사람이 몇 사람이나 되겠습니까?"

스승 윤문단은 제자의 말을 듣고 나서 그의 말에도 일리가 있다고 했다. 원매가 선생님을 만나고 나오자 학우들이 선생님과의 대화는 생각대로 잘 되었느냐고 물었다. 이에 원매가 대답하기를, "선생님께 벌써 모자를 하나 씌워 드렸다"고 하였다(송찬문 역, 『논어강의』, 2002).

자신을 행복하게 만드는 듣기 좋은 말과 칭찬하는 말에는 누구나 귀를 기울인다. 나폴레옹은 아첨을 싫어했다. 그래서 참모가 말을 했다.

"폐하께서는 정말로 아첨을 싫어하시는 분이십니다."

이러한 칭찬을 들은 나폴레옹은 기분이 좋았다. 칭찬은 인간관계에 있어서 윤활유와도 같은 것이다. 사람을 움직이려면 상대가 칭찬받고 싶어하는 점을 빨리 간파하여 실행해야 한다. 다른 사람이 자신을 좋아하게 하려면 다른 사람을 인정할 줄 알아야 하는 것이다. 그렇다면 무엇을 어떻게 인정해야 하는가. 부자를 보고 '사장님은 큰 부자이십니다'라고 말하면 기뻐하지 않는다. 그러나 그의 인격이나 화술, 취미를 높이 평가하면 분위기가 달라진다.

칭찬하는 사람은 큰 사람이지만 아첨하는 사람은 비굴한 사람이다. 칭찬은 상대를 좋게 하여 자신도 좋게 하는 것이다. 그러나 아첨은 상대를 망치게 하고 상대가 망쳐지는 만큼 자신이 이득을 얻고자 하는 것이다. 문제는 일상에서 칭찬과 아첨의 경계가 아주 모호하다는 점이다. 특히 사람을 지배하는 권력자가 되고 나면 자기도 모르는 사이에 '권력의 독'에 조금씩 마비되어 듣기 좋은 정보만을 탐할 수도 있기 때문에 아첨하는 말만 진실로 받아들이기 쉽다. 허심탄회하게 충언을 받아들이던 도량 큰 사람도 권력의 독에 마비되면 별 수 없다.

권력자의 얼굴로 세상을 대하면 비위나 맞추고 명령대로 순순히 따르는 사람만이 줄을 서게 된다. 이렇게 되면 아무리 총명하던 사람이라도 그 총명이 흐려지는 것은 시간문제이다. 세상을 보는 사리가 어두워지면 듣기 좋게 아첨만 하는 사람을 순후(淳厚)하다고 여기고, 강직한 사람을 과격하다고 생각하기가 쉽다. 따라서 높은 자리에 오를수록 사랑하고 공경하기 때문에 직언을 하는 선생과 측근이 필요하다.

큰 사람만이 큰 스승을 모신다

최고의 지혜를 가지고 경지에 오른 성인은 어떠한 악습(惡習)이나 나쁜 유혹에도 물들지 않을 수 있다. 그러나 보통 사람들은 일정한 중심을 가지고 있지 않기 때문에 주변의 분위기와 교육환경에 의하여 쉽게 좌우된다. 따라서 동서고금을 막론하고 훌륭한 지도자에게는 반드시 좋은 스승이 있었다. 좋은 스승과의 해후(邂逅)를 통해서 비로소 훌륭한 지도자가 만들어진다. 지도자가 되려는 사람이라면 반드시 스승을 찾아 나서야 하는 이유가 여기에 있다.

그러나 사람은 자신의 그릇보다 큰 스승을 모시지 못한다. 주인이 두어 칸짜리 작은 집을 지으려 하는데 목수가 큰 집을 지으려 한다면, 주인은 목수의 말을 들으려 하지 않을 것이다. 큰 꿈을 품고 있지 않은 작은 지도자가 큰 스승을 모실 수 없는 이유가 여기에 있다.

이를 맹자는 다음과 같이 갈파하고 있다.

"큰 일을 한 임금은 반드시 호락호락 자기 마음대로 불러들일 수 없는 거물급의 신하를 곁에 두고 있었다. 그래서 임금이라고 해도 의논하고 싶으면 자신이 그 사람을 찾아갔다. 큰 지도자는 덕을 존중하고 도를 즐길 줄 알았기 때문에 큰 인물을 찾고 그들과 함께 큰 일을 할 수 있었던 것이다. 은나라의 성군 탕왕(湯王)과 그의 충신 이윤(伊尹)의 관계를 보아도 그렇다. 임금인 탕왕이 처음에는 이윤에게서 배웠고 나중에 그를 신하로 두었다. 탕왕은 이윤의 도움을 받았기에 힘들이지 않고 천하의 왕이 되었던 것이다. 제나라의 환공

(桓公)과 관중(管仲)의 관계도 처음에는 임금이 관중에게서 배웠으나 나중에 관중을 신하로 둠으로써 힘들이지 않고 패자(覇者)가 될 수 있었다."(맹자, 公孫丑下 2).

맹자의 말은 계속된다.

"그런데 오늘날은 어떠한가? 모든 지방의 영토가 비슷하고 모든 지도자들의 덕이 비등하여 서로를 뛰어넘지 못하고 있다. 그 까닭은 간단하다. 모든 지도자들은 저마다 자기들이 가르칠 수 있는 사람을 신하로 두고자 하고, 자기들이 가르침을 받을 만한 인물을 신하로 두려고 하지 않았기 때문이다. 그러나 탕왕도 이윤을 함부로 부르지 못했고, 환공도 관중을 함부로 부르지 못했다."(맹자, 公孫丑下 2).

스승이 아무리 훌륭하다고 해도 스스로 노력하지 않는 제자에게 영혼을 만들어 줄 수는 없다. 스승은 제자 스스로가 세상을 보려고 안간힘을 쓸 때에 비로소 그의 개안(開眼)을 도와줄 수 있을 뿐이다. 스스로 깨우치려고 피나게 노력하지 않는 사람을 아무리 가르친다 한들 인재로 만들 수는 없다. 그래서 공자도 다음과 같이 고백했다.

"어떻게 하면 좋을까, 어떻게 하면 좋을까 하고 절실하게 고민을 하면서 스스로 피나는 노력을 하지 않는 자는 나도 어쩔 도리가 없다."「不曰 : 如之何, 如之何者, 吾未如之何也己矣.」(논어, 衛靈公 16).

직언 하지 않는 것은 고립시키는 것

스승이란 모든 면에서 제자보다 훌륭한 존재여야 하는 것은 아니다. 한두 마디의 말 속에서도 길을 찾을 수 있다면 그를 스승으로 모실 수 있는 것이다. 따라서 경지에 오르지 못한 부하라고 할지라도 활용하기에 따라서는 그로부터 많은 것을 배울 수도 있다.

언제나 신하들의 충언을 대충 듣고 마는 선조 임금에게 율곡(栗谷)은 다음과 같은 말을 올렸다.

"전하께서 치세에 성심(誠心)을 두신다면, 비록 범상한 사람의 말이라도 성덕에 유익함이 있을 것입니다. 그러나 전하께서 그럭저럭 지내시며 다만 형식만 갖추기를 일삼는다면, 비록 공자와 맹자가 늘 좌우에 있어 날마다 도리를 이야기한다 하더라도 무슨 소용이 있겠습니까."(민족문화추진회편, 『石潭日記』, 1998).

윗사람이라고 해서 언제나 아랫사람을 가르치는 존재가 아니고, 부하라고 해서 언제나 명령만 받들어야 하는 것도 아니다. 훌륭한 지도자는 부하에게서도 많은 것을 배우고 깨우칠 수 있다.

권력자와 부하의 관계가 제자와 선생으로서 마치 물과 물고기처럼 조화를 이룬 유명한 사례는 당태종 이세민(李世民)과 그의 부하 위징(魏徵)의 관계에서 볼 수 있다.

당태종 이세민은 그의 신하 위징을 두고 다음과 같이 말했다.

"위징은 일이 있을 때마다 나에게 바른 말로 간해 주었는데, 언제나 나의 잘못을 정확히 지적해 주었다. 그의 간언은 마치 맑은 거울이 형체를 비추듯이 내가 잘한 것과 잘못한 것을 분명하게 지적해 주었다."「魏徵每遂事諫正, 多中朕失, 如明鏡鑑形, 善惡必見.」(『貞觀政要』, 第4 求諫 9).

지도자가 선·악을 구분하는 기준은 신임하는 부하로부터 많은 영향을 받는다. 그저 옳다고 생각하거나 두려워서 그냥 가만히 두고 보는 수백 명의 부하들보다 직언을 하는 단 한 명의 충직한 부하가 끼치는 영향이 더 크다. 직언을 해주는 충직한 부하가 없는 지도자야말로 외롭게 고립되어 있는 존재인 것이다. 따라서 부하가 직언하지 않는다는 것은 상관을 고립시키는 것이나 다름없다.

당태종 이세민은 대신들을 모아놓고 다음과 같이 말했다.

"사람이 자신을 비춰 보려면 반드시 밝은 거울이 있어야 하고, 군주가 자신의 허물을 알려면 반드시 충신에 의지해야 하오. 군주가 만약 자기 스스로를 현명하다고 여기고 있으며 신하들은 그를 바로잡아 주지 않는다면, 위기나 패배를 면하고자 하더라도 어찌 그것이 가능하겠소?"「人欲自照, 必須明鏡. 主欲知過, 必籍忠臣. 主若自賢, 臣不匡正, 欲不危敗, 豈可得乎?」(『貞觀政要』, 第4 求諫 1).

이세민의 말을 들은 신하 왕규(王珪)가 대답했다.

"신이 듣기로는, 굽은 나무도 먹줄을 따라 자르면 바르게 되고, 군주가 신하의 간언을 받아들이면 성군이 될 수 있다고 했습니다. 그래서 고대의 성군에게는 반드시 일곱 명의 쟁신(爭臣)이 있었습니다. 만일 간언을 하였는데도 받아들여지지 않으면 죽음을 무릅쓰고 서로 이어가며 간언을 했습니다."「臣聞木從繩則正, 君從諫則聖. 是故古者聖主必有爭臣七人, 言而不用, 則相繼以死.」(『貞觀政要』, 第4 求諫 1).

이세민이 신하 위징에게 물었다.

"현명한 군주와 어리석은 군주를 구별하는 기준은 무엇이오?" 위징이 대답했다.

"군주가 밝은 까닭은 여러 의견들을 두루 널리 듣기 때문이고, 군주가 아둔한 까닭은 한 쪽의 말만 믿기 때문입니다."「君之所以明者, 兼聽也; 其所以暗者, 偏信也.」(『貞觀政要』, 第1 君道 2).

당태종은 이처럼 항상 자신의 잘못을 정확히 지적해 주던 위징이 죽었을 때, 그의 죽음을 애도하면서 신하들에게 이렇게 말했다.

"구리로 만든 거울은 의관을 바르게 해주고, 역사라는 거울은 나라가 흥하고 망하는 이유를 알 수 있게 해준다. 그리고 사람이라는 거울은 자기 행위의 잘 잘못을 알 수 있게 해준다. 나는 항상 이 세 가지 거울을 가지고 나 자신의 과오를 예방해 왔었다. 그런데 이제 위징이 돌아가 버렸으니, 마침내 나는 거울 하나를 잃어버리고 말았구나!"「夫以銅爲鏡, 可以正衣冠. 以古爲鏡, 可以知興替. 以人爲鏡, 可以明得失. 朕常保此三鏡, 以防己過. 今魏徵殂逝, 遂亡一鏡矣!」(『貞觀政要』, 第3 任賢 3).

완벽한 비서와 막역한 친구

권력자에게 직언을 해주는 측근에도 두 종류가 있다. 권력자와 같은 조직에서 함께 일하는 측근과 조직 밖의 객관적인 입장에서 조언을 하는 측근이 그것이다. 권력자와 같은 조직에서 일하는 운명공동체로서 가장 근접해 있는 공식적인 부하가 비서이다.

영어로 비서를 세크러터리(secretary)라고 한다. 세크러터리란 '비밀(secret)을 취급하는 사람'이란 뜻이다. 비서가 비밀을 취급하는 사람이라는 뜻은 아직 다른 사람에게는 알리지 않은 비밀의 상담역이라는 의미를 내포하고 있다. 비서란 주변의 잡무를 맡아보고 허드렛일을 하는 사람이 아니다. 밀착하여 상담을 하는 상담역이 되어야 하는 것이다. 경영자의 비서는 최 측근 브레인이어야 한다.

비서의 역할은 경영자의 스타일과 성격에 따라서 달라야 한다. 보통사람의 비서와 성인(聖人)의 비서는 당연히 그 역할이 달라야 할 것이다. 성인의 비서로서 완벽한 역할을 한 모델로는 불타(佛陀)의 비서 아난(阿難)을 들 수 있다. 불타의 교단이 날로 커지고 제자들이 늘어감에 따라 젊었던 불타도 백발로 변해갔다. 그러던 어느 날 죽림정사(竹林精舍)에서 불타가 "나도 이제 초로의 나이가 되어서 그런지 주변의 잡무를 내 대신 알아서 처리해 주는 사람이 있었으면 좋겠다"고 말했다.

이 말을 들은 고참 제자들은 불타가 시자(侍者) 겸 비서를 원한다는 것을 알고 너도나도 그 영광의 자리를 자원했다. 그러나 불타는 이들을 보고 "자네들도 이미 나와 나이가 비슷하지 않은가. 자네들도 각자의 비서가 필요한 나이인데 무슨 비서를 하겠다는 것인가" 하면서 그저 웃을 뿐이었다.

이에 고참 제자들은 상의 끝에 젊은 제자 아난을 비서로 추천했다. 그러나 그 영광의 자리에 추천받은 아난은 "아직 수행이 모자라 세존과 여러 제자들 사이에서 제대로 기능하지 못할 것이 염려됩니다"면서 사양했다. 그럼에도 불구하고 고참 제자들이 이의 수락을 다시 권유하자 아난은 세 가지 조건을 내걸었다.

첫째, 새 것이건 헌 것이건 간에 불타의 의복은 받지 않는다.

둘째, 불타가 재가(在家)의 신자로부터 초대되었을 때 동석하여 음식을 먹지 않는다.

셋째, 시도 때도 없이 배알하고 시중들지 않는다.

이 말을 전해들은 불타는 "과연 아난은 대단한 재목이구나. 첫째

조건은 다른 제자들보다도 자신이 더 혜택받는 것을 자계(自戒)한 것이다. 둘째 조건은 측근자로서의 생활에 젖게 되어 범할 수 있는 과오를 미리 대비하여 자숙(自肅)하려는 것이다. 셋째 조건은 다른 사람의 잘못을 자기의 입으로 말하지 않겠다는 것이다. 이것은 또 교단이라는 공적인 것에 대하여 불필요한 말은 하지 않겠다고 스스로 규율(規律)하고 있는 것"이라면서 절찬을 아끼지 않았다.

아난은 불타와 고참 제자들 간의 인간관계 그리고 불타와 외부인의 인간관계에 개입해서는 안 된다는 것을 스스로 경계했다. 또한 자신이 좋은 입장에 있으므로 다른 사람들로부터 질투받을 것을 경계하고, 자신으로 인하여 교단이라는 조직체 내의 인간관계에 나쁜 영향을 미치지 않으려고 경계했던 것이다. 그리하여 아난은 불타를 가장 가까운 거리에서 모시는 비서로서 25년을 봉사했지만, 매너리즘에 빠지거나 우쭐해지는 일이 없었으며 태만해지는 일도 없었다. 물론 남을 험담하거나 물질적인 이득을 탐한 적도 없는 훌륭한 비서가 되었다(伊藤 肇, 『現代の帝王學』, 1993).

지도자에게 진정으로 조언을 해주는 측근은 조직 내의 인물만으로 만족할 수는 없다. 동네 사람이 동네를 모르듯이 내부 사람에게는 보이지 않는 것도 있기 때문이다. 따라서 한 발 떨어져 있는 사람 중에서 형식과 절차에 구애받지 않는 측근이 있어야 한다. 형식과 격식에 구애받지 않고 무슨 말이든 다 할 수 있는 친구가 있는 지도자야말로 행복한 사람이다.

하녀나 머슴 앞에 영웅은 없다는 말이 있다. 이 말은 인간은 누구나 따지고 보면 나약한 존재라는 뜻이기도 하지만, 특히 가까이 있는 사람은 그의 인간적 고민과 애로를 모두 알고 있다는 말이다. 따라서 일상을 같이 보내는 측근이 하는 조언의 한계는 권력자의 본질적 한계를 넘지 못하는 경우가 많다. 아무리 명의(名醫)라 할지라도 중태에 빠진 자신의 가족을 냉정하게 수술하기가 어려운 것처럼, 개인적인 감정과 선입견이 개입하여 본질을 흐리게 할 수도 있기 때문이다.

조직을 책임져야 하는 경영자에게 필요한 정보가 내부조직을 통해 공식적으로 올라오는 것만으로 충분하지 못한 것은 마치 식사를 하면서 비타민을 따로 복용하는 것과도 같다. 부하들이 올리는 필수 영양소가 아무리 넘치더라도, 소량이지만 없어서는 안 되는 영양소를 외부의 측근으로부터 공급받아야 한다. 경영자는 미량의 쓴 영양소를 전해주는 현장의 정보망을 가지고 있어야 하는 것이다. 따라서 큰 지도자에게는 바른 길로 인도해 주는 선생과 직언하는 부하 그리고 언제고 진담을 해주는 친구가 있다.

제 2 편

자신을 바꾸어 세상을 포용하라

제 6장 바보의 벽을 넘어야 한다

상황이 바뀌어도 변화를 외면하고 고치기를 거부하며 어제의 생각을 고집하는 사람이 있다. 이런 사람들은 생각을 고정시켜 놓고 자신의 입장과 다른 정보는 차단해버린다. 스스로를 '바보의 벽'에 가두어 놓게 되는 것이다. 오늘날 우리 사회의 많은 사람들은 바보의 벽 속에 갇혀 있다. 그 이유는 무엇이며 개인과 사회가 바보의 벽에서 탈출하는 방법은 무엇인가.

작은 실천이 큰 변화를 만든다

오늘날의 사회에서 살아가려면 누구나 일상적으로 자기 변혁을 도모해야 한다. 군자표변(君子豹變)이라는 말이 있듯이, 잘못을 쉽게 고칠 수 있는 사람이 큰 사람이다. 누구나 성숙된 내일을 만들려면 다른 사람의 장점에서 배우고 자신의 단점을 깨달았을 때에는 고치기를 두려워하지 말아야 한다. 「過則勿憚改.」(논어, 學而 8).

일본의 메이지유신을 구상했던 사카모토 료마(坂本龍馬)는 "오늘의 나는 어제의 내가 아니다"를 좌우명으로 삼았기에 새로운 일본의 틀을 짤 수 있었다.

오카노 마사유키(岡野雅行)는 그의 저서 『목숨 걸고 일한다』에서, 현대사회에서는 성실의 관념도 바뀌어야 한다고 주장한다. 현재와 같이 급변하는 시대에는 달라지려고 노력하는 것, 그리고 계속해서 바뀌는 시장(환경)을 읽고 기술(업무)을 쉼 없이 혁신하는 것만이 참된 성실이라는 것이다.

달라져야 한다고 해서 한꺼번에 극적인 변화를 추구해야 한다는 것은 아니다. 『좋은 기업을 넘어 위대한 기업으로』(Good to Great)의 저자인 짐 콜린스(Jim Collins)는 작은 변화를 계속 시도하다 보면 자기도 모르는 사이에 큰 변화가 일어나게 된다면서 일상에서의 작은 혁명을 강조하고 있다.

야구에서 타자가 공을 치고 나서 있는 힘을 다해 1루로 달려가지만 그가 죽고 사는 것은 평균 1인치의 차이로 결정된다고 한다. 성공과 실패의 차이, 일류와 삼류의 차이는 바로 그 1인치를 극복하는 것에 불과하다. 작은 성공의 되풀이가 큰 성공을 만드는 것이다.

평상시 자신의 직분과 업무에는 성실하게 임하지 않으면서 언젠가는 자신도 큰 업적을 올릴 것이라고 다짐하는 사람이 있다. 그러나 당연하고도 일상적인 일마저 확실히 처리하지 못하는 사람이 새롭고 큰 일을 잘 처리하기란 어렵다. 이는 매일 먹는 밥과 된장국도 제대로 만들지 못하는 사람은 특별한 요리를 개발할 수 없는 것과도 같다.

사람이 새로워져야 한다고 해서 한꺼번에 엄청난 변화를 추구해야 하는 것이 아니다. 작은 실천이 큰 변화를 만드는 것이다. 그러나 꿈과 희망이 없는 사람은 자신을 변화시키기 어렵다. 감사할 줄 모르는 사람도 자신을 변화시키기 어렵다. 단선적인 사고로 살아가는 사람도 자신을 변화시킬 수 없다. 복잡한 시대를 단선적 사고로 살아가다 보니 편견과 고집을 고치지 못하는 것이다.

우리 주위에는 영어도 잘 하고 수학문제도 척척 푸는 소위 일류대학 출신인데도 행동은 마치 바보처럼 하는 사람이 있다. 이런 사례를 보면 바보란 학력이 낮고 배운 것이 없는 사람 또는 뇌에 장애가 있는 사람을 가리키는 것이 아니다. 바보는 뇌에 문제가 있는 것이 아니라 사회적응성에 따라 결정되는 것이다. 굳이 바보를 정의하자면 '관심이 없는 것에는 자주적으로 정보를 차단하거나 고정시키는 자'라고 할 수 있다.

영화 '레인맨'의 실제 주인공 킴 픽(Kim Peek)은 암기에서는 초인적 능력을 발휘하는 천재이다. 그러나 자폐증 환자인 그는 사회적 입장에서 보면 바보이다. 이처럼 우리가 생각하는 천재는 다른 입장에서 보면 얼마든지 어딘가가 부족한 바보일 수 있다. 천재와 바보는 종이 한 장의 차이로 나타날 수도 있는 것이다.

과학자들의 연구에 의하면 인간과 침팬지의 유전자 서열은 놀랍게도 98%나 유사하고, 오랑우탄과 사람의 뇌는 94%가 똑같다고 한다. 단지 몇 퍼센트의 차이가 있을 뿐이라는 것이다. 이처럼 오랑우탄의 뇌나 사람의 뇌가 그렇게 다르지 않은 것만 보아도 눈에 보이는 수치만으로 천재냐 바보냐를 결정하기는 어렵다.

보따리를 버려야 거지를 면할 수 있다

베스트셀러 『바보의 벽』의 작가 요로 다케시(養老盟司)는 사람의
자극과 반응의 관계를 일차방정식으로 나타내고 있다.

"Y(행동) = aX"

이 방정식에서 X라는 자극이 있어 Y라는 행동이 나오는 것은 누
구나 똑같다. 그러나 중요한 것은 a라는 계수에 따라서 Y(행동)의
값이 천차만별이 된다는 점이다. 여기에서 a는 사람에 따라, 환경에
따라, 상황에 따라, 또한 시대에 따라 제각각이다. a는 플러스(+)일
수도 있고 마이너스(−)일 수도 있다. 그리고 항상 변할 소지를 가지
고 있으므로 싫어하는 것(−)이 얼마든지 좋아하는 것(+)으로 바뀔
수도 있다. 처음에는 싫어하던 두 사람이 연인으로 발전하는 것도
하나의 예이다(養老盟司, 『バカの壁』, 2003).

요로 다케시 교수는 그의 저서에서 이렇게 말했다.

"곤충학자가 아닌 보통 사람들은 길을 가다가 길바닥에 벌레가 있
어도 별 관심 없이 지나친다. 그러나 돈이나 지갑이 떨어져 있으면
발길을 멈추고 머뭇거리는 사람이 많다. 이는 심리적으로 a가 작용
하기 때문이다. 이렇게 볼 때, 문제가 심각한 것은 a가 0일 경우이
다. a가 플러스(+)이거나 마이너스(−)일 경우에는 어떤 값으로라도
Y라는 행동이 나올 수 있다. 그러나 a가 제로(0)일 경우에는 무반응
의 상태가 되기 때문에 어떤 행동도 나오지 않는다."

여기에서 우리가 주목해야 할 중요한 사실, 즉 사람이 바보가 되
는 것은 a가 고정되었을 때라는 것이다. a가 고정되면 어떤 자극이

오더라도 행동이 고정되게 된다. 그래프 위에 그려진 직선 안의 점처럼 한정된 행동만이 나타나는 것이다. 이러한 행동은 일원론적 사고에서 나타나는 것이며, 사고정지(思考停止)의 상태에 놓여있는 것이기도 하다.

사람이 일원론적 사고에 빠지면 견고한 벽 속에 스스로를 가두게 된다. 견고한 벽 속에 스스로를 가두고 살아가는 사람에게는 상대방의 입장, 즉 자신과 다른 입장은 보이지 않게 된다. 사회와는 이야기가 통하지 않는 바보가 되는 것이다.

오늘날 우리 주위에는 a가 고정되어 있어 일원론적 사고(思考)로 살아가는 사람이 의외로 많다. 어쩌면 모든 인간은 누구나 조금씩은 바보의 벽 속에서 살아가려고 하는지도 모른다. 누구나 되도록 편하게 살고 싶어하는 것은 당연한 것이다. 그러나 무엇이든 새롭게 고민해야 하는 것은 아예 생각조차 하지 않으려는 사람이 있다면, 그는 이미 스스로를 바보로 만들고 있는 것이다.

대부분의 사람은 스스로 자신의 결점을 파헤치는 것은 물론 남이 하는 충고를 듣기 싫어한다. 자신을 괴롭게 하는 것은 기억조차 하기 싫어하고, 뇌 속으로 새로운 사실이 들어오는 것조차 막고 싶어한다. 이렇게 되면 스스로를 바보의 벽 속에 가두고 살아가게 된다. 따라서 사람은 의식적으로 수양을 하지 않는 한 a가 고정되어 있는 일원론적 사고로 세상을 살아가게 된다. 그러나 문제는 지도자의 반열에 오른 사람들 중에도 이런 사람들이 많다는 점이다.

남에게 중요한 영향력을 미치는 사람이 과거에 만들어진 고정관념을 상황이 변해도 고치려 하지 않는다면 문제가 아닐 수 없다. 현재 자신이 가지고 있는 작은 지식과 좁은 경험으로써만 미래를 보려는 사람에게는 내일이 없다. 현재의 작은 지식만으로 자신의 미래를 보호하려 드는 사람이 있다면 그는 옆구리에 끼고 있는 작은 보따리에 목숨을 거는 걸인(乞人)과도 같다.

걸인들은 거지 보따리를 목숨만큼 소중하게 들고 다닌다. 거지 보따리라 하지만 그 속에는 당장 거지로서 살아가는 데 필요한 필수품이 다 들어 있기 때문이다. 따라서 거지는 보따리를 목숨처럼 소중히 여긴다. 거지들은 스스로를 거지라고 생각하고 있는 사람들끼리 모여 자신의 가난과 불공평함에 대해 이야기하며 구걸로 연명한다. 그들은 축원(祝願)을 할 때에도 구걸하는 감각으로 한다. 그러므로 거지가 거지 패거리와 함께 있는 한 거지신세를 면할 길이 없다.

따라서 거지가 거지 신세를 벗어나려면 거지 패거리에서 나와야 한다. 그리고 거지 보따리를 벗어 던져야 한다. 그러나 거지는 스스로를 거지라고 여기는 사람들과 같이 사는 것을 편히 여긴다. 그래서 거지가 거지 보따리를 버리기는 부자가 집을 버리는 것만큼 어렵다. 거지 패거리와 보따리는 거지의 딜레마요 함정인 것이다.

얼마 되지도 않는 적은 지식으로 보호의 옹벽을 치려는 사람이나 덧없는 지위로 남을 가위눌리게 하려는 사람들은 모두 거지 보따리에 목숨을 거는 걸인과도 같다. 어느 조직에서나 일하지 않는 자신은 반성하지 않고 잘못된 자기 생각에 동조할 동료를 찾아 나서는 사람이 있다. 이들은 잘못되고 보잘 것 없는 현재에 미련을 두고 미래를 차단하려 한다는 점에서 패거리를 찾아 나서는 거지와도 같다. 현재의 작고 좁은 소견으로 미래를 차단하려는 점에서는 같다는 것이다.

잘못을 고치지 않는 것은 구제할 수 없는 잘못

우리 주위에는 주변 사람들이 변한다면, 동료들이 열심히 일해 준다면, 나도 변하고 열심히 할 수 있다고 말하는 사람이 있다. 그러나 왜 남이 먼저 변해야 비로소 내가 변할 수 있다는 것인가? 남이 변하기 전에 왜 내가 먼저 변하지 못하는가? 내가 먼저 변해서 남을 변하게 하는 사람만이 지도자가 되고 윗사람이 될 자격이 있다. 한 사람 한 사람의 구성원이 자각하여 자기변혁을 도모하면 그 변혁의 크기만큼 새로운 조직을 가지게 된다. 자신이 변하면 조직이 변하고 조직이 변하면 지역이 변하고 나라가 변한다.

각성(覺醒)한 소수의 사람이 변하여 주위의 사람들을 변하게 할 때 비로소 우리 사회는 변한다. 스스로 성장하는 사람만이 다른 사람도 성장시킬 수 있듯이, 스스로 변할 수 있는 사람만이 다른 사람도 변하게 할 수 있는 것이다. 시대와 환경이 요구하는 새로운 트랜드를 조기에 포착하고, 스스로 변화의 길을 자발적으로 선택하여 온 몸을 던지면서 새로운 미래를 열어 가는 사람을 우리는 지도자라고 부른다. 미래에 대한 비전을 바탕으로 끊임없이 새로운 자신을 만들어 가는 사람만이 성공하는 지도자가 될 수 있는 것이다.

지도자에도 두 가지 유형이 있다. 전통을 혁신적으로 재창조하거나 새로운 발상을 연출하는 발상적 지도자와, 이를 실천에 옮기는 실천적 지도자가 그것이다. 물론 이러한 두 가지 기능을 동일인이 수행하는 경우도 있다. 그러나 발상적 지도자든 실천적 지도자든 이들의 공통점은 새로움을 추구한다는 것이다.

　새로움을 추구하려면 먼저 '바보의 벽'을 허무는 것부터 시작해야 한다. '바보의 벽'은 민간에 비하여 공직사회에 더욱 높이 드리워져 있다. 공직사회에서는 전례에 없는 새로운 발상을 좀처럼 받아들이려 하지 않는다. 머리를 쓰고 모험을 해야 하는 일은 더더욱 싫어한다. 새로운 과제에 대응하라고 주문하는 것 그 자체가 공직사회를 괴롭히는 것이라고 인식하는 사람도 있다. 새로운 사실과 과제가 뇌 속으로 들어오는 것을 막고 싶어서 스스로 바보의 벽을 치고 살아가는 것이다.
　공직사회가 집단적으로 바보의 벽 속에 갇히는 전례답습주의는 매몰비용(埋沒費用 : sunk cost)의 논리로도 자주 나타난다. 이미 예산을 투입하여 일부를 진행했기 때문에 바꿀 수 없다는 논리가 그것이다. 어떤 정책이나 시책이 잘못된 것임을 알면서도 기존에 잘못한 것을 인정하지 않기 위해 집단적으로 바보의 옹벽을 치기도 한다.
　인간은 누구나 잘못을 범할 수 있다. 그러나 잘못을 한 것보다도 더 큰 잘못이 있다. 잘못을 저지르고도 고치려 하지 않는 것이야말로 구제할 수 없는 잘못인 것이다. 「過而不改, 是謂過矣.」(논어, 衛靈公 30). 그것은 한 번의 잘못에 그치는 것이 아니라 평생을 잘못 속에서 살아가게 하는 것이기 때문이다.
　잘못은 기꺼이 고쳐야 한다고 말하기는 쉽지만 이를 실천하기란 간단하지 않다. 군자표변(君子豹變)이라는 말처럼, 큰 인물은 잘못이 있으면 즉시 고친다. 그러나 소인배는 잘못을 저지르면 반드시 무슨 구실을 꾸미면서 감추려고 한다. 「小人之過也, 必文.」(논어, 子張 8).

따라서 어떤 사람이 진정 바보인지 아닌지는 잘못을 하고 난 후의 행동을 보면 분명해진다. 잘못을 고치기보다는 구실을 만들어 덮으면서 실패를 거듭하는 사람이야말로 진정 '바보의 벽'에 갇혀 있는 사람이다.

실패를 활용하라

실패가 두려워 새로운 일을 꺼리는 사람이 많다. 창조와 실패는 도전이 낳는 쌍둥이기 때문이다. 도전 없는 창조란 있을 수 없다. 사람들은 '도전해야 한다'는 말을 하나의 격언처럼 여기지만, 도전은 실패를 부를 수도 있는 것이다.

그러나 도전이 성공하여 창조로 이어진 것만이 자산(資産)인 것은 아니다. 실패도 자산이다. 실패를 명시하여 그 실패의 지식이 조직 전체의 지식으로서 구성원의 머리에 기억된다면 그러한 실패 경험은 다음 사업에서 활용될 수 있다. 역사적으로 위대한 성공을 거둔 사람들의 공통점은 '필요한 시기에 필요한 도전을 하면서도 감수해야만 하는 위험을 명확히 파악하고 그 위험을 가능한 한 줄이려고 노력했다'는 점이다. 성공한 사람들은 위험을 파악하고 그것을 줄이는 만큼 성공한 것이다(David Osborne & Ted Gaebler, *Reinvent -ing Government*, 1992).

개인도 조직도 실패를 줄이는 가장 기초적인 행위는 동일한 실패를 반복하지 않는 것이다. 따라서 중요한 것은 실패로 얻은 지식을 공식화하고 전달하는 것이다. 특정 개인이 경험한 실패는 그것이 비

밀에 부쳐지는 한 그저 실패일 뿐이다. 그러나 실패한 사실을 공식적으로 표출하는 것, 즉 암묵지(暗黙知)[1]를 표출해서 그것을 현시지(顯示知)로 전환시킨다면 그것이야말로 혁신의 출발점이다. 표출된 실패의 경험(顯示知)을 구성원의 뇌(腦)에 입력시킴으로써 조직 전체가 활용할 수 있도록 조직지(組織知)로 승화시키는 작업은 혁신의 실천으로 이어지는 것이기 때문이다(中尾政之, 『失敗經驗を次の事業に活かすためには』, 2003).

세상에는 완전무결한 인간이 없듯이 절대적으로 안전한 시스템도 없다. 인간이나 사회는 불완전한 존재이기 때문에 새로운 미래를 창조하려고 하면 할수록 실패할 가능성도 증가한다. 따라서 새로운 일을 도모하려면 실패할 것도 예상해야 한다. 실패의 발생을 예측하고 손해가 확대되기 전에 대처하는 것이야말로 세상을 살아가는 모든 사람의 과업이다.

실패에 대처하기 위해서는 지금까지 남들이 했던 비슷한 실패의 경험을 활용하는 것이 중요하다. 이처럼 실패의 지식과 성공의 지식을 적절히 활용하여 경영하는 것이 바로 지식경영(knowledge man

---

1) 지식에는 암묵지(暗黙知 : tacit knowledge)와 현시지(顯示知 : explicit knowl -edge)가 있다. 암묵지란 학습과 체험을 통해 개인에게 습득되어 있지만 머릿속에만 존재하고 있을 뿐 언어나 문자를 통해 겉으로 드러나지 않는 상태의 지식을 말한다. 현시지란 암묵지가 문서나 매뉴얼처럼 외부로 표출되어 여러 사람이 공유할 수 있는 지식을 말한다. 지식이론의 대가인 '노나카 이쿠지로' 교수는 암묵지가 고도화되거나 암묵지가 현시지화 되어 공유되는 변환과정을 거칠 때 더 높은 가치를 창조하게 된다고 하였다. 조직이 보유하고 있는 각종 서류와 보고서, 데이터베이스 등 유형의 지식뿐만 아니라 구성원들의 머릿속에 잠자고 있는 지식을 최대한 발굴하고 활용함으로써 부가가치를 높이는 것이야말로 지식경영의 기본인 것이다.

-agement)이다. 인간이나 조직은 완전한 존재는 아니지만 그렇다고 완전한 바보도 아니다. 그러므로 똑같은 상황에서 똑같은 상대를 대상으로 똑같은 과정을 거쳐 똑같은 실패를 거듭하지 않을 수 있다. 그러나 많은 사람들은 비슷한 상황에서 똑같은 실패를 한다.

실패하는 것에는 비슷한 맥락이 있다. 이처럼 비슷한 맥락의 내용을 지식이라고 부른다. 예컨대 다단계판매 사기에 걸린 사람들은 많지만 그 투자 대상은 서로 다르다. 대상이 다르다고 해도 거기에는 공통된 실패의 지식이 있다. 다단계판매 사원이 포화(飽和)되면 얼마 후 그 조직은 예외 없이 파산한다는 것이다. 그러나 투자 대상이 다르다고 해서 같은 방식의 다단계판매에 투자를 했다면 그것은 똑같은 실패를 반복하는 것이다. 따라서 우리에게 중요한 것은 실패하지 않을 지식을 객관화하고 활용하는 것이다(中尾政之, 『失敗經驗を次の事業に活かすためには』, 2003).

실패에도 좋은 실패가 있고 나쁜 실패가 있다. 좋은 실패란 도전의 부산물로 파생된 실패로서 후세에 그 지식이 전달될 수 있도록 사실을 명시하여 지식의 묘출(描出)이 가능하도록 한 실패이다. 그러나 현실세계에서 그 사실이 완전히 명시된 실패란 극히 드물다. 더욱이 그 내용을 분석하고, 기억할 수 있을 정도로 압축하여, 그것을 하나의 지식으로 승화시킬 수 있을 정도로 정리된 실패는 한국의 정부 경영 사례에서 찾아보기 힘들다. 우리는 역사적으로 실패를 거듭해 왔으면서도 후세가 사용할 수 있는 실패를 거의 가지고 있지 않은 셈이다. 물론 이것은 한국인의 성격 탓만은 아니다. '실패를 잊어버리고 재출발하고 싶다'고 생각하는 인간의 본질적 성격 때문이기도 하다.

나쁜 실패란 사회적 규범을 무시함으로써 발생시킨 실패로서 조직이 책임회피를 위해 흔적을 없애려고 시도한 실패이다. 이러한 실패의 대부분은 그 사실이 공식적으로 표출되지 않아, 즉 암묵지(暗黙知)의 상태에서 증발함으로써 피드백이 되지 않는다. 따라서 같은 실패가 계속하여 되풀이되는 것이다. 이처럼 되풀이되는 실패는 그 흔적을 없애는 과정을 거듭하는 가운데 확대 재생산된다. 그리고 확대 재생산된 실패가 어느 단계에 이르면 내부고발로 불거지거나 대형사고 발생의 계기가 됨으로써 조직 전체를 큰 혼란의 소용돌이로 몰아넣기도 하고 때로는 조직을 소멸시키는 작용을 하기도 한다.

어떠한 조직도 그 구성원이 부정부패를 저지르지 않는 것은 중요하다. 그러나 그것보다 더욱 중요한 것은 오류를 범하고 있는 정책이 있다면 그것을 빨리 시정하는 것이다. 오류는 새로운 오류를 낳기 때문이다. 그래서 오류를 은폐하지 않고 인정한다는 것은 진정한 봉사자의 자세이며 새로운 희망의 증거이다. 잘못을 인정하고 시정하는 것 그 자체가 이미 큰 지도자의 모습이기 때문이다.

그러나 어느 조직에서도 실패를 인정하고 이를 공식화하는 것은 간단하지 않다. 대부분의 조직은 새로운 가치의 창출을 기대하고 새로운 과제에 도전할 것을 요구하면서도 실패를 용인하려 하지 않기 때문이다. 따라서 실패를 활용하는 조직을 만들려면 먼저 조직의 리더가 자신의 과오를 인정하고 바로잡으려는 수범을 보여야 한다.

훌륭한 지도자는 상식적인 규범이나 고정된 기율(紀律)을 고집하지 않는다. 삼국지의 영웅 조조는 죽음이 임박하자 다음과 같은 유언을 했다. "지금 천하는 안정되어 있지 못한 비상시국이다. 따라서 과거의 의식만을 따라서는 안 된다." 틀에 박힌 생각, 고정관념에 못

박혀 있어서는 큰 일을 이룰 수 없다는 교훈을 임종의 순간에도 강조했던 것이다.

　오늘날 우리가 전개하고 있는 국가간 그리고 지역간의 경쟁은 실로 전쟁을 방불케 한다. 그리고 그러한 전쟁은 동일한 조건, 동일한 병사, 동일한 환경에서 싸우는 것이라고 할지라도 그것이 두 번 세 번 거듭되는 동안에 전혀 다른 싸움으로 변해 간다. 전쟁은 하나의 고정된 원칙 하에서 펼쳐지는 것이 아니기 때문이다. 일찍이 손자(孫子)는 전쟁의 승리는 반복되지 않는다고 했다. 성공적으로 살아가려면 고정관념이라는 '바보의 벽'에서 벗어나야 하는 것이다.

제 7장   생명의 거울에 자신을 비추어라

다른 사람은 나를 보는 '생명의 거울'이다. 어제보다는 발전된 오늘을 만들고, 오늘보다 희망찬 내일을 만들기 위해서는 다른 사람의 장점을 본받고 다른 사람의 단점에서 나를 성찰하는 자세로 살아야 한다. 우리가 남을 보는 이유는 자신을 보는 눈을 갖기 위해서이다. 자신을 객관적으로 보는 눈이 있을 때 남도 보이게 되는 것이다.

모든 사람은 나를 비추는 거울

당(唐)태종 이세민(李世民)은 구리로 만든 거울은 의관을 단정하게 할 수 있고, 고대 역사를 거울삼으면 천하의 흥망과 왕조교체의 원인을 알 수 있으며, 사람을 거울로 삼으면 자신의 잘잘못을 분명히 알 수 있다고 했다. 보다 발전된 삶을 위하여 우리가 받아들여야 할 배움은 멀리 있지 않다. 일상에서 배우는 자세로 임한다면 주위의 모든 사람이 자신의 선생이 되어 준다.

공자는, "어진 사람을 만나면 그와 같아지기를 생각하고, 나쁜 사람을 보면 스스로 자신을 반성해야 한다고 하였다." 「見賢思齊焉, 見不賢而內自省也.」(논어, 里仁 17). 공자는 생활 가운데서 평생학습의 자세를 가르쳤던 것이다.

공자는 자천(子賤)이라는 제자를 높게 평가하면서, 그가 그토록 훌륭하게 된 것은 자천이 살고 있던 노나라에 훌륭한 사람이 많았기 때문이라고 하였다. 「子謂子賤, 君子哉若人! 魯無君子者, 斯焉取斯?」 (논어, 公冶長 3).

한시외전(韓詩外傳)에 의하면, 자천(子賤)은 어버이처럼 섬긴 사람이 3명, 형으로 섬긴 사람이 5명, 벗으로 교제한 사람이 12명, 스승으로 모신 사람이 1명이라고 했다. 공자는, 자천이 "어버이같이 모신 사람들로부터 효도(孝)를 익혔고, 형처럼 섬긴 사람들로부터는 공경(悌)을 배웠으며, 벗으로 사귄 사람들로부터는 자신의 편견을 깨달았고, 스승으로 모신 사람들로부터는 잘못을 교정 받았을 것"이라고 했다. 자천은 이처럼 여러 사람들로부터 저마다의 덕행을 배웠던 것이다.

공자는 남에게 배우는 자세로 살아가라는 가르침을 유난히도 많이 했다. 그 중에서도 가장 많이 알려진 말은 "다른 사람의 좋은 점은 좇아가고 나쁜 점을 고쳐나간다면, 셋이 걸어가도 그 중에는 반드시 나의 스승이 있다"는 가르침이다. 「三人行, 必有我師焉, 擇其善者而從之, 其不善者而改之.」(논어, 述而 21). 아마도 이 말은 누구나 한 두 번은 들어본 기억이 있을 것이다. 인간과 인간이 엉켜 사는 사회에는 위와 아래가 있기 마련이다. 따라서 자신을 더욱 크게 만들기 위해서는 윗사람뿐만 아니라 아랫사람에게서도 배울 수 있어야 한다.

인간의 능력은 자전거를 타는 것과도 같다. 더 이상 페달을 밟지 않는 순간 속도가 느려지고 곧 이어 쓰러지게 된다. 그래서 개인도 조직도 경쟁력을 가지려면 언제나 자신을 채찍질하고 앞선 사례를 귀감으로 삼아 부단히 노력해야 한다. 나보다 못한 사람과 비교하면 나는 언제나 우월한 사람이다. 따라서 더 이상 분발하고 자극을 받을 수 없다. 그래서 지도자는 "자신보다 못한 사람을 주위에 두지 말라"고 했던 것이다. 「無友不如己者.」(논어. 學而 8).

나보다 못한 사람은 없다

공자가 "자기보다 못한 사람을 주위에 두지 말라"고 한 것은 원래 재위(在位)의 군주에게 가르침을 주려고 한 것이었다. 군주가 자기보다 뛰어난 사람이 옆에서 직언하는 것을 꺼려서 보잘것없는 소인배들만 옆에 두고 만사를 제멋대로 하려는 것을 경계한 말이다.

그러나 공자는 이기적인 부모가 잘못되어 가는 자식에게 말하듯이 '너보다 못한 친구는 사귀지 말라'고 말할 그럴 사람이 아니다. 평소 공자의 가르침을 충실히 따르는 자세로 살아간다면, 즉 인생을 성찰하는 자세로 살아가는 사람은 나보다 못한 사람으로부터도 새로운 것을 배울 수 있어야 한다. 따라서 이 말은 군주를 전제로 한 것이 아닌, 즉 있는 그대로 해석한다면 전혀 다른 해석이 가능하다. "無友不如己者(무우불여기자)"를 '나보다 못한 사람은 없다'로 해석할 수도 있는 것이다.

따라서 논어 '學而篇(학이편)'의 내용을 오늘날에 맞게 해석하면 다음과 같은 뜻이 된다.

"남을 다스리는 지위에 있는 사람이 위엄을 가지려면 중후(重厚)해야 한다. 권력을 가진 사람은 자신의 고집을 내세우기 쉽고 또한 사리에 어두워지기도 쉬워 융통성이 없어질 수 있다. 따라서 학문을 통하여 도리를 깨우치고 예의를 판별하여 독선과 고루함에 빠지지 않도록 해야 한다. 특히 권력을 가진 사람일수록 충실과 신의로 정성을 다해야 하는 본분임을 잊지 말아야 하며, 나보다 못한 사람은 없다는 생각으로 남이 가진 장점을 받아들일 수 있어야 한다. 그리고 잘못을 저질렀을 때는 체면을 생각하여 주저하지 말고 빨리 고쳐야 한다."「君子不重則不威, 學則不固, 主忠信, 無友不如己者, 過則勿憚改.」(논어, 學而 8).

대부분의 사람들은 자신보다 훌륭한 사람과 사귀기를 바란다. 따라서 친구를 사귀려고 한다면 상대로부터 '저 사람은 나보다 훌륭한 점이 있다'는 것을 느끼게 해야 한다. 만약 친구가 없다면 그것은 자신이 상대에게 제공할 매력이 없기 때문이라는 반성을 해야 한다.

그러나 어느 누구나 자신의 매력을 만들 수 있는 간단한 길이 있다. 다른 사람의 장점을 발견했을 때 배우기를 주저하지 않는 것, 그것이야말로 자신의 매력을 만드는 가장 쉬운 길이다. 세상의 모든 사람은 자기 나름대로의 장점을 가지고 있다. 따라서 남의 장점은 본받고 다른 사람의 단점은 나를 돌아보는 기회로 삼는다면, 이 세상에서 나에게 교훈을 줄 수 없는 사람은 없다.

사람과 사람의 교제에는 각각의 장점이 있다. 그 사람의 어떤 점이 틀렸다고 해도 다른 점은 옳을 수 있다. 따라서 우리는 그 사람의 행동 때문에 그의 말까지 버려서는 안 된다. 그리고 그의 말 때문에 그 사람까지 버리지는 말아야 한다. 「不因其人而廢其言, 不因其言而廢其人.」 (논어, 衛靈公 15). 어떤 사람을 두고 볼 때, 그의 행위는 아주 못돼 먹었지만 때로는 바르고 좋은 말을 하는 경우도 있다. 보잘 것 없는 사람으로 보이는 사람이라도 그가 말하는 것이 쓸모 있는 것이라면 그냥 흘려들어서는 안 된다.

남을 가르치려 드는 병통

인간은 스스로의 부족함을 경계하기보다는 남의 한계를 탓하기가 쉽다. 그래서 맹자는 "사람이 걱정해야 할 아주 나쁜 버릇은 남을 가르치려 들기를 좋아하는 것"이라고 했다. 「人之患, 在好爲人師.」 (맹자, 離婁上 23). 자기 자신도 아직 깨우치지 못했으면서 배우려 하기보다는 만사를 남에게 가르치려 드는 나쁜 병통을 고쳐야 한다.

일본에서 경영의 신으로 추앙받고 있던 '파나소닉'의 창업자 마쓰시타 고우노스케(松下幸之助) 회장의 90번째 생일날 기자들이 찾아가서 질문을 했다.

"선생님은 어떻게 해서 이렇게 큰 부자가 되었고 또한 전 국민들로부터 존경을 받게 되었습니까?"

마쓰시타가 대답했다.

"나는 3가지의 큰 복을 가지고 태어났습니다. 나는 11살에 조실부모한 탓으로 다른 아이들이 아직 응석을 부릴 때 일찍 철이 들 수 있었습니다. 그것이 첫째의 복이었습니다.

둘째는 약골로 태어난 탓으로 어려서부터 건강이 좋지 못해 조심 조심하면서 살아 왔습니다. 그래서 아직 살고 있습니다.

셋째는 초등학교 4학년 때 학교를 중퇴한 탓으로 어디를 가나 나보다 많이 배운 사람을 만나게 되었습니다. 그래서 남의 말을 듣고 장점을 본받는 자세가 만들어졌습니다."

항상 자신은 부족하다고 생각한 마쓰시타 회장은 어디에 가도 남의 장점을 듣고 배우려고 노력했기 때문에 세계적인 기업 '마쓰시타 그룹'을 만들 수 있었던 것이다.

류시화 시인이 편집한 잠언 시집 『지금 알고 있는 걸 그때도 알았더라면』에는 17세기의 어느 수녀가 한 다음과 같은 기도가 실려 있다.

"…저로 하여금 말 많은 늙은이가 되지 않게 하시고
특히 아무 때나 무엇에나 한 마디 해야 한다고 나서는
치명적인 버릇에 걸리지 않게 하소서.

모든 사람의 삶을 바로잡고자 하는 열망으로부터
벗어나게 하소서.

저를 사려 깊으나 시무룩한 사람이 되지 않게 하시고
남에게 도움을 주되 참견하기를 좋아하는
그런 사람이 되지 않게 하소서…"

공자가 용서하지 않은 인간

공자는 당시의 유명 인사 '소정묘(少正卯)'를 꾸짖으면서, 인간에게는 용서할 수 있는 결점과 용서할 수 없는 결점이 있다고 말했다. 공자가 말한 용서할 수 없는 결점이란 다음의 다섯 가지이다.

첫째, 만사에 참견하지 않는 것이 없으면서도 그렇지 않다는 듯이 시치미를 떼는 음험한 인간. 둘째, 행함이 불공정하고 편파적이면서도 겉으로는 일시적인 미봉책을 잘도 써서 공정을 가장하는 인간. 셋째, 거짓된 말만 늘어놓으면서도 말재주를 부려 사실인 것처럼 들리게 하는 인간. 넷째, 악당인 주제에 세상의 많은 일을 잘도 기억하여 박식함을 자랑하는 인간. 다섯째, 갖은 나쁜 짓을 다하면서도 한편으로는 여러 사람에게 은혜를 베풀어 판단을 호도하는 인간이다(安岡正篤, 『東洋宰相學』, 1988).

우리는 도리(道理)로 장식되어 정면으로 반박할 수 없는 악행에 직면하는 경우가 있다. 자신의 선을 행하기 위해서 남을 망치는 사람도 있다. 우리 주위에는 남의 마음을 악용하여 은혜를 저버리는 사람도 많다. 그리하여 친구나 선생의 충고도 소용없이 자신을 망치고 조직을 망치며 사회를 망치는 인간도 많다. 그런데 이러한 모든 잘못 중에서 가장 흔하게 범할 수 있는 잘못은 무엇에나 참견하면서 남을 가르치려 드는 버릇이다.

오늘날 우리 사회의 높은 교육열에도 불구하고 사회는 점점 병들어 가고 있다. 이러한 현상의 원인은 자신의 입장에 맞게 남을 가르치려 하고 남을 바꾸려 할 뿐 스스로 배우면서 자기를 바꾸려는 사람은 드물기 때문이다. 남의 생각과 태도를 나의 입장에서 조정하여 나를 존재하게 하려다 보니 가정에서부터 직장과 사회 그 모두가 투쟁 과잉의 상태가 되고 있는 것이다. 그러나 우리가 보다 행복해지려면 남을 교화시키는 교육사회에서 벗어나 나를 바꾸고 스스로를 교화시키는 학습사회를 만들어야 한다. 학습하는 사회에서만이 살아 움직이는 거울에 자신을 비추어 새로운 자신을 만들어 나갈 수 있기 때문이다.

우리 주위에는 불행하게도 말을 할 수 없는 농아(聾兒)가 있다. 농아가 말을 못하는 이유는 귀가 들리지 않기 때문이다. 그러나 우리 시대의 진정한 농아는 신체에 이상이 있는 사람이 아니다. 귀를 가지고 있으면서도 들으려 하지 않는 사람이야말로 손을 써 볼 수 없는 농아이다. 우리 사회에는 스스로 귀를 막아 듣지 못하는 사람들이 너무 많다. 자신의 말만 할 뿐 남의 말은 듣지 않고 남을 자신의 편의에 맞추어 교화시키려고만 하는 사람들이 너무 많다.

귀 막은 홍보행정

우리 사회는 약자와 여성들이 정보를 갖지 못함으로써 그리고 책임질 수 있는 자리에 참여하지 못함으로써 원천적으로 자신들의 의견을 말할 수 없는 경우가 많다. 그래서 남자들이 페미니스트를 자부하면서 이들의 의견을 대신 말하겠다고 나서는 경우도 있다. 그러나 모든 문제에서 객관적임을 자부하는 민주적인 사람들도 흔히 실패하는 것이 이성에 관한 문제이다.

여성에 대한 차별과 편견은 지식수준이나 학력과도 상관없이 나타난다. 여성에 대한 관념과 태도는 유아기의 잠재적인 기억, 태어난 이후의 환경에서 오는 정보, 성장과정에서 겪는 무수하고 복잡한 경험과의 조우, 그리고 의식적인 학습과의 교차 속에서 먼지처럼 쌓이게 된다.

따라서 본인도 모르는 사이에 유아기로부터 축적된 남성우월주의적 경험을 바탕으로 여성을 위한 새로운 발상을 한다면 그것은 이미 지배자의 논리이기 쉽다. 남의 생각을 짐작하고 그것이 그의 생각이라고 단정해버리는 버릇도 다름 아닌 듣지 않으려는 습관에서 나온 것이다. 여성의 문제는 직접 여성에게 말할 기회를 주고 듣는 기회를 가져야 하는 것이다.

듣지는 않고 말만 하는 행정의 난무는 정부의 홍보행정에서도 예외 없이 보인다. 귀 막은 홍보행정의 실상을 보면 그야말로 기가 막힌다. 정부가 발간하는 홍보지를 보면 시민이 알고 싶은 내용은 없고 공무원들이 알리고 싶은 내용들만 가득하다. 듣지는 않고 말만 하다 보니 주민이 무엇을 듣고 싶어하는지조차 모르고 있기 때문이다. 그러므로 시민들은 행정기관으로부터 홍보지가 배달되면 그냥 아무 생각 없이 버리고 만다.

정보의 독점은 권력의 독점으로 연결되고 정보의 공유는 문제의 공유로 승화한다. 따라서 정보의 공유는 참여하고 함께 경영하는 기반을 열어주게 되는 것이다. 시민은 지역사회의 손님이 아니라 주역이며, 고객이 아니라 주주이다. 따라서 지역사회의 모든 문제는 정부가 알아서 책임질 것이 아니라 시민이 해야 할 역할은 시민이 하도록 해야 한다. 문제는 우리의 주민들이 지역사회의 모든 것을 행정에 의존하려 한다는 점이다. 그러나 행정에 대한 과잉기대와 행정만능주의라는 것도 사실은 시민을 수동적인 존재로 본 행정구조 속에서 고착된 것이다.

사회의 문제란 행정만 노력하면 해결되는 것이 아니다. 이제 사회의 문제는 시민들의 손으로 해결해 나간다는 시민참여의 관점에서 재정립해야 한다. 행정에서 계획한 것에 시민이 참여하는 종래의 참여방식에서, 이제는 시민이 계획한 것에 행정이 참여하는 시민주도의 자치풍토를 건설해 나가야 한다.

행정은 말을 하고 시민은 듣고 따르는 존재라고 생각하는 풍토에서는 시민주체의 자치는 경작될 수 없다. 공무원이 시민의 말을 듣고 시민으로부터 배운다는 자세로 일할 때 비로소 자치는 익어 간다. 공무원들이 시민은 생명의 거울이라는 생각으로 시민의 마음에 비추어 일해 나갈 때 민주주의는 성숙해가는 것이다.

그러나 남의 말을 듣지 않고 자기 말만 하려는 모습은 개인보다도 집단, 특히 권력을 가진 집단에서 더욱 강하게 나타난다. 그래서 공자는 다음과 같이 가르치고 있다.

"권력을 가진 공무원은 자신의 고집을 내세우기 쉽고 또한 사리에 어두워지기도 쉬워 융통성이 없어질 수 있다. 따라서 학습을 통하여 사리를 깨우치고 예의를 몸에 익혀 독선과 고루함에 빠지지 않도록 해야 한다. 그리고 나보다 못한 시민은 없다는 생각으로 시민이 가진 장점을 받아들일 수 있어야 한다."「毋我, 毋固. 學則不固, 無友不如己者.」(논어, 子罕 4, 學而 8).

제 8장   산다는 것은 배우고 감동하는 것

인간은 일상생활 속에서 수많은 경험을 한다. 그러나 진정한 경험
은 감동하는 것이다. 산다는 것은 감동하는 것이며 감동으로 배우는
것이다. 우리가 좋은 사회를 만든다는 것은 다름이 아니다. 배우며
사랑하고 감동할 줄 아는 인간, 사랑하고 배우며 감동할 수 있는 사
회를 만드는 것이다.

유네스코가 되살린 공자의 평생학습

배우기 위해서는 상아탑에 틀어박혀 있어야 하는 것이 아니다. 진
리를 탐구하기 위해서 은둔을 해야 하는 것은 더욱 아니다. 일하면
서 배우면 일하는 바탕을 더욱 깊게 할 수 있고, 배우면서 일하면
배운 것을 시험함으로써 배움을 더욱 넓힐 수 있게 된다.
일하는 것과 진리를 탐구하는 것은 같은 길에서 이루어지는 것이
다. 그래서 산다는 것은 배우고, 사랑하며, 감동하는 것이다. 그것

이 산다는 것이다.

선조 8년 5월. 율곡 이이(李珥)와 선조 임금간의 문답을 통해 학문이란 무엇이며, 공부는 왜 해야 하고 어떻게 해야 하는지를 알아보자.

「율곡 : 일찍이 들으니 전하께서는 학문을 하려 하나 일이 많아서 겨를이 없다고 말씀하셨다는데, 그런 말씀을 하신 적이 있으십니까?

선조 : 그런 말을 한 적이 있소.

율곡 : 신은 전하의 말씀을 듣고 한편으로는 기뻐하였고, 한편으로는 근심하였습니다. 기뻐한 것은 전하께서 학문에 뜻이 있으시기 때문이요, 근심한 것은 전하께서 학문의 이치를 살피지 못하시는 때문입니다.

학문이란 단정히 앉아서 종일 글만 읽는 것이 아닙니다. 학문이란 날마다 하는 일 하나하나가 모두 이치에 맞도록 하려는 것입니다. 다만 이치에 맞는지 안 맞는지는 스스로 알 수 없기 때문에 책을 읽어 그 이치를 찾는 것입니다. 만일 책 읽는 것만을 학문으로 알고 날마다 하는 일에서 이치에 합당함을 추구하지 않는다면 이를 어찌 학문하는 자세라 하겠습니까.

지금 전하께서 날마다의 일이 이치에 합당하도록 깊이 탐구하시어 하나하나의 정사와 명령이 모두 정도에 맞게 하시고 좋지 않은 것이라곤 조금이라도 없게 하시려고 노력하신다면, 그것이 곧 학문인 것입니다.」(민족문화추진회편, 石潭日記, 1998).

율곡이 말하려 했던 것은 일을 통해서 배우고 배우면서 일해야 한다는 것이었다. 율곡의 생각은 인생 그 자체가 배움의 과정이며 배우는 자세로 살아가야 한다는 논어의 정신을 압축한 것이다.

논어는 '학이(學而)'로 시작해서 '지인(知人)'이라는 글자로 끝을 맺는다. 논어를 한 마디로 요약하면 '學而知人(학이지인)'이다. 따라서 '學而知人'을 알면 논어를 다 아는 것이다. '學而知人'이란 '배워서 사람됨을 알라'는 것이다. '學而知人'을 다시 요약하면 '學人'이 된다. '학인'이란 배우는 사람이 되고, 사람됨을 배우라는 것이다. 더 발전하기를 바라고 더 많은 것을 생각하며 보다 참된 삶을 원하는 사람이라면 당연히 '學人'이 되어야 한다. '學人'은 완성된 인격체를 지향하는 사람이기 때문이다. 그래서 논어를 평생학습을 실천하는 교과서라고 하는 것이다.

공자는 산다는 것 그 자체를 배우고 반성하는 과정이라고 생각했다. 그러나 정작 공자 본인은 당시의 정규교육도 받지 못한 사람이었다. 그렇다면 무학력의 공자는 누구로부터 어떻게 배웠을까? 위(衛)나라의 공손조(公孫朝)라는 사람이 "공자께서는 누구로부터 배우셨느냐?"고 자공에게 물었다.

이에 자공이 대답했다.

"우리 선생님께서는 그 어디로부터도 안 배우신 곳이 없습니다. 어디에서나 다 배우셨으며, 또 어느 누구라고 정해진 스승도 없었습니다."「夫子焉不學, 而亦何常師之有.」(논어, 子張 22).

공자는 스스로 배우는 삶을 살았기에 현명한 사람으로부터도, 바보 같은 사람에게서도 배울 수 있었다. 자신보다 나이가 어려도 똑똑한 신진들의 좋은 생각을 받아들이려고 노력했다. 그래서 한 말이 그 유명한 '후생가외(後生可畏)'이다(논어, 子罕 22). '후생가외'란 후배를 두려워해야 한다는 뜻이다.

'後生(후생)'이란 자신보다도 10살이나 그 이상 더 젊은 사람을 말한다. 자신보다도 20살이 젊다면 20년이나 새로운 시대에서 성장했다는 뜻이다. 그리고 현재에도 20년이나 더 젊은 감각으로 지금의 시대를 호흡하고 있다는 뜻이다. 이러한 사실은 결국 후배가 호흡하고 있는 지금의 시대를 자기 자신은 그와 같은 나이에, 즉 20년 전에 호흡할 수 없었다는 말이다. 따라서 자신보다 젊은 사람은 언제나 자신보다 새로운 시대를 호흡하고 있고 그만큼 유연한 사고가 가능하다. 그래서 후배들은 무서운 존재이다.

물론 젊은 사람들은 젊은 만큼 미치지 못하는 곳이 있고 부족한 부분과 편향된 모습을 보이기도 한다. 따라서 사람들은 자기보다 젊은 사람을 대할 때에는 젊은이의 결점부터 보게 된다. 그래서 비판도 하고 나무라기도 한다. 그렇지만 젊은 후배들의 부족한 점만 눈에 들어온다면 큰 잘못을 범하고 있는 것이다. 후배들이 가지고 있는 젊은 사고도 흡수할 수 있어야 하는 것이다.

평생학습의 자세를 가르치고 실천한 원조는 공자이지만, "평생학습(life-long learning)"이라는 말과 행동을 세계적으로 전파시킨 것은 유네스코이다. 1965년 유네스코에서 제창된 "평생교육"이라는 말에서 "학습사회(learning society)"라는 단어가 사용되면서부터 평생학습이라는 용어가 교육의 새로운 방향을 제시하는 키워드로 정착하게 된 것이다.

유네스코에서 말하는 평생학습이란, 인생의 모든 시기(時期)와 모든 생활의 장(場)에서 스스로 자신을 고양시키고 자기실현을 도모해 나가기 위하여 행하는 모든 의도적인 활동을 말한다. 청년기까지의 정형적인 교육에 한정하지 않고 사람의 일생에 걸쳐서, 즉 생애 각 단계 전반에 걸쳐 자기학습을 수행하는 것을 평생학습이라고 규정했던 것이다. 공자가 이미 2500년 전부터 실천하고 강조해 온 평생학습의 정신을 유네스코가 부활시킨 것이다.

그러나 우리의 교육은 아주 잘못된 선입견을 전제로 전개되고 있다. 어른은 교육을 마쳤다는 것, 교육은 인생의 초기에 학교에서 하는 것이라는 편견이 그것이다. 그 결과 우리 사회는 학교에서 기초지식을 배운 것만으로 배움을 결산해버리는 학력결산사회(學力決算社會)가 되었다. 따라서 무엇을 어떻게 연마하며 깨우치고 있는가에 따라 한 사람의 인품과 가치를 평가하기보다는 최종학력과 출신학교만으로 사람의 가치를 판단하는 학벌사회가 되어버렸다. 오늘날 많은 사람들이 고정관념에 사로잡혀 스스로를 벽에 가두어 놓고 살아가는 것도 이러한 교육관 때문인 것이다.

라이프사이클과 평생학습

공자는 자신의 인생역정을 회고하면서 열다섯 살에 배움에 뜻을 두었고, 많은 고민과 시행착오 끝에 서른 살이 되어서 걸어가야 할 인생의 길을 확정했지만 여전히 흔들림이 있었다고 했다. 마흔 살이 되면서 자신이 설정한 길에 망설임과 흔들림이 없어졌고, 쉰 살에는 우주만물의 근원인 천명을 알게 되었으며, 예순 살에는 무슨 이야기를 들어도 마음이 동요되지 않아 평온하게 되었다고 했다. 그리고 일흔이 되어서는 마음이 하고자 하는 대로 따라도 법도를 넘어서지 않았다고 했다. 「吾十有五而志于學, 三十而立, 四十不惑, 五十而知天命, 六十而耳順, 七十而從心所欲, 不踰矩.」(논어, 爲政 4).

공자는 73세에 세상을 떠났으니 그 당시로는 장수를 누린 셈이다. 평균수명이 짧은 시대를 살았던 공자도 30살이 되어서야 비로소 인생의 목표를 설정했고, 마흔이 되기까지는 여전히 흔들림이 있었다. 우리는 누구나 학문을 닦으면 성현(聖賢)의 경지에 도달할 수 있을 것이라는 희망을 가지고 있다. 성현이란 공자(聖)와 맹자(賢)를 말한다. 그러나 성인 공자도 끊임없이 흔들리는 자신을 학문으로 바로 세웠다.

공자가 자신의 인생을 회상하면서 한 이 말은 평생학습의 시대를 살고 있는 우리에게 평생학습을 실천하는 인생설계의 기준으로 활용될 수 있다. 몇 살이 되면 나는 어떤 모습이 되어야 할 것인가를 스스로 설정하는 하나의 틀로서 이용할 수 있는 것이다. 그런데 공자의 인생과정과 비교해 볼 때, 오늘을 사는 우리가 30세에 새로운 목표를 세운다면 결코 늦었다고 할 수 없다.

오늘날처럼 대전환과 구조개편의 시대에는 본의 아니게 직장을 그만두어야 하는 사람도 새로운 직장을 구해야 하는 사람도 많다. 따라서 공자의 시대와는 달리 40세가 되어도 어찌할 바를 몰라 주저하고 망설이다가 겨우 자신의 길을 선택하는 경우도 많다. 이러한 사실을 감안할 때 '四十不惑'이라는 말은 사람은 40세가 되면 본격적으로 자신의 길을 재점검하는 삶을 살아야 한다는 것으로 해석할 수도 있다.

공자가 살던 시대와는 달리 고학력과 장수사회 그리고 대전환의 시대를 살고 있는 현대인들은 40세가 되어야 자신의 길을 선택하고 (四十而立), 50세가 되어서 비로소 의심 없이 자신의 길을 걸어가는 (五十而不惑) 경지에 드는 것만으로도 만족해야 하지 않을까! 다만 공자의 시대를 살았던 사람에게나 지금의 시대를 살고 있는 사람에게나 '四十不惑'이라는 말에는 하나의 공통적인 메시지가 있다. 그것은 40대가 되면 이제는 혼자가 아니라는 것이다. 가족과 사회를 책임지는 위치에 있는 자신을 돌보고 책임을 질 줄 아는 삶을 살아야 한다는 것이다.

공자의 시대에는 기껏해야 "人生五十年"이라는 짧은 한계 속에서 생애를 설계했다. 그러나 지금 우리는 인생 90년의 장수화를 특징으로 하는 21세기에 살고 있다. 따라서 오늘날의 우리들은 "人生九十年"을 설계해야 한다. 인생 90년의 시대를 살아가자면 이제 학교 교육만으로 인생의 문제를 해결할 수가 없다. 긴 인생을 활기차게 살아가기 위해서는 모든 세대 그리고 모든 생활의 장(場)에서 전 생애(生涯)에 걸친 학습활동을 해야 하는 것이다.

태어나면서부터 저절로 사물의 이치와 도리를 아는 최상의 인물 (生而知之者)은 더 이상 배우지 않아도 될 것이다. 그러나 이 세상에서 성공한 거의 대부분의 사람들은 일찍 뜻을 세우고 배움으로써 일어선 사람들(學而知之者)이다.

문제는 우리 대부분의 인간은 앞으로 자신이 알아야 할 것이 무엇인지를 사전에 파악하고 대비하지 못한다는 점이다. 그래서 사람들은 궁지에 몰리거나 어려움을 당하고 나서야 발분하여 배우려고 한다(困而學之). 그래도 이러한 사람은 가능성이 있는 사람이다. 정말 문제인 것은 궁지에 몰리고 어려움을 당하고도 배우려고 하지 않는 사람들이다. 이들이야말로 최하위의 어리석은 사람(下愚)이다. 이들 '하우(下愚)'는 그 누구도 구제할 수 없는 최하위의 인간인 것이다.

「生而知之者上也. 學而知之者次也. 困而學之, 又其次也. 困而不學, 民 斯爲下矣.」(논어, 季氏 9).

공자는 인간을 생지(生知), 학지(學知), 곤지(困知), 하우(下愚)의 4 종류로 나누고 있다. 이 중에서도 하우(下愚)는 어려움을 당하고도 아무렇지 않은 듯 그냥 지내는 바보이다. 하우(下愚)란 IQ가 낮거나 학력이 낮은 사람을 말하는 것이 아니다. 하우란 진학을 포기한 사람이 아니라 일상에서 배우는 자세로 살아가지 않는 사람, 즉 배우기를 포기했기 때문에 어쩔 도리가 없는 사람을 말하는 것이다.

그렇다면 공자는 어떤 사람이었던가. 공자는 자신을 "나는 태어날 때부터 저절로 잘 알았던 사람이 아니고, 옛것을 좋아하여 부지런히 찾아 배워서 알게 되었다"고 고백하고 있다. 「我非生而知之者, 好古, 敏以求之者也.」(논어, 述而 20). 위대한 스승 공자도 15세에 뜻을 세우고 부단히 배우고 공부한 노력의 결실로 만들어진 인물인 것이다.

공자는 사랑하는 제자 안연(顔淵)이 죽고 쓸쓸한 만년(72세)을 보내고 있을 때에 일생동안 자신이 얼마나 맹렬하게 공부했는지를 다음과 같이 말하고 있다.

"아! 지금 세상에서 나를 제대로 알아주는 사람은 아무도 없다. 나는 운이 나쁘다고 하늘을 원망한 적도 없고, 세상이 나쁘다고 남을 탓한 적도 없다. 나는 세상의 인간사에 대해서, 그리고 글을 배우고 또 익혀 인덕과 천리를 터득하려 노력에 노력을 거듭했다. 아마 이러한 나를 하늘만은 알아주실 것이다." 「莫我知也夫! 不怨天, 不

尤人. 下學而上達. 知我者其天乎!」(논어, 憲問 35).

무엇을 배우고 학습해야 하는가

인간은 무엇을 위해 배우고 학습해야 하는가.

"옛날 사람들은 자기수양을 위해 공부 했지만, 지금 사람들은 남에게 자신을 알리기 위해 공부를 한다"고 공자는 한탄했다. 「古之學者爲己, 今之學者爲人.」(논어, 憲問 24).

배움이란 먼저 자기수양을 위해서 하는 것이다. 그러나 오늘날의 사람들은 공자가 한탄했듯이 남들 앞에서 아는 척을 하고 광고하여 자신을 팔기 위해서 공부를 하는 것 같다.

순자(荀子)는 말했다.

"군자의 배움은 귀로 들어가 마음에 새겨짐으로써 그것이 온몸에 베어들어 행동으로 나타난다…. 그러나 소인의 배움이란 귀로 들어가서는 입으로 나와버리고 만다. 입과 귀 사이의 거리는 불과 네 치밖에 되지 않으니, 이렇게 되어서야 어찌 일곱 척이나 되는 온몸을 아름답게 할 수 있겠는가?"「君子之學也, 入乎耳, 箸乎心, 布乎四體, 形乎動靜…. 小人之學也, 入乎耳, 出乎口. 口耳之間則四寸耳, 曷足以美七尺之軀哉!」(『荀子』, 勸學篇).

청대(淸代)의 학자 초순(焦循)이라는 사람은 순자(荀子)의 말을 인용하여 "배움에 있어서 귀로 들어가 마음에 새겨진다고 한 것은 자기수양을 위해 하는 것이며, 귀로 들어가 입으로 나온다고 한 것은 남에게 자랑하기 위해 하는 것이다. 귀로 들어가서는 입으로 나와버리기 때문에 다만 말을 잘하는 것에 불과하다"고 하였다(吉田賢抗, 『論語』, 2003).

우리는 배우고 학습하는 학문의 길에 대한 맹자의 통절한 충고를 귀담아 들어야 한다.

"仁은 사람의 마음이고, 義는 사람이 걸어가야 할 길이다. 인간들이 바른 길을 버려두고 걸어가지 않으며, 마음을 잃어버리고도 찾을 줄 모르니, 가엾구나! 사람은 개나 닭을 잃어버리면 찾아 나설 줄 알면서도, 자신의 마음은 잃어버리고도 찾을 줄 모른다. 학문의 길(道)이란 다름이 아니라, 그 잃어버린 마음을 찾는 것일 뿐이다."
「仁, 人心也. 義, 人路也. 舍其路而不由, 放其心而不知求, 哀哉! 人有鷄犬放, 則知求之. 有放心而不知求. 學問之道無他, 求其放心而已矣.」(맹자, 告子上 11).

우리가 배우고 학습하는 근본목적은 자신의 마음을 닦아 참된 자신을 만들기 위해서이다. 인간의 행복은 자신의 참된 모습을 찾아 스스로 행복을 누릴 수 있는 마음을 닦을 때 가능해지는 것이다. 행복이란 '우리가 행복을 느끼고 살기에 필요한 조건을 갖추고, 우리 스스로가 바람직한 습관을 몸에 익힘으로써 행운이 함께 할 수 있도록 노력하며, 행운이 함께 하고 있다는 것을 느낄 수 있는 마음의 움직임'이기 때문이다.

그렇다면, 우리가 학습으로 일구어야 할 행복의 조건은 무엇인가? 우리는 이를 개인적 조건과 사회적 조건으로 나누어 볼 수 있다.

먼저 인간이 행복해지려면 스스로 준비해야 하는 개인적 조건을 살펴보자.

첫째, 몸이 건강해야 한다. 행복은 건강으로부터 시작된다. 행복하려면 아프지 말아야 하며, 건강하고 활력에 넘쳐 감동을 받아들일 수 있는 조건을 구비해야 한다. 행복은 감동을 받아들일 수 있는 건강한 몸과 이를 위해 절제된 습관이 몸에 배인 사람과 함께 하는 것이다.

둘째, 인간관계가 건강해야 한다. 인간의 행복은 인간과의 관계에서 오는 것이다. 좋은 인간관계를 가지려면 마음이 안정되고 스스로 기분 좋은 상태로 살아가려고 노력해야 한다. 이를 위해서는 긍정적인 자세, 믿고 기다리는 인내심, 자신의 한계를 받아들이는 자제심, 남을 배려하는 헤아림, 그리고 용서하는 마음과 분노를 삼키는 용기를 키워야 한다. 행복한 사람은 행복해질 수밖에 없는 이러한 성격을 가지고 있다.

셋째, 경제가 건강해야 한다. 행복하기 위해서는 안정된 수입과 미래에 대비하는 준비성이 있어야 한다. 행복한 사람은 살아가기 위한 수단으로서의 일 그 자체에서 다양한 즐거움을 느끼며 일에서 나오는 여유로 행복한 시간을 준비한다.

인간이 행복해질 수 있는 사회적 조건은 무엇인가.

첫째, 사회 풍토가 건강해야 한다. 인간의 행복은 상부상조하는 시스템에 의하여 확대되고 재생산된다. 또한 인간이 행복하기 위해서는 眞·善·美라고 하는 가치를 자유롭게 추구할 수 있는 학문과 예술의 기회가 평등하게 열려 있어야 한다. 행복은 다른 사람의 개성을 존중하는 자유로운 학예(學藝)의 풍토에서 뿌리내리게 된다.

둘째, 정치가 건강해야 한다. 인간의 행복은 개인의 존엄에 영향을 미치는 지위나 기회가 평등하게 부여될 때 보장된다. 그리고 평화와 자유가 보장되고 개인의 생명이 폭력으로부터 보호되어야 한다. 행복은 안전하고도 민주적인 환경에서 오는 것이기 때문이다.

행복을 느끼며 살아가려면 육체적 건강과 정신적 건강 그리고 사회적 건강이 함께 해야 한다. 건강한 마음과 몸은 좋은 환경에서 더욱 건강해지고, 좋은 환경은 건강한 몸과 마음을 만든다. 건강한 마음이란 자신의 것은 자신이 담당해 나가려는 자율성과, 자신은 자기 이외의 모든 것에 의하여 존재하고 있다는 타율성의 자각을 통해 키워지는 것이다. 평생학습은 바로 이러한 자율성과 타율성을 자각하게 하여 행복을 위한 개인적 조건과 사회적 조건을 체계적으로 구축하려는 노력이다.

인간의 수양단계

그렇다면 우리는 무엇을 목표로 하여 어디까지 공부해야 하는가? 맹자는 수도 단계를 기준으로 수양한 인간의 등급을 善·信·美·大·聖·神으로 나누고 있다.

"모든 사람이 그를 좋아하면 착하다 하고(善), 착한 덕성을 자기 몸에 지니고 있으면 믿을 만하다고 하며(信), 선행을 힘써 실천하면 아름답다고 한다(美). 충실하고 또 빛이 나면 크다고 하고(大), 크면서도 남을 감화시키면 성스럽다고 하며(聖), 성스러우면서 보통 사람들로서는 알 수 없는 높은 경지에 이르면 신통하다(神)"고 하였다. 「可欲之謂善, 有諸己之謂信, 充實之謂美, 充實而有光輝之謂大, 大而化之之謂聖, 聖而不可知之之謂神.」(맹자, 盡心下 25).

맹자가 구분한 인간유형을 보더라도 자기실현을 위한 학습과 배움

에는 끝이 없음을 알 수 있다. 배움이라는 것은 따라가고 또 따라가
도 따라잡지 못하는 것일 뿐만 아니라 이미 배운 것마저도 잊어버릴
것이 걱정되는 것이다. 「學如不及, 猶恐失之.」(논어, 泰伯 17). 그래
서 살아간다는 것은 그 자체가 이미 자기학습(自己學習)의 과정인 것
이다.

사실 오늘날의 사회에서는 최소한의 단계인 착한 사람(善人)이 되
는 것도 쉽지 않다. 일터에서나 가정에 있어서도 다른 사람이 좋아
하는 착한 사람이 되고 또 누구에게도 믿음을 주는 사람(信人)이 되
기란 쉬운 일이 아니다. 선을 실천하고 믿음을 나누는 아름다운 사
람(美人)이 되기란 더욱 어렵다. 따라서 오늘날 우리가 평생학습을
해야 하는 것은 맹자가 말한 그러한 도의 단계를 밟아 나가기 위해
서가 아닌지도 모른다. 최소한의 단계에라도 도달하려면 우선 사회
에서 존재할 수가 있어야 한다. 우리는 최소한의 생존을 위해서라도
평생학습을 실천해야 하는 것이다.

오늘날 지식과 기술의 변화 속도는 우리가 예상하는 것보다도 훨
씬 빠르다. 젊은 시절의 학교교육만으로는 살아남기가 어렵게 되었
고 인생을 인간답게 보낼 수도 없게 된 것이다. 따라서 시민 한 사
람 한 사람의 학습의욕을 기초로 한 평생학습은 인간이 인간으로서
살아가기 위해 필요한 최소한도의 장치인 것이다.

오늘날처럼 급변하는 사회정세 속에서 가장 두려운 적(敵)은 경쟁
자나 자신을 미워하는 사람이 아니다. 급변하는 시대를 외면하고 스
스로 배우려 하지 않는 자세와 변화하지 않으려는 고집스러운 마음
이야말로 가장 큰 적이다. 우리가 시대를 적으로 만드느냐 아니면
선생으로 만드느냐 하는 것은 스스로 배우고 연마하려는 자세에 의

해 결정된다. 역사적으로 성공한 사람들은 모두 스스로에게 드리워져 있는 한계의 벽을 허물면서 어제와는 다른 새로운 자신을 만들려고 부단히 노력한 사람들이었다.

우리나라의 교육계에서는 인재육성(人材育成)이라는 말을 아주 자랑스럽게 사용한다. 심지어 교육의 대상을 인적자원(人的資源)이라고까지 부르고 있다. 인재(人材)라는 표현은 인간을 재료나 소재로 여기는 것이고, 인적자원(人的資源)이란 표현은 인간을 하나의 경제적 재화로 간주하는 발상이다. 교육의 목적을 기업이나 조직에서 부리고 쓰기 쉽도록 그 소재를 가공하는 것이라고 표현하고 있는 것이다. 그러나 공자가 생각한 배움(學)의 근본은 '인간으로서의 길'을 가도록 하는 것이었고, 그 가르침의 근본은 '인간으로서의 길(道)'을 가르치는 것이었다. 인간의 길이란 "道에 뜻을 두고, 德을 지키고, 仁에 의지하며, 여섯 가지 예(藝)[1]를 체득하는 것이다."「志於道, 據於德, 依於仁, 游於藝.」(논어, 述而 6).

이렇게 볼 때 인간이 산다는 것은 학문을 익히려고 노력하며, 인격의 완성을 이상으로 하고, 휴머니즘의 토대 위에서 취미생활을 즐기며 생을 영위하는 것임을 말한 것이다.

탈 양친(兩親), 탈 지역교육의 한계를 넘으려면

오늘날 많은 사람들은 직급이 올라가고 영향력이 커질수록 오히려 초라해진 자신의 내면을 느낀다. 더 넓은 안방으로 옮겨진 장롱처럼

---

1) 여기에서 六藝란 군자가 체득해야 하는 禮, 樂, 射, 御, 書, 數를 말한다.

마냥 작게만 느껴지는 자신의 내면을 감추기도 어렵다. 왜 이렇게 되었을까? 세상의 변화에 대응한다면서 덕을 키우기보다는 지식의 조각들만 흡수한 결과이다. 이처럼 지식의 학문에 매달릴 뿐 지혜의 학문을 하지 못한 응보는 비수처럼 우리를 찌르고 있다.

최근 우리사회에서의 교육은 지역과 부모 곁을 떠나는, 즉 탈 양친(兩親)·탈 지역교육으로 채워지고 있다. 공부를 하기 위해서는 부모 곁을 떠나고 지역을 떠나야 하는 구조가 부모를 존경하고 지역을 사랑하는 인간을 만들지 못하게 하고 있다. 이리하여, 부모와 자식 간에 말이 통하지 않고, 공부를 많이 한 사람일수록 오히려 지역에서 멀어지게 하고 있는 현실은 보통 문제가 아니다.

우리의 교육방식은 근본적으로 바뀌어야 한다. 지역과 양친을 존경하는 교육, 지역과 양친에게서 배우는 교육으로 바뀌어야 한다. 이를 위해서는 지역과 양친이 존경받을 만한 존재가 되어야 한다. 부모가 존경받는 가정, 그 구성원이 존중하는 지역사회에서는 일상생활에만 충실하더라도 필요한 교양은 저절로 익혀지게 된다.

진정한 의미에서의 교양이란 인간생활에 대한 성실함과 사회생활에 대한 충실함을 토대로 키워나가는 것이다. 따라서 교양이란 바른 사회 속에서 충실히 생활하면 저절로 몸에 배어나게 되는 것이다. 그러나 일상의 사회생활은 엉망으로 하면서도 교양을 쌓는다며 여기저기에 배우러 다니는 사람이 많다.

공자는 다음과 같이 말했다.

"젊은이들이여, 가정에서는 부모님께 자식의 도리를 다 하고, 사회에 나가서는 윗사람들에게 공손하고 솔직하게 대해야 한다. 일상으로 전개되는 일에 임하여 신중하게 행동하고, 자신이 한 말에 남들이 믿음을 갖도록 해야 한다. 사람을 차별하지 말고 널리 사랑해야 하지만, 특히 덕을 쌓은 사람을 가까이 하여 그로부터 영향을 받도록 노력해야 한다. 사회생활을 이렇게 하고서도 아직 여력이 있거든 비로소 글을 배우고 이치를 새겨서 교양을 쌓도록 노력해야 한다."「弟子入則孝, 出則弟, 謹而信, 汎愛衆而親仁, 行有餘力, 則以學文.」(논어, 學而 6).

인간은 자신을 둘러싼 주위의 사람들과 더불어 살아가는 존재이며 그 바탕은 자신이 몸담고 있는 토지(土地)라는 공간이다. 따라서 인간의 학습은 더불어 살아가는 자세를 배우고 향토를 사랑하는 마음에서 출발해야 한다. 이렇게 볼 때 지역이 발전하고 지역사람이 함께 행복하기 위해서도 평생학습의 풍토를 만들어야 한다.

주민이 공동체 정신을 함양하고 스스로가 지역의 주인으로서 권리와 책임을 다하는 풍토를 만들기 위해서는 무엇보다도 지역에 학습하는 문화를 만들어야 한다. 스스로 성장하고 향상심에 불타는 사람만이 다른 사람도 성장시킬 수 있듯이, 학습하는 주민만이 지역을 성장시킬 수 있기 때문이다.

인간은 보다 잘 살기 위해서 자신의 삶을 발전시켜 나간다. 배움이란 바로 발전된 삶을 지탱해주는 영양분이 된다. 그리고 시민 한 사람 한 사람이 자발적인 학습활동을 통해 아는 것, 배우는 것, 노는 것의 의미와 가치를 깨달을 때 비로소 우리 사회는 고결하게 가꾸어진다.

생애에 걸친 학습은 많은 사람들과의 협조를 통하여 '헤아릴 줄 아는 마음'을 키우고 다른 사람에게도 마음의 풍요함을 전달해줄 수 있게 한다. 정부가 평생에 걸친 학습활동으로 시민 한 사람 한 사람이 충실한 일생 그리고 다양하고도 개성있는 삶을 영위할 수 있는 기반을 제공해야 하는 이유가 여기에 있다.

사회는 그 자체가 교실이다

오늘날의 많은 사람들이 스스로 반성하는 자세로 공부하기보다는 남을 가르칠 논리를 얻으려고 공부한다. 학습을 하는 것이 아니라 교육을 하려 드는 것이다. 교육이라는 말은 가르치고 육성하는 것이다. 그러므로 교육도시라고 말할 때 그 주체는 어디까지나 가르치는 사람과 가르치는 기관이고 배우는 사람은 손님이요 객체에 불과하다.

예컨대, 교육하는 마을에서 어떤 사람이 "우리 마을 사람들은 참 문제다"라고 했다면, 그것은 자기 이외의 사람들은 문제가 많으므로 그 사람들을 바로잡아야 한다는 생각을 표현하고 있는 것이다. 그러나 학습하는 마을에서 어떤 사람이 "우리 마을 사람들은 참 문제다"라고 말했다면, 문제인 사람들 속에는 말하는 자기 자신도 포함시키고 있다. 그러므로 자기 자신부터 고치려는 학습의지를 표현한 것이다.

오늘날 우리 사회가 높은 교육열에도 불구하고 점점 병들어가는 현상은 남을 가르치려는 사람만 많을 뿐 진정으로 배우려는 사람이 드물기 때문이다. 그러므로 학교에서는 교육이라는 말을 쓰더라도 시민사회에서는 학습이라는 말을 사용해야 한다. 같은 논리로 시민사회의 학습열을 조장하고 유도해야 할 지방자치단체로서는 교육도

시가 아니라 학습도시라는 말을 써야 마땅하다 (강형기, 『지방자치 가슴으로 해야 한다』, 비봉출판사, 1998).

이러한 상황에서 우리는 각 지방자치단체가 추진하는 평생학습프로그램에 많은 기대를 하게 된다. 그러나 현재 여러 지방자치단체가 운영하고 있는 평생학습프로그램들은 이러한 기대를 충족시키지 못하고 있다. 학습프로그램의 주된 내용이 기성문화를 소극적으로 전파하는 것으로 점철되고 있기 때문이다. 그러나 지금이야말로 지역의 상상력을 키우고 지역의 발상력을 확대 재생산하는 평생학습이 절실한 때이다. 이제 지역의 평생학습은 현장의 문화를 테마로 하고 현장의 사람들이 주체가 되는 학습체제로 바뀌어야 한다.

논어(衛靈公 39)의 "有敎無類(유교무류)"에서의 '敎'란 '배우려는 습관'과 '환경의 힘'을 말한다. 아름다운 마음을 가진 사람이 아름다운 이웃을 만들고 이들이 모이면 좋은 풍토가 형성된다. 사람들은 자신이 살고 있는 지역의 경관이나 관례를 통해서 상식을 몸에 익히고 배우며 이를 하나의 습관처럼 실천하는 가운데 스스로 지역의 풍토를 만들고 자신 또한 풍토의 하나가 되는 것이다. 인간은 공동체 속에서 사회적 동물이 되어 상식을 몸에 익히게 되기 때문이다. 따라서 공동체 속에서 살고 있는 사람은 그 답례로서 공동체에 공헌하는 것이 인간의 도리라는 것을 몸에 익히게 되는 것이다.

경관이 아름답고 공중도덕심이 충만한 마을에서 곧고 바르게 자라난 사람들은 그 마을의 경관을 보존하고 이웃을 위하여 공헌해야 한다는 의무감을 갖게 된다. 마찬가지로 도리에 기반하여 사고(思考)하는 사람은 자신의 행동이 이웃과 지역을 위하여 바르게 취해지고 있는지 스스로 헤아리면서 공공심에 기반하여 자신의 의무를 헤아리고 행동하게 된다. 따라서 우리가 인간을 키우고 그 인간이 사회를 위해 봉사하도록 하기 위해서는 우리 사회 전체가 한 인간의 학습활동을 위하여 투자를 해야 한다.

"버스를 타고 가다 우연히 목격한 일이었다. 해가 서산을 감고 넘어가면서 땅거미가 지더니 이윽고 마을의 모습이 사라졌다. 저 멀리에서 깜박깜박 불빛이 보이기 시작했다. 막 어두워진 시골길을 달리던 버스가 멈추어 섰다. 그리고는 까까머리 중학생 한 명이 내렸다. 더 내릴 사람도 새로 탈 사람도 없는 초겨울의 산자락에서 버스는 움직이지 않았다. 한참 동안 차는 움직이지 않았다. 그러나 승객들은 그대로 아무 말 없이 앉아 있었다.

창문을 내다보았다. 아! 드디어 나는 알았다. 버스 운전수가 조금 전에 내린 중학생이 걷고 있는 어두운 길을 헤드라이트로 비춰주고 있었다. 조금 후 그 중학생이 가로등이 있는 마을 어귀에 다다르자 모자를 벗어 흔들었다. 그러자 버스 운전수는 답례라도 하듯 '빵빵' 소리를 내고는 달리기 시작했다." (『涙が出るほどいい話』, 河出書房新社, 1996).

한 쪽 다리가 아직 버스 안에 있는데도 버스가 출발해버리는 우리 사회. 이런 나라에서도 어른들은 아이들의 교육과정에 '사회봉사'라는 교과목을 넣어놓고 있다. 그러나 그 봉사의 대상이 되고 있는 지역사회가 어른들의 봉사정신에 의하여 만들어진 것이 아닌 상황에서 아이들의 봉사정신만 따로 길러질 가능성은 없다. 아름다운 마을에서 아름다운 아이가 태어나고, 아름다운 마을에서 아름다운 상상을 할 수 있게 된다. 특히 성장기 아이들의 도덕관과 정서 그리고 미(美) 의식은 지역사회의 모습에 의해 주조된다. 따라서 한 아이를 바르게 키우기 위해서는 가정교육과 학교교육 그리고 학원교육만으로는 부족하다.

한 아이를 제대로 키우려면 사회 전체가 학습의 장이 되어야 한다. 그래서 지금 우리에게 절실한 것은 향토가 가르치는 무언의 교육이다. 우리는 사랑하고 배우며 감동할 수 있는 도시를 만들어야 하는 것이다.

제 9장 진정으로 배우려면 진심으로 갈구하라

새로운 조류와 정보에는 눈을 감고 종전의 낡은 소신만 고집하는 사람이 있다. 이곳저곳 부지런히 다니며 많은 것을 배우면서도 정작 자신의 생각은 없이 지식의 파편만 모으는 사람도 많다. 배운다는 것은 사색한다는 것이며, 사색한다는 것은 배운 것을 재창조하는 것이다. 진정으로 배운다는 것은 새로운 자신을 만드는 것이다.

배운다는 것은 무엇을 어떻게 하는 것인가

배움(學)이란 인류의 문화와 문화재를 널리 이해하려는 것이다. 이는 곧 나보다 앞선 사람들의 예지와 기술을 배워 알고자 하는 것이다. 그러나 남의 것을 배우기만 하는 것으로는 부족하다. 배운 것을 자기의 것으로 소화하여 현실에 활용할 수 있어야 배웠다고 말할 수 있다. 배운 것을 토대로 새로운 것을 창조하기 위해서는 먼저 제대로 이해하고 또한 깊게 사색해야 한다. "옛것을 익혀서 새것을 만들기 위해서는(溫故而創新)" 사색을 해야 한다.

공자는 다음과 같이 가르치고 있다.

"배우기만 하고 생각하지 않으면 종잡을 수 없어 터득하지 못하고, 생각만 하고 배우지 않으면 위태롭다."「學而不思則罔, 思而不學則殆.」(논어, 爲政 15).

우리 주위에는 널리 새로운 것을 배우려고 하지 않고 자신의 고루한 생각을 굽힐 줄 모르는 사람이 있다. 무식하면서도 잘못된 소신을 굽히지 않는 사람이 남의 운명을 책임지는 자리에 있으면 많은 사람을 불행하게 한다. 배워야 생각도 깊어지며 창조도 이루어지는 법이다.

공자는 다음과 같이 고백했다.

"내가 전에 종일토록 먹지도 않고, 밤새도록 잠도 자지 않고 사색해 보았으나 유익함이 없었고, 배우는 것만 못 하더라."「吾嘗終日不食, 終夜不侵以思, 無益, 不如學也.」(논어, 衛靈公 30).

기원전 6세기에서 5세기의 사람이었던 공자가 배움(學)의 대상으로 삼았던 것은 후에 공자 스스로가 편찬하기도 했던 중국의 고전, 즉 육경(六經)이었다. 고대 중국의 지혜를 모아놓은 육경은 易(역), 書(서), 詩(시), 春秋(춘추), 禮(예), 樂(악)을 말하는 것이다.

이 중에서 易經(역경)은 우주 전체가 어떠한 구조로 움직이고 있는가를 설명해 놓은 책이다. 일종의 자연철학 교과서와도 같은 것이다. 고대 중국의 철학은 인간도 자연의 일부라는 생각에 입각하고 있었다. 이러한 易經이 더욱 우리의 흥미를 끌고 있는 점은 이 책 속에는 神이라는 존재가 전혀 등장하지 않는다는 것이다. 그리스도

교의 자연관이나 이슬람의 세계관과는 달리, 신이 없는 자연 내부의 질서를 설파하고 있다.

書經(서경)은 고대사를 기술한 것이다. 그 절반가량이 철학적 내용으로 구성되어 있긴 하지만, 고대 중국의 주(周)나라 시대까지의 역사를 기술하고 있는 것이다. 春秋(춘추)는 바로 공자가 살고 있던 시대의 역사를 기록해 놓은 것이다. 지금으로 말한다면 근·현대사에 해당하는 것이라고 할 수 있다. 六經 중에는 역사책이 두 가지나 된다. 역사를 아주 중요시했다는 것을 알 수 있다.

詩經(시경)은 고대 중국 시가집(詩歌集)의 일종이다. 민요를 포함한 시와 의례적(儀禮的)인 시도 수록되어 있다. 말하자면 고대 중국의 노래와 민요 그리고 시의 집대성이라고 할 수 있다. 樂(악)은 음악, 즉 일종의 예술이다.

오늘날 우리가 학교나 연수원에서 가르치고 배우는 것은 六經이아니다. 그러나 '배운다'고 할 때의 그 의미는 기본적으로 공자의 시대나 지금이나 다를 바가 없다. 왜냐하면, 배움이라는 것은 문화와 지혜 등 지금까지 축적되어 온 전통 또는 유산을 배우는 것이기 때문이다.

예컨대, 학교에서 배우는 지식의 대부분은 이미 만들어지고 주어져 있는 일종의 체계(體系)이다. 이러한 체계는 개인의 주관과는 별도로 널리 사회가 받아들이고 있는 객관적인 체계이기도 하다. 왜냐하면, 우리는 '주어져 있는 것'을 '주어진 조건'에 맞추어, 즉 역사나 세계에 관해서 객관적인 지식을 획득할 때 비로소 바로 알게되는 것이기 때문이다.

문제의식을 가질 때 배움은 시작된다

배워야 생각이 깊어지고 창조의 문도 열린다 했지만, 그냥 수동적으로만 배운다면 별 소용이 없다. 무언가 새로운 것을 창조하려면 그 기반이 되는 지식의 집적이 필요하다. 그 작업이 바로 학습이며 정보의 수집이고 다른 사람과의 교류이다. 그러나 그러한 작업으로서 얻어진 정보를 지식으로서 뇌에 축적하려면 그 정보를 필요로 하는 문제의식(설정한 목표)이 있어야 한다.

배우는 올바른 모습은 배우면서 사색하는 것이다. '사색하는 것'과 '배운다는 것'은 어떠한 관계에 있으며, 또한 '사색한다'는 것은 구체적으로 어떻게 하는 것인가. 여기저기를 쫓아다니며 아무리 배운다고 해도 명확한 목표도 없이 막연히 배우기만 한다면 별 소용이 없다. 진정한 배움은 '이것이 문제다'라고 하는 문제의식을 가지고 있고, 자신의 머리로 스스로 생각해서 해결책을 찾아 나설 때에 시작된다. 스스로 문제의식을 가질 경우 비로소 문제를 해결하기 위한 구체적인 지식이 필요하게 된다. 알고 싶은 절실함이 살아 있는 지식을 배우게 하는 것이다.

스스로 노력하지 않는 사람에게는 가르쳐도 소용이 없다고 생각한 공자는 제자의 배우는 자세를 엄격히 따졌다. 공자는 예습과 복습을 하지 않는 제자에게는 더 이상 가르치지 않았다.

"마음속에 의문을 품고 그것을 알려고 절실히 애쓰지 않는 사람에게는 일깨워 주지 않았다. 스스로 표현하려고 더듬거리며 노력하지 않으면 일러주지 않았다. 한 모퉁이를 들어서 가르쳐주면 나머지 세

모퉁이는 스스로가 유추하여 반응하지 않을 경우 그에게 더 이상 가르치지 않았다."「不憤不啓, 不悱不發, 擧一隅, 不以三偶反, 則不復也.」(논어, 述而 8).

진정한 배움이란 선생이 가르쳐 주기 때문에 수동적으로 배우는 것이 아니다. 선생이 가르쳐 주는 것만으로는 스스로의 문제를 해결할 수 없다. 사람은 절실한 자기 질문을 가질 때 그 문제를 해결하기 위한 지식을 필요로 하게 된다. 이러한 경우, 지식은 '지적인 도구'로 전화(轉化)되어 자신이 포착한 문제를 해결하는 도구로 기능하게 되는 것이다. 따라서 아무 생각도 없이 하루 종일 강의실에 앉아 있다면 남는 것이 있을 수 없다. 오늘날 우리가 필요로 하는 것은 지식의 통조림이 아니기 때문이다.

'이것이 문제다'라고 느끼는 것을 다른 말로 표현한 것이 '문제의식'이다. 어떤 문제의식이 자신 속에 있고 그것에 관해 깊이 생각하는 것이 바로 '사색하는 것'이다. 그러나 문제의식은 누구에게나 주어져 있는 것이 아니다. 문제의식은 스스로 도출하려고 노력하는 가운데 만들어지는 것이다. 이러한 문제의식이 없다면 진정한 의미에서 사물을 이해하기도 어렵고 개선할 수도 없다. 따라서 문제를 해결하기 위해서는 먼저 문제를 의식해야 한다. 의식화된 문제가 자기 자신에게 내재하고 있는 것이 바로 배움의 동기가 되기 때문이다.

'배우는 것'과 '사색하는 것'은 상호 관계를 구성한다. 여기에서 '배우는 것'을 객관적인 사실이라고 한다면 '사색하는 것'은 주관적인 문제이다. 문제를 해결하는 것은 미래에 대한 가능성일 뿐 아직 해결된 것이 아니기 때문이다. '문제의식'이라는 말이 이를 잘 표현하고 있다.

문제의식 없이는 사물과 현실을 제대로 볼 수 없다. 스스로 문제의식을 갖지 않고 그저 수동적으로 들은 정도만의 지식은 오른쪽 귀에서 왼쪽 귀로 새어나갈 뿐이다. 시험 때문에 암기한 것은 시험이 끝나면 잊어버리게 되는 것과도 같다. 그러나 자신의 문제의식에 입각해서 공부한 것이라면 자신의 지식이 된다. 孔子가 문제의식이 없다면 사물을 제대로 이해할 수가 없다고 한 것은 바로 이러한 의미에서 한 말이다.

문제의식만 있고 지식이 없다면 그것도 위험하다. 위험하다는 것은 무엇을 하고 싶다고 생각할 때 제대로 생각하지도 않고 덤벙거리며 대뜸 시작해버려 전혀 뜻밖의 결과가 나타날 수도 있다는 것이다. 문제의식을 가지고 배우는 사람만이 지도자가 될 수 있고 프로가 될 수 있다. 그러나 주어진 틀 속에서 그저 생각도 없이 전례에 따라 일하는 사람은 프로가 될 수 없다.

가르칠 수 있는 것과 없는 것

어떤 분야에서나 프로가 되려면 나름대로의 도(道)를 터득해야 한다. 도(道)란 원리를 말한다. 원리를 배우고 스스로 터득하여 문리가 터지면 이를 일상생활이나 신변의 만사, 만물에서도 자유자재로 활용할 수가 있게 된다. 기본원리를 깊이 파고들어 스스로 터득하고 조예를 쌓으면 아무리 복잡한 현실에서도 적용해 쓸 수 있게 되기 때문이다.

이 세상에는 아무리 훌륭한 선생이라고 할지라도 가르쳐 줄 수 없는 것이 있다. 맹자가 말했듯이, 목수나 수레를 만드는 기술자가 남에게 물건 만드는 기술은 전수해 줄 수 있어도, 그를 신묘한 경지에 이르게까지는 해줄 수가 없다. 「梓匠輪輿, 能與人規矩, 不能使人巧.」(맹자, 盡心下 5). 선생이 제자에게 글을 가르쳐주고 지식을 전달해 줄 수는 있지만, 오묘한 도는 배우는 사람 스스로가 터득해야 한다. 도를 터득하려면 자신의 문제의식을 가지고 스스로 터득하려고 노력하는 것이 유일한 길이다.

사람들이 스스로 문제의식을 가지고 도를 터득해야 하는 이유는 명백하다. 모든 사람은 각자 유일한 존재(only one)이며 유일한 주체이기 때문이다. 누구나 경쟁력을 가지려면 스스로의 유일한 발상을 할 수 있어야 한다. 자기 자신을 면밀히 읽어서 무엇이 가능한지도 알아야 한다. 그리하여 결점을 오히려 개성으로 만드는 역전(逆轉)의 발상(發想)을 독창적으로 도출할 수 있어야 한다.

독창적인 발상이란 목표를 달성할 수 있는 나만의 개성있는 방안을 강구하는 것이다. 독창적인 발상도 자신만의 고유한 문제의식을 가질 때 비로소 가능해진다. 그러나 이러한 문제의식의 발현과 그 실현방안의 궁리는 결국 기본원리를 터득한 토대 위에서만 가능하게 된다. 기본원리를 터득하게 되면 어느 상황에서도 자유자재로 이를 적용할 수 있게 되는 것이다.

맹자는 말했다.

"학문과 덕행을 쌓으려는 사람이 깊이 있는 도를 닦기 위해서 여러 가지 방법을 동원하여 공부하는 것은 스스로 도를 터득하기 위해서이다. 스스로 가슴속에 도를 터득하고 나면 자세가 안정되고 흔들림도 없게 된다. 이처럼 스스로 체득한 도를 활용하려 하면, 그 도로부터 무한한 자원을 끌어내어 자유자재로 활용할 수 있게 된다. 스스로 체득한 도에서는 아무리 많은 자원을 끄집어내어 활용한다 해도 결코 고갈되지 않는다. 자유자재로 변용하고 활용할 수 있기 때문이다. 따라서 군자는 자신의 기본으로 삼을 도를 스스로 깨우치려고 하는 것이다."「自得之, 則居之安. 居之安, 則資之深. 資之深, 則取之左右逢其原. 故君子欲其自得之也.」(맹자, 離婁下 14).

가르칠 가치가 없는 사람

공자의 학당은 누구에게나 열려 있었지만 공자는 누구에게나 가르침을 주지는 않았다. 아무리 인재를 키우는 것을 사명으로 하는 선생이라 할지라도 세상에는 가르쳐 줄 가치가 없는 사람도 있다. 공자도 맹자도 사람을 가르칠 때에는 먼저 배우려는 사람의 자세를 따졌다. 배움을 청하려면 먼저 배우는 자세를 가다듬어야 한다고 생각했던 것이다.

공자는 배움을 청하는 사람이 기본 예의를 갖추지 않으면 가르치지 않았다. 공자는 "속수의 예 이상을 치른 사람들에게 내 일찍이 가르쳐주지 않은 적이 없다"고 했다. 「自行束脩以上, 吾未嘗無誨焉.」(논어, 述而 7).

속수(束脩)란 육포를 열 두름 묶은 것으로서 당시에 사람을 찾아가 가르침을 청할 때 예물로 바치던 최소한의 것이었다. 물론 공자가 기다린 것은 물질의 많고 적음이 아니었다. 최소한의 형식일지라도 예의를 갖추는 것은 배우는 자의 기본 자세를 나타내는 것이라고 생각했던 것이다. 이처럼 선생에게 가르침을 받고자 할 때에는 반드시 예(禮)를 갖추어야 한다.

공도자(公都者)가 맹자에게 질문했다.

"등경(滕更)이 현재 선생님의 문하생으로 있으니, 선생님께서는 역시 그에게도 사제(師弟)의 예로서 대해 주셔야 할 존재가 아닙니까? 그런데 그가 선생님께 질문을 해도 선생님께서는 왜 대답을 해 주지 않으시는지요?"

맹자가 대답했다.

"무릇 자신이 높은 지위에 있다는 자만심을 가지고 물어 오는 사람, 자신이 현명하다는 자만심을 가지고 물어 오는 사람, 연장자라는 우월감을 가지고 물어 오는 사람, 공훈을 세웠다고 자랑하며 물어 오는 사람, 옛 연고를 구실로 물어 오는 사람들에게 나는 대답해 주지 않는다. 등경은 이 다섯 가지 중에서 두 가지를 내걸고 물어 왔으므로 내가 대답해 주지 않은 것이다."「挾貴而問, 挾賢而問, 挾長而問, 挾有勳勞而問, 挾故而問, 皆所不答也. 滕更有二焉.」(맹자, 盡心上 43).

맹자는 가르침에 대해 다음과 같은 가르침도 주고 있다.

"가르침에도 여러 가지 기술이나 방법이 있다. 내가 그에게 가르쳐 주기를 탐탁하게 여기지 않는 것, 이 또한 그를 가르쳐 주는 것이다."「敎亦多術矣, 子不屑之敎誨他者, 是亦敎誨之而己矣.」(맹자, 告子下 16).

맹자가 말한 깊은 뜻을 새겨 보면, 배우는 자세가 되어 있지 않아 가르쳐 주지 않을 경우, 물러가서 자신의 문제점을 스스로 반성하고 깨우치게 하는 것도 하나의 가르치는 방식이라고 생각했던 것이다. 배우려는 자가 예의를 갖추어야 하는 것은 기본이고 보다 적극적으로 선생을 활용하는 자세도 필요하다.

공자는 제자 안회를 두고 다음과 같이 말했다.

"내가 안회(顔回)와 하루 종일 마주앉아 이야기를 해도 그저 '예, 예'하고 듣고만 있을 뿐, 단 한마디라도 내 뜻에 반대하거나 자신의 의견을 내세운 적이 없다. 그래서 얼핏 보면 그는 마치 바보처럼 보였다. 그러나 안회가 내 앞에서 물러난 이후의 사생활이나 친구들과의 대화를 관찰해 보면, 온 힘을 다하여 내가 말한 것의 뜻을 숙고하고 실천하고 있었다. 안회는 결코 어리석은 사람이 아니었다." 「吾與回言終日, 不違, 如愚, 退而省其私, 亦足以發, 回也不愚.」(논어, 爲政 9).

우리는 큰 스승 공자가 그의 수제자 안회에게 가르침을 내리는 모습을 보고 있다. 그러나 큰 스승과 수제자간의 대화방식이 모든 상황에 맞는 방식이라고는 할 수 없다. 공자는 틀린 가르침을 내린 적이 없고 안회는 스승의 가르침을 한 가지 들으면 열 가지를 알았던 사람이기 때문이다. 그러나 보통 사람들은 선생에게 적극적으로 질문하고 다시 질문하는 방식으로 공부를 해야 한다.

바람직한 학습자의 기본 모습은 선생의 말을 경청하고 옳은 뜻이라면 받아들이고 수용하려는 자세를 취하는 것이다. 그리고 그 자리에서 물러나면 자신의 상태를 살피고(退而省其私), 이에 더하여 선생이 가르쳐준 뜻을 숙고하고 실천함으로써 더욱 발전시키고 확충하는 자세를 가져야(亦足而發) 하는 것이다. 증자(曾子)가 하루에도 여러 차례 자기 자신을 반성했던 것은 다름 아닌 복습하는 학습자의 모습을 표현한 전형이다.

공자는 배운다는 것(學)은 복습하고 실천하는 것(習)이라고 했다. 논어의 첫 페이지를 열면 "배우고 그것을 때에 맞게 익혀나간다면 기쁘지 않겠느냐?"(學而時習之, 不亦說乎?) 라는 구절이 나온다. 이 말은 논어의 전체 테마의 기본을 나타내는 것이기도 하다.

배움은 선생이나 선배의 모습을 흉내 내는 것으로 시작한다. 그러나 선생의 가르침이나 서적에 있는 내용을 아는 것만으로는 부족하다. 그것을 자신의 것으로 만들도록 복습하고 실천하면서 새로운 자기의 것을 만들어 내야 한다. 어미 새를 보고 날 수 있다는 지식이나 기술을 이해하는 것만으로 만족하는 새끼 새는 날 수가 없다. 날기 위한 끊임없는 노력과 반복적인 연습, 즉 학습(習)이이야말로 새끼 새로 하여금 날 수 있게 하는 것이다.

강의를 할 때 학생들에게서 나타나는 반응을 다음 다섯 가지로 나누어 볼 수 있다. 첫째, 입을 딱 벌리고 앉아서 강사가 말하는 것을 멍하니 듣고 있는 사람. 둘째, 말하는 사람을 놓치지 않고 쳐다보고 있지만 듣고 있는 내용을 알고 있는지 아닌지를 분명하게 표현하지 않는 사람. 셋째, 강의 중간 중간에 맞장구를 치면서 싱글싱글 웃는 사람. 넷째, 강의 내용 열 개 중에서 한두 가지라도 알고 있는 것이 나오면 그 전부를 다 알고 있다는 자세로 메시지를 보내오는 사람. 다섯째, 애초에 정신을 딴 곳에 두고 두리번거리거나 거드름을 피우는 사람이 있다.

첫째의 멍하니 입을 벌리고 강사가 하는 말을 있는 그대로 삼키고 있는 사람은 강사의 말에 압도당해서 자신의 판단이 없는 사람이다. 둘째의 얼굴을 놓치지 않고 쳐다보고 있는 사람은 강사가 하는 말을 하나하나 곱씹어서 머릿속에 반추하고 있는 사람이다. 셋째의 맞장구를 치거나 싱글싱글 웃는 사람은 "당신이 하는 말은 나도 잘 알고 있어요"하는 말을 하고 싶어서 그러한 퍼포먼스를 하고 있는 것이다. 넷째의 부류는 자신이 가진 작은 지식으로 자신을 가두기 때문에 더 이상 발전성이 없는 사람이다. 다섯째는 가르칠 가치가 없는 사람이다. 말하자면 공부하여 자신을 바꾸겠다는 생각이 없는 구제불능인 사람이다.

이러한 다섯 가지 부류 중에서 강사들이 가장 좋아하는 유형은 둘째이다. 왜냐하면 강의가 끝나면 의문점에 대하여 개인적으로 다시 물으러 오는 사람이 바로 이러한 유형이기 때문이다. 사실 강사들이 땀 흘리며 한 강의를 다 알아들었다는 표정을 하는 사람 중에서 실제로 그 모두를 알아들은 사람은 거의 없다. 왜냐하면 아무리 농담을 섞어가며 말을 한다고 해도 대학과 전문연수원에서의 강의 내용은 그렇게 단순한 것이 아니기 때문이다.

우리 주위에는 배우는 자리에서도 무엇이나 다 아는 듯한 얼굴을 하고 있는 사람이 있다. 회의석상에서 번드레하게 말을 많이 하지만 실상 내용도 없이 수식어만 나열하면서 빈말로서 모든 것을 채우려는 사람도 있다. 상관이 명령을 내리면 바로 '알았습니다' 하고 대답하는 부하도 많다. 그러나 정말 머리가 좋은 부하는 상관이 내린 지시를 머릿속에서 몇 번이고 반추(反芻)하면서 잘 모르는 점은 즉시 질문을 한다. 그리고 제대로 알고 난 연후에 '알았습니다' 라고 대답한다. 정말 우수한 사람은 말을 듣고 있을 때에는 멍청하게 보이고 질문도 많이 한다. 그러한 인간이야말로 가능성이 있는 인재인 것이다.

그러나 무능한 직원일수록 상관이 하는 말의 뜻을 잘 몰라도 알았다는 태도를 취한다. 서투르게 말을 건넸다가는 그렇지 않아도 나쁜 인상을 주었는데 거기다가 더욱 나쁜 인상을 줄까봐 걱정이 되어서이다. 공연히 입을 열어 멍청하게 보이기보다는 입을 닫고 멍청하게 있는 것이 오히려 이익이라고 생각하기 때문이다. 이처럼 현장에서 질문을 하고 배우려는 자세를 보면 그 가능성을 알 수 있다.

제10장   세 가지를 실천하면 최고가 된다

누구나 일상에서 남을 평가하고 남으로부터 평가를 받기도 한다. 그러나 무엇 무엇이 어렵다고 해도 인간을 알고 판단하는 것처럼 어려운 일도 드물다. 남을 보는 제일의 목적은 '나를 보는 눈'을 가지려는 것이다. 우리는 남의 눈으로 나를 볼 때 내가 보이고, 나를 볼 줄 알 때 남도 볼 줄 알게 된다. 그리고 스스로 반성하고 실천할 때 자신의 주인이 된다.

인물 감식법

공자는 말했다.

"수양을 해서 덕을 체득한 사람은 반드시 착한 말을 한다. 그의 말은 마음속에 쌓여진 덕이 밖으로 넘쳐 흘러나온 것이기 때문이다. 그러나 착한 말을 하는 사람이라고 해서 모두 덕이 높은 것은 아니다. 말을 교묘히 꾸미고 가장하는 사람도 많기 때문이다.

인자한 사람은 반드시 용기가 있다. 사심이 없을 뿐만 아니라 의로운 일이라면 실천하기 때문이다. 그러나 용감한 사람이라고 해서 모두 인자한 것은 아니다. 용감한 사람 중에는 도를 넘어 만용을 부리는 사람도 있다.”「有德者, 必有言. 有言者, 不必有德. 仁者必有勇. 勇者不必有仁.」(논어, 憲問 5).

이처럼 사람을 평가하기란 참으로 어렵다. 그래서 관상을 보기도 하고 시험을 치게도 한다. 맹자는 눈동자를 보면 그 사람을 판단할 수 있다고 했다. 관상보기를 좋아했던 맹자의 인물감정법은 다음과 같았다.

“사람의 마음속에 품은 선악을 살피는 데에는 그의 눈동자를 살피는 것이 가장 좋다. 그 사람의 말을 듣고 다시 그의 눈동자를 살피면 그 사람의 속마음이 환히 드러나게 마련이니 결국 숨길수가 없다”고 했다.「存乎人者, 莫良於眸子. 聽其言也, 觀其眸子, 人焉廋哉?」(맹자, 離婁上 15).

사람이 사람을 평가할 때 너무 많은 관찰을 하다 보면 여러 가지 논리와 사정 그리고 감정이 복합적으로 얽히어 오히려 잘못된 판단에 빠질 수도 있다. 그래서 맹자는 사람을 처음 만났을 때 그의 눈동자에 비친 마음을 읽으라고 했던 것이다.

맹자가 추상적인 인물감식법에 의존했다면, 공자는 보다 명확한 인물감식법을 제시하고 있다. 공자는 “그 사람이 행동하는 동기나 목적을 보고, 그러한 목적을 이루기 위하여 행동하는 방식을 관찰하며, 그렇게 행한 결과를 받아들이는 모습을 보면 절대로 본심과 자세를 숨길 수 없다”고 했다.「視其所以, 觀其所由, 察其所安, 人焉廋哉? 人焉廋哉?」(논어. 爲政 10).

공자의 인물 감식법은 3단계로 이루어진다. 첫째는 행위의 동기를 보고, 둘째는 행위의 방식을 보며, 셋째는 평소 그 사람이 무엇을 진실로 즐기고 무엇에 마음을 의지하고 있는가를 보면 그 사람의 됨됨이를 알 수 있다는 것이다. 어떤 사람의 됨됨이를 관찰하려면 그의 생각과 행동, 그리고 그 사람의 평소의 습성을 함께 보아야 한다는 것이다. 공자는 이처럼 사람을 판단함에 있어서 신중했다.

인간의 행동에는 동기가 있다. 따라서 행동의 동기를 살펴보면 그 사람을 알 수 있다. 그러한 동기를 전개시켜 나가는 행동방식을 살펴보면 그 사람을 더욱 잘 알 수 있다. 그리고 행동한 결과를 받아들이는 태도를 살펴본다면 절대로 실수 없이 그 사람을 알 수 있다. 무엇에 어느 정도 만족하는가. 안일과 쾌락에 만족하는가. 승진과 부귀에 안주하는가. 국민과 역사를 위해 일하고 있는가. 이러한 것을 살펴보면 모든 것이 드러난다.

사람이 하는 말을 중시해야 하지만 결코 말로만 사람을 평가해서는 안 된다. "군자는 말만으로 사람을 평가하지 않고, 또한 그 사람의 신분 때문에 그의 말까지 버려서는 안 된다."「君子不以言擧人, 不以人廢言.」(논어, 衛靈公 22). 선입견이나 고정관념에 사로잡혀 편견으로 남을 대하는 사람은 진실을 놓치기 쉽기 때문이다.

공자가 사람을 평가하는 방식은 '視'의 단계에서 '觀'의 단계로 그리고 '察'의 단계로 나아가는 것이었다. 공자는 무엇이나 대충 슬쩍 보지를 않았다. 밖으로 드러난 것만을 대충 슬쩍 보는 것을 '見(견)'이라고 한다. 주시(注視)하거나 직시(直視)한다는 말에서처럼 눈을 고정시켜 놓고 보는 것을 '視(시)'라고 한다. 視가 정해진 특정한 테마나 요소를 중심으로 보는 것이라면, '觀(관)'은 그 테마를 초점으로 하여 사방팔방 두루두루 살피는 것이다. 視가 외형을 육안으로 보는 것이라면, 觀은 외형만이 아니라 그 속에 들어가서, 그리고 육 안만이 아니라 심안(心眼)을 열고 마음속까지 들여다보는 것이다. 그 렇다면 '察(찰)'은 무엇인가. 察은 외형과 그 내부적 속성의 마디마 디까지도 분석적으로 보는 것이다. 따라서 察을 하려면 육안과 심안 그리고 과학적 분석력까지도 겸비해야 하는 것이다.

사람을 보는 방법은 직업과 입장에 따라서도 달라진다. 군자의 도 리와 덕을 논하던 공맹(孔孟)과는 달리 참혹한 전쟁에서 생사를 다 투어야 했던 제갈공명의 인물감정 방식은 소름이 끼칠 정도로 철저 했다. 제갈공명은 일곱 가지의 방법으로 인물을 감정했다(守屋洋, 『諸葛孔明の兵法』, 1977).

첫째, 한 가지의 문제에 대하여 선악(善惡)을 판단하게 하고, 그 사람이 뜻을 두고 있는 곳을 관찰했다.

둘째, 말로 꼼짝도 못하게 해 놓고 상대방의 태도가 어떻게 변하 는지를 관찰했다.

셋째, 계략에 관해서 의견을 말하게 하고 어느 정도의 지식을 가 지고 있는지를 관찰했다.

넷째, 어려운 사태에 대처하도록 해 놓고 그의 용기를 관찰했다.

다섯째, 술을 취하도록 먹여놓고 그의 본성을 관찰했다.[1]

여섯째, 이익으로 유혹하여 청렴결백의 정도를 관찰했다.

일곱째, 일을 시켜 보고 명령한 대로 했는지 아닌지를 보고 신뢰

---

1) 伊藤 肇의 주석에 의하면, 만약 술주정을 하는 경우 그 하나만으로도 책임자 가 될 자격이 없는 것으로 판단했다고 한다. : 伊藤 肇, 『人間的魅力の研 究』(東京 : 日經ビジネス人文庫, 2000), pp. 228~230.

도를 관찰했다.

천하의 제갈공명도 한 사람의 부하를 제대로 보기 위해서는 많은 시간을 투자하고 노력했다. 사람을 평가한다는 것은 제갈공명에게도 어려운 과제였던 것이다.

나를 보기 위해 남을 본다

남을 아는 것보다도 더 어려운 것은 자기 자신을 아는 것이다. 그래서 '남을 아는 사람은 지혜로운 사람이며, 자신을 아는 사람은 총명한 사람'이라고 했다. 인간은 자기 자신을 우주의 중심에 두고 자신의 채색된 렌즈를 통해 자기 자신을 바라보는 경향이 있다.

그러므로 진정한 자신의 모습을 보기 위해서는 다른 사람의 눈을 빌려야 한다. 다른 사람의 눈으로 자기 자신을 볼 때 객관적인 자신이 보이듯이, 자기 자신을 볼 줄 알 때 비로소 남을 보는 눈도 갖게 된다.

오늘날 관공서에서 행정시찰(行政視察)은 일상적인 행위의 하나가 되었고 해외시찰도 빈번히 한다. 우리가 많은 비용을 들여서 해외시찰을 가는 것은 자신을 보는 눈을 가지러 가는 것이다. 외국의 성공한 사례, 실패한 사례, 그 자체가 중요한 것이 아니다. 중요한 것은 그러한 사례를 통해서 우리의 현실과 미래를 읽는 눈을 기르는 것이다.

따라서 외국의 현장에서 공부할 때의 중요 포인트는 지금까지 그들이 해온 사례를 검색하는 것이 아니다. 정말 중요한 것은 그들의 성공과 시행착오를 단서로 우리의 미래를 상상하는 것이다. 우리가 앞선 남을 연구하는 것은 결국 나를 보기 위한 것이기 때문이다.

인간을 보고 평가하기가 어려운 것처럼 지역을 보고 평가하기도 쉽지 않다. 현지 시찰에서 아무리 훌륭한 시설을 대한다고 해도 그 시설의 외양만 본다면 본 것이 없는 것이나 마찬가지이다. 그것은 한 사람을 평가할 때 그 사람의 옷차림만으로 모두를 평가할 수 없는 것과 같다. 현장에 가서 시설을 살필 경우 그 시설을 만든 사람들의 마음을 만나지 못하면 시설의 본질을 본 것이 아니다. 보이지 않는 것이 보이는 것을 결정하기 때문이다.

감동할 준비가 되어 있는 사람만이 감동할 수가 있다. 마찬가지로 현장의 소리를 가슴으로 듣고 현장의 문제를 마음으로 보려는 준비가 되어 있을 때 비로소 보이는 것이 있고, 가슴에 와 닿는 것도 있게 된다. 따라서 현장을 시찰하려면 먼저 무엇을 보고 싶은지 그리고 왜 보고 싶은지를 스스로에게 반문해 보아야 한다. 그리고 자신이 보고 싶은 테마에 관해서 지금까지 자신은 어떤 자세로 임해 왔으며, 그 실상은 어떤지를 스스로 평가할 수가 있어야 한다.

우리는 시찰(視察)이라는 말을 일상적으로 쓰고 있다. 시찰이란 엄청난 일을 하는 것이다. 외국의 도시를 시찰한다는 것은 테마를 정해 놓고 그 테마를 중심으로 도시를 속까지 분석하여 들여다보는 것이다. 그러나 우리나라의 공무원들이나 지방의회의원들이 하는 외국 시찰의 경우 말 그대로 속까지 분석하면서 보고 오는 경우는 거의 없다. 그러므로 해외연수를 두고 말이 많게 된다. 출발할 때의 말은 '시찰'(視察)이었지만 현지에 가서 하는 행동은 '견'(見)이었기 때문이다.

다른 문화에 대하여 시찰을 한 대표적인 사람으로는 프랑스의 귀족 토크빌(Alexis de Tocqueville)을 들 수 있다. 26세의 젊은 토크빌은 미국의 감옥제도를 시찰하기 위해 1831년 5월 9일 미국 로드아일랜드 뉴포트에 도착했다. 7개월간의 미국 여행기간 동안 그는 신생국 미국의 민주주의, 특히 뉴잉글랜드의 민주주의에 매료되어 민주주의의 현장을 면밀히 시찰했다. 현재 거의 모든 대학에서 민주주의의 교과서로 쓰이고 있는 불후의 명작 『미국의 민주주의』는 이렇게 해서 탄생된 것이다.

토크빌은 미국을 방문한 뒤 귀족주의를 포기하고 민주주의가 시대적 대세임을 선언했다. 170년 전, 불과 7개월간의 방문과 관찰을 토대로 집필한 『미국의 민주주의』에서 그는 민주주의에 대한 찬사만이 아니라 민주주의의 위기에 대한 경고도 하고 있다. '민주주의의 원동력인 평등에 대한 열망이 무질서와 노예상태를 불러올 수 있다'는 점을 경고했던 것이다.

토크빌이 불과 7개월 동안의 시찰에서 이처럼 미국의 영광과 한계를 모두 보았다는 것은 참으로 믿기 어려운 사실이다. 치열한 문제의식, 뛰어난 지능, 탁월한 시각을 가지고 성찰하는 사람은 하나의 현상을 보더라도 물리적 시간을 뛰어넘어 깊이 느끼고 볼 수 있다는 사실을 증명하고 있는 것이다. 만약 토크빌과 같은 시대에 프랑스의 어떤 난봉꾼이 미국을 방문하고 돌아왔다고 하자. 그 난봉꾼은 토크빌이 체류한 7개월의 10배가 넘는 7년을 미국에서 보냈다 한들 무엇을 볼 수 있었을까?

우리 사회의 내면을 보자

사람들은 자신이 보고 싶어하는 것을 본다. 그리고 준비한 만큼 볼 수 있다. 그래서 그 사람이 본 것을 보면 그 사람을 알 수 있다. 발전한 나라의 감동적인 이야기, 그리고 인간의 아름다움은 그 자체가 인류의 문화재이다. 여행지에서 인류의 문화재를 볼 것인가 아니면 추한 이면을 볼 것인가! 그것은 그 사람의 마음이 안내한다. 그러나 아무리 그렇다 할지라도, 지금 토크빌이 한국에 온다면 과연 무엇을 보고 어떤 기행문을 쓸 수 있을까?

지금 우리 사회는 상상할 수 없었던 속도로 급변하고 있다. 이러한 가운데 대부분의 사람들은 너무나도 빨리 변하는 시대의 템포에 희롱당하듯 '나'를 어떻게 확립해야 할지를 몰라 안절부절못하고 있다. 오늘날 많은 사람들은 자신의 정체성을 소비와 물질로 나타내려고 한다. 신상(神像)을 경배하면서도 그 신상이 무엇을 의미하는지도 모르면서 그저 신상을 위해 신상을 경배하는 사람처럼, 외형과 형식에 얽매여 살아가는 사람도 많다.

남을 가지고 놀면서 덕을 잃어버리고, 돈을 가지고 놀면서 뜻을 잃어버리는 사람도 많다. '무엇을 위해 어떻게 살아야 하느냐'를 고민하기보다는 '무엇이 될까'만을 생각하는 사람도 많다. 자리에 앉는 것이 중요할 뿐 그 자리에서 무엇을 할 것인가는 뒷전이다. 무엇이 되는 과정에 걸림돌이 되는 것은 존재할 가치조차 없는 것들이라는 극단적인 생각도 한다.

일은 뒷전이면서 얻기를 앞세우며, 자신의 한계를 뉘우치기보다는 남의 결점을 공격하는 것에 골몰하는 사람도 많다. 남의 치부와 약점을 이용하여 제 살길을 찾는 것도 하나의 지혜로운 전략으로 받아들인다. 자신이 바로 서고 정진하기보다는 남이 넘어지고 비뚤어지기를 기다리는 것이다.

만약 우리 주위에 그런 사람이 있다면 우리는 그를 어떻게 구제해야 할까? 대답은 간단하다. 남을 구하려 하지 말고 먼저 자기 자신부터 구해야 한다. 공자는 "자기 자신의 잘못은 반성하고 남의 잘못을 따지지 않는다면, 그것이 바로 마음속의 원한을 없애는 방법이 아니겠는가?"라고 하였다. 「攻其惡, 無攻人之惡, 非修慝與.」(논어. 顔淵 21).

제 꼴도 모르면서 남의 허물만 탓하는 사람이 되어서는 안 된다. 몰래카메라로 덫을 놓아 폭로하고, 말의 앞뒤를 잘라 남의 진의를 호도하며, 막가는 말을 하고서도 자신의 순수함이 통하지 않았다고 항변하는 사람도 있다. 그러나 우리의 상황이 이러할수록 분열의 위기에 처해 있는 자아(自我)를 보듬을 수 있는 반성력을 회복시켜야 한다. 그리하여 스스로의 교양을 높이고 내면의 기질을 순화시키며, 마음을 다스리고, 미혹을 분별할 수 있는 사람이 되도록 노력해야 한다.

자공이 물었다.

"군자도 미워하는 것이 있습니까?"

공자가 대답했다.

"미워하는 것이 있지. 남의 약점 들추어내기를 좋아하는 자를 미워하고, 아랫사람으로서 윗사람을 비방하는 것을 미워한다. 용기만을 앞세워 예절도 가리지 못하는 자를 미워하고, 과감하기는 하나 꽉 막힌 자를 미워한다."「惡稱人之惡者, 惡居下流而訕上者, 惡勇而無禮者, 惡果敢而窒者.」

"자공아 너도 미워하는 것이 있느냐?"

공자의 물음에 자공이 대답했다.

"남의 생각을 베껴서 자기의 지식인 것처럼 가장하는 사람을 미워하고, 불손하고 거만함을 용감한 태도라고 착각하는 사람을 미워합니다. 남의 비밀을 폭로하는 것이 정직한 짓이라고 착각하는 인간을 미워합니다."「惡徼以爲知者, 惡不孫以爲勇者, 惡訐以爲直者.」(논어. 陽貨 24).

우리는 스스로 반성해야 한다. 박절하게 남의 아픈 곳 찌르기를 일삼으면서도 그것이 경우바른 처신이라고 착각한 경우는 없었는가. 마치 노끈을 너무 꼬아 금방이라도 끊어져 버릴 듯 여유라고는 전혀 없는 박절한 모습을 하고 있지는 않은가(好直不好學, 其蔽也絞). 성미만 급하여 난폭하고 앞 뒤 분별없는 무례를 범하면서도 그런 모습이 용기 있는 행동이라고 착각한 적은 없는가? 「好勇不好學, 其蔽也亂.」(논어. 陽貨 17). 거만하고 저돌적인 것을 강건하고 주관이 강한 것이라고 착각한 경우는 없는가? 「好剛不好學, 其蔽也狂.」 사심(私心)에 발목 잡혀 도리는 외면하고 남에게 이기려고만 하는 욕심을 강직이라고 착각하고 있지는 않은가.

강직하다는 것은 남에게 이기는 것이 아니라 자기에게 이기는 것이다. 따라서 강직한 사람이란 온순하게 천리(天理)를 따라서 어떤 난관에 부딪혀도 마음을 편안하게 다스릴 수 있는 사람임을 알아야 한다.

오늘날 우리 사회에는 정직하기보다는 박절하고, 용기가 있다기보다는 무례하며, 강직한 것이 아니라 거만한 사람이 많다. 왜 이렇게 되었을까? 물신에 지배당한 지난 세기 동안 금도(襟度)있는 시민을 양성하지 못했고, 있어야 할 자리에 있어야 할 지도자가 없었기 때문이다. 특히 많은 사람들의 전범(典範)이 되어야 할 지도자가 분별없이 무례를 범하면서도 그것이 순수하고도 용기 있는 행동이라고 착각한다면 그 피해는 더욱 클 수밖에 없다.

최고를 만드는 세 가지의 반성

공자는 말했다.

"자신에 대해서는 엄중하게 책망하고, 남에 대해서는 가볍게 책망하라. 그러면 원망을 멀리하게 될 것이다."「躬自厚, 而薄責於人, 則遠怨矣.」(논어, 衛靈公 14).

맹자도 경고했다.

"남의 결점을 말하고 욕하다가 뒤따르게 될 후환을 어찌 하려는가."「言人之不善, 當如後患何?」(맹자. 離婁下 9).

우리는 스스로 반성해야 한다. 제 앞가림도 못하면서 남의 비방이나 일삼은 적이 없었는가. 직접 찾아가서 일깨워 주는 애정도 없으면서 뒤에서 상사나 동료의 허물만 탓한 적은 없었는가. 용맹만 앞세워 무례한 경우는 없었는가. 세상 물정에 어두우면서 행동만 앞세운 경우는 없었는가. 남의 지혜를 도용한 경우는 없었는가. 윗사람에게 덤벼드는 것을 용기라고 여겨 만용을 부린 경우는 없었는가.

남의 뒤나 파헤치는 천한 짓을 하면서 그것이 진실을 위한 것이라고 스스로를 속인 사실은 없었는가.

공자의 제자였던 증자(曾子)는 하루에 세 번씩 매번 세 가지 측면에서 자기반성을 하고 실천을 했다.

"남을 위해 일을 함에 있어서 충실하였던가. 친구들과 사귐에 있어 신의를 잃지 않았던가. 충분히 알지도 못한 것을 남에게 말한 경우는 없었던가!"「爲人謀而不忠乎, 與朋友交而不信乎, 傳不習乎?」(논어. 學而 4).

증자가 매일 자기 자신에게 물어 보았던 이 세 가지를 우리가 받아들인다면 어떨까. 만약 그렇게만 된다면 우리는 최고의 자신을 만들 수 있을 것이다. 개인뿐만이 아니라 조직에서도 마찬가지이다. 조직의 경영효율을 좌우하는 기본요소는 세 가지로 요약할 수 있다.

첫째, 구성원이 공헌의욕을 가지고 있는지의 여부는 아주 중요하다. 둘째, 조직 구성원들이 서로 횡적인 협력 자세를 형성하는 것이 중요하다. 셋째, 구성원 개개인이 조직의 목표를 인지하고 자신이 해야 하는 것이 무엇인지를 아는 것은 무엇보다도 중요하다.

이렇게 볼 때 증자가 매일 자기 자신을 돌아보기 위해 했던 세 가지의 반성은 그냥 그대로 오늘날의 조직인들이 해야 할 반성이기도 하다.

첫째, 조직과 고객을 위해 일함에 있어서 충실하였는가?「爲人謀而不忠乎?」조직과 고객을 위해 충(忠)을 다했는가의 물음에서 '忠(충)'이란 '마음(心)'이 '가운데(中)'에 있는 것이다. 즉, 忠이란 마음을 다하여 일하는 태도를 말한다. 그러므로 "남을 위해 일을 함에 있어서 충실하였는가?"라는 말은 내가 조직 구성원이 될 때, 그렇게 하겠다고 약속했던 일을 지켰는가를 반문하는 것이다. 만약 이를 지키지 않았다면 그것은 곧 '不忠(불충)'이 되어 나쁠만 아니라 남에게도 좋지 않고 일을 그르치게 되어 나쁘다는 뜻이다. 우리 모두는 반성해 보아야 한다. 자신의 업무에 사명감을 가지고 진심으로 임했는가를 반성해 보아야 한다.

둘째, 동료들과 함께 협력함에 있어 신의를 잃지 않았는가? 「與朋友交而不信乎?」 동료 직원들과 함께 일하면서 말에 신용이 있었는가. 스스로 한 말을 모두 지켰으며, 자신이 해야 할 의무를 충실히 수행했는가. 협조할 것은 자발적으로 협조하여 조직의 경영효율을 높였는가. 횡단적 사고를 통해 경직된 조직의 벽을 허물어 네트워크의 위력을 발휘하고 있는가. 협동의 기반이며 네트워크의 토양인 신뢰를 쌓고 있는가를 반성해 보아야 한다.

셋째, 지도자와 고객이 요구하고 있는 과업과 지침을 충분히 인식하고 그것을 실행하기 위하여 최선을 다했는가? 「傳不習乎?」 내가 해야 할 일과 내가 하고 있는 일에는 차이가 없는가. 지역이 나아가야 할 최고의 정책목표를 인지하고 이를 나의 직분에 맞게 수용하여 행동으로 옮기고 있는가. 내가 하고 있는 작은 실천이 지도자가 정한 최고의 정책목표를 실천하는 것과 어떻게 연계되고 있는가. 자신의 '업(業)'이 무엇인지 업의 본질을 알고 그 업에서 우러나오는 사명감에 충실하고 있는가.

어느 시대를 막론하고 이러한 세 가지를 반성하고 실천하면 최고의 자신을 만들 수 있다. 그리고 지금이야말로 증자가 했던 자기반성을 일상에서 실천해야 하는 때이다.

제11장 21세기를 걸어가는 군자의 길

21세기의 우리들은 각자의 분야에서 전문가로 살아가야 한다. 그러나 우리는 결코 전문바보가 되어서는 안 된다. 자신의 분야만 중요한 줄 알고 다른 사람의 장점을 흡수하지 못하는 좁은 그릇이 되어서는 안 된다. 21세기의 지도자는 물처럼 포용하고 두루 통하면서도 전문능력을 발휘해야 한다.

편당짓지 않는 전문가

오늘날 우리 사회는 바야흐로 전문가 사회이다. 사회적으로 전문직업에 종사하는 사람이 존경을 받고 대우도 받는다. 제너럴리스트가 우대받던 산업사회와는 달리, 21세기는 스페셜리스트가 우대받는 프로의 시대이다. 그러나 전문직종에 종사하는 사람은 제 나름의 전문적인 쓰임은 있으나 서로 통하지 못하는 한계가 있다. '전문바보'가 될 우려가 있는 것이다. 따라서 21세기의 지도자는 전문적 소양을 가지고 있으면서도 두루 통하는 능력자여야 한다.

군자는 그릇이 아니다. 「君子不器.」(논어, 爲政 12). 그릇(器)이란 특정한 물건을 담는 용기(容器)를 말한다. 그릇은 각각 특정 용도에 맞도록 만들어진 것이어서 그 용도 이외의 것은 감당할 수가 없다. 응용·융통이 되지 않아 다른 역할에는 쓸 수 없는 것이다. 공자가 '君子不器'라고 했던 것은 한 분야의 전문가로서만 만족한다면 그 쓰임이 특정 용도로 제한된다는 것을 말한 것이다.

전문가들 중에는 자신의 전문분야 이외의 것은 잘 생각하지 못하는 사람이 많다. 말하자면 '전문바보'가 많은 것이다. 전문바보란 자신이 전문으로 하는 분야의 지식은 깊어도 다양한 상식이 부족한 사람을 말한다. 전문바보는 모든 것을 자신의 전문분야와 결부시켜 생각한다. 예컨대, 전문바보인 법률가는 모든 것을 법률적으로 생각하고 판단하려 한다. 그 결과 그에게서는 인간으로서의 양식이 부족하게 된다.

그렇다면 공자는 오늘의 우리에게 전문가가 되지 말라고 했던 것일까? 그렇지 않다. 공자가 말하려 했던 '君子不器'의 깊은 뜻은 크게 세 가지로 나누어 볼 수가 있다.

첫째, 남에게 영향을 미치는 위치에 있는 사람은 자신의 생각과 입장만을 고집해서는 안 된다. 둘째, 특정 집단만의 이익을 강조하거나 특정 세력만의 이익을 위해 쓰이는 앞잡이나 도구로 전락해서는 안 된다. 셋째, 스스로 자기 자신을 규정함으로써 자신이 쓰이는 용도를 한정한다면 큰 사람이 될 수 없다는 것이다.

오늘날 우리나라에는 관료출신 정치가가 많다. 관료출신 정치가들 중에는 시작부터 이미 작은 그릇(器)으로서 굳혀진 사람이 많다.

'이렇게 하면 이런 나쁜 점이 있다. 저런 방식에는 그런 나쁜 반응이 있을지도 모른다'는 식으로 일해 온 관료적 마이너스 사고에 사로잡혀 있기 때문이다. 이런 사람들은 정치가가 되어도 '여하간 비난은 피하고 살아남자'는 마음으로 일관하여 결국 관료의 아류를 벗어나지 못한다. 반면, 특정 이익집단에서만 일하고 그 집단의 영향으로 정치가가 된 사람들은 그들만의 이익을 위해 몸을 불사른다. 이런 정치가는 주자(朱子)가 말했듯이 그 쓰임이 전혀 다른 그릇이라 서로 상통할 방도가 없다.

"군자는 두루 통하고 편당을 짓지 아니하며, 소인은 편당을 짓고 두루 통하지 못한다."「君子, 周而不比, 小人, 比而不周.」(논어, 爲政 14).

군자는 다양한 많은 사람을 만나고 그들의 장점을 섭취한다. 상대의 개성을 존중하고 다른 사람의 특성을 인정하기 때문에 성격이 다른 사람과도 두루 친구가 되고 연대할 수가 있다. 이처럼 군자는 바른 길을 가는 사람이라면 누구와도 널리 공평하게 사귈 수 있으므로 많은 사람과 친하게 지낸다. 반면에, 소인은 자신의 이익과 자신의 코드에 맞는 사람들과만 사귀고 친하게 지낸다. 그리고 자신의 이익과 감정을 억제하지 못하여 폭 넓고 공평한 교제를 하지 못한다. 군자는 원칙과 도리로 합쳐지지만(周), 소인은 일시적인 이익과 감정으로 가까워지기(比) 때문이다.

오늘날 인재의 대부분은 '그릇'이 되도록 길러져 왔다. 그 결과 똑똑하고 머리 좋다는 사람들일수록 직역이기주의(職域利己主義)에 앞장을 선다. 이들은 자신과 이익을 공유하는 사람들끼리만 만나고 그들 사이에서만 통하는 그들만의 언어로 속삭인다. 그래서 똑똑한 사람이 많은 사회일수록 분쟁도 많아지고 화합하지 못한다. 그러나 좁은 전문분야의 소견이나 직능공의 관점으로 세상을 보려는 사람이 지도자가 되어서는 안 된다. 지도자는 자신의 전문영역을 뛰어넘는 사고를 할 수 있어야 한다. 전문적 식견을 가지면서도 다른 사람의 생각을 받아들일 수 있는 능력을 길러야 하는 것이다.

물은 가르쳐 주고 있다

고정된 역할이나 하나의 형태로 굳어지지 않고 어떠한 상황에서도 주인공이 되는 위대한 존재가 있다. 물이 그 주인공이다.

병법의 대가 손자(孫子)는 "병형상수(兵形象水)", 즉 전쟁에서 이기려는 군대라면 물을 닮아야 한다고 했다. 물이 지형의 변화에 따라 자신의 형태를 바꾸어 흐르듯이, 군대가 전쟁에서 이기려면 변화하는 적의 허실(虛實)에 따라서 자신을 자유자재로 바꿀 수 있어야 한다는 것이다. 군대가 취해야 할 기본자세는 물이 높은 곳을 피하여 낮은 곳으로 흐르듯이, 적의 강한 곳(實)을 피하고 약한 곳(虛)을 공격해야 한다는 것이다. 「夫兵形象水, 水之形, 避高而趨下. 兵之形, 避實而擊虛. 水因地而制流, 兵因敵而制勝.」(『孫子兵法』, 虛實篇 8).

군대만이 아니다. 인생을 성공적으로 살아가려는 모든 사람들은 물에서 위대한 교훈을 배워야 한다. 공자도 "물처럼 될 수 있을까! 물처럼 될 수 있을까!"하면서 물을 예찬한 적이 있다. 맹자 또한 "근본이 확립된 사람이란 모든 인간에게 필요한 물을 밤낮없이 콸콸

쏟아내는 샘물과도 같다"고 하였다. 「原泉混混, 不舍晝夜, 盈科而後 進, 放乎四海. 有本者如是, 是之取爾.」 (맹자, 離婁下 18).

노자는 도덕경에서 "상선약수(上善若水)", 즉 최상의 선(善)은 물 과 같이 만물을 이롭게 하면서도 그 공로를 다투지 않는다고 하였 다. 「上善若水, 水善利萬物而不爭.」 (老子, 『道德經』, 第8章).

그렇다면 우리는 물에서 무엇을 배워야 하는가.

첫째, 물에서 유연함을 배워야 한다.

물은 유연하기 때문에 어떤 그릇에도 담길 수 있고 결국 그 그릇 의 주인이 된다. 잉크가 담기면 잉크병이 되고 술이 담기면 술병이 된다. 물이 모든 그릇의 주인이 되는 그 큰 능력은 어디에서 오는 것일까? 물은 자기를 내세우지 않고 자기를 규정하지 않기 때문에 어떤 상대에게도 받아들여지는 것이다.

둘째, 물에서 겸손함을 배워야 한다.

물은 만물을 이롭게 하면서도 자기의 공(功)을 내세우지 않는다. 그리고 다른 사람이 싫어하는 곳에서도 다투지 않고 즐거이 임한다. 물은 높은 곳을 피하고 끊임없이 낮은 곳으로 향한 결과 가장 넓은 곳의 주인이 된다. 강과 바다가 모든 골짜기의 왕이 되는 까닭도 그 임하는 자리가 낮기 때문이다. 이처럼 물은 겸손함으로써 도달하지 못하는 곳이 없다.

셋째, 물에서 기다림을 배워야 한다.

흐르는 것만 알 것 같은 물이지만 멈추어 서야 할 때면 멈추고 서 는 선택을 한다. 물은 흐를 줄을 알기 때문에 멈추어 설 줄도 안다. 흐르다가 웅덩이에 빠지면 그 웅덩이를 가득 채울 때까지 조용히 기 다린다. 그리고 웅덩이를 가득 채운 다음 자신이 가고 싶은 길로 간다. 물은 진퇴를 보아 가면서 기다릴 줄을 안다. 「盈科而後進, 放乎四海.」(맹자, 離婁下 18).

넷째, 물에서 여유를 배워야 한다.

천하에 물보다 더 부드럽고 약한 것이 없어 보이지만 물은 바위도 뚫을 수 있다. 그러나 흐르는 물이 바위를 만나면 그 바위를 돌아간다. 바위를 뚫을 수 있는 힘을 가졌지만 바위를 뚫으려 하지 않고 돌아가는 여유가 있다. 인간은 누구나 최단거리를 통하여 자신이 가고 싶은 목적지에 가고자 한다. 그러나 세상을 살다보면 돌아가는 것이 더 빠른 경우가 있다. 당장은 손해를 보는 것처럼 생각될지라도 멀리 가서 되돌아보면 돌아가는 것이 더 빠른 길이었음을 알게 되는 경우가 많다.

다섯째, 물에서 새로움을 배워야 한다.

살아 있는 물은 멈추지 않고 늘 흐른다. 흐르는 물은 언제나 새롭다. 같은 물처럼 보이지만 오늘의 물은 어제의 그 물이 아니다. 이처럼 한결같아 보이는 물은 언제나 새로워진다는 점에서 한결같은 것이다. 따라서 물처럼 살아간다면 살아 있는 모든 것은 늘 새롭다. 우리도 물처럼 오늘의 나를 항상 새로운 나로 만들어 가야 한다.

군자는 자신이 처한 환경에 물처럼 대응할 수 있는 사람이다. 21세기의 군자는 물이 그릇에 담기듯 다른 사람의 개성을 포용하고 신장시키는 사람이다. 그러나 오늘날 우리나라에서의 학교교육은 기업이 기대하는 인간을 만드는 것에 그 목표를 두고 있다. 기업에서 쓸모 있는 인간을 만들어 내고 한 분야에서 톱니바퀴처럼 기능하도록 길들이는 것을 전문교육이라고 생각하고 그것을 바람직한 교육이라고 믿고 있다. 사회가 이러한 인간으로 구성되면 자기만의 용도로 모든 것을 평가하는 소인들의 세상이 된다.

소인을 쓸 줄 알아야 대인이 된다

대인(大人)은 사람의 장점을 보고 그 장점을 쓴다. 그러나 소인(小人)은 사람의 단점을 보고 그 단점을 파헤쳐 그를 해친다. 따라서 남의 결점만을 찾는 소인의 소굴일수록 자신을 낮추고 조심해야 한다. 온통 소인으로 채워진 오늘의 세상에서 대인으로 살아가려면 소인들이 쳐놓은 덫에 걸리지 말아야 한다.

그러나 소인의 덫에 걸리지 않으려고 소인을 피하고만 살 수는 없다. 아니, 천지개벽 이래 10명 중 7명에서 8명이 소인이라면 오히려 소인을 적절히 활용해야 한다. 소인들이 추구하고 바라는 것을 파악하고 그 재주를 제 나름의 용도에 씀으로써 그의 재능이 발휘되도록 해야 한다.

소인의 덫에 걸리지 않으려면 소인처럼 소인과 겨루지 말아야 한다. 그러기 위해서는 나만 못한 사람에게도 말할 기회를 주고, 아는 것이 없어 보이는 사람의 의견도 들어주어야 한다. 재덕이 있으면서도 없는 듯, 차 있으면서도 비어 있는 듯 겸손할 수 있어야 한다. 피해를 입었더라도 조목조목 따지면서 분풀이를 하는 것이 얼마나 부질없는 것인지를 알아야 한다. 「以能問於不能, 以多問於寡. 有若無, 實若虛, 犯而不校.」(논어, 泰伯 5).

소인들 앞에서는 말을 더욱 신중히 해야 한다. 입은 모든 화의 근원이 될 수 있다. 거침없이 하는 말이 남을 해치고 나를 어렵게 만든다. 곰곰이 생각해서 한 말도 상대가 받아들이지 못하면 화근이 된다. 자신이 말하고 싶은 순서로 말을 해서도 안 된다. 말은 상대가 이해하는 순서로 해야 한다. 자기가 하고 싶은 말을 다하고 살아가는 사람은 없다. 내 기준으로 한 농담이 상대를 해치고 나를 해친다. 남을 아프게 하는 것은 농담이 아니다. 남을 쉽게 평가하거나 쓸데없는 비방을 해서는 결코 안 된다. 비록 그 대상이 옛날 사람이라 할지라도.

세상에는 별 인간이 다 있다. 어이없는 인간을 만나도 흥분하지 않고 차분하게 그리고 온화하게 말할 수 있어야 한다. 내가 할 수 있는 일을 다 했다면 모기나 벌레에 쏘인 것처럼 아무렇지도 않게 넘길 수 있어야 한다. 그러한 도량(度量)만이 나를 지킨다.

상대가 무례하더라도 자신의 표정으로 상대의 무례한 모습을 비추지 말아야 한다. 분노를 삼키는 것은 용기의 기본이다. 자신이 한 인내는 상대를 대접한 것이 아니라 자신을 지킨 것이다. 상대가 나쁜 인간이라고 해도 자신이 한 인내로 후회할 일은 없다. 싸울 가치가 없는 상대에게 감정으로 대응해서는 안 되기 때문이다.

시간이 지나고 보면 싸울 가치가 있었던 싸움은 그리 많지 않다. 따라서 내가 준비해야 할 것은 즐겁게 그리고 느긋하게 받아들이는 마음이다. 어려움에 직면해서도 마음을 넓히고 느긋한 자세를 가져야 한다. 강물에 뛰어들어 강물을 보려 해서는 안 된다. 강둑에서 강물을 보듯이 한 발 비켜서는 마음의 여유를 가져야 한다.

남보다 춤을 더 잘 추려고 애쓸 필요도 없다. 단지 지금의 자기 자신보다 더 잘 추려고 노력하면 그것으로 충분하다. 자신을 믿고 자신의 모습으로 살아가면 된다. 그것만이 유일한 길이다. 그냥 그렇게 덤덤하게 살아가자. 중요한 것은 마음을 붙들어 스스로 자신의 주인이 되는 것이다. 자기 자신의 주인으로 살아가는 사람만이 다른 사람을 바로 대할 수 있다.

공자는 사람을 대할 때 춘추시대 때 제(齊)나라를 부강하게 했던 명재상 안영(安嬰)처럼 하라고 했다. 안영은 호족(豪族) 출신이 아니면서도 재상이 되어 세 명의 임금을 잘 보필했다. 누구나 안영을 만나면 만날수록 더욱 따르고 존경하게 되었다. 안영이 사람을 잘 사귀는 비결은 단순했다. 아무리 오래 사귀고 친근해져도 예의를 차리고 공경하는 자세를 흐트러뜨리지 않았다. 「善與人交, 久而敬之.」(논어, 公冶長 17).

仁道를 달리는 五德의 기관차

어느 조직에서나 무능한 인간일수록 남을 평하고 험담하기를 좋아한다. 따라서 유능한 인간을 힘들게 하는 것은 무능한 인간들이다. 어느 조직에서나 일하지 않고 노는 부하들일수록 남는 에너지의 대부분을 자기 보호에 쓴다. 해야 할 일을 하지 않는 사람들의 공통점은 해서는 안 되는 일을 하려고 한다는 점이기도 하다.

자신이 무능한 것은 모르고 단지 관리자로부터 부당한 대접을 받았다고 생각하는 부하들은 자기 생각에 동조할 동료를 찾아 나선다. 그리하여 일하지 않는 사람들은 일하지 않는 사람들끼리 모인다. 일하지 않는 동료들끼리 모이면 그들은 자신이 일하지 못한 것에 대한 명분을 만든다. 그리고 살아남기 위한 저항세력을 형성하고 이러한 세력을 통해 살아남는 자신감을 키운다.

물론 대부분의 관리자들은 일하지 않는 부하들의 이런 바쁜 움직임을 알아차린다. 그러나 알고 있다고 해도 많은 경우에는 당장 손쓸 시간이 없거나 수단이 없다. 단지 다음 인사 때 다른 곳으로 보내야 한다는 생각을 굳힐 뿐이다. 그러나 이렇게 되면 이미 상관과 부하의 관계는 적대적인 관계로 바뀐다. 따라서 부하가 상관에게 충성하고 조직에 공헌해야 한다는 말과 상사는 부하를 키워야 한다는 말은 의미없는 공허한 이야기가 되어 버린다.

어느 사회에서나 쓸모없는 인간일수록 대안 없는 비방을 하고, 남을 끌어내리는 것으로 자신의 뒤처짐을 극복하려 한다. 일하지 않는 사람들이 갖는 결속력과 파괴적인 힘은 그들이 일하지 않은 만큼 남아도는 여유 시간에서 나온다. 어느 조직에서나 일하지 않는 사람들이 여론을 만들고 풍토를 더럽히는 힘을 갖는 것은 바로 그 여유시간 때문이다.

그러나 소인들의 덫에 걸리지 않으려고 이들과 영합하면 그 자신도 점점 소인이 되어간다. 소인들이 하는 방식으로 그들에게 대응하다보면 어느 사이에 그 자신도 소인이 되어 가는 것이다. "자기 자신은 굽어 있으면서도 다른 사람을 바로잡아 줄 수 있는 사람은 없다."「枉己者, 未有能直人者也.」(맹자, 滕文公下 1).

남을 바른 길로 인도하려는 지도자는 먼저 자기 자신을 바르게 해야 하는 것이다. 지도자는 세속과 영합할 것이 아니라 참다운 자신의 길(仁道)을 걸음으로써 대의(大義)를 위해 당당하게 나아가야 하는 것이다. 참다운 자기의 길을 걷는다는 것은 언제 어느 곳에서든지 "恭·寬·信·敏·惠"의 오덕(五德)을 실천하는 것이다.

'공(恭)'이란 자기 자신을 지탱해 나가는 덕(德)으로서, 남의 윗자리에 있는 사람이 스스로 삼가하여 공손하면 부하들로부터 모욕을 당하지 않게 된다는 것이다. '관(寬)'은 윗자리에 있는 사람의 덕으로서, 관대하면 부하들이 따르게 된다는 것이다. '신(信)'은 사람과 사귀는 덕으로서, 신의를 지키고 말과 행동이 일치한다면 부하들로부터 신뢰를 받게 된다는 것이다. '민(敏)'은 일을 처리하는 덕으로서, 민활하게 일을 처리한다면 성과를 올릴 수 있게 된다는 것이다. '혜(惠)'는 사랑의 덕으로서, 윗자리에 있는 사람이 자애로우면 부하들이 자애로움에 감동하여 따르게 됨으로써 부릴 수 있게 된다는 것이다. 「恭則不侮, 寬則得衆, 信則人任焉, 敏則有功, 惠則足以使人.」(논어, 陽貨 6).

사람의 마음을 얻으려는 사람은 '참 용기'로 무장해야 한다. '참 용기'란 '참고 용서하며 기다릴 줄 아는 용기'이다. 참고 용서하며 기다릴 수 있는 사람만이 자신의 주인이 되고 세상의 지도자가 될 수 있다. 21세기의 군자는 소인들이 파 놓은 웅덩이와 기득권의 바위가 가로막아도 五德(오덕)을 바퀴로 삼아 仁道(인도)를 걸어가는 사람이다.

제 3 편

세상의 힘으로 다스려라

제12장 CEO는 시스템을 경작하는 사람

많은 사람의 역할분담으로 일을 하는 조직에 있어서 상관은 부하에 의지하고 부하는 상관에게 의존한다. 지휘자와 연주자 그리고 관중의 하모니로 빚어내는 화음처럼 조직의 운영은 하나의 오케스트라이다. 따라서 조직의 구성원 모두에게는 자신의 이름에 부여된 고유한 임무가 있다. 지도자가 지도자의 역할을 수행할 때 부하도 부하의 역할을 수행할 수 있게 된다.

시스템으로 대응해야 한다

춘추시대 때 자산(子産)이라는 사람이 정(鄭)나라의 정사를 책임지고 있을 때였다. 자산은 추운 겨울에 맨발로 강물을 건너는 백성들을 보고 이를 딱하게 여겨 자신이 타고 있던 수레로 사람들을 태워 진수(溱水)와 유수(洧水)라는 두 강을 건너게 해 주었다.

그러나 이러한 사실에 대하여 맹자는 다음과 같이 비평하였다.

"자산은 아랫사람들에게 은혜롭기는 해도 정치의 본질을 제대로 아는 위인이라고 볼 수는 없다. 가을걷이가 끝나 일손이 나게 되는 늦가을에 농민들의 손을 모아 도로를 수리하고, 음력 11월에는 우선 도보로 건널 수 있는 작은 다리를 놓으며, 12월에는 수레가 건널 수 있는 큰 다리를 만들어야 했다. 그렇게 했다면 겨울이 되어도 사람들이 강을 맨발로 건너는 고생을 하지 않았을 것이 아닌가. 정치란 바로 그 근본을 다스리는 것이다. 그럼에도 불구하고 자산이라는 사람은 그렇게 하지 못했다."

맹자의 말은 계속된다.

"지도자가 평소 공평하게 정치를 잘 했다면 길을 갈 때 사람들에게 길 좀 비키라고 해도 무방하다. 그런데도 자산은 정치의 근본 소임을 다하기보다는 사적인 은혜를 베풀고 있었던 것이 아닌가. 어떻게 위정자가 자신의 수레를 가지고 직접 나서서 한 사람 한 사람의 모든 주민이 강을 건너도록 해줄 수 있겠는가. 위정자가 백성 한 사람 한 사람을 모두 다 만족시켜 주려고 아무리 노력하더라도 도저히 그렇게 할 수가 없다."(맹자. 離婁下 2).

맹자가 그렇게 말했던 의도는 공자까지도 그의 부고를 듣고 통곡했다는 저 유명한 정(鄭)나라의 명재상을 비난하려고 그랬던 것이 아니다.[1] 아무리 명재상이라 하더라도 개개인의 민원을 직접 나서

---

1) 공자는 자산(子産)을 다음과 같이 평가하고 있다. "그는 지도자로서 갖추어야 할 4가지의 덕을 겸비하였다. 몸가짐이 겸손했고, 윗사람 섬김에는 충성을 다했으며, 백성을 돌봄에는 애정을 다했고, 백성을 부릴 때에는 대의에 맞게 했다."(논어. 公冶長 16). 공자가 그처럼 존경했던 명재상을 맹자가 꼬집어 비난했던 것은 CEO가 그 역할을 다하려면 시스템으로 대응해야 한다는 점을 강조하려고 한 것이었다.

서 해결하기에는 근본적인 한계가 있다는 것을 말하려 했던 것이다. 지도자는 개별적인 민원이나 지엽적인 일이 아니라 근본적인 큰 줄거리를 세우는 일에 매진해야 한다. 그리고 지도자의 과업은 시스템을 통하여 해결되어야 한다는 것을 말하려고 했던 것이다.

오늘날 우리나라의 CEO들 중에는 본질적 업무를 제쳐두고 지엽적인 일에 매달리는 사람들이 많다. 환경의 변화를 미리 읽고 새로운 정책을 구상하기보다는 사사로운 민원을 직접 챙기느라 허둥거리는 경우가 많다. 장관이 과장의 역할을 하고, 주사의 소임을 떠맡는 시장·군수도 많다. 일의 크고 작음을 가리지 않고 모두를 직접 처리하려다보니 몸과 마음은 지치고 피곤해진다. 따라서 바쁘기만 할 뿐 되는 일도 없다. 새로운 정보를 입수하고 공부할 기회는 더욱 없다.

지도자가 지도자의 일을 하지 않으면 부하도 부하 노릇을 하지 못하게 된다. 부하가 부하의 역할을 하지 않으면 지도자 또한 지도자의 역할을 수행할 수 없게 된다. 조직이 이러한 상황에 빠지면 CEO가 큰 구상을 하고 새로운 가능성을 경작(耕作)할 여지는 그만큼 줄어든다.

부하의 일을 직접 챙기는 CEO들은 대개 부하들의 수준 때문에 자신은 피곤하고 힘들어도 그렇게 할 수밖에 없다고 말한다. 그러나 대부분의 경우를 보면 보스 스스로가 큰 틀에서 시스템을 잘 정비하지 못한 탓이다. 또한 자신이 그것을 직접 수행해야 마음을 놓을 수 있는 집착과 불신 때문에 그렇게 된 경우도 많다. 보스가 편벽하고 도량이 좁아 자신만을 믿은 탓도 크다.

보스가 스스로에 대한 자부심이 너무 강하여 부하들의 장점을 받아들일 수 없는 조직은 역량이 축소될 수밖에 없다. 이러한 조직에서의 CEO는 결국 혼자서만 뛰고 혼자서만 바쁘게 되는 것이다. CEO의 역할은 말로써 완수되는 것이 아니다. CEO의 경륜과 능력은 역량있는 부하를 통해서 확대되고 살아난다. CEO의 꿈은 공들이고 힘쓰는 시스템의 공력(功力)으로 실현되는 것이다. 그리고 이러한 공력은 체계적인 역할 분담에 의하여 확대 재생산될 때 비로소 실천적인 힘으로 승화되는 것이다.

일을 맡기는 도량

조직이란 정해진 실행 목적을 가진 인간집단이다. 인간집단을 합리적으로 운영해야 하는 CEO는 자신이 거느리고 있는 조직을 문화적으로 영도해야 한다. 그러나 한 조직에 있어서 최고책임자가 직접 할 수 있는 일은 극히 제한되어 있다. 따라서 최고경영자는 자신의 철학을 실천하고 확대 재생산할 관리자를 등용하고 이들이 제각각의 소임을 다하도록 체계적으로 역할을 분담시켜야 한다.

체계적인 역할분담이란 부하에게 권한을 위양(委讓)한다는 것이다. 위양한다는 것은 상사와 부하의 신뢰관계에 기초하여 부하의 재량으로 일하도록 맡김으로써 동기를 부여하는 관리기법의 하나이기도 하다. 역발산(力拔山) 항우(項羽)에 비하면 유방(劉邦)은 출신배경과 개인적 능력 면에서 훨씬 뒤떨어지는 사람이었다. 그럼에도 불구하고 한(漢) 고조 유방이 항우에게 이겼던 비책은 권한위양에 있었다. 유방에게는 시스템을 경작하고 일을 맡기는 도량이 있었던 것이다. 유방은 한나라를 건국한 후 축하연을 베푸는 자리에서 다음과 같은 말을 했다.

"그대들은 내가 항우에게 이긴 이유가 무엇이라고 생각하는가? 항우는 신분과 능력면에서 나보다도 훨씬 우월했다. 그러나 항우는 사람을 믿고 쓰는 데에 인색했다. 그는 사람을 등용하여 일을 맡긴 후 완전히 믿고 진득하게 기다릴 줄을 몰랐다. 반면에 나는 계략을 세우고 작전을 짜는 모든 일을 작전참모 장량(張良 : 장자방)에게 맡겼다. 전쟁터는 사령관 한신(韓信)에게 맡겼으며, 후방의 안전과 물자보급은 군수참모 소하(蕭何)에게 모두 맡겼다. 그래서 나는 편안하게 국가경영에 임할 수 있었다. 나에게는 인재를 선별할 줄 아는 눈이 있었고, 부하들에게 일을 맡긴 후에는 완전히 믿고 진득하게 기다리는 인내력이 있었다. 그것이 내가 승리한 이유다."

유방과 그의 부하 한신(韓信) 간의 다음과 같은 대화를 살펴보자 (史記, 淮陰候列傳).

「유방 : "자네 생각에는 내가 어느 정도의 군사를 지휘할 수 있다고 보는가?"

한신 : "폐하께서는 10만 정도의 군사를 지휘할 능력이 있다고 생각합니다."

유방 : "그대는 어느 정도의 군사를 지휘할 능력이 있는가?"

한신 : "신은 많으면 많을수록 더욱 좋습니다(多多益善)."

유방 : "나보다도 더 많은 군사를 지휘할 능력이 있는 그대가 어찌하여 내 밑에서 일을 하고 있는가?"

한신 : "폐하께서는 저처럼 많은 군사를 지휘할 능력은 없지만, 장군들을 부리는 능력은 어느 누구도 따라갈 수가 없습니

다. 그래서 저는 폐하의 신하로서 부려지고 있는 것입니다."」

장군을 부린다는 것은 인물을 알고 그 재능을 꿰뚫어 보아 적재적소에 임용하는 것을 말한다. 그러나 아무리 인재를 발탁했다고 해도 그에게 적절한 권한을 부여하지 않는다면 소용이 없다. 문제는 권한 위양이 말처럼 쉽지 않다는 점이다. 왜 그렇게 어려운 일인가? 그 이유는 다음과 같다(成君憶, 『水煮三國志』).

첫째, 상관이 부하를 믿지 못하기 때문이다. 말로는 부하를 신뢰하는 것처럼 하면서도 본심으로는 부하가 미덥지 못하고 불안하여 중요한 문제는 자기 생각대로 다 해버린다. 이런 상관일수록 "저 사람은 자신의 임무에 책임감을 갖고 있는가?" 하고 제멋대로 불신감을 품는다.

물론 부하에게 문제가 있는 경우도 많다. 그러나 부하가 무능하다면 먼저 자신에게 물어보아야 한다. 그를 충분히 교육시키고 능력을 발휘하도록 기회를 부여했던가? 부하라는 존재는 신임·격려·육성을 통하여 비로소 믿음직스런 인간으로 성장하기 때문이다.

둘째, 권한을 위양하면 통제하기 어려울 것이라는 걱정을 하기 때문이다. 업무를 직접 통제하지 못하면 결과도 보이지 않게 된다고 생각한다. 자신이 직접 맡아서 해야만 직성이 풀린다는 데에 문제가 있는 것이다. 그렇다면 안심하고 일을 맡기려면 어떻게 해야 하는가? 조직 내의 의사소통 방법을 개선하여 정기적으로 진척상황을 보고하게 하면 된다.

부하에게 일을 맡길 때에는 문제나 과제, 달성목표, 사용할 수 있는 자원을 명확히 해두는 것이 중요하다. 이처럼 정보를 공유하게 되면 통제불능에 빠지는 사태를 피할 수 있다. 상사와 부하 간에는 문제를 해결하는 방법이 다를 수도 있다. 상사가 경험칙에 입각하여 자신의 방식을 강조하면 부하는 일할 의욕을 잃게 되고 그 일에 대한 책임감도 없어진다. 중요한 것은 방법이 아니라 결과이다. 따라서 구체적인 처리방법은 부하에게 맡기는 것이 바람직하다. 어쩌면 상사의 경험칙보다도 부하의 과학적 해결방법이 더 좋은 결과를 가져올지도 모르는 일이다.

셋째, 조직 내에서 자신의 중요성을 과도하게 강조하기 때문이다. 자신의 능력을 과신하는 리더가 많다. 어떤 일도 자신의 손에서 벗어나면 문제가 생긴다고 착각하는 리더도 있다. 이런 사람은 손오공(孫悟空)의 분신술로 몸을 열개, 스무 개로 쪼개야 할 지경이다. 그러나 손오공의 분신술은 필요 없다. 조직이 있고 세부 사항에 대해서는 자신보다도 더 잘 아는 부하가 있기 때문이다. 그만큼 부하는 귀중한 존재이다. 부하를 적절히 활용하지 않는다는 것은 귀중한 자원을 방치하는 것이다.

넷째, 자신이 하면 더 잘할 수 있다고 생각하기 때문이다. 부하에게 일처리 방법을 가르쳐 주지 않고 아무리 힘들어도 모든 일을 혼자서 처리하려는 경영자가 있다. 이런 경영자는 일을 가르쳐 주려면 시간이 걸리지만 자신이 직접 처리하면 30분도 안 걸린다고 생각한다. 그 바쁜 와중에 부하를 가르칠 여유가 어디에 있느냐고 말하면서 모든 일을 혼자 떠맡는다. 그러나 지금 한 시간 동안 부하를 가르치면 훗날 부하가 상관을 위하여 쓰는 시간은 수십 배 수백 배로 늘어난다. 그렇게 되면 상사는 여유를 가지고 생각할 시간을 갖게 되어 조직의 성장을 위한 새로운 구상도 할 수 있다.

다섯째, 조직 내에서 자신의 지위가 약해지는 것을 염려하기 때문이다. 자신의 권한을 다른 사람에게 넘겨주면 조직 내에서 자신의 지위가 위협받지는 않을까 걱정하는 것이다. 그러나 결과는 그 반대이다. 권한을 넘겨주면 부하의 업무수행 능력이 커지고 조직의 힘도 강해져서 업적이 올라간다. 이에 따라 조직을 거느리고 있는 리더의 지위는 자동적으로 향상된다. 그 결과 리더는 중요 업무에만 집중하여 전념할 수 있게 된다.

여섯째, 부하의 공적을 질투하기 때문이다. 경영자는 무대의 뒤에서 사원을 지원하는 고독한 프로듀서의 역할을 수행해야 한다. 무대 위에 서서 관객의 환호와 스포트라이트를 받는 배우들을 부러워한다면 큰 연출가가 될 수 없다. 한때 연속적으로 '세일즈 왕'으로 뽑혀 이름을 날리던 사원이 그 공적을 인정받아 한 지구의 관리자로 승진한 사례가 있다고 가정하자. 그러나 그가 과거 자신의 금메달 영예만 믿고 부하교육에 무관심할 뿐만 아니라 과거처럼 각광을 받고 싶어 부하의 공적을 가로채려는 행동까지 한다면 사원으로서는 우수했을지라도 관리자로서는 실격이다.

일곱째, 권한 위양이 융통성을 줄인다고 생각하기 때문이다. 경영자들은 자신이 직접 처리하면 일을 융통성 있게 꾸려 나갈 수 있다고 생각한다. 그러나 경영자는 언제나 시간에 쫓겨 여러 일을 한꺼번에 생각해야 하는 압박 때문에 오히려 경직된 판단을 내릴 수도 있다. 권한 위양을 통해 일을 자신의 손에서 벗어나게 할 때 오히려 전체의 맥락을 보고 판단할 여유가 생기는 경우도 많다. 이러한 여유가 생겨야 경영자는 그때까지 대응할 수 없었던 어려운 문제나 돌발적인 상황에도 유연하게 대응할 수 있게 되는 것이다.

여덟째, 부하가 하고 있는 기존 업무에 영향을 줄까 걱정하기 때문이다. 지금 하고 있는 일도 힘에 부치는 부하에게 그 이상으로 책임을 맡기는 것은 무리라고 생각하는 것이다. 이렇게 생각하는 상관은 얼핏 보면 부하를 배려해주는 좋은 상사로 비칠지도 모른다. 그러나 실제로는 부하에게 기회를 주지 않고 있을 뿐인 것이다. '강한 장군 밑에 약졸은 없다'는 말이 있다. 독수리는 자기 새끼를 높은 언덕배기에서 떨어뜨림으로써 나는 것을 배우지 않으면 안 되게 한다. 작은 동정심으로 영원히 날개를 펴지도 못하는 독수리 새끼를 길러서는 안 된다.

상사가 부하에게 가지는 동정심은 악의 근원이다. 우수한 부하가 조직을 떠나는 가장 큰 이유는 재능을 발휘할 기회를 부여받지 못했기 때문이다. 이것은 부하를 마음으로 신용하지 못한 상관의 동정심이 만든 폐해인 것이다. 인간은 누구나 가능하다면 도전을 하여 성공하고 싶어한다. 그러나 상관이 권한을 위양해주지 않는다면 그러한 기회는 영원히 오지 않는다.

아홉째, 부하가 조직의 경영계획을 잘 이해하지 못한다고 생각하기 때문이다. 부하가 전체의 계획을 잘 모른다면 그것은 상관이 부하를 잘 교육시키지 못했기 때문이다. 경영진의 권위를 유지하기 위해 많은 정보를 비밀로 하는 조직이 있다. 그러나 이러한 조직에서는 공유함으로써 조직 전체에 유익한 정보도 일반 직원에게는 전달되지 않는다. 정보공유는 조직원이 업무를 순조롭게 처리하는 데에 중요한 것일 뿐만 아니라 목표달성을 더욱 쉽게 하는 것이다. 조직의 경영계획을 모르는 구성원이 조직의 미래에 관심을 가질 수는 없다. 조직의 미래 비전을 공유하지 못한다면 조직의 미래 설계도는 그림 속의 떡에 불과하다.

인재를 만드는 도량

공자의 제자 중궁(仲弓)이 노나라 권신(權臣)의 집안일을 맡아보는 최고 책임자(家宰)가 되고 나서, 자신의 역할을 어떻게 수행해야 하며 부하들은 어떻게 다스려야 하는지에 대한 질문을 했다. 이에 대하여 공자는 다음과 같이 말했다.

"최고관리자는 여러 하부조직을 통솔해야 하므로, 부하들을 적재적소에 배치하여 제각기 임무를 완수할 수 있도록 일을 맡기고, 그들의 작은 허물은 관대히 용서해 주며, 현명한 인재를 등용하도록 노력해야 한다."「先有司, 赦小過, 擧賢才.」(논어, 子路 2).

이를 좀 더 구체적으로 말하면 다음과 같다.

첫째, 조직에 참여하고 있는 구성원 각자의 직권(職權)을 중시하여 권한과 책임을 제도적으로 분명하게 분담시켜야 한다.

윗사람이라고 해서 모든 것을 자기의 권한이라고 생각하거나 무엇이든 자기가 직접 관여하려고 해서는 안 된다. 각자의 소임을 분명히 해야 한다는 것이다. 아무리 명석하고 부지런한 재상이라 할지라도 온 나라의 백성들을 자신의 수레로 강을 건네 줄 수는 없다. CEO 혼자서 할 수 있는 일이란 아주 제한되어 있다. 따라서 윗사람이 모든 것을 관장하려 하면서 부하에게 권한을 위임하지 않고 부하 또한 책임지고 일을 맡으려 하지 않는 조직이 있다면 그곳은 이미 발전가능성이 없는 조직이다.

둘째, CEO는 부하를 도량으로 통솔해야 하며 작은 허물을 덮어주는 아량도 있어야 한다.

조직에서 상관은 관리책임자일 뿐만 아니라 선생의 역할도 수행해야 한다. 좋은 선생은 학생의 잘못을 고치기 위해서 질책하기보다는 감화를 시킨다. 부하를 감화시키기 위해서는 칭찬은 마이크로 하고 꾸중은 골방에서 해야 한다. 상관이 부하에게 기대하는 것이 '업적(業績)'이라면, 부하는 상관의 '배려(配慮)'를 기대한다. 부하가 어쩔 수 없이 잘못을 했을 경우에는 다시 기회를 주는 아량 있는 상관이 되어야 한다. 자신의 명령으로 발생한 시행착오의 책임을 부하에게 전가하지 않는 상관이 되어야 하는 것이다. 부하들은 허물을 덮어주는 상관을 따르게 되기 때문이다. 부하의 허물을 덮어주어야 한다고 할 때, 도대체 어느 정도까지 허물을 덮어주어야 하는가? 분명한 것은 큰 사람은 크게 덮어줄 수 있고 작은 사람은 작게 덮어줄 수 있다는 것이다. 역사상 인재를 허물이라는 시각으로 보지 않고 재능으로 본 대표적 인물은 삼국지의 CEO 조조(曹操)이다. 명문가 출신의 원소가 환관의 양자인 조조에게 천하의 패권을 넘겨주게 된 결정적 계기는 관도(官渡)의 전투에서 패했기 때문이다.

관도의 전투에서 엄청난 군비와 유리한 입지 그리고 다섯 배가 넘는 병력으로 무장한 원소를 쳐부순 조조가 전후 처리를 하고 있던 중이었다. 전리품으로 압수한 문서 중에서 조조 진영의 일부 모사와 장수들이 원소에게 투항하고 싶다며 보낸 밀서가 발견되었다.

조조의 측근들은 배신자들을 살려 두어서는 안 된다고 건의하였다. 당연한 반응이었다. 그러나 조조는 뜻밖의 명령을 내렸다.

"내버려 두어라. 그들도 내가 원소를 정말 무너뜨릴 줄은 몰랐던 탓이다. 무릇 난세에는 양다리를 걸치고 싶은 것이 인지상정이다. 나 역시 마음이 흔들렸을 때가 있었거늘 굳이 그들의 죄를 밝힐 필요는 없다."

조조는 그 밀서들을 개봉하지 않고 불태운 후 다시는 문제 삼지 않았다. 당시 조조는 인재(사대부와 지식인)의 필요성을 절감하고 있었고 이렇게라도 하지 않으면 군신관계가 유지되지 않는다는 것을 알고 있었던 것이다(堀敏一, 『曹操』, 2001).

셋째, CEO는 인재를 발굴하고 등용해야 한다.

CEO가 해야 하는 과업 중에서 가장 중요한 것은 인재를 등용하고 키우는 것이다. 인재를 알아보고 인재를 얻을 수 있는 능력이 다름 아닌 지도자의 기량이다. CEO가 "곧지 못한 사람을 등용하여 정직한 사람들의 위에 앉히면 부하들은 복종하지 않는다. 그러나 정직한 사람을 발탁하여 곧지 못한 사람들의 윗자리에 앉히면 부하들은 복종하게 된다."「擧枉錯諸直, 則民不服. 擧直錯諸枉, 則民服.」(논어. 爲政 19). 여기에서 정직하다는 말은 부정부패에 초연하다는 소극적인 의미만이 아니다. 필요한 자리에 필요한 사람을 앉힌다는 뜻도 내포되어 있다.

성공한 왕조나 기업을 보면 한결같이 큰 인재들이 모여 있었다. 중국 전한(前漢)시대 말 유향(劉向)이라는 사람이 쓴 설화집 『설원』(說苑)이라는 책에는 다음과 같은 고사가 나온다. 어느 날 군주가 배를 타며 놀다가 자신도 모르게 "나는 나라의 왕인데 왜 재능을 갖춘 현사(賢士)를 한 사람도 얻지 못하는가?"라면서 한탄했다. 그러자 배를 몰던 사공이 군주 앞에 나타나 다음과 같은 말을 했다.

"금은보화는 긴 다리가 없지만 대왕의 신변에 모여들어 대왕에게 쓰이고 있습니다. 그것은 대왕께서 금은보화를 좋아하시기 때문입니다. 그런데 다리가 있는 현사들이 아무도 대왕에게 오려고 하지 않는다면 그것은 대왕께서 저들을 좋아하시지 않기 때문입니다."(전병옥 역, 『마오쩌똥-孫子에게 길을 묻다』, 2004). 이러한 고사는 "인재를 쓰고 싶으면 인재를 사랑하라"는 이치를 역설하고 있는 것이다.

CEO와 인재들이 펼치는 드라마 삼국지는 인재의 중요성을 일깨워 주는 보고서와도 같다. 유비는 27세의 제갈량을 얻기 위해 부하들을 대동하고 '삼고초려(三顧草廬)'를 했다. 유비의 성공은 제갈공명을 얻은 것으로 시작했고, 제갈공명을 잃어버리자 촉의 운명도 막을 내렸다. 조조가 최고의 CEO가 될 수 있었던 것도 인재를 발탁하고 기르는 능력에 있었다. 포로로 잡힌 관우(關羽)의 요구는 무엇이든 다 들어주면서 그를 자신의 부하로 만들려고 절치부심하는 조조의 모습은 삼국지의 명장면이기도 하다.

조조는 인간을 재능으로 평가하였다. 불효 불충의 인간적인 결점이 있더라도, 그리고 황건적이나 산적 떼 가운데서도, 심지어는 자신을 비방하고 죽이려고 했던 사람도 쓰임새가 있으면 그의 특성과 재능을 관리하면서 필요한 때에 필요한 능력을 썼다. 조조는 야생마를 붙잡아 명마로 만들 듯이 잠재력을 간파하고 적정한 경력관리를 통해 인재를 만들었다. 그 결과 누구라도 조조의 휘하에 들어가면 능력을 발휘하게 되었다.

원칙을 세우고 책임을 지는 도량

CEO는 결정을 하고 책임을 지는 사람이다. 따라서 CEO의 행동에 있어서 가장 나쁜 태도는 상호 모순되는 결정을 내리는 경우이다. 그 다음으로 나쁜 태도는 필요한 시기에 결정하지 않는 것이다. CEO가 이치에 맞지 않는 말을 하면 부하들은 분열하게 된다. 구성원간에 분열이 생기고 조직에 균열의 조짐이 보이면 먼저 지도자에게서 그 원인을 찾아야 하는 이유가 여기에 있다.

윗사람의 의향이 모호하면 부하들은 동요하거나 침묵으로 체면만 유지하려 든다. 무슨 말을 하려고 해도 그 말로 인해 신임을 얻지 못할까 우려하기 때문이다. 그런데도 우리 주위에는 "내가 무엇을 생각하고 있는지 말하지 않아도 여러분들은 다 잘 아실 것입니다"라고 말하는 지도자가 있다. 그러나 윗사람이 분명하게 말을 하지 않으면 부하들은 각자의 상황과 입장에서 제멋대로 짐작하고 작문을 하게 된다. 확실히 말하지 않으면 제멋대로 해석하게 되는 것이다.

리더의 바람직한 모습은 기능은 하되 그 무게가 느껴지지 않는 모자와도 같은 것이다. 시스템으로 움직인 결과 다스리되 군림하지 않아서 마치 쓰고 있는지 쓰고 있지 않은지 그 무게를 모를 정도의 모자처럼 되어야 한다는 것이다. 그러나 신체의 일부가 된 좋은 모자처럼 보스의 무게가 느껴지지 않아도 되는 그런 조직은 별로 많지 않다. 부하들을 교화하고 인위적으로 다스리지 않아도 저절로 다스려지는 무위지치(無爲之治)의 상태는 먼저 원칙이 확립되어 있고 시스템이 정비되어 있는 경우에만 가능하기 때문이다.

모든 계절에 알맞은 옷이 없듯이, 모든 상황에 적합한 리더란 존재하기 어렵다. 지도자의 역할은 그가 처해 있는 환경에 따라 변해야 하기 때문이다. 원칙이 서 있고 시스템이 정비되어 있어도 환경 변화가 동태적일 경우에는 최고지도자의 역할도 동태적일 수밖에 없다.

폭풍이 불면 선장의 역할이 중요해지는 것처럼, 격변하는 환경 속에서 최고지도자의 역할은 조직의 성패를 결정한다. 격변기에는 관행과 시스템보다도 리더의 결단과 실행력이 조직 성패의 관건이 된다. 비상시에는 항공기의 자동항법장치를 수동으로 전환해야 하듯이, 기존에 입력된 프로그램만 따르다가는 생존에 위협을 받기 때문이다. 따라서 격변기일수록 최고지도자는 시대의 흐름을 주시하면서 크게 사고하는 자세를 견지해야 하는 것이다.

CEO의 지적 수준은 조직의 지적(知的) 역량을 결정하게 된다. 오늘처럼 환경의 변화가 빨라지고 불확실성이 커지고 있는 상황에 대처하기 위해서는 조직 스스로의 지적 역량을 높여야 한다. 지적 역량이 있는 조직은 외부환경의 우연성과 불확실성에 능동적으로 대응할 수 있기 때문이다.

조직의 지적 역량을 키우기 위해서는 무엇보다도 최고지도자의 지적 역량을 키워야 한다. CEO는 환경의 변화를 남보다 먼저 읽고 조직 내에 위기감을 전파하는 역할도 수행해야 한다. 전략과 방향만이 아니라 새로운 기법의 키워드를 제시함으로써 조직의 타성을 타파하는 것도 중요하다. 그러나 아무리 상황이 변하더라도 CEO는 CEO의 고유 기능을 벗어나서는 안 되며, 지도자는 지도자로서의 기본원칙을 지켜야 한다. 지도자는 원칙에 살고 원칙으로 기뻐해야 하는 사람이기 때문이다.

공자는 말했다.

"군자는 모시고 일하기는 쉬워도 그를 기쁘게 하기는 어렵다. 바른 도리(道理)가 아닌 방법으로는 기쁘게 하려고 해도 기뻐하지 않기 때문이다. 군자는 사람을 부릴 때에 각자의 재능과 기량에 맞게 쓴다. 이와는 반대로, 소인을 모시고 일하기는 어려워도 그를 기쁘게 하기는 쉽다. 소인은 도리가 아닌 방법으로도 기쁘게 해줄 수 있기 때문이다. 소인이 사람을 부리고 쓸 때에는 한 사람이 모든 재주와 기능을 다 구비하고 있을 것을 요구한다."「君子易事而難說也. 說之不以道, 不說也. 及其使人也, 器之. 小人難事而易說也. 說之雖不以道, 說也. 及其使人也, 求備焉.」(논어, 子路 25).

장자와 도척이 말한 CEO의 도량

장자(莊子)에 나오는 도둑의 두목 도척(盜跖)의 이야기는 오늘날 조직의 최고책임자가 수행해야 할 책무와 이를 수행하기 위한 자질을 재미있고도 간결하게 표현하고 있다. 어느날 두목 도척에게 심복 부하가 물었다. "도둑에게도 도(道)가 있습니까?"「盜亦有道乎?」.
도척이 대답했다.
"세상에 도(道) 없는 곳이 어디 있겠느냐? 도둑에게는 집 안에 무슨 물건이 있는지 알아맞히는 것이 성(聖)이고, 그 집의 담장을 타넘어 들어갈 때 앞장 서는 것이 용(勇)이다. 훔쳐서 나올 때 맨 뒤에 서는 것이 의(義)이고, 그 일의 성사 여부를 미리 아는 것이 지(知)이다. 그리고 훔친 물건을 공평하게 분배하는 것이 인(仁)이다. 이 다섯 가지 덕목을 갖추지 않고서도 큰 도둑이 된 자는 천하에 아직 없었다."「夫妄意室中之藏, 聖也. 入先, 勇也. 出後, 義也. 知可否, 知也. 分均, 仁也. 五者不備而能成大盜者, 天下未之有也.」(莊子, 第10章, 胠

註 5).

도척은, 어느 사회에나 그 나름의 원칙(道)이 있듯이, 도둑에게도 도둑으로서 지켜야 할 다섯 가지의 덕(德)이 있다고 대답했다. 그리고 비록 도둑패거리라 하더라도 대장은 아무나 할 수 있는 것이 아니라고 했다. 도둑패거리라고 할지라도 그 우두머리가 되려면 聖·勇·義·知·仁이라는 다섯 가지의 자질(五德)을 갖추어야 한다고 했던 것이다.

도척이 말한 '도둑의 다섯 가지 덕'을 정상적인 조직에 적용하여 해석해 보자.

첫째, 목표 설정을 잘 해야 한다.

도둑의 우두머리는 어느 창고를 털 것인지를 잘 선택해야 한다. 도둑이 창고 안에 무엇이 들어 있는지를 파악하고 어느 창고를 털 것인지를 잘 선택하는 총명함은 도둑에게 있어서 성(聖)의 영역에 해당하는 것이다. 조직의 리더가 수행해야 할 가장 중요한 책무는 무엇보다도 목표설정을 잘 해야 한다. 지도자가 아무리 성실하다고 해도 그가 지향하는 일의 방향이 잘못되어 있으면 그의 성실은 소용이 없다. 근면과 성실도 바른 목표 하에서만 의미가 있는 것이다.

둘째, 위험을 솔선하여 감당하는 용기를 보여야 한다.

도둑의 두목은 먼저 담을 넘어 들어가는 용기를 보여주어야 한다. 조직의 리더는 솔선수범 하는 모습을 보여야 한다. 이것이 용(勇)이다. 구성원들이 설정된 목표를 향해 매진할 소신과 확신을 갖게 하기 위해서는 리더가 앞장서서 위험을 감내하는 모습을 보여주어야 한다. 두목이 먼저 담을 넘어 가듯이 지도자는 앞장서서 위험을 무릅쓰고 모범을 보여야 한다.

셋째, 마지막까지 책임지는 의리가 있어야 한다.

두목은 맨 나중에 집을 나오는 의리가 있어야 한다. 맨 나중에 나온다는 것은 최종 책임을 진다는 것이다. 침몰하는 배에서 선장이 제일 마지막에 탈출하는 것처럼, 위험한 상황에 처할 때 지도자는 이를 최후까지 책임져야 한다. 이것이 지도자가 갖추어야 할 기본적인 의(義)이다. 부하들은 의리가 있는 지도자를 따른다. 지도자는 부하들에게 권한을 위양해 주었더라도 그 결과에 대해서는 자신이 책임을 져야 한다. 리더란 권한은 아낌없이 나누어 주더라도 책임을 전가해서는 안 되는 것이다.

넷째, 설정한 목표의 성공 여부를 사전에 파악할 수 있어야 한다.

두목은 노력한 결과의 성공 여부를 사전에 감지하는 능력과 지혜가 있어야 한다. 이것이 바로 지(知)인 것이다. 어느 조직이나 목표를 정해 놓고 행동을 개시하는 데에는 인력과 비용이 든다. 따라서 경영자들은 사업을 개시하기 전에 기대 이익을 사전에 정해 놓고 인력과 비용을 투입한다. CEO는 사업을 시작하기 전에 손익계산서를 쓸 수 있어야 하는 것이다.

다섯째, 업적에 따라 공정하게 나누어 줄 수 있어야 한다.

두목은 획득한 물건을 부하의 공로에 따라 공평하게 나누어 주는 인간미(仁)를 보이고 실천해야 한다. 지도자에게는 부하의 공로를 인정하고 배려하는 인간미가 있어야 한다. 노력한 결과에 따라 그 과실을 공평하게 나누어 줄 수 있는 무욕(無慾)의 자세야말로 지도자의 기본적인 덕이다. 지도자에게 사욕이 앞서고 나눠 주려는 마음이 없으면 그 조직에는 공유하는 시스템이 자리잡지 못한다.

조직에 기술도 돈도 없던 가난한 시절에는 단합이 되고 계통도 섰지만, 평판이 생기고 돈이 만들어지면 갈등이 발생하기 시작하는 이유는 무엇일까. 그것은 공과(功過)를 정확히 평가하여 이를 보상하는 시스템을 작동시키지 않았기 때문이다. 지도자의 지도력이란 그가 무욕(無慾)의 경지에 설 때 가장 큰 빛을 발하며 나누어 주려는 마음이 자리잡을 때 부하들은 따른다.

장자(莊子)의 도척 이야기는 '선량한 사람이 성인의 도를 배우지 않으면 훌륭한 사람이 될 수 없듯이, 비록 도둑이라고 할지라도 그들 나름의 룰을 실천하지 않고서는 우두머리가 될 수 없다' 는 것을 말하고 있는 것이다. 도둑 패거리에도 덕(德)이 있고, 그들 나름의 도를 지키지 않으면 최고의 자리를 유지할 수 없다고 말한 도척의 경고는 무섭기까지 하다.

조직에 참여하는 사람들은 저마다의 꿈과 희망을 추구하고 저마다의 감정을 가지고 있다. 리더란 이러한 사람들이 지향해야 할 방향을 설정하고 각자의 역할이 조화롭도록 조율하는 사람이다. 리더란 구성원을 리드하여 각자의 약점을 강점으로, 그리고 결점을 개성으로 승화시키는 시스템의 조율사여야 한다. 이처럼 CEO는 인재를 쓰고 인재가 역량을 발휘할 수 있도록 하는 사람이며, 부하들이 일을 할 수 있도록 일하는 사람이다.

제13장 관리자는 남의 능력을 쓰도록 쓰이는 사람

남이 가진 힘을 두루 쓰이게 하는 사람이 있는 반면에 자신의 힘만을 쓸 수 있는 사람이 있다. 자신이 가진 재능 한 가지만으로도 세상을 잘 살아갈 수는 있다. 그러나 자신의 재능을 자랑하며 자신의 재능만으로 살아가는 재인(才人)은 좋은 관리자가 될 수 없다. 관리자란 다른 사람의 재능을 쓰도록 쓰이고 있는 사람이기 때문이다.

남의 힘을 부리도록 부려지는 사람

인간은 일을 통해서 행복해진다. 일에 전념하는 것만큼 인간과 현실을 강하게 연결시키는 것도 없다. 일이란 현실의 한 부분이며, 일에 몰두한다는 것은 인간사회 속에서 자신이 존재하는 최소한 하나의 장소를 확보하는 것이기 때문이다. 그렇다면 우리는 어떤 자세로 일을 해야 하는가.

미국의 인권운동가 마틴 루터 킹(Martin Luther King) 목사가 말했듯이, 청소부로 살아가는 것이 지금의 소명이라면 미켈란젤로가 그림을 그리듯이, 베토벤이 음악을 연주하듯이, 셰익스피어가 시를 쓰듯이 청소를 해야 한다. 그리하여 하늘의 신과 지상의 인간들이 멈추어 서서, 여기에 자신의 일을 훌륭하게 수행한 청소부가 살고 있다는 것을 입 모아 칭송할 만큼 멋지게 청소해야 한다(Joshua Halberstam, *Work*, 2000).

어떤 일을 멋지게 수행했다면 그것은 그 일에 대하여 사명감을 가졌기 때문이다. 사명감은 에너지와 지혜의 근원이다. 자신이 하는 일에 사명감을 갖지 못하면서도 그 일을 계속해야 하는 사람이 있다면, 그는 인생을 헛되이 보내고 있는 것이다. 사명감은 어디에서 생겨나는 것인가. 사명감은 밖에서 주어지는 것이 아니다. 진정한 사명감은 스스로 만드는 것이며, 스스로 만든 사명감은 자기 자신을 자신의 보스로 만드는 것이다.

그러나 모든 일을 사명감만으로 할 수 있는 것은 아니다. 일을 이루려면 다른 사람의 지혜를 빌리고 협력을 얻어야 한다. 머리가 좋고 능력이 출중한 것만으로 인생을 성공적으로 살아갈 수 있는 것도 아니다. 다른 사람과 함께 살아가는 지혜가 없어 자신의 힘만 부리며 살아간다면 그의 인생은 힘들 수밖에 없다.

공자의 제자 중에는 공자가 "참으로 군자답다"고 평했던 복자천(宓子賤)이라는 사람이 있었다. 「子謂子賤, 君子哉若人!」(논어, 公冶長 3). 자천이 노나라의 선보(單父)라는 고을의 수령으로 부임하여 매일같이 거문고만 켜고 있었는데도 고을은 잘 다스려졌다. 그러나 전임 수령이었던 무마기(巫馬期)는 새벽닭이 우는 소리를 듣고 출근하여 밤늦게 별을 보면서 퇴근할 만큼 부지런히 일을 했으나 자천만큼 다스리지 못했다.

어느 날 무마기가 자천에게 물었다.

"자네는 무슨 비결이 있기에 그렇게 놀면서도 잘 다스릴 수가 있나?"

자천의 대답은 간단했다.

"나는 다른 사람의 힘을 부리지만 자네는 자신의 힘을 부리네. 그래서 자네는 애만 먹게 되는 것이지."(吉田賢抗, 『論語』, 2004).

자천이나 무마기는 단순한 관리자가 아니라 오늘날의 시장·군수에 해당하는 최고관리자(CEO)였다. 따라서 여기에서 말하려는 일반 관리자와는 그 지위가 다르다. 그러나 상기의 고사는 관리자가 아무리 열심히 일을 해도 혼자 뛰어서는 소용없다는 것을 깨우쳐 주고 있다는 점에서 함께 귀담아 들어야 할 내용이다.

관리자는 부하들이 효율적으로 일을 하도록 하기 위해서 일하는 사람이다. 그렇다고 관리자가 직접 일을 처리하는 것이 무조건 나쁘다는 것은 아니다. 그러나 관리자가 가지고 있는 전문적 능력이 아무리 남다르다 하더라도 혼자서 할 수 있는 일에는 한계가 있다.

부하들에게 일을 맡기기보다는 자신이 직접 처리하는 것이 오히려 빠르고 정확하다는 생각에서 혼자서 일하려 한다면 그는 관리자로서의 자질이 없는 사람이다. 이러한 행동은 많은 사람의 협동체계에 의하여 어렵고 복잡한 사업을 해결해 나가는 조직의 원리에도 반하는 것이다. 따라서 그런 사람은 남에게 쓰일 사람이기는 해도 남을 쓸 사람은 못된다.

자신의 손으로 업무를 처리하는 능력과 남이 일하도록 하는 능력은 전혀 별개이다. 관리자의 기본 임무는 자신의 소관 업무를 부하들이 처리하도록 하기 위한 특별한 역할을 수행하는 사람이다. 따라서 관리자는 소관업무에 대한 전문지식과 아울러 업무의 관리 및 부하를 관리하는 능력도 함께 겸비해야 한다.

어느 조직에 있어서나 관리자가 부하들에게 일할 의욕을 갖도록 하는 것은 아주 중요하다. 그래서 상관의 시간과 에너지의 상당부분이 이를 위해 소비된다. 실제로 부하에 대한 상관의 태도와 행동은 좋은 업적을 내는 원동력이 되기도 하고 스트레스만 키우고 안달복달하게 하기도 한다.

자리에 따라 달리 보인다

공자는 "그 자리에 있지 않으면 그 자리의 업무를 논하지 말라"고 하였다. 「不在其位, 不謀其政.」 (논어, 泰伯 14). 공자가 이 말을 통하여 가르치고자 했던 것은 '그 자리의 업무는 그 자리에 있는 사람이 책임을 져야 한다' 는 것이었다.

그 자리에 앉아 보지 않고는 그 자리의 업무를 잘 판단하기가 어렵다. 국장이나 과장이 아니면 잘 모르기 때문에 국장이나 과장이 필요한 것이다. 회사에서 개개의 사원에게 '회사 전체의 입장에서 생각해야 한다' 고 아무리 강조해도 사원들이 생각하는 것은 결국 '자신의 형편에서 본 회사' 일 따름이다. 사원들은 회사를 위해 회사에 들어온 것이 아니라 자신을 위해서 들어온 것이기 때문이다. 따라서 사원들의 요구와 생각을 조정하지 않으면 전체의 이익을 확보하기가 어렵다. 그래서 관리직이 있고 사장이 있는 것이다.

최근 우리나라에서 소위 'PD저널리즘'이 하나의 이슈가 되고 있다. PD저널리즘이란 방송국의 프로듀서들이 현장을 직접 취재하고 이를 자신들이 편집하여 보도하는 것을 말한다. 일반 기자들이 취재한 기사는 데스크에서 치밀하게 검토하고 조정해서 보도한다. 그러나 PD저널리즘이라는 말이 암시하듯이 우리나라에서는 프로듀서들이 사건이나 사고를 직접 취재하고 이를 책임있는 데스크의 철저한 검증 없이 방송을 한다. 따라서 PD저널리즘에 관한 논쟁은 프로듀서들이 현장에서 직접 취재활동을 하도록 하는 업무영역에 관한 것과, 현장에서 일하는 사람에게 가치판단의 모든 권한을 맡길 것인가 하는 문제로 요약된다.

그러나 여기에서 말하고자 하는 문제의 핵심은 현장에서 판단할 때와 한발 물러나서 생각할 때에는 판단이 달라질 수 있다는 점이다. 따라서 데스크가 기능하지 않는 언론이 휘두르는 펜은 언제나 독선에 빠질 위험이 있다는 것을 인정하고 제도적 보완을 하는 것이 중요하다.

우리나라의 PD저널리즘은 언론민주화의 결과로 태어났다. 과거 권위주의 시대에 고루하고 막힌 데스크가 자유롭고 선견적인 보도를 막았던 그 장벽을 철거한다면서 태어난 것이 PD저널리즘이다. 그러나 문제는 데스크가 아니라 잘못된 데스크이다. 책상이 마음에 들지 않는다고 책상을 치워버린다면 더 이상 공부를 할 수 없다. 그렇게 되면 제멋대로 말하고도 책임질 줄을 모르게 된다.

최근 우리 정부에서 잘못된 책상을 치우듯이 걷어내고 있는 또 하나의 모습은 '팀제'의 도입에서 나타나고 있다. 팀제의 도입이란 지금까지 계장, 과장, 국장, 실장, 차관보라는 멀고도 높은 사다리를 걷어내는 것이다. 그러나 이러한 팀제에는 치명적인 한계가 있다. 팀과 팀 위에서 팀을 생각하는 책상이 없다보니 횡적인 의사소통과 조정이 어려워진다. 결국 팀만의 그림을 강조하여 횡적인 연대가 어려워지고 전체의 그림이 파손될 수 있다는 것이다.

조직 내의 각자에게는 고유한 역할이 있다. 계장은 현장에 서서 한 분야의 실무를 처리하는 행동형 책임자이다. 과장은 부하들이 담당하고 있는 업무를 조정하고 업무의 내용과 방향이 보다 바람직하게 추진되도록 궁리하는 연구자로서의 기능을 수행해야 한다. 국장은 시민의 가슴으로 정책의 방향과 효과를 평가하는 옴브즈만이 되어야 한다. CEO인 최고지도자는 비전을 만들고 인적·물적 자원을 만들어야 한다. 이처럼 각각의 자리에는 고유한 역할이 있다.

우리 주위에는 부하들에게 "여러분이 국장이라고 생각하고, 자네가 사장이라고 생각하면서 판단하고 행동해야 한다"고 말하는 상관이 있다. 그러나 국장이 아니면서 국장의 수준으로 판단할 수 있다면 그것은 국장이 필요 없다는 증거이다. 과장은 과장만큼만 생각하고 판단할 수 있다. 따라서 과장은 과장의 입장에서 생각하는 것으로 충분하다. 이러한 과장의 생각을 조정하기 위해서 국장이 존재하기 때문이다. 그러나 우리 주위에는 부하가 폭넓은 시각으로 업무를 처리하지 못한다며 부하를 질책하는 상관이 많다. 자신의 책임을 부하에게 전가시키고 있는 것이다.

실패준비증후군

대부분의 상관들은 부하가 업적을 내지 못하거나 실패하면 그것은 부하가 무능하거나 일할 자세가 되어 있지 않은 탓이라고 생각한다. 모든 문제는 부하에게 있고 따라서 책임도 부하가 져야 한다고 생각한다. 물론 모든 탓이 부하에게 있는 경우도 있을 것이다. 지식과 기술이 부족하거나 자세가 되어 있지 않아서 업적을 올리지 못하는 부하도 있을 것이다. 그러나 부하가 실패하는 원인의 상당부분은 상관에게 있다. 부하의 실패는 상관의 관리 실패에서 오는 경우가 많기 때문이다.

간부들이 서로 반목하는 조직, 멋진 제안을 해도 채택되지 않는 조직, 부하가 상관의 명령을 가볍게 여기는 조직, 부하가 상관을 비난하는 조직, 윗사람에게 동료를 중상 모략하는 조직, 노력해도 인정받지 못하는 조직이 있다. 만약 조직이 이러한 풍토에 빠져 있다면 그 책임은 일단 윗사람에게 있다.

2002년 미국의 하버드대학 비즈니스 스쿨에서 발간된 『실패준비증후군』에서 '쟝 프랑스와마조니' 와 '쟝 루이바르스' 는 부하의 성적이 오르지 않는 원인의 상당부분은 상관에게 있다는 연구결과를 발표했다.

이들의 연구에 의하면, 많은 상관들은 부지불식간에 자기가 싫어하는 일부의 부하들에게 '능력 없는 인간' 이라는 딱지를 붙여버린다. 상관이 하는 이런 행위는 결국 부하가 실패에 이르는 구조를 만든다고 한다. 저자들은 이러한 일련의 행위를 한마디로 '실패준비증후군'이라고 하였다(Jean-Francois Manzoni & Jean-Louis Barsoux, *THE SET-UP-TO-FAIL SYNDROME*, 2002).

실패준비증후군이 시작되면 원래는 유능한 사람도 '무능한 인간'으로 오해되고 결국은 실제로 무능한 사람이 되어버린다. 저자들의 연구에 의하면, 놀랍게도 대부분의 관리자는 최소한 한 번은 이러한 증후군에 빠진다고 했다. 이러한 증후군에 빠지면 남이 일하도록 일해야 할 사람이 남이 일하지 못하도록 일하게 된다. 부하가 가지고 있는 잠재능력을 이끌어 내고 북돋우어 활용하려 하기는커녕 오히려 잠재능력의 싹을 잘라버리는 상관이 되는 것이다.

상관에게는 부하가 자신감을 갖고 보람을 느끼면서 일하는 환경을 만들어야 할 책임이 있다. 동시에 할당된 과업목표를 달성하지 못하면 그 결과에 책임을 져야 한다. 따라서 부하에게 권한을 넘겨주고 자유롭게 해주고 싶은 마음도 있지만, 부하가 맡은바 책임지고 있는지를 지켜보지 않고서는 마음이 놓이지 않는다.

관리자란 자신의 부하를 감독하면서 자신을 감독하고 있는 상관에게 책임을 져야 하기 때문이다. 관리자가 자신의 상관으로부터 압박을 받고 있는 만큼 자신도 부하를 압박하게 되는 것은 이래서이다. 그러나 좋은 관리자란 바로 이러한 두 가지의 압박을 잘 조절하면서 일하는 사람이다.

문제는 상관이라고 불리는 사람들을 이러한 두 가지를 잘 조절하는 사람과 그렇지 못한 사람으로 분류할 수 없다는 점이다.

'쟝 프랑스와마조니'와 '쟝 루이바르스'의 연구에 의하면, 대부분의 관리자는 이러한 밸런스를 '일부의 부하'에게만 잘 취한다. 그리고 '나머지의 부하'에게는 잘 취하지 못한다. 상관은 '쓸모 있는 사람'이라고 생각한 부하에게는 균형잡힌 리더로서 기능한다. 자신이 기대하는 부하에게는 완수하기 버거울 만큼 많은 업무를 맡기기도 하지만 격려도 하고 지원도 한다. 부하는 이러한 격려와 지원이 있기 때문에 목표를 달성할 수 있는 사기가 생긴다.

반면에, 똑같은 상관이지만 '별 가망 없는 인간'으로 낙인찍은 부하에게는 업적만 요구하면서 그의 자주성과 개성을 존중하거나 배려해 주려고 하지 않는다. 상관이 부하를 돕는다면서 하는 것이란 간섭뿐이다. 따라서 부하는 상관이 언제나 자신을 감시하고 무시한다는 것을 느끼게 된다. 자신의 능력을 발휘할 수 없는 일만 시킨다고도 생각한다. 상관은 자신이 성장하도록 시련을 주고 있는 것이 아니라 못살게 괴롭히기만 한다고 생각한다. 이러한 일이 계속되면 부하는 업적을 올리지 못할 뿐만 아니라 조금씩 망가진다. 상관이 부하를 망가뜨리고 있는 것이다.

실패준비증후군은 상관이 부하에게 불신감을 가지면서 시작한다. 이러한 증후군은 몇 가지의 증상이 겹치면서 본격적으로 관찰된다. 부하가 목표 달성을 하지 못해서, 기일을 지키지 못해서, 회의에서 발표를 못해서, 고객을 실망시켜서, 새로 배치되어 올 때의 인상이 나빠서 등등 구체적인 이유와 무수한 추상적인 이유가 있을 수 있다.

이러한 증후군의 대상이 중간관리자일 경우 그 피해의 규모는 집단적으로 나타난다. 중간관리자에게서 이러한 증후군이 나타나는 이유도 비슷하다. 스스로 생각하고 일하려는 의욕이 결여되어 있어서, 새로운 방식이나 아이디어에 저항해서, 정보를 공유하려고 하지 않아서, 해결책보다는 문제점만 강조하는 인간이라서 등의 이유가 그것이다.

부하를 망치는 과정

상관은 어떠한 이유이든 한 번 낙인찍은 부하에게는 무언가 결점이 있다는 생각을 하기 시작한다. 그래서 일을 시킬 때에는 절차를 세세히 규정하거나 진행사항을 좀 더 자주 체크하려 한다. 부하의 의사결정에 더 많은 조언을 해야 한다고 생각하기 때문이다. 상관은 이러한 조언이 부하의 실패를 사전에 방지하려는 배려라고 생각한다.

그러나 상관의 조언이 참견으로 들릴 때 문제는 시작된다. 상관의 빈번해진 참견은 자신을 신뢰하지 않기 때문이라는 것을 부하도 알아차린다. 따라서 저항해 보고도 싶지만 당장 어쩔 도리가 없다는 것을 알고 있다. 그래서 가급적 가만히 있는 것이 상책이라고 생각한다. 그 결과 부하는 자신의 생각으로 할 수 있는 일이 거의 없어졌기에 스스로 자신의 능력을 키우려는 마음을 갖지 않는다.

이렇게 되면 시간이 지날수록 부하는 점점 무엇에나 혼자서 결단을 내리려는 의욕이 없어진다. 급기야는 무슨 일을 하려고 해도 욕만 먹는다는 생각에 사로잡힌다. 상관은 애초에 자신을 좋게 평가해 줄 사람이 아니라고도 단정한다. 따라서 위험을 무릅쓰면서까지 일할 필요는 없다고 생각한다. 가능하면 상관과 대면할 기회를 만들지 않는 것이 좋다는 결론도 내린다.

이러한 가운데 상관의 생각도 확고해진다.

"역시 그 사람은 무능해. 내 생각이 옳았어. 능력도 없는 녀석이 비협조적이기까지 하다니 말이야!"

그 결과 상관은 부하를 좀 더 자주 체크하기 시작한다. 그리고 중요한 업무는 신뢰하는 다른 부하에게 맡긴다. 동일한 관리자가 일부의 부하에게는 멋진 상관이 되고 나머지의 일부 부하에게는 최악의 관리자가 되는 것은 이러한 과정을 거친다. 조직에서 일에 치어 과로하는 사람과 두 손 놓고 놀고 있는 사람은 이래서 생기는 것이다. 이렇게 되면 놀고 있는 부하나 일하는 부하 모두가 안절부절못하게 된다. 가능성 있는 부하는 과로에 시달리고, 낙인찍힌 부하는 일이 없어 시달린다.

물론 어느 조직에나 교육으로는 개선이 안 되는 사람이 있다. 다른 사람에게 큰 방해를 주지는 않지만 무능하면서도 일할 의욕이 없는 사람도 있다. 무능한데다가 동료의 발을 걸고 쓸데없는 트러블을 일으키는 사람도 있다. 경영적 관점에서 볼 때 이런 사람들은 하루빨리 도태시키는 것이 바람직하다. 학교에서 선생이 학생을 포기하는 것과는 달리 무능한 인력을 포기하는 것도 바람직한 경영활동의 하나이다.

그러나 현실적으로 무능한 인력을 방출하기란 그리 간단한 일이 아니다. 무능한 인력은 다른 조직에서도 받아들이려 하지 않기 때문이다. 따라서 관리자는 아무리 불필요한 부하라 할지라도 그를 최소한의 기간 동안은 관리할 수밖에 없다.

무능한 부하를 방출할 수 있는지의 유무와는 관계없이 모든 관리자가 명심해야 할 사항이 있다. 누구나 한번 무능한 인간이라고 낙인찍히면 언제까지나 무능한 인간으로 남아 있기가 쉽다는 사실이다. 한번 무능한 인간으로 낙인찍힌 사람은 무능한 인간으로 분류되고 관리되기 때문이다. 그러나 무능한 인간과 유능한 인간의 분류는 객관적 판단으로 이루어지지 않는다는 점에서 신중해야 한다.

인간은 어떤 의견을 갖게 되고 그 의견을 뒷받침할 만한 사실을 발견하면 그 사실을 아주 대단하게 취급한다. 그러면서 동시에 자신의 의견에 맞지 않는 것은 무시하거나 경시한다. 이렇게 함으로써 자신의 의견을 보편적인 진리인 것처럼 태연하게 주장할 수 있게 되는 것이다. 인간의 이러한 속성은 권력자에게서 더욱 나타나기 쉽다. 권력자는 자신의 지위에서 자신의 기준으로 부하를 보려는 속성을 지니고 있기 때문이다.

학교에서 선생에게 버림받은 아이나 스포츠 팀에서 코치가 가망이 없다고 판단하여 벤치를 지키게 한 선수는 재기하기가 어렵다. 마찬가지로 직장에서 상관이 버린 부하는 재기하기 어렵다. 공공장소에서 모욕을 당하거나 무시당한 사람, 그리고 비현실적인 목표 달성을 강요당한 사람의 스트레스는 상관이 느끼는 것 이상이다. 이처럼 직장 내에서 이루어지는 '이지메'는 개인과 조직을 파괴하는 것이다.

그러나 '쓸모없는 인간'이라고 분류되었던 사람도 그렇게 생각했던 상관의 생각이 바뀌고 대응방법이 바뀌면 쓸모 있는 인간으로 바뀔 가능성은 많다. 적절한 코치를 하거나 능력에 맞는 자리로 배치시키고 가능성을 믿어 주면 그의 성적은 오르고 가망성의 싹은 새롭게 튼다. 따라서 중요한 것은 실패준비증후군이라는 병에 감염되지 않도록 예방하는 것이다. 그리고 만약 이미 이 병에 감염되었다면 그 증세가 조직과 자신 그리고 부하에게 얼마나 치명적인가를 인식하고 더 이상 악화되지 않도록 빨리 고치는 것이다(Jean-Francois Manzoni & Jean-Louis Barsoux, *THE SET-UP-TO-FAIL SYNDROME*, 2002).

자기 자신부터 관리하라

많은 사람들이, 관리능력은 조직생활을 하다 보면 저절로 몸에 배어나게 되는 것이라고 생각하고 있다. 여러 일터에서 다양한 경험을 거듭하다 보면 부지불식간에 관리능력을 함양하게 된다고 생각하는 사람들이 많다. 어느 정도의 근무경력을 쌓은 사람이라면 최소한 몇 명 정도의 부하를 거느리는 직책으로 승진하는 데에는 아무 무리가 없다고 생각하는 것이다. 소위 연공서열주의와 제너럴리스트 존중 사상은 이러한 일단(一端)을 표현하는 것이기도 하다.

제너럴리스트란 느낌상 무엇이라도 감당할 수 있는 사람을 말하는 뉘앙스를 풍기는 말이다. 그러나 보다 세밀히 뜯어서 생각해 보면, 제너럴리스트란 특별한 전문능력을 갖고 있지 않은 사람, 즉 아마추어를 말하는 것이다. 우리의 행정이 전례에 따라 틀에 박힌 업무를 그저 반복하던 시절에는 제너럴리스트에 의한 관리로도 충분히 운영되었다.

그러나 오늘날처럼 기술혁신의 물결이 가파르고 변화가 격심한 환경에서는 사정이 다르다. 아마추어인 제너럴리스트의 관리에 의해서는 조직원의 잠재능력을 끌어내고 조직 구성원들의 총력을 결집하게 할 수가 없다. 따라서 관리자가 되려는 사람은 '프로페셔널 매니저'를 지향해야 한다. 그렇다면 프로페셔널 매니저가 되려면 어떤 능력을 키우고 어떻게 생각하며 행동해야 하는가.

첫째, 관리자는 자기 자신부터 관리해야 한다.

어느 시대 어느 위치에서도 최대의 적은 자기 자신이다. 조직에서 자기 자신을 관리하는 것의 시작은 부하의 입장에서 그리고 조직 전체의 입장에서 자신을 보는 것이다. 부하가 업적을 올리지 못하면 그 원인이 상관인 자신에게 있는지를 살펴야 한다. 이처럼 관리자는 부하를 관리하기 전에 먼저 자기 자신의 생각과 태도를 관리해야 한다. 그렇게 하면 부하를 관리할 필요는 훨씬 줄어든다.

부하들은 상관이 발하는 시그널을 아주 민감하게 포착한다. 심복 부하들만 그러한 것이 아니다. 대부분의 부하들은 상관의 일거수일투족을 주목하고, 다른 부하들에게는 어떻게 대하는지도 주시한다. 무엇을 말하고 무엇을 말하지 않는지, 그리고 그 표정은 어떤지도 살핀다. 상관이란 존재는 자신의 의지와는 관계없이, 그리고 때와 장소를 불문하고, 자신의 마음을 드러내고 있기 때문이다.

그러나 관리자들 중에는 자기 자신의 태도와 문제점은 그대로 접어두고 부하들만 교육시키려는 사람이 많다. 몸으로 가르치면 말없이 쫓아오지만 말로만 가르치면 말로만 따르기 쉽다. 역사는 인간을 앞으로 맞이하지만 뒤로 평가하는 것처럼, 부하는 관리자의 치장한 앞모습이 아니라 평상시의 뒷모습을 보고 평가하며 배운다. 그러므로 관리자는 자신의 뒷모습을 가다듬는 것에서부터 시작해야 한다.

둘째, 관리자는 대화를 할 줄 알아야 한다.

관리자와 부하 간에는 문제의식을 공유해야 한다. 무엇이 문제인지를 같이 인식하고 문제의 원인이 어디에서 시작한 것인지를 함께 인식하는 것은 문제를 해결하는 기본 열쇠이다. 그러나 관리자가 이러한 열쇠를 가지려면 솔직한 대화를 할 수 있어야 한다.

관리자들 중에는 자신의 생각을 제안한다고 하면서 제안이란 이름으로 명령을 하는 사람도 많다. 앞뒤의 문맥과 관계없이 자기주장을 덧붙이는 사람도 많다. 도저히 소화할 수 없을 만큼의 수많은 아이디어를 한꺼번에 쏟아 놓는 사람도 있다.

관리자들은 흔히 자신이 말하고 싶은 순서대로 말을 하려고 한다. 그러나 관리자도 부하도 자신이 말하고 싶은 순서대로 말해서는 안 된다. 상대가 납득하는 순서로 말을 해야 한다. 상대방이 납득하는 순서로 대화를 하려면 그 대화는 귀로 하는 것이어야 한다.

농아자(聾啞者)가 말을 못하는 것은 귀가 들리지 않기 때문이다. 따라서 대화를 하려면 먼저 귀를 열어야 한다. 창조적인 대화란 자신이 하고 싶은 말을 똑부러지게 전하는 것이 아니다. 대화란 상대방이 듣고 싶어하는 말을 준비해 두었다가 전해 주는 행위이다.

의사소통이란 상관은 말을 하고 부하는 듣는 것이 아니다. 관리자의 대화란 부하의 생각을 읽고 그의 마음을 이끌어 가는 것이다. '부하 노릇 3일이면 상관의 마음을 알지만, 상관 노릇 3년에 비로소 부하의 마음을 알 수 있다'는 말이 있다. 아랫사람의 생각이 위로 잘 전달되기는 어려운 것이다. 따라서 관리자는 귀로 대화하려는 자세로 부하를 만나야 한다.

셋째, 관리자는 부하를 키우는 사람이 되어야 한다.

부하는 상관의 조언을 영양소로 하여 성장해 가는 존재이다. 인간은 상관이나 선배로부터 자극받고 배울 때 비로소 교양 있고 조심성 있는 인간이 될 수 있다. 훌륭한 상관은 부하의 잠재력을 인정한다. 우유부단하고 게으른 인간도 올바른 지도를 받으면 뚜렷한 업적을 남기는 인재가 될 수 있다고 믿는다. 부하들의 성과가 기대에 미치지 못하더라도 그들과 함께 교감을 나누면서 껴안을 때 부하는 점점 발전한다는 사실을 믿는다.

따라서 키우려면 부하를 사랑할 줄 알아야 한다. 부하를 키운다는 것은 애정으로 감화시키는 작업이다. 사람을 쓰고 부리기 위해서는 인간을 감화(感化)시킬 수 있어야 한다. 인간을 변화시키고 따르게 하는 것은 이론이나 논리가 아니다. 인간을 움직이게 하는 것은 감동이다. 높은 자리가 인간을 감동시키는 것이 아니다. 부하의 생각을 가슴으로 듣고 부하의 아픔을 마음으로 볼 줄 아는 헤아림이 부하를 감동시킨다.

훌륭한 상관은 부하를 교화(敎化)시키려고 하지 않는다. 훌륭한 상관은 부하를 감화시킨다. 그리하여 그의 잠재능력까지도 활용한다. 인간은 로봇이 아니다. 그러므로 명령만으로 인간을 움직일 수는 없다. 높은 자리와 직권으로는 인간을 이용할 수는 있어도 활용할 수는 없다. 진정한 경영자는 남을 이용하는 사람이 아니다. 그 사람의 잠재능력까지 활용하는 사람이다.

다른 사람이 자신에게 반하게 하려면 자신이 먼저 그 사람에게 반해야 한다. '쟝 프랑스와마조니'와 '쟝 루이바르스'가 3천명의 회사원을 대상으로 조사한 바에 의하면, 놀랍게도 상관이 좋아하는 부하에게 물어보면, 그도 그 상관을 좋아한다고 대답했다. 이들의 연구에 의하면, 상관에게 부하들이 부여한 점수로 그 상관이 각각의 부하들에게 어떤 태도를 취하고 있는지를 알 수 있다는 것이다.

전문가로서의 관리자가 부하를 육성해 나가기 위해서는 윗사람으로서 단호한 위엄도 보여야 한다. 단호함을 보인다는 것은 꾸짖고 화를 내는 것이 아니다. 그것은 본보기를 보여 마음으로 따르게 해야 한다는 것이다. 부하는 자신의 미래를 걱정해 주는 상관을 존경한다. 그리고 자신의 잠재능력을 넓혀 주고 헤아려 주는 상관을 따르게 된다.

목표를 관리하고 책임을 져라

넷째, 관리자는 부하들에게 목표를 제시하고 의욕을 환기시키며 문제의 해결책을 제시할 수 있어야 한다.

이를 위해서는 성과를 적확(的確)하게 평가하면서 업무를 진척시켜 나가야 한다. 인간의 능력은 목표가 제시되지 않으면 발휘되기 어렵다. 능력이 있더라도 의욕이 없으면 성과는 오르지 않는다. 성과를 올려도 적확히 평가되지 않으면 의욕은 오래 가지 않는다. 관리자는 합리적인 목표 설정자가 되면서 동시에 효과적인 조언자, 그리고 합리적인 평가자가 되어야 한다. 부하들에게 목표를 일깨워 주고 이에 자발적이고도 적극적으로 도전하는 의욕을 북돋우는 상관이 되어야 하는 것이다.

그러나 무능한 상관일수록 부하의 실패에 민감하고 성공에는 둔감하다. 자신감이 없는 상관일수록 부하가 독창적으로 일을 해서 성공을 해도 바르게 평가해 주려고 하지 않는다. 오히려 자신이 시키는 대로 했더라면 더 좋았을 것이라는 메시지를 보내는 상관도 있다. 관리자는 부하들이 역량을 발휘하도록 분위기를 연출하는 사람이다. 의욕이 넘치고 자신만만하여 일을 너무 쉽게 여기는 부하에게는 신중하게 일하도록 지도해야 한다. 심약하여 쉽게 지치는 부하에게는 격려하고 북돋우어 자신감을 갖도록 해야 한다.

다섯째, 관리자는 책임을 질 줄 알아야 한다.

관리자는 부하의 한계를 자신의 한계로 받아들이고 책임을 지는 사람이며, 책임진 만큼 존경받는 존재이다. 관리자란 조직의 중간에 위치하여 일하는 사람이다. 따라서 관리자는 자신의 상관이 제시하는 추상적인 기본방침과 시책을 개별적이고 구체적인 업무로 기획하여 자신이 이끌고 있는 부하들에게 할당하고 이를 실행하도록 해야 한다. 그리고 진척 상황을 감독하고 업무처리가 일단락되면 그 업적을 평가하여 다음의 계획에 반영시키는 일련의 기능을 수행해야 한다. 관리자는 바로 이러한 업무의 수행을 통해서 자신의 관리능력을 상관으로부터 평가받는 존재이다.

관리자는 상관에게 책임을 지듯이 부하에게도 책임을 져야 한다. 상관의 입장에서 볼 때, 부하의 목표는 자신이 추구하는 목표 달성의 수단이 되며, 자신의 목표는 또한 상급자가 세운 목표의 수단이 된다. 이렇게 볼 때, 관리자는 한 분야의 업무를 雙방향으로 책임지는 사람이다.

한 분야의 업무를 책임진다는 것은 일단의 부하를 이끌고 있다는 것을 의미한다. 그리고 그것은 관리자가 일단의 그룹을 리드하는 리더이며 책임을 지는 사람이라는 뜻이다. 상관을 보필하면서 자신의 부하들에게도 책임을 져야 하는 관리자는 상관과의 대화에서 납득하지 못하는 것이 있으면 이를 수정하려고 노력해야 한다. 그러나 이러한 노력에도 불구하고 원안대로 시행하도록 명령을 받았다면 이를 자신의 결정으로 받아들이는 책임감을 가져야 한다.

책임을 져야 하는 리더로서의 관리자가 부하들에게 적절히 권한을 위양(委讓)하는 것은 아주 중요한 관리활동이다. 그러나 아무리 권한을 위양했다고 하더라도 그 책임을 부하에게 전가할 수는 없다. 리더에게 요구되는 기본 덕목은 권한을 나누어 주더라도 책임은 자신이 감수해야 하는 것이기 때문이다. 그것이 바로 관리자의 임무이며 그러한 이유로 관리자가 존경을 받는 것이다.

관리란 것은 일을 진행시키는 방도를 세우고 이를 추진하는 것이다. 그리고 관리자란 부하를 부려서 자신에게 부여된 소정의 임무를 수행하는 사람이다. 이러한 관리자는 조직 내에서의 지위와 책임의 정도에 따라서 계장, 과장, 국장 등의 명칭으로 불려진다. 관리자란 최소한 몇 명의 부하를 부리면서 소관업무의 수행에 책임을 지는 사람인 것이다. 조직은 이러한 사람들의 하모니로 힘을 내는 것이며, 특히 일선의 인재가 역량을 발휘하도록 하는 것이야말로 관리자의 책무이다.

1808년 나폴레옹에게 패했던 러시아가 반세기의 와신상담(臥薪嘗膽) 끝에 프랑스를 격파했던 힘은 중대장의 지휘능력을 키운 결과였다. 지휘능력이 있는 중대장들이 잡병(雜兵)을 강병으로 만들었던 것이다. 일선 관리자의 능력과 충성심이 전세(戰勢)를 바꾼 것이다. 러시아의 군대에서만이 아니다. 모든 조직의 활력은 초급 관리자가 뛸 수 있도록 하는 것에서 나온다.

관리자가 제 기능을 하지 못하면 그 여파는 실로 크다. 무능한 상관에게 쓰이고 있는 부하는 출세가 늦고 그만큼 공헌할 기회도 줄어든다. 반대로 무능한 부하와 함께 일하는 관리자에게도 그만큼 기회는 줄어든다. 부하를 망치는 관리자가 있는 것처럼 상관을 망치는 부하도 있다. 관리자가 부하에게 낙인을 찍는 것처럼 부하도 관리자에게 낙인을 찍는다.

관리자가 아무리 현명하다고 할지라도 애초에 무능하고 무책임한 부하를 어찌할 도리가 없는 경우도 있다. 이때 가장 현명한 방법은 가능하면 그런 부하와 같이 일하지 않는 것이다. 따라서 일정 기간 내에 자신의 상관에게 일정한 업적으로 책임을 져야 하는 중간 관리자에게만 부하의 문제를 모두 책임지울 수는 없다.

그럼에도 불구하고 관리자는 먼저 생각해야 한다. 부하의 성적이 올라가지 않는 이유가 자신으로부터 기인하는 것이 아닌지를 살펴보아야 한다. 관리자란 부하들이 가진 능력을 발휘하게 하고 부하들의 잠재능력을 끌어내어 활용하는 사람이기 때문이다. 관리자는 부하의 무능을 부하에게 묻기 전에 먼저 자신에게 물어야 하는 사람이다. 그것이 관리자의 의무이다.

제14장 직언에는 조건이 있고 충고에도 중용이 있다

사람은 자신의 직책과 직분 그리고 위치에 따라 행동을 달리해야 한다. 같은 말을 하더라도 지위와 입장에 따라 표현 방법과 시기가 달라야 한다. 막역한 친구나 동료간에 충고하는 말과 부하가 상관에게 하는 충언은 전혀 다른 것이다. 인간도 조직도 쓴 소리를 멀리하는 순간 진실로부터 멀어지게 된다. 그러나 쓴 소리는 그것을 쓰는 방법에 따라 약이 되기도 하고 독이 되기도 한다.

직언의 조건

사람과 사람의 관계는 말로써 연결된다. "더불어 말을 해야 할 사람에게도 말을 하지 않으면 사람을 잃게 된다. 그러나 말할 상대가 아닌데도 말을 하면 말로 인한 재난을 당하게 된다. 지혜로운 자는 사람도 잃지 않고, 말로 인한 재난도 당하지 않는다." 「可與言而不與之言, 失人. 不可與言而與之言, 失言. 知者不失人, 亦不失言.」(논어, 衛

靈公 7).

더불어 말할 만한 사람이란 믿을 수 있는 사람을 의미한다. 믿을 만한 사람에게도 속내를 털어놓지 않는 사람은 세상으로부터 버림을 받는다. 믿을 만한 사람에게는 그에 합당한 대우로서 정보를 공유해야 한다. 흉금을 털어놓는 정도가 믿고 의존하는 정도인 것이다. 그러나 믿지 못할 인간과 나누는 대화는 그 자체가 재앙이 될 수 있다. 그래서 말이란 상대에 따라 가감과 선택을 달리해야 한다.

상황을 잘 살피면서 말을 해야 하는 대표적인 경우는 직언(直言)을 할 때이다. 특히 부하가 상관에게 직언을 할 경우에는 기회를 포착하고 표현 방법의 선택에 신중해야 한다. 또한 중요한 것은, 상관에 대한 직언은 신임을 받은 다음에 해야 한다는 점이다. 신임을 얻기 전에 직언을 하면 상관은 부하가 자신을 비방한다고 생각하게 되기 때문이다. 「信而後諫. 未信則, 以爲謗己也.」(논어, 子張 10).

부하가 상관의 신임을 얻고 나서 직언을 해야 하는 것은 마치 상관이 부하로부터 신뢰를 받아야 부릴 수 있는 것과 같은 이치이다. 신뢰를 얻지 못하고 부하를 부리면 부하들은 상관이 자신을 괴롭힌다고 여기게 된다. 마찬가지로 부하가 상관에게 건의하려면 먼저 자신이 상관으로부터 신임을 얻고 있는가를 생각해 보아야 한다. 그리고 신임의 정도에 따라 적당하게 건의를 해야 한다.

상관의 뜻을 받들기만 하는 것이 존경이라고 생각해서는 안 된다. 진정으로 존경하는 태도는 좋은 일을 실행하도록 권하는 것이다. 과거 선비들이 올바른 것이고 말을 해야 할 때라고 생각하면 목숨을 걸고 간언을 했던 것도 진실로 공경했기 때문이었다. 그래서 "간언을 올릴 책임이 있는 사람이 간언을 올리지 못하면 그 자리에서 물러나야 한다."「有言責者, 不得其言則去.」(맹자. 公孫丑下 5-3).

부하들이 침묵한다면 거기에는 다 이유가 있다. 간언을 올릴 책임이 있는 부하가 상관에게 아무런 건의도 하지 않는 이유는 크게 두 가지로 나누어 볼 수 있다.

첫째, 지혜가 없거나 충성심이 없기 때문이다.

실사구시의 방책을 알지 못해서 말을 하지 못하는 것은 지혜가 없는 경우이다. 알고도 말하지 않는다면 성격이 유약한 탓도 있지만 잘못 말했다가는 신임을 받지 못할까봐 두려워하기 때문이다. 속으로 자신의 이해득실을 생각하고 자기에게 돌아올 실익을 따지느라 침묵하는 경우가 많은 것이다.

둘째, 건의하려고 해도 상관이 들어 주는 귀를 가지고 있지 않은 경우이다.

부하들이 의견을 제시하고 무엇이 문제인지를 말할 수 있는 분위기를 만들어 주어야 한다. 이런 분위기를 만드는 상관이 없는 조직은 많은 가능성을 스스로 없애버린다. 구성원들이 서로의 가슴속에 있는 진실을 말하지 못하는 조직은 이미 병들어 있어 희망도 없는 조직이다.

상관의 신임을 얻어서 때를 보고 간언을 해야 한다는 말은 눈치나 보면서 약삭빠르게 처신해야 한다는 뜻이 아니다. 상대의 입장과 분위기를 감안하여 충고함으로써 속으로부터 그의 생각과 태도가 변하도록 해야 한다는 것이다. 건의하기 전에 신임을 얻어야 하는 것은 건의한 내용을 실현하려면 상사의 지원이 필요하기 때문이다. 상관의 신임도 얻지 못한 부하가 기존의 정책을 비판하면서 새로운 방안을 제시하면 이는 상관을 비방하는 것으로 들릴 수도 있다. 그렇게 되면 아무리 좋은 생각을 건의해도 오히려 역효과가 난다.

조직의 구성원들이 서로의 체면을 세워주기 위해 상대의 감정을 상하게 하지 않으려고만 한다면 조직의 문제점은 표출되지 않는다. 남이 무슨 말을 하더라도 '예, 예' 하면서 따르기만 하는 것을 부화뇌동(附和雷同)이라고 한다. 그러나 부화뇌동만 있는 것이 아니다. 윗사람의 생각에 무조건 맹종하고 아랫사람이 올린 의견을 그냥 그대로 받아들이기만 한다면 그것은 상화뇌동(上下雷同)이 되는 것이다. 그런 조직은 내부적으로 아무런 충돌도 없으므로 안정되어 있다고 착각할 수도 있다. 그러나 그런 조직이야말로 현실로부터 유리되어 이미 붕괴하고 있는 조직이다.

조광조의 좌절

"말을 할 때가 아닌데도 말하는 것은 말로써 상대방을 꾀는 것이다. 의당 말을 해야 할 때에 말을 하지 않는 것은 침묵으로써 상대방을 꾀는 것이다. 이러한 두 가지는 모두가 도적질을 하는 것과 같다." 「士未可以言而言, 是以言餂之也, 可而言而不言, 是以不言餂之也, 是皆穿窬之類也.」 (맹자, 盡心下 31-2).

말을 해야 할 때에 말을 하고, 말을 하지 말아야 할 때에는 침묵을 지킬 수 있으려면 시세(時勢)를 볼 줄 알아야 한다. 시세를 생각하지 않고 큰 이상만 앞세우면 주위의 소인배들이 눈을 흘겨 결국은 좌절하게 되기 때문이다.

시세(時勢)와 최고지도자의 수용능력을 감안하지 않고 삼대(三代)[1]의 사업을 이룩하려다 뭇 간신들의 모략과 중상으로 자신과 나라에 파국을 불러온 대표적인 사람이 중종 때의 조광조(趙光祖)이다. 이율곡의 평가에 의하면, 조광조는 자질이 아름답고 지조가 견고한 사람으로서 말도 꼭 해야 할 때에만 하는 사람이었다. 중종 임금은 세상이 안정되고 번영하여 교화가 행해지는 지치(至治)의 정치를 실행해야 한다고 주장하던 조광조를 부제학으로 발탁하였고 그의 말을 경청하였다.

이에 조광조는 임금을 도와 세상을 바로잡겠다는 마음으로 자신이 아는 것은 무엇이나 말했고, 절의(節義)가 있는 깨끗한 사람을 조정에 등용시켜 나쁜 인습을 개혁하고, 옛날의 현철한 군왕의 규범을 준수하고자 하였다. 구태(舊態)에 물든 대신들은 이러한 개혁정치를 못마땅하게 생각했지만, 조광조가 임금의 신임과 사림(士林)의 지지도 얻고 있는 터여서 아무도 반대의 말을 하지 못했다.

문제는 사림 출신의 경솔한 무리들이 현실을 도외시하고 급진적으로 일을 꾸미기 시작하면서 상황이 달라진 것이다. 개혁을 너무 급진적으로 몰아붙이면 오히려 실패할 것이라 우려한 조광조는 점진적인 혁신을 도모하자고 했다. 그러나 그의 동료들은 이러한 조광조를 무늬만 개혁파라며 규탄하기 시작했다. 이렇게 되자 조광조는 개혁정치가 실패할 것을 알고 "신은 학술이 부족하면서도 작위는 과분하게 높습니다. 한가하고 궁벽한 고을 한 곳을 얻어 독서로 학문

---

1) 삼대(三代)의 사업이란 세상이 안정되고 번영하여 교화가 행해지는 지치(至治)의 정치가 행해진 중국의 요(堯), 순(舜), 우(禹) 임금 때의 상태를 실현하는 정치를 말한다.

의 진보를 얻은 뒤에 다시 조정에 서고자 합니다" 면서 중종께 사직을 청했다.

그러나 중종은 오히려 조광조를 대사헌(大司憲)에 임명하여 법률을 집행하는 더 큰 중책을 맡겼다. 그러나 이처럼 신임을 받던 조광조도 임금의 수용한계를 넘는 요구를 계속하자 죽임을 당하게 된다. 중종반정(中宗反正) 때 공도 없이 정국공신(靖國功臣)이 된 사람이 너무 많다며 이를 재조정하자는 요구를 너무 무리하게 강권하여 중종의 노여움을 샀고, 이를 틈탄 소인배들의 모함으로 결국 죽임을 당했던 것이다.

부제학으로 부름을 받고 올라오던 이사균(李思鈞)은 귀양길에 나선 조광조의 손을 잡고 다음과 같이 탄식했다.

"자네가 아직 『중용』(中庸)을 잘 읽지도 않았음에도 불구하고 하물며 요순(堯舜)의 사업을 하고자 했단 말인가? 『중용』에서 말하지 않았는가? 어리석으면서 자기를 내세우기 좋아하고, 비천하면서 마음대로 하기를 좋아하며, 지금 세상에 나서 예전의 도를 행하려 하면 재앙이 그 몸에 미치지 않는 이가 없다고 하였네. 자네가 화를 면할 수 없는 것은 당연하네. 자네는 지금 젊으니 책 읽기에 알맞네. 노력해서 자신을 소중히 하게." (민족문화추진위원회편, 石潭日記).

그 후 조광조를 아끼던 많은 사람의 노력도 허사가 되고 말았다.

"전하께서 다시 조광조를 쓰시어 군신이 예전과 같으면 신이 직무에 나아가겠지만, 그렇지 않으면 신들을 죽여 간인(奸人)들의 마음이 시원해지도록 하십시오"하면서 조광조를 구원하려던 대사헌 유운(柳雲)이 파면되고, 서울로 올라와 조광조의 구원운동을 하던 부제학

이사균도 파면되고, 마지막 보루인 영의정 정광필(鄭光弼)도 해임되면서 조광조를 기다리는 것은 사약(賜藥)뿐이었다.

이러한 사건을 두고 이율곡은 다음과 같이 피를 토하듯 적고 있다.

"애석하다. 문정공 조광조는 현철한 자질과 세상을 다스리고 백성을 구제할 재능을 가지고 있었다. 그러나 학문이 채 완성되기도 전에 갑작스레 중직에 올라 위로는 임금의 잘못됨을 바로잡지 못하고 아래로는 수구세력의 비방을 막지 못했다. 따라서 나라에 충성을 바치려 했지만 비방하는 입이 벌써 열려 결국 몸은 죽고 나라는 어지럽게 되어 도리어 뒷사람들로 하여금 그의 행적을 경계로 삼아 감히 일을 꾸며볼 엄두도 못 내게 만들었다. 애석하다. 하늘이 그의 이상을 실현하지 못하게 하였으면서도 어찌 그와 같은 사람을 내었던 것일까."(민족문화추진위원회편, 石潭日記).

직언과 충고의 3가지 전제

부하가 상관에게 하는 직언은 통상적인 커뮤니케이션으로는 성공하기가 어렵다. 부하가 하는 직언이란 상관의 마음을 충분히 파악한 후에 자신의 의견을 상관에게 전해야 하는 어려운 대화이다. 모든 조건이 같아도 상대의 인지구조(認知構造)에 따라 전혀 다른 결과가 나오는 것이 상관을 상대로 한 대화이다. 아무리 훌륭한 식견을 가지고 있어도 상대방이 그것을 받아들이는 능력이 없다면 별 소용이 없기 때문이다.

부하가 상관과 대화할 때 자신이 '머리'가 되려고 해서는 안 된다. 부하는 보스의 눈이 되고, 귀가 되며, 발이 되어야 하지만 머리가 되려고 해서는 안 된다. 눈과 귀 그리고 수족이 되어야 한다는 것은 정보를 모은다거나 세상의 움직임에 대한 좋은 소식을 전하고, 훌륭한 전문가를 연결시켜 주는 것을 의미한다. 머리가 되려고 해서는 안 된다는 것은 중요한 일을 자신이 결정하려고 해서는 안 된다는 것이다. 그것은 보스의 업무이기 때문이다. 머리가 되려고 해서는 안 된다는 말은 절대로 표면 밖으로 나서려 해서는 안 된다는 의미이기도 하다.

조직의 상관이나 선배와 의견이 다를 경우에는 어떻게 대처해야 하는가. 이런 경우에는 말을 해야 할까 말아야 할까 하는 마음고생을 할 필요도 없이 조직을 위해서라면 명백간이(明白簡易)하게 말해야 한다. 그러나 무엇보다 중요한 것은 의견을 개진할 때, 다음과 같은 세 가지를 조심하는 것이다.

첫째, 자신의 사리사욕을 앞세워서 그런 의견이 나온 것인지를 스스로 체크해 보아야 한다.

둘째, 상대의 입장을 존중하고 어디까지나 예의를 갖추고 있는지 자신의 태도를 점검해 보아야 한다.

셋째, 불행하게도 자신이 말한 것이 받아들여지지 않을 때에는 평상심을 잃지 않고 그 자리에서 물러 나와 자신의 생각을 재고해 보아야 한다. 그리고 며칠을 두고 다시 생각을 해보아도 역시 자신의 생각이 옳았다고 판단되면 그때 가서 다시 말을 꺼내는 것이 바람직하다.

윗사람에게 잘못이 있으면 부하는 충성을 다해 문제점을 말할 책임이 있다. 그러나 여러 번 권했는데도 말을 듣지 않으면 더 이상 도리가 없다.

"임금에게 틀린 것이 있다고 해서 볼 때마다 충고하여 충신의 도리를 지키려고 한다면 자기 자신을 곤경에 빠뜨리게 되고 목숨을 잃을 수도 있다. 마찬가지로 친구가 옳지 않다고 하여 만날 때마다 충고를 하면 친구는 그 충고를 듣지 않을 뿐만 아니라 서로의 사이만 소원해지게 된다."「事君數, 斯辱矣. 朋友數, 斯疏矣.」(논어, 里仁 26).

윗사람에게 하는 충언은 적당해야 한다고 했지만, 도대체 어느 정도가 적당한 것인가. 율곡 이이가 무슨 말을 해도 묵묵부답 반응을 보이지 않는 선조의 마음을 돌려보려고 불철주야 애쓰는 모습을 보고 친구 성혼(成渾)이 충고를 했다.

"선비는 마땅히 임금을 바로 인도하기 위해 힘써야 하나, 만일 임금의 마음을 돌릴 수 없다면 속히 물러나는 것이 당연하네. 임금의 마음을 얻지도 못하면서 일의 성취에만 힘쓰면, 이것은 스스로 여덟 자를 굽히어 상대를 한 자쯤 곧게 펴려고 하는 것과 같다네(枉尋而直尺者也). 그것은 선비가 할 일이 아닐세."

율곡이 대답했다.

"참으로 자네 말이 맞네. 그러나 임금의 마음을 어찌 갑자기 돌릴 수 있겠는가. 두고두고 정성을 다하여 감동하고 깨닫기를 바라는 것이 올바른 태도라고 생각하네. 만일 천박한 정성을 들이면서 열흘이나 한 달 사이에 기대하던 효과가 나타나지 않는다고 곧장 물러가려고 한다면 그것은 신하로서의 도리가 아닐세." (민족문화추진위원회 편, 石潭日記).

비서의 간언과 친구의 충고

　비서의 직책에 있는 사람처럼 직접 상관의 명령을 출납(出納)하는 사람의 경우를 보자.

　어떤 신문에서 사장의 잘못도 아닌 것을 가지고 매도하거나 도에 넘는 비판을 했다. 화가 끝까지 오른 사장이 당장 따져야겠다며 신문사에 전화를 연결하라고 명령한다면 어떻게 대응해야 할 것인가. 여기에는 네 가지의 선택지가 있다.

　첫째, 명령을 묵살한다.

　둘째, 명령대로 행동한다.

　셋째, 사장에게 냉정해지라고 충고한다.

　넷째, 사장이 냉정을 되찾을 때까지 다른 이유를 꾸며대어 기다리게 한다.

　가장 올바른 선택은 넷째의 방법이고, 가장 나쁜 선택은 세 번째의 행동이다. 불쾌한 대답은 즉각 하지 말고 어느 정도 시간을 두고 기다렸다가 하는 것이 상식이다. 단도직입적인 반사 신경으로 대응하게 되면 어쩔 수 없이 나쁜 결과를 빚을 수밖에 없다. 그러나 세 번째, 즉 화가 나서 펄펄 뛰는 사람에게 자제하라고 하는 것은 오히려 불난 집에 부채질을 하는 격이 될 수도 있다. 따라서 어느 정도 시간이 지나고 나서 대응하도록 해야 한다.

　친구 사이의 충고는 어떻게 해야 하는가. 친구 사이에 충고하는 방법에 대한 자공(子貢)의 질문에 공자는 다음과 같이 가르쳤다.

"본심을 다하여 잘못된 점을 알려주어 바른 방향으로 향하도록 최선을 다하는 것이 친구를 사귀는 자세이다. 그러나 노력해도 잘 들어 주지 않으면 하는 수 없지 않느냐. 그럴 경우에는 일단 충고를 중단하고 기다리는 것이 바람직하다. 상대가 들으려고도 하지 않는데 너무 집요하게 말을 하면 말하는 사람의 체면만 망가지고 오히려 욕을 당하는 경우마저 생긴다."「忠告而善導之, 不可則止, 無自辱焉.」 (논어, 顏淵 23).

친구는 서로의 잘못을 지적해 주어 바른길을 함께 가는 도반(道伴)이 되어야 한다. 그러나 잘못에 대한 지적이 지나치면 오히려 친구를 잃게 된다. 아무리 가까운 친구라 할지라도 너무 다급하게 잘못을 고치라고 몰아세우면 친구가 오히려 새로운 잘못까지 저지를 수 있다는 점도 염두에 두어야 한다.

충고란 충성과 정성을 다해서 솔직하게 말해주는 것이다. 그러나 인간은 자기 본위로 생각하고 자기 주관에 의해서 살아가는 동물이다. 남이 아무리 진정으로 말해 주어도 그리고 자신이 믿고 있는 것에 잘못이 있어도 남의 충고를 쉽게 받아들이기는 어렵다. 따라서 남에게 충고를 하고 남을 선도하는 방법은 상대방의 인지구조와 상태에 따라서 적절히 조절해야 한다. 충고에도 중용지도(中庸之道)가 있고 예(禮)가 있는 것이다.

"누구나 격언의 말을 반박할 수 없듯이, 도리에 맞는 충고를 정면으로 반박하기는 어렵다. 그러나 중요한 것은 과오를 고치느냐 않느냐이다. 자기의 뜻에 순종하고 아첨하는 말이 귀에 잘 들어오듯이, 완곡한 말은 누구의 귀에도 기분 좋게 들린다. 그러나 완곡한 말의 진의를 알아차리는 것이 중요하다. 완곡한 충고를 듣고도 자기 편한 대로 해석하면서 진의를 이해하려고 하지 않거나, 겉으로만 따르는 척하면서 과오를 고치려 하지 않는 사람은 아무리 충고를 해주어도 소용이 없다. 실로 그러한 사람은 어쩔 도리가 없는 사람이다."「法語之言, 能無從乎. 改之爲貴. 巽與之言, 能無說乎. 繹之爲貴. 說而不繹, 從而不改, 吾末如之何也已矣.」(논어, 子罕 24).

제15장 마을 사람이 마을을 알게 해야 한다

민주주의 시대는 여론에 의하여 정치가 좌우된다. 민주주의와 매스컴의 시대인 오늘날 여론이 이성을 잃고 선과 악을 식별하지 못한다면 사회정의는 흐려지게 된다. 그러나 여론은 단편적이고 그저 주어진 것이어서 비전과 전략이 부족하며, 책임지는 사람도 없이 그 시비가 엇갈려 있다. 따라서 여론에만 의존하여 선악을 결정하는 것이 반드시 올바른 것이라고 할 수 없다.

좋은 사람이 좋아해야 좋은 사람이다

공자가 살던 시대에도, 그리고 현대에도, 세상 사람들 모두가 바른 생각만 가지고 살아가는 것은 아니다. 따라서 일방적으로 세상 사람들의 평판에만 매달려서는 안 된다.

"마을 사람들 모두가 좋아하는 사람은 좋은 사람입니까?"라는 자공(子貢)의 질문에 공자가 대답했다.

"그것만으로는 아직 좋은 사람이라고 평가하기 어렵다."

"그렇다면 마을 사람 모두로부터 미움을 받고 있는 사람은 나쁜 사람입니까?"라며 자공이 다시 질문하자 공자가 대답했다.

"그것만 가지고는 나쁜 사람이라고 평가하기도 어렵다. 그러나 마을의 착한 사람들은 그를 좋아하지만 악한 사람들은 그를 미워하고 있다면, 그는 좋은 사람임이 분명하다."「子貢問曰 : 鄕人皆好之何如? 子曰 : 未可也. 鄕人皆惡之何如? 未可也. 不如鄕人之善者好之, 其不善者惡之.」(논어, 子路 24).

공자는 모두로부터 칭찬받을 수는 없다고 가르치고 있다. 이 말은 예수가 "모든 사람들에게 칭찬받는 사람들아, 너희는 불행하다. 그들의 조상들도 거짓예언자들을 그렇게 대하였느니라"(누가복음 6장 26절)라고 가르친 것과도 같다. 공자의 가르침이나 예수의 가르침은 여론을 의식하면서 지방을 경영해야 하는 오늘날의 지도자들에게 판단 준거를 어디에 두어야 할지를 통렬하게 제시하고 있다.

대중의 판단은 냉철하지 못하고 감정이나 일시적인 분위기에 지배되기 쉽다. 대중들은 과거의 연장선상에서 미래를 보려 하기 때문에 새로운 미래를 보는 눈도 어둡다. 이런 이유로 혁신적인 지도자일수록 조직이나 사회에서 불편한 존재가 되고 미움을 받기 쉽다. 개혁적인 지도자일수록 잘못된 관례와 나쁜 풍토를 상대로 싸우느라 온 힘을 탕진하는 슬픈 현실을 우리는 자주 볼 수 있다. 애초에는 큰 의욕을 가지고 출발했지만 풍토에 시달려 좌절하거나 풍화(風化)되어, 결과적으로는 그 자신 또한 그러한 풍토의 일부를 구성하고 마는 아픈 역사를 우리는 너무나도 흔히 보아 왔다.

오늘날 우리 주위에는 진짜처럼 행세하는 가짜가 너무나 많다.

'좋은 것이 좋다'는 식으로 살아가는 처세의 달인이 너그럽고 올바른 사람으로 받아들여진다. 그것이 바르지 않다는 것을 알면서도 편한 것이 좋은 것이라 여겨서 무신경하게 지내다 보면 어느 사이엔가 그 사람이 옳은 것처럼 보인다. 따라서 그를 꾸짖으려고 해도 딱히 꼬집어 비난할 것이 없어 보인다. 겉으로 쉽게 비행을 들추어내기도 간단치 않고 결점을 공격하기도 쉽지 않다. 타락한 세속과 뜻을 같이 하고 혼탁한 세상에 합치하는 행동은 대의를 어지럽히면서도 사회에서의 처세가 현란하기 때문에 겉으로 볼 때에는 누구에게나 신실하고도 청렴한 듯 보인다. 그래서 일반 대중들은 그를 좋아하고, 그 자신도 자신이 바른 길을 가는 지도자라고 착각한다(朴琪鳳, 『맹자』, 盡心下 37).

그러나 세상의 새로운 경향과는 담을 쌓고 있으면서도 속인(俗人)의 신용을 얻는 데에만 능한 속 좁고 폐쇄적인 지도자는 지역의 진정한 발전을 가로막는다. 공자는 당시 한 지방의 토호였던 '향원'(鄕愿)이라는 인간이 바로 이러한 사이비 지도자라고 하면서 '향원'과 같은 인간은 덕을 해치는 도적이라고 하였다. 「鄕愿, 德之賊也.」(논어, 陽貨 13).

따라서 공자는 "나의 집 대문 앞을 지나가면서 내 집에 들어오지 않아도 서운한 생각이 전혀 들지 않는 사람은 바로 향원뿐이다"라고 했던 것이다. 「過我門而不入我室, 我不憾焉者, 其惟鄕原乎! 鄕原, 德之賊也.」(맹자, 盡心下 37).

우리 주위에는 이래도 좋고 저래도 좋아 만사형통하는 호인이면서 자세도 단정하고 예절도 바른 사람이 있다. 그야말로 도덕적인 사람처럼 보여서 고비 고비마다 그가 필요한 듯하고, 많은 사람이 그를 좋아할 뿐만 아니라 그만한 사람도 드물다고 생각되는 사람이 있다. 그 결과 지역과 사회에서 유지로 대접받는다. 그러나 정작 필요한 경우 시비(是非), 선악(善惡) 사이에서 한 가지 결론을 내리라면 도무지 방향도 없이 모호하게 행동할 뿐이다. 굳이 방향이 있다면 그것은 변하는 권력에 따라 자신을 맞추는 것이다. 이러한 사이비 지도자는 새로운 세상을 보려는 눈을 가리고 귀를 막아 버리고 만다.

위기 시대의 중용(中庸)과 향원(鄕愿)

한 고을의 사람들이 그를 위선자인 줄도 모르고 그저 점잖은 사람으로 생각하여 따르면 그는 어디를 가나 그럴싸한 사람으로 통하기 쉽다. 그러나 공자가 이러한 사람을 애써 구별하려고 했던 이유는 무엇일까. 여기에 대해 맹자가 명확히 답을 하고 있다.

"자신의 속마음을 감추고, 세상 사람들의 비위나 맞추고 아첨하는 사이비 지도자인 향원(鄕愿) 같은 인간은 선과 악, 본(本)과 말(末) 그리고 시(是)와 비(非)를 혼란하게 한다. 따라서 이런 사람들과 교분을 갖고 살다보면 부지불식간에 대의(大義)를 저버리게 된다."(맹자, 盡心下 19).

세간의 변화에 맞추어 최대공약수를 취하려고 하는 '향원'과 극단을 피하려는 '중용(中庸)'은 외형적으로 비슷해 보이는 측면도 있다. 그러나 그 내면을 보면 양자는 본질적으로 다르다. 좋은 것이 좋다는 '향원'과 공자가 그토록 추구했던 '중용'은 어떤 차이가 있는 것일까?

'향원'은 본심을 숨기고 자신의 이익을 위하여 끊임없이 권력과 힘에 영합하는 인물이다. 집권 정당이 바뀌면 그 정당의 이념을 따지지 않고 따라다니는 사람이 이에 해당한다. '향원'이라는 부자가 기부를 한다면 그것은 나누려는 마음에서 우러난 기부가 아니다. 자신도 좋은 일을 한다고 알리려는 광고행위일 뿐이다. 그의 '중용'은 상황이 변하면 기민하게 새로운 중심을 추구하는 것이다. 그러나 '중용'에서 중심을 취하려는 것은 극단을 피하려는 것이지 이쪽저쪽 눈치를 살피기 위한 것이 아니다.

사물에는 양(陽)의 측면과 음(陰)의 측면이 있고 그 사이에는 일정한 길이가 있어 한쪽 끝만을 본다면 중심점을 알 수 없다. 양의 측면만 보고 그것이 옳다고 하거나 음의 측면만을 보고 그것이 옳다고 해서는 안 된다. 양쪽 측면을 동시에 보아야 균형잡힌 생각과 행동을 할 수 있다.[1]

따라서 자신의 주장을 세우기 전에 먼저 사물 전체를 이해하여 외고집에 빠지지 않도록 해야 한다. 중용을 취하려 한다는 것은 이처럼 양측을 다 보고 그 본질의 중심에 서고자 하는 것이다. 이렇게 볼 때 '향원'과 '중용'의 본질적 차이는 '자기 확립'[2]의 유무이며,

---

[1] 공자는 "넘치지도 않고 모자라지도 않으며, 또한 편중되지도 않을 뿐더러 늘 상 변하지도 않는 중용(中庸)이 인간의 도덕으로서 갖는 가치는 최상지극(最上至極)한 것이지만 이미 오래 전부터 이러한 덕을 행할 수 있는 사람이 너무 적다"고 한탄했다. 「中庸之爲德也, 其至矣乎, 民鮮久矣.」(논어, 雍也 28).

[2] 공자에게 있어서 〈자기의 확립〉이란 성장을 계속해 가는 운동상태를 의미하는 것이었다. 공자는 인간을 '불완전한 가운데 실패도 하지만 향상도 가능한 존재'라고 보았다. 불완전하기 때문에 완전한 상태란 있을 수 없다. 따라서 '자기를 새롭게 확립시키려고 노력하는 것'이야말로 진정한 '확립'이었다. 자기를 고정시켜 놓고 그것에 만족해버리는 것이야말로 문제이기 때문이다. 이

또한 '이타적 동기'에 기인하고 있는가 아니면 '이기적 동기'에 기인하고 있는가에서 본질적으로 다른 것이다.

물론 인간의 마음속을 헤집고 들어가 보면 누구에게나 '향원'적인 것과 '중용'적인 두 요소가 복잡하게 얽혀 있는지도 모른다. 그리고 '향원'과 '중용'의 좁은 경계 사이에서 갈등을 거듭하며 살아갈 수밖에 없는 것이 인간의 약함인지도 모른다.

사실 인간에게 엄습하는 위기의 시대란 다름 아닌 이러한 갈등이 더욱 커지는 시대인지도 모른다. 그러나 아무리 위기의 시대를 살아간다고 하더라도 우리가 존중하고 또한 추구해야 하는 유일한 길은 '중용의 도(道)'임에는 변함이 없다. 위기의 시대를 돌파하는 진정한 저력은 본질의 중심을 취하려는 노력, 즉 중용을 추구할 때 얻어질 수 있기 때문이다.

마을 사람들은 마을을 모른다

맹자는 말했다.

"공자께서는 동산(東山)에 올라가 사방을 둘러보시고는 노(魯)나라가 작다고 하셨으며, 태산에 올라가 보시고는 천하가 작다고 하셨

렇게 볼 때 〈자기의 확립〉이란 보다 바람직한 자기를 확립하려고 노력하는 것 그 자체를 의미하는 것이다. 그래서 공자는 "잘못을 하고 고치지 않는 것, 그것이야말로 잘못이다"라고 하였던 것이다. 공자는 인간이 일생동안 자신이 한 잘못을 고치고 자기를 연마하는 평생학습에 최선을 다해야 하는 이유가 여기에 있다고 생각했다.

다. 이와 같은 이치로, 큰 바다를 구경한 적이 있는 사람에게는 강이나 호수와 같은 웬만한 물은 물로 여겨지기 어렵고, 성인(聖人)의 문하에서 배운 적이 있는 사람에게는 웬만한 말은 들을 가치가 있는 말로 여겨지기 어려운 법이다."「孔子登東山而小魯, 登泰山而小天下. 故觀於海者難爲水, 遊於聖人之門者難爲言.」(맹자, 盡心上 24).

공자도 동산에 올라가 보고 나서야 비로소 자신이 살고 있는 노나라가 작다는 것을 알았다는 것이다. 하물며 마을 속에서 갇혀 살아온 보통 사람들이 마을을 알 리가 없다. 인간의 정신구조는 기본적으로 한계가 있어서 어떤 조직이나 그룹에 예속되어 있어 다른 세계를 접할 기회가 부여되지 않는다면 자신이 처해 있는 환경을 객관적으로 볼 수 없다. 장자(莊子)가 말했듯이, 여름 풀벌레가 가을밤을 알 수 없고, 매미는 봄가을을 알 수 없기 때문이다.

우리 주위에는 자기 자신의 일은 자기 자신이 가장 잘 안다고 말하는 사람들이 있다. 우리는 이러한 사람을 주의해야 한다. 인간은 의외로 자기 자신에 대하여는 잘 모른다. 예컨대 누구나 지금 자신이 하는 행동의 목표는 무엇이며 그 목적하는 바가 무엇인지를 설명하라면 쉽게 대답하지 못하는 경우가 많다. 그렇기 때문에 매 순간 판단과 결단에 힘이 들고 망설이게 되는 것이다. 또한 자기 일을 혼자서 생각하고 혼자서 결정하여 뜻밖의 결과를 초래하는 경우도 쉽게 볼 수 있다.

따라서 우리는 자기 자신을 알기 위한 학습을 해야 한다. 자신의 일을 자신이 아는 기본은 자신을 초월하는 것, 즉 극기(克己)를 하는 것이다. 그러나 인간에게 있어서 가장 어려운 것 중의 하나가 자신을 초월하는 것이다.

여러 지방을 방문하다 보면 자신이 살고 있는 고장의 일이라면 무엇이든 다 알고 있다고 자부하는 사람들이 가끔 있다. 그러한 사람들에게 무엇을 알고 있느냐고 물어 보면, 지나가는 아이의 얼굴만 보아도 그가 누구의 자손인지를 알고, 그 집안의 내력이며 살림살이도 안다고 대답한다. 그러나 지역 내의 인간관계나 연중행사 그리고 풍습을 안다고 해서 그 지역을 안다고 생각해서는 안 된다.

공자는 "아는 것을 안다고 하고, 모르는 것을 모른다고 하는 것, 그것이 아는 것"이라고 했다. 「知之爲知之, 不知爲不知, 是知也」(논어, 爲政 17). 자신이 무엇을 모르고 있는지를 아는 것, 즉 소크라테스가 말한 것처럼 '무지의 지(無知의 知)'가 바로 아는 것이라는 것이다. 그렇다면 도대체 자신을 그리고 지역을 안다는 것은 무엇을 의미하며, 모른다는 것은 무엇을 의미하는가.

지역을 안다는 것은 지역의 문제점과 한계를 안다는 것이다. 지역을 안다는 것은 다른 지역과 비교했을 때 자신들의 수준은 어느 정도인지, 앞선 것은 무엇이며 뒤떨어진 것은 어떤 것인지, 그리고 부족한 것은 무엇인지를 아는 것이다. 이러한 것을 두루 파악하고 있을 때 비로소 자신이 살고 있는 지역을 볼 수 있게 된다. 그리고 이러한 토대 위에서 지역을 객관적으로 볼 수 있을 때 비로소 지역을 위해 무엇을 해야 하며, 무엇을 해서는 안 되는지가 겨우 눈에 보이기 시작한다.

현재의 상태에 만족하고 있는 사람에게는 지역의 한계가 보이지 않는다. 지역의 미래에 애착이 없는 사람들은 지역의 문제점 개선에 투자하지 않는다. 리더란 희망의 미래로 리드하는 사람이다. 따라서 현재의 상태에 만족하고 있는 사람과 지역의 미래에 애착이 없는 사람은 더 이상 지도자가 아니다. 그에게는 기대할 새로운 미래가 없기 때문이다. 현재의 상태에 만족하고 있는 사람에게는 지역 사람들을 기쁘게 하고 희망을 갖게 할 에너지가 없다.

지역에서 오래 살았기 때문에 지역을 안다고 자부하는 사람일수록 지역을 잘 모르는 이유는 무엇인가. 그것은 한 지역 속에 매몰되어 지역에만 눈을 맞추며 살아온 결과 지역의 실체를 비추어 보는 '거울'을 갖고 있지 않기 때문이다. 사람은 자신을 우주의 중심에 두고 자신이 채색한 렌즈를 통하여 자신을 보는 경향이 있다. 그러므로 있는 그대로의 자신을 보기 위해서는 다른 사람의 눈을 빌려야 한다. 마찬가지로 지역을 제대로 알려면 지역의 입장을 떠나서 지역을 보는 시각이 필요하다.

향원(鄕愿)의 덫이 될 수 있는 다면평가

주민만 그러한 것이 아니다. 공무원은 공무원을 모른다. 대부분의 공무원들은 젊은 시절 직장에 들어가 부지불식간에 공무원사회의 분위기에 젖어들게 되고 점심도 저녁도 그리고 여가시간도 동료공무원들과 보내면서 살아간다.

공무원의 잣대로 세상을 보게 되고 공무원의 눈으로 공무원을 평가한 결과 공직사회의 문제점은 보이지 않는다. 그리하여 세상의 상식은 공무원의 비상식이 되고, 공직사회의 상식은 세상에 통하지 않게 된다. 목적은 무시되고 수단이 목적으로 전치(轉置)되는 경우 또한 여기에서 연유한다. 어디에서나 조직구성원의 여론에 의하여 조직이 바르게 통제되기 어려운 이유도 여기에 있다.

구성원의 평판에만 신경을 쓴다면 조직의 혁신은 이미 물 건너간 사항이 된다. 이러한 현상은 정부조직에서 더욱 두드러지게 나타난다. 따라서 직원들의 대부분이 좋아한다고 해서 그것이 선이고, 많은 직원들이 싫어한다고 해서 그것을 악이라고 단정할 수는 없다. 바람직한 지도자라면 선악이 함께 어울려 있는 조직 속에서 진정한 일꾼들로부터 지지를 받아야 한다. 그저 놀면서 시간만 때우려는 사람들로부터 미움을 받는 지도자가 있다면 그는 열심히 일하는 지도자일 가능성이 크다. 반대로 일하기 싫어하는 부하들로부터 지지를 받고 있다면 그는 일하지 않는 지도자일 가능성이 크다. 나쁜 공무원들이 그를 미워하지 않는다면 거기에는 야합(野合)한 행실이 있었을 것이다.

다시 말하면, 직원들이 좋아한다고 해서 그 사람이 좋은 지도자라고 단정할 수는 없다. 많은 직원들이 미워한다고 해서 그것만으로 그를 나쁜 지도자라고 말할 수도 없다. 주민을 위해서 봉사하고 지역의 미래를 위해서 오늘을 개선하려고 노력하는 사람들은 좋아하지만 진정으로 게으르며 변화를 거부하는 사람들이 미워하는 지도자야말로 좋은 지도자일 가능성이 높다.

지도자가 구성원의 소리를 여과 없이 들어야 한다는 말은 구성원에게 영합하라는 뜻이 아니다. 마을 사람들이 마을을 모르는데 마을 사람들의 평가로 모든 것을 결정한다면 그것은 마을 속에 마을을 가두어 버리는 것이다. 다면평가(多面評價) 제도가 바로 그런 덫으로 악용될 수가 있다. '다면평가제'는 조직이라는 마을에 향원(鄕愿)이 판을 치게 하고 지도자를 구성원들에게 영합하게 하는 덫으로 작용할 수 있다.

우리나라의 공직사회가 연공서열로 인해 창의성과 활력이 떨어진다는 것은 어제 오늘의 문제가 아니다. 최근 도입되고 있는 직위공모제를 통한 국·과장의 임명은 이러한 문제를 해결하기 위한 하나의 방편으로 도입된 것이다. 그러나 직위공모제보다 한발 더 나아가 일반 직원에게 설문조사를 하여 간부를 임명하는 것이 마치 혁신적인 인사정책인 것처럼 착각하는 사례도 있다. 그러나 부하들에게 설문조사를 해서 자신의 상관을 뽑게 하면 혁신과 변화를 추구하는 상사는 배척되기 쉽다. 그리고 부하직원의 눈치를 살피고 그들의 편의에 따르는 사람이 높은 평가를 받을 수도 있다.

정부기관에서 일하는 공무원들은 자기들의 활동을 수행하기 위한 나름대로의 내부 기준을 정착시킨다. 이러한 기준은 공무원들의 활동을 외부적으로 정당화하기 위한 기관(機關)의 필요성이 아니라 내부의 일상적인 관리 및 운영과 관련된 문제로부터 도출된다. 공무원의 입장과 편의성에서 업무처리의 '룰'이 정착되어 나가게 되는 것이다.

문제는 기관의 공식적인 목표보다 이러한 내부적 룰이 더 중시되는 경향이다. 그리고 실제로 이러한 내부 기준이 하나의 사적인 '내부 목표'가 됨으로써 공무원들은 조직의 본질적 과제보다 내부 목표를 더 중요시하게 되고, 또한 내부 목표는 조직의 본질적 목표 설정에 영향을 미치게 된다(Wolf, Charles, Jr., *Market or Govern -ment*, 1990). 조직혁신은 바로 이러한 잘못된 내부의 '룰'을 깨는 것으로부터 시작해야 한다.

지도자는 구성원의 소리를 철저히 듣되, 구성원의 소리에 빠져서

는 안 된다. 지도자는 구성원들이 모든 것을 말할 때까지 기다려서
도 안 된다. 지도자는 구성원들이 자신의 실제를 알게 함으로써 공
감하고 공유하도록 계발(啓發)하는 사명을 다해야 한다. 마을 사람이
마을을 알게 하는 것은 공감과 공유의 출발이다. 따라서 마을 사람
들이 마을을 알게 하는 공감의 과정을 통해 마을의 어려움을 함께
해결하고 미래를 공유하게 해야 하는 것이다.

　권위주의 시대의 행정은 상관의 명령으로 움직였다. 민주적 행정
은 시민의 소리를 듣고 움직여 나가는 것이다. 그리고 더 차원 높은
자치행정은 주민과 행정이 함께 하는 시스템이다. 따라서 지방자치
지도자는 물고기가 물속을 헤엄치듯 주민의 마음속을 헤엄치고 다
녀야 한다.

　이를 위해서는 마을 사람들의 이야기를 여과 없이 들어야 한다.
그러나 마을 사람들의 말을 듣는 것만큼 중요한 것은 마을 사람들의
말에 빠지지 않는 것이다. 문제는 마을 사람들의 소리를 가슴으로
듣되 그 말에 빠지지 말라는 것은 말로서는 쉬워도 행동하기는 무척
어렵다는 것이다. 인간이 풍토적 존재라고 한다면 지도자 그 자신
또한 풍토적 존재이기 때문이다.

제16장 즐거운 마을에 세상 사람들이 찾아온다

가까이에 있는 사람이 존중하면 멀리 있는 사람들도 따라서 존중하게 된다. 가까이 있는 사람들이 기뻐하면 이러한 모습이 부러워 멀리 있는 사람들도 찾아오게 된다. 따라서 자신이 살고 있는 곳에 긍지와 희망을 갖게 하는 정치를 해야 한다. 주민들이 긍지를 느끼며 살고 있는 곳에는 그것이 부러워 먼 곳에서도 모여든다. 즐거운 마을에 세상 사람들이 찾아온다.

가까운 사람부터 따르게 해야 한다

만년(晩年)의 공자에게 섭공(葉公)[1]이 '정치의 요체(要諦)'를 물었다. 이에 공자는 단지 여섯 글자만으로 바른 정치의 모습을 모두

---

1) 섭공(葉公)은 춘추시대 초(楚)나라 섭현(葉縣)의 현령(尹)이었는데 성명은 심제량(沈諸梁)이고 자(字)는 자고(子高). 섭현은 초 나라의 한 지방에 불과했지만 스스로를 공(公)이라고 참칭(僭稱)하고 있었다.

표현하고 있다.

"가까이 있는 사람들이 긍지를 갖고 즐겁게 살아가도록 정치를 하시오. 그렇게 하면 멀리 있는 사람들도 그 모습이 부러워 저절로 찾아오게 됩니다."「近者說, 遠者來.」(논어, 子路 16).

과거나 지금이나 나라를 부강하게 하려면 적절한 수준의 인구를 유지해야 한다. 마찬가지로 지역을 활성화하거나 회사를 번성하게 하려면 그곳을 찾는 사람의 수를 늘려야 한다. 문제는 사람이 모이게 하려면 매력이 있어야 한다는 것이다. 매력이란 사람의 마음을 끄는 힘을 말한다. 지역의 매력이란 '그곳에서 살고 싶다'는 생각이 들고 '그곳에 가보고 싶다'는 생각이 저절로 들게 하는 지역의 힘을 말한다. 이러한 매력의 정도가 경쟁력을 결정하는 핵심이다.

중국의 춘추시대에는 넓은 영토에 비하여 인구가 너무 적어 무엇보다도 인구를 늘리는 것이 국가 부흥의 주요 과제였다. 따라서 당시 초나라의 변방을 맡아 경영하고 있던 섭현(葉縣)의 책임자 섭공(葉公)은 국경 밖에 있는 사람들에게 자기 지역을 선전하는 일에 골몰하고 있었다. 그리고 한편으로는 국가경영의 제일 원칙으로 법치주의를 표방하면서 백성들에게 엄벌주의를 적용했다. 그 결과 관청이 무서워 권력이 미치지 않는 곳으로 멀리 도망하려는 백성들이 늘어나고 있었다. 섭공은 백성을 기쁘게 해주기보다는 백성을 바르게 이끌어 주는 것이 정치의 소임이라고 생각했던 것이다.

섭공 심재량(沈諸梁)이 공자에게 자랑하듯 말을 했다.

"우리 마을에는 자신의 아비가 이웃의 양을 훔쳤다고 아비를 관가에 고발한 강직하고 정의로운 사람이 있소."

섭공은 울타리 사이로 들어온 이웃의 양을 가로챈 아버지를 관가에 고발한 아들에게 포상하고 그를 정직한 사람의 표본으로 권장했던 일을 예로 들면서 자랑을 했다. 자신만 모르는 척하고 넘어가면 아무도 모르는 일이지만, 법과 질서를 중시하여 아들이 아비를 고발한 것은 자신의 법치(法治)가 성공을 거둔 결과라며 공자에게 자랑했던 것이다. 그러나 공자의 눈에는 모든 것이 잘못된 것으로 보였다. 남의 양을 가로챈 아비는 양 도둑이고 아들은 아비의 잘못을 감싸지 않는 패륜아일 뿐이었던 것이다. 그런데도 그런 패륜아를 모범국민으로 칭송하고 표창까지 하다니, 공자는 어처구니가 없었다. 그래서 타이르듯이 말을 했다.

"우리 마을에서 말하는 강직이란 그런 것이 아닙니다. 아비는 자식을 위해 숨겨주고, 자식은 아비를 위해 숨겨주는 것이 강직이지요. 강직이란 그렇게 부자간의 애정 속에서 나오는 것입니다."「吾黨之直者, 異於是. 父爲子隱, 子爲父隱. 直在其中矣.」(논어, 子路, 18).

인간의 강직이란 사람과 사람간의 정을 사랑으로 감싸고 육성하는 것일 때 의미가 있다. 현대의 어느 문명국가에서도 부모의 잘못을 알고도 고발하지 않았다고 해서 처벌하는 경우는 없다. 가족을 감싸는 것이야말로 가장 기본적인 윤리이기 때문이다. 법률은 그 자체로서 의미가 있는 것이 아니다. 법률은 인간과 인간의 관계를 사랑으로 보호하고 의지하게 하는 데 그 의미가 있다. 엄벌주의를 내세운 결과 백성들이 관청과 관원을 무서워하여 국가의 영향력이 미치지 않는 먼 곳으로 도망가고 싶어하는 나라가 좋은 나라일 수는 없다.

주민의 기대는 외면하고 외치(外治)에만 유화의 제스처를 쓰던 섭공에게 공자는 타이르듯이 가르쳤다.

"가까이 있는 사람들이 즐거워하는 정치를 하시오, 그러면 그 모습을 보고 부러워하여 멀리서부터 사람들이 찾아올 것입니다."(논어, 子路 16).

한 지역을 발전하게 하는 근본도 마찬가지이다. 그것은 지역에 살고 있는 사람들이 그곳에 살고 있는 것에 만족하도록 하는 것이다. 지역주민이 지역에 매력을 느끼고, 지역에서 행복하게 살아가는 모습에서 지역의 매력이 묻어나야 한다. 그리하여 지역에 살고 있는 사람들이 '언제까지나 계속하여 살고 싶다'고 스스로 느끼도록 하는 것이 중요하다.

지역에서 생활하는 사람들이 일정한 수준의 경제활동과 공동체 생활을 유지하기 위해서는 어느 정도의 인구가 유지되어야 한다. 인구 유지에 있어서 무엇보다도 중요한 것은 지역에 살고 있는 사람들이 지역 밖으로 나가지 않도록 지역에 애착과 긍지를 갖게 하는 것이다.

주민의 높은 만족도는 새로운 주민을 불러오고 과거의 주민을 돌아오게 하며, 외부 사람의 방문을 증가시킨다. 지역에 살고 있는 사람들이 만족한다면 자연히 외부에 살고 있는 사람들도 그 지역을 찾아오게 되는 것이다. 지역의 국제화도 마찬가지이다. 한국에 찾아온 외국사람들이 보람을 느끼고 감사하는 나라를 만들면 외국에 나가 애써서 한국을 선전하지 않아도 저절로 선전이 된다.

그러나 만약 지금 공자가 "당신들은 국제화를 잘 하고 있습니까?"라고 묻는다면 우리는 어떠한 대답을 할 수 있을까? 많은 예산을 들여 외국에 가서 한국을 선전하면서도 정작 우리나라를 찾아온 외국인 노동자들에게 우리는 어떻게 대하고 있는가? 수십만에 이르는 그들이 한국과 한국인을 존경하게 하고 있는가? 그리하여 자신의 나라로 돌아가면 아름답고 인심 좋은 한국에서 살았던 경험을 자랑하고 기꺼이 한국에 도움을 주는 사람으로 살아가려고 하겠는가? 한국인들이 더 이상 밤중에 길을 걷지 못할 정도로 제 3세계의 사람들이 우리를 증오하게 만들고 있다는 슬프고도 절망스러운 이야기를 들어본 적이 없는가!

가까이 있는 사람들이 절망하니 멀리 있는 사람들은 분노하는 '近者怒, 遠者怒(근자노, 원자노)'의 참담한 현실을 어떻게 고쳐야 하는가. 살림살이의 해외의존도가 70%를 넘는 현재에도 단일민족을 외치고 동질성을 강조하는 폐쇄성에서 벗어나지 못하고 있는 우리의 모습을 어떻게 개선해야 하는가?

즐거운 마을에 사람이 모인다

지역 주민에게 살기 좋고 쾌적한 도시가 외지인들에게도 가보고 싶은 도시이다. 주민의 긍지가 높은 곳일수록 주민들은 외부 방문자들에게 친절하다. 이러한 철칙은 지방자치단체의 관광정책에도 그대로 적용된다.

성공적인 관광지를 만들려면 무엇보다도 먼저 주민들이 긍지를 가지고 아끼는 것을 만들어야 한다. 주민들이 관광지를 지역의 자랑거리로 내어놓는 곳에 관광객들은 찾아오기 때문이다. 따라서 관광지를 만드는 사업은 현재 지역에 살고 있는 주민들의 삶을 풍요롭게 함으로써 주민들이 즐거워하는 것에서부터 출발해야 한다.

주민들이 관광지를 만들 때 기뻐하는 이유는 단순하다. 지역에 새로운 일터가 만들어지고 다양한 연계효과·파급효과를 창출할 수 있다는 기대 때문이다. 매력적인 관광지는 주민들의 자랑거리가 되어 지역에 대한 애착을 키우게 한다. 자랑스러운 관광지가 있다는 것만으로도 외부로부터 존중받는 지역이 되기 때문이다. 그러나 우리나라의 관광지 개발은 이러한 효과를 발휘하지 못했다. 큰 돈을 들여 관광지를 개발해도 지역경제에 대한 파급효과는 극히 미약했다. 막대한 돈을 들여 관광단지를 개발해도 주민들에게는 단순노동에 종사하는 기회만 주어지는 경우가 대부분이었다. 관광개발이 지역의 이미지 형성에 도움을 주거나 주민의 자긍심을 키우기는커녕 불만덩어리로 전락한 경우도 많았다.

왜 그렇게 되었을까?

그 이유는 다양하다. 지역과 주민은 배제되고 단지 관광자본과 관광시설 중심의 물적 개발로 일관해 왔기 때문이다. 그리고 문화가 없는 관광의 공허함을 시설만으로 메우려 하면서 관광개발과 지역개발을 별도로 생각했고 관광객, 관광자본, 관광시설의 입장에서만 삽질을 했기 때문이다. 이러한 관광지에는 멀리서 사람들이 찾아오면 올수록 동네사람들을 화나게 한다. 그래서 '遠者來, 近者怒(원자래, 근자노)'가 되어 친절이라거나 접객마인드라고는 찾아 볼 수 없는 풍토가 되어 가는 것이다.

지역 주민들이 분노하고, 외지 사람들끼리만 놀다가는 장소에서 관광문화가 꽃필 수는 없다. 스님이 위대해 보이면 가사장삼도 위대해 보인다. 그러나 중이 미우면 가사장삼도 더러워 보인다. 관광업자만 돈을 벌고 쓰레기만 떨어지는 관광지에 지역사람들이 애착을 가지고 친절하게 다가갈 수는 없다. 관광객만을 위해 관광업자가 꾸민 상품일 뿐인 관광단지에 활기가 없는 것은 너무나도 당연하다.

따라서 이러한 곳에서 새로운 부가가치가 창출될 리도 만무하다.

지역개발의 기본은 그곳에서 살고 있는 주민의 행복 증진이다. 지역개발의 일환으로 추진되는 관광개발은 당연히 지역주민의 삶을 풍요롭게 하는 수단의 하나로 전개되어야 한다. 따라서 관광지 개발은 넓은 의미의 지역개발이라는 차원에서, 그리고 지역개발은 관광지 개발이라는 차원에서 추진되어야 한다. 도시개발이 다름아닌 관광지 개발이 되어야 하며, 관광지 개발이 곧 도시개발로 확대되어야 하는 것이다. 이렇게 볼 때, 관광지 개발의 기본 방향은 기본적으로 다음과 같은 두 가지 요소를 충족시키는 것에 충실해야 한다.

첫째, 주민의 생활을 위한 지역개발 그 자체가 관광으로 연결되는 정책을 추진해야 한다. 이를 달리 표현한다면, 관광개발 그 자체가 도시개발로 확대되는 정책을 강구하고 추진해야 한다는 것이다.

둘째, 물리적인 시설과 토지의 개발만이 아니라 지역주민의 의식과 생활환경까지도 개발의 영역으로 확대해야 한다. 관광도시는 시설로 완성되는 것이 아니다. 그것은 지역의 특질을 개발하고 창조하는 것과 아울러 접객의식으로 무장된 인적 자원을 구비할 때 비로소 완성되는 것이다. 따라서 관광도시의 건설은 인재개발에서부터 시작해야 하는 것이다.

주인이 즐겨야 손님도 즐겁다

'近者說, 遠者來'라는 철칙은 지방자치단체의 축제에도 그대로 적용된다. 축제나 이벤트를 하나 기획하더라도 먼저 주민들이 즐거워하고 긍지를 갖게 하는 것에서 출발해야 한다. 축제의 주역은 지역의 주민과 참여자들이기 때문이다. 주민은 축제의 기획과 운영과정뿐만 아니라 축제의 즐거움을 누리는 데에도 주역이 되어야 한다. 한 지역의 주민들은 자신들이 계획하고 준비한 축제에 참여함으로써 자기들만의 감동을 공유하여 지역의 문화를 승화시킬 수가 있게 되고, 감동의 공유를 통하여 문화를 공유할 수 있어야 한다.

문화를 공유한다는 것은 체험과 느낌 그리고 감정을 공유하는 것이다. 이것은 축구경기나 야구경기를 보면서 함께 환호하고 좌절과 기쁨을 공유하는 것과 같다. 축제는 참여자들에게 함께 먹는 아이스크림의 맛처럼 함께 음미하면서 분위기를 공감하고, 함께 숨쉬는 공기처럼 공유하면서 창조적인 삶의 역사적인 흔적을 함께 만들어 나갈 수 있게 하려는 것이다.

축제에 참여하는 지역 주민들의 즐거움은 손님을 맞이하는 태도에도 그대로 반영된다. 주민의 마음이 따뜻한 곳에서는 외지의 방문객들도 지역에 머무르는 동안만큼은 마음으로 주민이 되게 한다. 단하루를 체류하더라도 '1일 주민'으로서 축제에 참여하게 되는 것이다. 성공적인 축제는 방문자 한 사람 한 사람까지도 모두가 주인공으로 참여할 수 있도록 배려할 때 가능해진다.

모두가 저마다의 주인공으로 살아가는 시대에 모든 참여자들에게는 자신의 역할이 있어야 한다. 이를 위해서는 연출자와 배우 그리고 관객이 하나가 되는 참여의 마당을 조성해야 한다. 주체와 객체 사이를 오가는 쌍방향 교감을 연출하는 프로그램의 조성이 긴요한 것이다. 그러나 우리나라의 축제에 가 보면 축제가 마치 양복을 입고 축사하는 '높은 양반'과 이 양반이 초청한 방문객을 위한 잔치처럼 각색되어 있는 경우가 있다. 이러한 축제는 이미 실패를 전제로 한 것이나 마찬가지이다. 주민들은 지겨워하고, 이런 주민을 동원하느라 공무원들은 안절부절못한다. 따라서 「近者怒하는 곳에 遠者來하니 遠者도 怒하게 되는 것」이다.

축제는 지역의 주민조직들이 기획과 운영의 전면에 나서고 행정은 보이지 않는 곳에서 지원함으로써 민·관 일체의 정치적 유대를 연출하는 기회가 되어야 한다. 주민들은 축제운영의 주인공이면서 또한 축제를 즐기는 주인공이 되어야 한다. 이처럼 주민들이 즐거워하고 기뻐하는 축제를 개최할 때 멀리 있는 사람들도 찾아오게 된다.

지역은 정주주민(定住住民)과 교류주민(交流住民)이라는 두 종류의 주민으로 구성된다. 정주주민이란 지역에 거주하는 주민을 의미한다. 교류주민이란 지역에 찾아와서 물건을 사거나 숙박을 하는 등 지역과 인연을 맺고 있는 사람들이다. 오늘날 지역에서 생을 영위하고 살아가는 정주주민들에게 부(富)를 가져다주는 중요한 요소는 교류주민의 양과 질이다. 그러나 교류주민의 양과 질은 정주주민의 수준에 의해 결정된다.

정주주민(定住住民)에도 두 종류가 있다. 선택형 주민과 숙명형 주민이 그것이다. 선택형 주민이란 자신이 살고 있는 지역에 긍지를 가지고 있기 때문에 다른 곳으로 이주할 수 있는 능력이 있어도 스스로 그곳에 살기를 원하여 살아가는 사람이다. 숙명형 주민이란 자신이 살고 있는 지역에 살기 싫으면서도 어쩔 수 없어서 그곳에서 살고 있는 사람이다. 숙명형 주민으로 구성되어 있는 인구가 많은 지역은 국가가 아무리 많은 보조금을 준다고 해도, 그리고 지역에 무수한 자원이 있다고 해도 더 이상 가망이 없다.

사람들은 살아가면서 누구나 '저항과 탈출'을 동시에 고려한다. 저항이란 자신이 소속한 조직이나 사회가 마음에 들지 않으면 그것을 바꾸려고 노력하는 것이다. 그러나 저항한다고 해서 마음처럼 쉽게 바뀌는 것이 아니다. 그래서 사람들은 체념하기도 하지만, 그래도 불만을 잠재우지 못하면 탈출을 시도한다. 회사를 옮기거나 다른 동네로 이사를 가고 이민을 가는 것은 탈출의 전형적인 모습이다.

저항을 해서 사회를 바로 잡아야 할 능력 있는 사람들이 저항보다는 탈출을 택할 경우 그 사회는 점차 쇠락의 나락으로 떨어진다. 능력 있는 사람이 도시로 빠져나간 농촌에 회생의 힘이 없어지듯, 가능성 있는 인재가 이민을 택하는 나라는 발전하기 어렵다. 마을 사람들이 기회만 되면 자신의 마을을 떠나려고 한다면 그 마을은 더 이상 발전할 수 없다. 나라도 마찬가지이다. 국민이 기회만 되면 이민을 가겠다고 작정하는 나라, 그것은 보통의 문제가 아니다. 그래서 공자께서 말씀하셨다. "近者說(근자열)하면 遠者來(원자래)하느니라."

제 4 편

업을 알고 업에 충실 하라

제17장 훈련되지 않은 병사를 전쟁터로 내몰지 말라

부존자원이 없는 우리나라의 희망은 상상력과 실천력이 뛰어난 인재를 기르는 것이다. 자신은 굶어도 자식만은 가르친다는 우리의 교육열이 최빈국 한국을 세계 11대 교역국으로 만들었다. 그러나 이제 우리의 교육은 육체근로자 시대의 그것과는 달라야 한다. 한 명의 인재가 큰 공장 그 이상이라는 생각으로 투자를 해야 한다. 지식이야말로 최대의 자본이기 때문이다.

왜 가르쳐야 하는가

구성원 한 명 한 명이 제 몫을 다하도록 하기 위해서는 사전에 필요한 교육을 철저히 시켜야 한다. 사전 준비도 시키지 않고 현장에 투입한다면 조직의 생산성을 떨어뜨릴 뿐만 아니라 구성원 개인을 망치게 한다. 그래서 공자는 "훈련되지 않은 백성을 곧바로 실전에 투입시키는 것이야말로 백성을 버리는 것"이라고 했다. 「以不敎民戰, 是謂棄之.」(논어, 子路 30).

현장에 가보면 "우리에게는 자원이 없다"고 말하는 사람이 많다. 그러나 없는 것은 자원이 아니다. 자원을 볼 줄 아는 눈이 없고, 자원을 활용할 지혜가 없는 것이다. 현장에 가보면 인력이 모자란다는 말을 많이 한다. 모자라는 것은 인력의 양(量)이 아니라 인력의 질(質)이다.

인간은 누구나 자신의 견문을 초월하는 발상을 하기 어렵다. 현재의 문제점도 미래의 방향도 아는 것만큼만 보인다. 의식이 없다면 문제도 없다. 이론과 선진경험에 비추어 자신의 지역을 볼 때 비로소 자신이 처한 지역의 정책과제가 조금씩 보이기 시작한다. 이론과 선진경험을 교육받고 학습하는 것은 이래서 중요하다. 그리고 실전에 투입하기 전에 반드시 사전 교육을 시켜야 하는 이유도 여기에 있다.

지금 우리는 자본과 노동을 대신하여 지식이 인간사회의 가치를 창출하는 핵심적 수단인 인적 자본(human capital)의 시대를 살고 있다. 물적 자본이 성장을 주도하던 시대는 1990년대를 고비로 내리막길을 가고 있다. 물적 자본의 투입이 경제성장률에 미치는 기여도는 1970년대의 4.2%에서 1990년대 후반에는 1.7%로 떨어졌다(삼성경제연구소, 휴먼캐피털과 성장잠재력, 2003). 오늘날 우리는 지식과 정보의 양이 기계류의 설비보다 더 중요해진 지식사회에 살고 있는 것이다. 따라서 21세기 지식사회에서 국가나 회사를 살리는 가장 중요한 요소는 인재이다.

조직의 수준은 인재의 수준으로 결정된다. CEO의 능력도 결국은 얼마나 많은 인재와 함께 하느냐, 그리고 그들을 얼마나 중요하게 쓰느냐에 달린 것이다. 오늘날 격심한 경쟁에서 살아남으려는 민간

기업들은 소수의 핵심인재 확보에 기업의 운명을 걸기도 한다. '빌 게이츠' 회장이 마이크로소프트사의 기술 고문인 '아눕 구타'를 영입하기 위하여 그가 소속하고 있던 회사를 통째로 인수했던 사례는 우리에게 큰 교훈을 주고 있다.

그러나 정부조직에서는 탐나는 인재가 있다고 해도 발탁인사를 하기 어렵고, 불필요한 인재를 방출하기도 쉽지 않다. 따라서 연수를 통한 자질향상에 매달리는 수밖에 없다. 특히 우리나라 공무원의 인구 구성은 20대보다는 30대가, 30대보다는 40대가 더 많은 노령화 현상을 보이고 있다. 그만큼 시대의 변화를 수용하는 흡수율이 떨어지고 있다는 것이다. 그러나 이러한 상태에서도 우리는 공무원 교육에 충분한 투자를 하지 않고 있다.

반면에, 기업들은 양질의 인재를 선발하고도 연수원을 설립하여 계속적으로 핵심 인재를 양성하려고 노력한다. 제너럴일렉트릭의 잭 웰치(Jack Welch) 회장이 크로톤빌 연수원을 확대하고 거기에서 살다시피 하면서 인재를 키워 기업을 회생시킨 사례를 보면 실로 실감이 난다.

삼성의 창업주 이병철 회장은 다음과 같이 말했다.

"내 일생의 80%는 인재를 모으고 교육시키는 데 보냈다. 내가 키운 인재들이 성장하면서 두각을 나타내고 좋은 업적을 쌓은 것을 볼 때 고맙고, 반갑고, 아름다워 보인다. 삼성은 인재의 보고라는 말을 자주 듣는데 나에게 그 이상 즐거운 것은 없다."(최우석, 『三國志경영학』, 2004).

관포지교(管鮑之交)로 유명한 중국 제(齊)나라의 명재상 관중(管仲)은 다음과 같이 말했다.

"1년 안에 수확을 하려면 곡식을 심어라. 10년을 내다본다면 나무를 심어라. 종신의 영광을 생각한다면 인재를 육성하라."「一年之計, 莫如樹穀. 十年之計, 莫如樹木. 終身之計, 莫如樹人.」(『管子』, 第3 權修).

기원전 701년에 재상이 되어 제(齊)나라 왕 환공(桓公)을 천하의 패자로 만들었던 명재상의 말은 2천 7백년이 지난 지금 더욱 빛을 발하고 있다. 세월이 무수히 흘러도 세상의 발전이란 인재로 시작하여 인재로 마무리되는 과업이기 때문이다.

오늘날 우리가 필요로 하는 인재는 견식(見識)과 그것을 실행하는 데 필요한 담식(膽識)을 겸비한 사람이다. 지식(知識)은 얄팍한 대뇌 피질의 작용만으로도 얻을 수 있다. 학원에 가서 강의를 듣거나 참고서를 읽는 것만으로도 얻을 수 있다. 그러나 그러한 지식은 그냥 그대로 인간의 신념과 행동력이 되는 것은 아니다. 지식은 그 자체에 보다 근원적인 것, 즉 마음을 보태지 않고 그냥 지식의 상태로 있는 한 인간형성에 별 도움이 되지 않는다. 지식을 몸과 마음에 스며들게 하여 피와 살이 되도록, 즉 지혜로 심화시키고 그 결과 견식이 되도록 할 때 힘을 발휘하는 것이다.

인간은 견식(見識)의 체득으로 신념이 확립되고 그것을 행동력의 원점으로 삼는다. 어떤 문제에 대하여 많은 지식을 가진 사람이 해답을 제시한다고 해도 그것은 어디까지나 지식상의 해결책일 뿐이다. 현장에서 실제로 문제를 해결하기 위해서는 판단력과 행동력이 필요하다. 이를 위해서는 인격과 체험 그리고 스스로 체득한 가치관이 뒷받침되어야 한다. 이러한 복합체를 한마디로 견식이라고 한다.

견식을 가지고 과감히 문제해결을 도모하기 위해서는 담식(膽識)

이 필요하다. 담식이란 자신의 마음과 몸에서 발휘되는 힘이다. 이러한 담식이 없으면 아무리 뛰어난 견식을 가지고 있어도 어떤 문제에 직면하면 우유부단한 대응을 하게 된다.

견식과 담식을 키우기 위해서는 평상시 스스로 지향하는 이상과 목표를 가지고 있어야 한다. 스스로 지향하는 바(志)를 가지고 있어야 한다는 것이다. 이러한 지향점이 일시적이냐 영속적이냐의 유무를 가르는 것이 조(操)이다. 그래서 우리는 지조(志操)를 따진다. 지조가 있다고 하더라도 문제해결에 임하여 조리있게 대응하느냐 아니냐는 별개의 문제이다. 지조가 있더라도 사리에 맞게 대응하는 자세, 즉 절(節)이 있어야 하며, 이러한 절(節)을 지속하는 것이 바로 절조(節操)이다(武田鏡村, 『安岡正篤の行動學』, 2004).

이렇게 볼 때, 우리는 지식주의를 벗어나 심신을 통한 견식과 그것을 뒷받침하는 담식을 기르고 절조를 갖도록 하는 것을 교육의 목표로 해야 한다. 따라서 가르친다는 것은 지식을 주입하는 노동활동이 아니라 인간을 만드는 창조행위인 것이다.

어떻게 가르쳐야 하는가

인재를 육성한다는 것은 그가 가지고 있는 현재의 능력을 토대로 잠재능력을 개발하고 발굴하여 스스로 자신의 역할을 창조적으로 수행하게 하는 인간변혁 작업이다. 인간변혁 작업으로서의 교육과 훈련은 궁극적으로 인간을 사랑하는 것으로부터 출발해야 한다. 따라서 부하의 능력을 키운다는 것은 상관도 스스로 자기 자신을 변화시키고 발전시켜 나가는 것을 전제로 한다.

상관이 자신의 새로운 과제와 앞길도 모르면서 부하만 따로 키울수는 없다. 지도자가 바뀌지 않으면 부하도 바뀔 수 없다. 부하를키우기 위해서는 그저 연수원에 보내기만 하면 된다는 생각은 이래서 잘못이다.

인재를 육성하기 위해서는 체계적인 교육을 시켜야 한다. 조직 구성원이 조직의 관례를 익히고 업무처리 방식을 체계적으로 전수받는 기본교육은 역시 '업무를 통한 직장연수'이다. 업무를 통한 직장연수는 상관이 또는 상관의 계획 하에, 부하에 대하여, 업무를 통하여 또는 업무에 관하여, 필요한 지식과 기능 그리고 태도의 향상을 위해서 수행하는 연수이다.

직장연수는 직장 외의 연수에서 얻은 지식과 원칙에 대한 이해를보다 체계적으로 하는 장이 되기도 한다. 그러나 직장연수는 전례답습주의, 형식주의에 빠지게 하는 한계가 있다. 그리고 조직이 새로운 변화에 대응하도록 하기보다는 기존의 틀을 수호하는 데 급급하게 만들 우려도 있다. 따라서 직장 내의 직무연수만으로는 새로운문화를 만들 수가 없다.

교육과 학습은 다양한 방법으로 실천되고 또한 콩나물에 물을 주듯이 반복되어야 한다. 가뭄에 콩 나듯이 교육기회를 주면서 빠져나가는 물값부터 계산한다면 인재는 키워지지 않는다. 오늘날 우리가필요로 하는 인재는 통조림 된 지식으로 채워진 인간이 아니기 때문이다.

어느 조직도 통조림 된 지식으로는 성장할 수 없다. 따라서 틀에박힌 지식을 공급하는 배급소와도 같은 연수원은 더 이상 의미가 없다. 연수는 새로운 가능성을 추구하고 발전된 미래를 갈망하는 에너지를 공급하는 기회가 되어야 한다. 그리고 하나의 원칙을 터득하면 그것을 토대로 스스로 자신의 의문을 풀어나가는 창조적인 인재를 육성하는 것, 그것이 바로 연수의 목표가 되어야 한다.

조직은 여러 부류의 인간들로 구성된다. 조직이 지향해야 할 방향을 스스로 체득하고 자발적으로 행동하는 사람, 방향이 제시되면 따라오는 사람, 남들이 하니까 그렇게 하는 사람, 눈치만 보고 딴 궁리나 하는 사람. 이처럼 조직 구성원들의 태도는 다양하게 나타난다. 조직마다의 고유한 인사정책과 개별적인 연수프로그램이 필요한 이유가 바로 여기에 있다.

이렇게 볼 때 우리가 진정으로 인재를 키우려면 공자가 활용했던 '맞춤교육'을 도입해야 한다. 공자는 피교육자의 개성과 상황에 따라서, 즉 병에 따라 약을 주는 응병여약(應病與藥)의 맞춤교육을 했다. 상대방의 수준과 상태에 맞추어 교육을 하는 것이야말로 진정한 평등교육인 것이다.

공자가 활용했던 맞춤교육의 사례를 보자.

정치의 요체(要諦)를 설명하는 가르침도 제자들의 특성에 따라 그 가르침이 모두 다르다. 자로(子路)에게는 '솔선하여 일을 수행하는 것'이라고 말했고, 중궁(仲弓)에게는 '현재(賢才)를 등용하는 것'이라고 말했다. 자공(子貢)에게는 '백성의 신뢰를 얻는 것'이라고 했으며, 자장(子張)에게는 '열성으로 최선을 다하는 것'이라고 했다. 그리고 섭공(葉公)에게는 '가까이 있는 백성을 기쁘게 하는 것'이라고 했다.

같은 물음에 대해서도 이처럼 서로 다른 가르침을 주었던 이유는 무엇인가. 그것은 제자 개개인의 성격과 특성 그리고 입장에서 나타나는 결점을 고치려는 의도였다.

공자의 맞춤교육은 다음 에피소드를 보면 더욱 생생하게 알 수 있다. 자로(子路)가 "옳은 말을 들으면 곧바로 실천해야 합니까?" 하고 질문하자, "부모형제가 계시는데 어떻게 네 판단만으로 곧바로 행할 것이냐?" 하고 대답했다. 그러나 염유(冉有)가 같은 질문을 하자 "옳은 말을 들으면 꾸물거리지 말고 곧장 실행에 옮겨야 한다"고 대답했다.

이러한 대화를 듣고서 제자 공서화(公西華)가 이상한 생각이 들어 질문을 했다. "자로에게는, 부모가 계시는데 어떻게 듣는 즉시 행할 수 있겠느냐고 하시고, 염유에게는 듣는 즉시 행해야 한다고 가르치셨는데, 그 이유가 무엇입니까?"

공자가 대답했다.

"염유는 소극적이어서 뒤로 물러나는 성품이기 때문에 앞으로 나아가게 했고, 자로는 저돌적이기 때문에 물러날 줄 알게 한 것이다."「子曰 : 求也退, 故進之. 由也兼人, 故退之.」(논어, 先進 22).

이처럼 공자는 철저히 상대의 수준과 상태에 입각한 맞춤교육을 했다. 이러한 사실은 우리가 논어를 읽고 그것을 그냥 그대로 실행에 옮기면 위험하다는 것을 가르쳐 주고 있다. 우리는 주의해야 한다. 자기 자신은 자로처럼 막무가내로 덤비는 타입인지, 아니면 염유처럼 꾸물거리고 물러나는 타입인지를 먼저 따져 보아야 한다. 그리고 나서 논어가 말하는 의미를 깊이 새기고 성찰해야 한다. 모든 사람이 스스로 자기 자신의 논어를 써야 하는 이유가 여기에 있다.

공자는 제자들로부터 질문을 받거나 질문을 던지는 대화를 통하여 고전(古典)과 공자 자신이 생각했던 이상정치를 가르쳤다. 논어가 공자와 그의 제자 간에 이루어진 대화로 꾸며져 있는 이유가 여기에 있다.

이러한 모습은 논어에 다음과 같이 기록되어 있다.

"내가 아는 것이 있겠는가? 아는 것이 없다. 나에게 어떤 비루한 사람이 무식하게 물어올지라도, 나는 그 물음의 처음과 끝을 되물어 본 다음에 성의를 다해 가르쳐 줄 뿐이다."「吾有知乎哉? 無知也. 有鄙夫問於我. 空空如也, 我叩其兩端而竭焉.」(논어, 子罕 8).

새로운 업을 창조하는 연수

조직인의 바람직한 역할은 시대에 따라서 변한다. 따라서 직책에 합당한 책임을 다 하려면 그 직책이 요구하는 시대의 사명을 체득하고 그에 필요한 능력을 연마해야 한다. 직원의 자질을 키우려면 직원의 바람직한 모습 설정이 우선되어야 하는 이유가 여기에 있다. 예컨대, 지방공무원의 바람직한 모습을 정립하려면 먼저 지방행정의 바람직한 모습이 설정되어야 한다. 이처럼 연수는 바람직한 행정의 모습을 설정하고 그러한 모습을 실현시키는 것을 전제로 해야 한다.

광복 후 우리나라의 지방행정기관은 지역의 현안과 주민의 문제를 해결하는 기구가 아니었다. 국가의 통치이념을 국민에게 파급시키고 국법질서를 확립하는 하향적 '통치기구'였다. 통치기구로서 지방행정이 수행하는 기본 업무는 국민을 계도하고 규제하는 것이었다. 따라서 규제의 집행이 가장 중심 기능이었던 공무원들에게는 법규 해설을 듣게 하는 것만으로도 충분한 연수가 되었다. 이처럼 광복 후 25년간 우리나라 지방공무원들의 역할은 규제행정을 수행하는 것이었다.

새마을사업은 우리나라의 지방행정에도 큰 변화를 가져다주었다. 전국의 지방행정기관에는 국가가 설정한 시책의 목표량이 시달되었다. 지방행정기관은 국가가 정한 시책을 집행하는 '집행기구'로서 그 존재의의가 있었던 것이다.

따라서 지방공무원들은 중앙의 지시·명령·통첩·훈령에 따라 일사불란하게 움직이면서 주민을 관리하는 지도자로 나서게 되었다. 지도자로서 지방공무원의 역할은 중앙의 지침에 맞추어 주민을 관리하는 것이었다. 지방공무원들은 지침과 시달에 규격을 맞추는 '서기형 공무원'이 되었고, 이들에게 필요한 교육은 국가의 시책을 이해시키는 것이었다.

지금 우리는 지방경영의 시대를 살고 있다. 우리는 지역마다의 특색을 반영하여 차이와 차별을 연출하면서 지방을 경영해야 한다. 지역마다의 현실을 가슴에 품고 그 현장에 서서 고유한 정책을 개발해야 한다. 책정된 예산을 소화하는 예산소화 행정과도 고별을 해야 한다. 따라서 지역의 경영자원을 개발하고 특화시키는 프로듀서와 같은 인재를 육성하여 지역의 미래를 준비해야 한다.

이제 우리의 행정시스템도 연공서열을 타파하고 능력주의에 입각한 인사로, 기관 중심의 발상에서 기능 중심의 발상으로, 제너럴리스트를 키우는 발상에서 스페셜리스트를 양성하는 체제로 전환되고 있다. 이러한 상황에서 세계적인 시야로 지역이 직면하는 과제에 과감히 도전하는 인재를 길러야 한다. 지역의 꿈을 설계하고 이러한 꿈을 실현시키는 정책형 공무원을 육성하는 것도 시급하다.

이를 위해서는 공직 연수의 스타일을 바꾸어야 한다. 승진 요건을 충족시키기 위한 의무연수가 아니라 생산성을 높이기 위한 정책연수·과제연수·테마연수를 확대해야 한다. 공급자 중심의 소품종 대량생산형 교육을 탈피하여 공무원 개인의 직무와 직결되고 현안 과제를 테마로 한 맞춤교육을 실시해야 한다. 분야별·업무과정별 컨설팅형 교육으로 인재를 기르고 계층별 실무연수를 확대하면서 현장교육의 비중도 높여야 한다. 그리하여 연수는 새로운 마인드를 함양시키고 새로운 지식과 기술을 일상 업무에 반영할 수 있는 에너지의 공급원이 되어야 한다.

지방자치단체가 필요로 하는 공무원의 자질은 그 지방의 현실과 특성에 따라서도 달라진다. 따라서 지방자치단체는 자신의 고유한 비전 실현에 필요한 인재를 스스로 육성해 나가야 한다. 회사로 말할 것 같으면, 설정된 경영이념과 목표를 자주적인 연수를 통해 사원들에게 체득시키고, 분야별로 필요한 인력을 양성해야만 경영목표를 달성할 수 있는 것과 같다. 경영이념이란 조직 구성원 모두가 하나의 방향을 지향하여 함께 움직이도록 하는 조직의 철학을 말한다. 각 지방자치단체의 인재육성은 바로 이러한 개별적인 경영이념에 입각해야 하는 것이다.

무엇을 가르치고 배워야 하는가

어느 조직이나 그 조직이 추구하는 이념과 목표를 달성하는 데 필요한 구성원의 능력수준과 실제로 배치되어 있는 직원의 능력 간에는 간극이 있다. 따라서 모든 조직은 구성원이 가지고 있는 잠재능력을 개발하고 발전시키도록 하는 인간변혁 작업을 부단히 수행해야 한다.

지방자치단체라는 조직은 다양한 인재를 필요로 한다. 예컨대 이벤트를 기획하고 실시하는 경우에도 아이디어가 풍부한 사람, 교섭력이 뛰어난 사람, 뒤처리를 잘 하는 사람이 필요하다. 이벤트 하나를 개최하는 경우에도 각 분야의 스페셜리스트가 모이고 이들 각자의 능력이 발휘될 때 비로소 성공할 수 있는 것이다. 연수는 이처럼 현장에서 필요로 하는 다양한 인재를 계발하고 육성하여 지역이 필요로 하는 바람직한 인재와 현실의 인력자원 간에 놓여 있는 간극을 좁히려는 것이다.

공무원의 자질은 지식과 기술이라는 객관적인 능력, 그리고 가치관과 태도라는 주관적인 능력으로 구성된다. 따라서 공무원들은 지식과 기술에 대한 실무능력의 향상뿐만 아니라 잠재능력의 향상 및 공직마인드의 확립을 위한 학습을 해야 한다.

이 중에서도 모든 연수와 학습의 기본은 의욕을 고취하고 마인드를 확립하는 것이다. 우리 주위에는 자신이 새로운 일을 감당할 수 없을 것이라고 지레 걱정하는 공무원이 의외로 많다. 그러나 "인간은 자기가 감당할 수 없음을 걱정할 것이 아니라 자신이 그것을 해야겠다는 생각을 갖지 않는 것을 더 걱정해야 한다."「夫人豈以不勝爲患哉, 弗爲耳.」(맹자, 告子下 2).

맹자의 말처럼, 우리가 정작 걱정해야 할 것은 일을 감당할 능력이 아니다. 정말 문제인 것은 그것을 감당하려는 생각조차 하지 않는 것이다. 무엇 무엇이 나쁘다고 해도 아직 겨뤄보지도 않은 자기의 힘을 부정하는 것처럼 나쁜 것은 없다. 그것은 생명 그 자체를 부정하는 것이기 때문이다. 그러나 그보다도 더 나쁜 것은 애초에 해보려는 생각조차 하지 않는 것이다. 따라서 공직 연수에서 무엇보다도 우선적으로 해결해야 할 과제는 '하지 못하는 것'이 아니라 '하지 않으려는 것'에 대한 대책이다.

못하는 것과 안 하는 것은 어떻게 다를까?

"태산을 팔에 끼고 북해를 뛰어 넘는 일을 두고 '나는 못 하겠다'고 말한다면 그것은 참말로 못 하는 것이다. 그러나 어른을 위해 나뭇가지를 꺾어드리는 정도의 일을 놓고 '나는 못 하겠다'고 말한다면 그것은 안 하는 것이지 못하는 것이 아니다." 「挾太山而超北海, 語人曰, 我不能, 是誠不能也. 爲長者折枝, 語人曰, 我不能, 是不爲也, 非不能也.」 (맹자, 梁惠王上 7-9).

오늘날 우리에게 주어진 과제가 아무리 새롭고 급변하는 것이라고 할지라도 그것이 태산을 팔에 끼고 북해를 뛰어넘는 것처럼 불가능한 것은 아니다. 새롭게 주어진 과제들은 할 수 없어서 못 하기보다는 하려고 하지 않기 때문에 못 하는 것이다.

스스로 하려는 자세가 없는 사람은 모자라는 능력을 채울 수도 없다. 따라서 무엇보다도 중요한 것은 스스로 노력하려는 자세와 사명감을 갖게 하는 마인드의 확립이다. 마인드가 있으면 액션은 따르게 된다. 스스로 열심히 살아가야 하는 이유, 그리고 사회에 공헌하려는 의욕을 가지고 있는 사람은 이미 많은 가능성을 가지고 있는 사람이다. 오늘날 교육·훈련의 내용이 단순한 직무능력의 신장에서 인격능력의 함양으로 확대되어야 하는 이유가 여기에 있다.

조직에 있어서 마인드를 세우는 수단의 효과는 사람마다 다르게 나타난다. 복지혜택으로 조정해야 할 사람이 있고, 벌칙을 강화해야 할 사람도 있다. 그러나 정부조직에서는 민간기업처럼 복지와 벌칙이라는 수단을 적절히 활용할 수가 없다. 따라서 정부조직에서 마인드를 세우는 기본은 역시 긍지와 사명감을 확립하는 것이다. 교육을 통하여 지방자치와 민주주의의 정신을 함양하고, 법치행정의 정신, 공평·중립의 태도, 공무원으로서의 사명감을 확립하도록 하는 것은 이래서 중요하다.

실무능력의 향상을 위해서는 지방자치와 관련한 제도, 담당 사무의 수행과 관리·운영, 구체적인 시책의 이론과 기법을 연마해야 한다. 잠재능력의 향상을 위해서는 행정환경의 변화, 자치행정의 변화, 사회정세 등과 관련된 교양을 연마해야 한다. 그리고 종합행정을 위해서는 소관 이외의 실무에 관해서도 어느 정도 알아 둘 필요가 있다.

오늘날 공무원들에게 가장 결핍되어 있는 것은 구체적인 정책구상 능력이다. 우리나라의 지방자치단체들은 최근까지 중앙정부의 지침에 의거하여 전국에 걸친 획일적인 사업을 집행해 왔다. 그 결과 주로 행정관리의 효율을 도모하는 정도의 연수만을 시행해 왔던 것이다. 그러나 이제 지방은 스스로의 힘으로 비전을 만들고 고유한 개성을 만들어 나가야 한다. 따라서 지방공무원들은 정책에 관한 일반 이론의 학습만이 아니라 정책형성 능력도 함께 함양해야 한다. 행정환경의 변화와 시대의 흐름을 이해하여 자신이 처해 있는 자치단체의 정책과제가 무엇인지를 스스로 생각할 수 있어야 하기 때문이다.

지역의 정책과제가 보이기 시작하면 현장에서 구체적인 과제를 발견하고 정리한 다음 이러한 과제를 해석하고 평가하는 능력도 길러야 한다. 왜 그것이 문제이며, 문제발생의 원인은 무엇인지, 그것의 이상적인 상태와 현재의 실상 그리고 앞으로 그것이 어떤 의미를 갖게 될 것인지를 측정하고 평가할 수 있어야 한다. 문제를 해석하고 평가하는 이유는 해결책을 찾기 위해서이다. 이를 위해서는 비전을 만들고, 시나리오를 쓰며, 프로그램을 구상해야 한다.

비전이란 장래의 바람직한 모습이다. 시나리오란 비전 달성의 전략이다. 즉, 무엇을 어떻게 하면 목적이 달성될 것인가 하는 인과관계를 명시하고, 어떻게 하는 것이 필요조건인가, 그리고 어떻게 하는 것이 충분조건인가를 파헤치는 것이 바로 시나리오이다.

프로그램이란 시나리오에 의하여 필요조건을 충족하는 것으로 판명된 시책을 구성하는 사무와 사업이다. 지방자치단체의 업무 속에서 구체적인 모습을 나타내는 것은 바로 이러한 프로그램이다. 그리고 개개 프로그램의 실현은 눈에 보이지 않는 시나리오에 의거하여 비전의 달성으로 이어지게 되는 것이다.

프로듀서형 공무원을 양성해야 한다

지방자치단체란 정책과 조례를 독자적으로 생산하는 장치이다. 그러므로 이러한 조직에서 일하는 공무원은 새로운 정책, 독특한 정책, 전국에 내놓을 수 있는 지역특산품을 만들어 내야 한다. 이를 위해서는 주민과 지역을 깊이 연구하고 지역에 묻혀 있는 인적자원, 물적 자원을 발굴해야 한다. 영화의 프로듀서가 한 사람 한 사람의 출연자를 잘 알고 있듯이, 지역을 위해 필요한 자원을 알고 동원 가능한 모든 자원을 활용할 수 있어야 한다. 이를 위해서는 영화나 연극의 프로듀서처럼 「프로」의식을 가져야 하고 프로가 되려는 학습을 해야 한다.

프로는 누구나 되는 것이 아니다. 가만히 앉아서 제도 탓, 예산 탓만 하는 공무원은 프로가 될 수 없다. 스스로 새로운 방식을 개발하고 새로운 실험을 하면서 새로운 정보를 창조하는 사람만이 지도자가 될 수 있고 프로가 될 수 있다. 우리는 이제 이러한 프로듀서형 공무원을 양성해야 한다.

「프로듀서」란 생산자·제작자를 의미한다. 그렇다면 프로듀서형 공무원이란 어떤 사람인가?

첫째, 프로의식을 가지고 무엇인가를 창안하는 공무원이다. 정책도 좋고 특산품도 좋다. 무언가 독특한 것을 산출하는 것이 프로듀서형 공무원의 사명이다.

둘째, 프로듀서는 연출하는 사람이다. 연출한다는 것은 종합화를 한다는 것이다. 종합화를 하지 않는 연출이란 있을 수 없다. 종합화란 여러 가지 의미를 내포하고 있다. 각종 재화를 유효하게 사용하는 것도 결국 종합화에 의하여 얻어진다.

그러나 이러한 단순한 것만이 아니라 보다 복잡한 것, 유효한 것을 지금부터 종합화해야 한다. 주민들이 가지고 있는 힘을 끌어내고, 주민과 주민을 연결하여 그 힘을 두 배 세 배로 키워 자치라는 무대에서 연기되어지도록 하는 것이야말로 진정한 종합화이다. 주민의 에너지와 지혜를 두 배 세 배로 늘려 자치를 수행하는 조건 정비를 하는 것이야말로 프로듀서형 직원의 역할이기 때문이다.

훌륭한 프로듀서는 단순한 종합화를 추구하지 않는다. 변혁하고 창조하기 위한 종합화에 노력한다. 지금까지의 공무원들이 그러했던 것처럼 정적·현상유지적·정형적·서기적인 것에 만족하지 않는다. 프로듀서형 공무원은 항상 새롭고 발전적인 시도를 위해서 역동적인 자세로 다양한 노력을 경주한다.

지방자치단체의 직원은 왜 프로듀서형 공무원이 되어야 하는가?

첫째, 지방자치단체의 직원은 「프로」, 즉 전문가로서 자치에 종사하고 있기 때문이다. 물론 공무원이 자치에 관한 전문가인가에 관해서는 이론의 여지가 있다. 그러나 「전업」으로 자치행정이라는 「생업」에 종사하고 있음에는 이론의 여지가 없다.

전업으로서 그리고 생업으로서 한 일에 종사한다는 것은 아마추어가 아니라는 뜻이다. 아마추어가 아니라는 것은 프로임을 뜻한다. 프로가 일로써 인생의 승부를 거는 사람인 것처럼 공무원들은 정책으로 승부를 거는 사람이다.

둘째, 주민들이 지방자치단체의 직원들에게 자치의 전문가일 것을 기대하고 있기 때문이다. 그러므로 행정을 알고 주민을 알고 가치를 창조하는 프로듀서로서 더 많은 연구를 거듭하여 자치행정의 전문가가 되어야 하는 것이다.

인생의 길이란 일의 길이기도 하다. 지방자치라는 생업에 인생의 승부를 걸고 살아가는 공무원의 인생은 새로운 일을 수용하고 새로운 계획을 준비하는 것에서 그 승기(勝氣)가 판가름 난다. 성공적인 인생, 성공적인 공무원으로 살아가기 위해서는 스스로 도전하고 실험하는 실험정신을 함양하여 프로듀서형 공무원이 되어야 한다.

그러나 프로듀서형 공무원은 저절로 만들어지는 것이 아니다. 체계적인 교육과 다양한 학습기회를 부여하고 능력에 상응하는 인정과 혜택을 제공할 때 길러지는 것이다. 그래서 공자는 말했다. "병사를 전쟁터로 내보내려면 먼저 훈련부터 시켜야 한다."

제18장 인사는 만사다

현명한 경영자는 그릇을 쓰듯이 사람의 장점을 쓴다. 사람을 알아보고 사람을 쓸 수 있는 능력의 크기가 바로 경영자의 크기이다. 필요한 시기에 적절한 인재가 등용되어 능력을 발휘하는 조직은 번영한다. 필요한 시기에 필요한 인재가 준비되어 있는 조직은 위대한 조직이다. 그러므로 훌륭한 경영자는 필요한 시기에 필요한 인재를 쓸 수 있도록 평소에 준비한다.

경영이란 인재를 등용하는 것

아무리 숙련된 목수라도 혼자서 집을 지을 수는 없다. 어느 목수도 다른 사람의 협력 없이는 역량을 발휘할 수 없다. 큰 목수는 자신이 부족한 것을 채울 수 있는 인재를 찾아서 쓴다. 이처럼 적재적소의 인사를 하면 인재들은 주어진 자신의 책무를 다하기 위해 능력을 발휘하게 된다.

중국의 장양호(張養浩)는 그의 저서 『삼사충고(三事忠告)』에서 다음과 같이 말하고 있다.

"이 세상에 순백(純白)의 여우는 존재하지 않는다. 따라서 순백색 여우 모피코트가 있다면 그것은 수많은 여우를 모아서 만든 것이다. 마찬가지로, 한 나라의 재상이 될 사람이 세상만사에 대하여 다 알 필요가 없다. 인재만 잘 다룬다면 지자(智者)로부터는 지혜를 짜내게 하고, 용자(勇者)로부터는 무용을 발휘하게 할 수 있다. 그러나 재상이 자신의 재능이나 변설을 앞세우면 비록 주위에 출중한 사람이 있다 하더라도 그들의 협력을 얻기 어렵다. 군주가 자신의 능력을 자랑삼아 보이기 시작하면 재상이 기량을 발휘할 수 없고, 재상이 자신의 재주를 뽐내면 문무백관의 집무능력은 위축된다. 남의 위에서 일하는 사람은 큰 틀에 입각하여 번잡함을 줄이고 냉정하고 태연하게 전체를 장악하면서 빈 마음으로 천하의 동향에 대응해야 한다. 그렇게 하면 부하들은 기꺼이 명령에 따르며 일할 의욕을 불태우게 된다.

만약 상대의 능력을 인정하여 채용했으면서도 그를 믿지 못해 일을 맡기지 않는다면, 그것은 처음부터 채용하지 않고 자기 혼자서 일을 처리하는 것과 다를 바 없다. 그렇게 되면 애초의 바른 정치를 위한 큰 목표는 길을 잃게 되고 아첨꾼들만 들끓게 된다."(安岡正泰, 『爲政三部書に學ぶ』, 2004).

오 나라의 손권(孫權)은 라이벌인 조조에 비해 박력이 없다는 점이 큰 한계였다. 그러나 손권에게도 영웅의 자질은 있었다. 손권은 인재를 잘 등용하는 큰 장점을 가지고 있었다. 그리고 등용한 인재를 쓰는 데에도 영웅의 면모를 가지고 있었다. 자신이 선택한 인재를 전폭적으로 신뢰하고 일을 맡겼던 것이다. 손권은 인재의 장점을 발휘하게 하면서도 단점에는 관대하게 눈을 감았다(守屋洋, 『爲政三部書』, 1998).

사람을 알지 못하면 적절한 일을 맡길 수 없고, 적절하게 일을 맡기지 않는다면 사람을 알아보는 의미가 없다. 사람을 안다는 것은 그의 뛰어난 점과 부족한 점을 안다는 것이다. 사람을 쓴다는 것은 그의 장점을 살린다는 것이며, 사람을 알아본다는 것은 그의 잠재능력과 가능성을 알아본다는 것이다. 따라서 사람을 알아보는 것은 사람을 키우는 것과 통한다. 사람을 키울 마음이 있는 사람만이 사람을 알아볼 수 있고, 사람을 알아보는 사람만이 인재를 키울 수 있다. 따라서 지도자는 인재를 알아보고 등용하며 키우는 능력이 있어야 한다.

최고의 경영자 카네기(A. Carnegie)는 말했다.

"내가 성공할 수 있었던 것은 나보다 잘 아는 사람을 뽑아 쓸 줄 알았기 때문이다. 나는 평생 사람을 알기 위해 노력했다."

지(知)의 안경과 정(情)의 안경

번지(樊遲)라는 제자가 "인(仁)이란 무엇을 뜻합니까?" 하고 질문하자, 공자는 "사람을 사랑하는 것"이라고 대답했다. 그러자 번지가 다시 "안다는 것(知)은 무엇을 의미합니까?" 하고 질문하자, "사람을 알아보는 것"이라고 하였다. 「樊遲問仁. 子曰 : 愛人. 問知. 子曰 : 知人.」 (논어, 顔淵 22).

그래도 여전히 번지는 그 뜻을 알아듣지 못했다. 그래서 공자는 다시 설명을 해 주었다.

"곧은 사람을 등용해 바르지 못한 사람 위에 앉힌다면, 바르지 못한 사람도 곧게 된다."「擧直錯諸枉, 能使枉者直.」(논어, 顔淵 22)[1].

그러나 아직도 그 이치를 알아듣지 못하는 번지에게 자하(子夏)라는 선배가 다시 덧붙여 설명해 주었다.

"선생님의 말씀은 참으로 많은 뜻을 함축하고 있다네. 옛날 순(舜) 임금이 천하를 다스릴 때 백성들 중에서 현인 고요(皐陶)를 등용하니 착하지 않은 사람은 자취를 감추었지. 그리고 은(殷)나라의 탕왕(湯王)도 이윤(伊尹)을 재상으로 발탁하니 조정에서 어질지 못한 사람은 자취를 감추게 되었다네."「富哉言乎! 舜有天下, 選於衆, 擧皐陶, 不仁者遠矣. 湯有天下, 選於衆, 擧伊尹, 不仁者遠矣.」(논어, 顔淵 22).

여기에서 공자는 삼단논법으로 인사(人事) 철학을 제시하고 있다.

지도자의 '仁'이란 백성을 사랑하는 것이고, 백성을 사랑하는 '仁'을 이루기 위해서는 '知人'을 해야 한다는 것이다. 그리고 '知人'이란 사람을 알고 쓰는 능력으로서, 이는 곧 백성을 행복하게 하는 절대적 요건이라고 가르치고 있다. 자신을 아는 사람은 총명한 사람이고, 다른 사람을 아는 사람은 지혜로운 사람이다. 자기 자신을 안다는 것도 매우 어려운 일이지만, 다른 사람을 안다는 것은 정말 어려운 일이다. 인간은 자신의 크기만큼 남을 볼 수 있기 때문이다.

우리 주위에는 '知'에 입각하여 남을 판단하는 사람과 '情'에 입각

---

1) 논어에는 다음과 같은 말도 나온다. "곧지 못한 사람을 등용하여 정직한 사람들의 위에 앉히면 백성들은 복종하지 않는다. 그러나 정직한 사람을 발탁하여 곧지 못한 사람들의 윗자리에 앉히면 백성들은 복종하게 된다."「擧枉錯諸直, 則民不服. 擧直錯諸枉, 則民服.」(논어. 爲政篇 19).

하여 남을 판단하는 사람이 있다. '知'를 앞세우는 사람들은 지력(知力 : intellegence)으로 사물과 현상을 판단한다. 그러므로 사람들을 쓸 때에는 현·우(賢·愚)를 기준으로 판단한다. 그러나 '情'을 앞세우는 사람은 자신의 마음에 받아들여지는 정도를 가지고 판단을 한다. 정을 앞세우는 사람은 자신이 '상대방을 좋아하는가 싫어하는가'를 판단의 중요한 기준으로 삼는다. 그러므로 사람을 쓸 때 무엇보다도 자신과의 친소(親疎) 관계를 중심으로 판단한다.

오늘날과 같은 이익사회의 조직에 있어서 사람과 일은 '무엇을 하고 있는가?' 하는 내용과 '무엇을 위하여 하는가?' 하는 목적에 입각해서 판단하는 것이 중요하다.

그러나 문제는 누구나 그렇게 할 수 있는 것이 아니라는 것이다. 인간에게는 감정이 있기 때문이다. 우리 주위에는 의외로 '나는 저 사람이 싫다. 그래서 저 사람이 하는 일은 다 싫다'는 식으로 남을 판정해 버리는 사람이 많다. 이러한 사람에게는 상대가 무엇을 하고 있는가는 문제가 되지 않는다. 단지 '누가 하느냐'만이 중요할 뿐이다. 사람 내지는 인간관계가 판단의 기준이 되고 있을 뿐인 것이다.

그러나 조직을 합리적으로 운영하려면 '누가 하느냐'가 아니라 '무엇을 하고 있느냐'가 그 기준이 되어야 한다. 특히 다양한 이해를 조정하고 다양한 사람들의 협업으로 문제를 해결해 나가야 하는 행정에 있어서는 '누가 하느냐'보다는 '무엇을 하고 있느냐'가 더욱 중요하다. 따라서 조직의 인사는 누구를 어디에 배치할 것인가 하는 관점에서 출발해서는 안 된다. 객관적인 인사를 위해서는 '무엇을 하도록 하기 위해 어떤 사람이 배치되어야 하느냐'를 기준으로 사람을 찾아야 한다.

따라서 인사를 담당하는 사람은 情이 아니라 知를 앞세워 살아가는 사람이어야 한다. 知를 앞세워 사람을 판단하려면 먼저 직책이 요구하는 일을 전제로 사람을 찾아야 한다. 인사담당자는 각 직책이 수행해야 할 현재의 일만이 아니라 미래의 일까지도 알아야 한다. 일과 사람을 연결시키는 것이 인사담당자의 책무이기 때문이다. 그러므로 인사담당자는 일과 사람을 설계하는 사람이어야 한다(童門冬二, 男の論語, 2001).

적재적소와 능력신장을 위한 평가

인재는 맞는 자리에 앉아 능력을 발휘하기 전에는 그 누구도 인재가 아니다. 인재는 리더에게 발탁되어 특정 자리에서 실력을 발휘할 때 인재가 된다. 따라서 인사평가의 요체는 인재를 적재적소에 배치하고 능력을 신장시키는 것이다. 그 사람이 어떤 자리에서 어떻게 일하도록 할 것인가를 판단하는 것이 인사행정인 것이다.

적재적소에서 각자의 능력을 신장시켜 나가도록 하려면 그 사람의 어떤 능력을 어떻게 신장시켜 나가야 하는가를 발견해야 한다. 직원을 객관적으로 평가하려면 각 직원이 담당하는 일의 내용에 따라 평가의 기준을 달리해야 한다. 같은 지방자치단체라고 해도 복지부서와 기업경영부서가 같은 기준으로 평가를 받거나, 국장과 계장이 동일한 잣대로 평가받아서는 안 된다. 요구되는 능력이 다르기 때문이다.

직원의 상태를 평가했으면 이를 본인에게 알려주어야 한다. 그렇지 않으면 직원의 능력을 신장시킨다는 목표를 달성할 수 없다. 평가결과를 전달하여 어디를 어떻게 고치면 좋을지, 그리고 이를 위하여 어떻게 노력해야 할지를 가르쳐 주어야 하는 것이다. 그러나 평가를 하는 측도 평가를 받는 측도 인사 평가를 인격평가로 오해해서는 안 된다.

조직에 공(功)을 세운 사람에게는 상을 주어야 한다. 그러나 공이 있다고 해서 그것만으로 지위를 부여해서는 안 된다. 지위를 부여하기 위해서는 지위에 상응하는 견식이 있어야 한다. 이러한 인사원칙을 어기고 공로에 보답한다면서 견식도 없는 사람에게 지위를 부여한다면 그것은 조직붕괴의 원인이 된다.

인재는 오직 현명함과 능력을 기준으로 등용해야 한다. 현명함과 우매함, 능란함과 졸렬함을 분별하지 않고, 단지 이력이 오래고 오래지 않은 것을 기준으로 승진시키는 것을 지공무사(至公無私)라고 생각해서는 안 된다. 인재의 능력과 흑백을 가리지 않고 차례로 요직을 주는 것을 공평(公平)이라고 생각해서는 더욱 안 된다.

같은 인재라도 쓰는 사람에 따라서 기량(器量)이 달라진다. 인재를 등용함에 있어서 부하의 현명함과 능력만큼 중요한 것이 인재를 쓰는 사람의 자세이다. 인사권자가 특정 인물을 등용하고 나서 그에게 은혜를 베풀었다고 생각해서는 안 된다. 등용된 사람으로 하여금 은혜 입은 것을 알게 하고 보은을 하게 한다면, 좋은 자리를 얻지 못한 사람들의 원한은 장차 누가 떠맡아야 할 것인가?

조직의 생산성은 능력 있는 인재를 발탁하고 성과를 올린만큼 대우할 때 향상된다. 따라서 인사행정의 초점은 업적을 올린 사람을 대우하고 무능한 사람을 도태시키며 앞으로 일할 사람을 키우는 것이다. 조직의 책임자가 '누구를 쓰느냐' 하는 것은 부하들에게 앞으로 어떻게 살고 어떻게 행동해야 하는지를 천명하는 것과도 같다.

경영의 귀재로 알려져 있는 제너럴일렉트릭의 잭 웰치 전 회장은 '활력곡선(vitality curve)'을 활용해서 조직 구성원을 핵심 정예(20%), 중간층(70%), 하위(10%)로 구분했다. 그리하여 톱 20%는 중점관리를 하고 중간층 70%는 육성을 하였지만 하위 10%에 대해서는 상시적으로 정리해고를 단행했다. 이 제도를 시행한 지 3년이 되자 문제 사원이 거의 제거되었다. 그럼에도 불구하고 잭 웰치는 이 제도를 기본원칙으로 삼아 계속적으로 적용하였다. 경영의 귀재 잭 웰치의 비법은 10% 꼬리 잘라내기에 있었던 것이다.

그러나 정부조직은 민간기업처럼 보상과 해고라는 수단을 적절히 활용할 수가 없다. 정부조직의 인사정책에서는 무능하고 일 안 하는 사람을 도태시키는 것에도 근본적인 한계가 있다. 따라서 정부조직의 인사행정은 노력하고 업적을 내는 사람이 기를 펴도록 하는 것에 중점을 두어야 한다.

인간사회는 구성원이 가진 단점을 최소로 할 때 성숙한다. 그러나 조직에서 뒤쳐진 구성원의 단점을 규명하고 이를 시정하는 것만으로는 앞으로 나아가는 동력을 가질 수가 없다. 사회도 조직도 구성원이 가진 장점을 최대로 살릴 때 성장한다. 일 하는 사람이 인정받고, 일 할 사람이 발탁되며, 성과를 올린 사람이 중용되는 조직에서는 일 하지 않는 사람은 저절로 도태되기 때문이다.

따라서 인재를 발탁하지 않고 능력 있는 사람을 대우하지 않는 지도자라면 무능한 직원을 나무랄 자격도 없다. 지도자의 역할은 부하들이 능력을 발휘하여 공적을 쌓을 기회를 주는 것이기 때문이다. 공적을 쌓을 기회는 박탈하면서 부하의 책임만 물으려는 사람이라면 지도자가 될 자격이 없는 것이다.

활인검법을 써야 하는 인사권

'비에 젖은 낙엽처럼 살자'는 것이 자신의 생활 모토라는 한 공무원이 생각난다. 낙엽이 비에 젖어 바닥에 붙어 있으면 빗자루로 쓸고 또 쓸어도 좀처럼 쓸려나가지 않는 것처럼, 공직에서 오래 살아남으려면 바싹 엎드려 있어야 한다는 것이다. 유리창을 닦지 않으면 유리창을 깨지 않을 것이고 설거지를 하지 않으면 접시를 깨지 않는 것처럼, 될 수 있는 한 새로운 일은 하지 말고 엎드려 있는 것이 최선의 길이라는 것이다.

왜 이런 말이 나왔을까.

우리는 새로운 일에 도전했을 때 잘했다고 칭찬받는 것을 상상하기보다는 실패할 경우 비난받을 걱정에 사로잡혀 있는 조직풍토 속에서 일해 왔다. 그 결과 어떤 일을 시도하기 전에 '이런 나쁜 반응이 나오면 어떻게 하지?' '아마 그렇게 하면 이러이러한 나쁜 평가가 나올지도 몰라' 하는 식의 마이너스 발상에 사로잡히게 되었다.

그래서 '새롭게 일을 꾸미지 말고 종래 하던 대로만 하자'는 소극적인 자세를 만연시켰다. '선례답습', '큰 무리 없이', '무난히' 등등의 말은 '새로운 도전'이라는 적극적인 자세를 갖는 것이 출세에 방해가 된다는 의미를 내포하고 있다.

마이너스 사고는 관료사회에서 더욱 두드러지게 나타나고 있다. 그동안 우리 정부의 인사평가 시스템은 노력하고 성과를 올린 사람을 우대하는 가점주의(加點主義)가 아니라, 잘못한 경우에 점수를 깎는 감점주의(減點主義)에 입각해 왔기 때문이다.

연공서열의 질서 속에서 어떠한 실수로 마이너스 점수를 받으면 그것은 회복 불가능한 멍에가 되었다. 성공하는 것은 당연한 것으로 인식되고, 실패할 경우 책임추궁을 받아 감점이 된다면 누구나 새로운 일에 손을 대지 않으려 할 것이다. 공무원들이 무사안일, 복지부동, 선례답습에 빠지는 데에는 이러한 요인이 크게 작용했다.

인사행정의 기본은 의욕 있고 능력 있는 인재가 신명나게 일하게 하고, 능력 없고 불평만 하는 사람은 도태시키는 것이다. 그리고 새로운 일에 도전하고 시대의 변화, 정세의 변화를 선견적으로 흡수하려는 사람을 우대하는 것이야말로 인사정책의 기본이다.

검도에는 활인도(活人刀)와 살인도(殺人刀)가 있다. 인사권은 구성원을 겁주는 살인도가 아니라 구성원의 생기와 활기를 창출하는 활인의 검이어야 한다. 가점주의 인사관리가 권위에 입각한 활인도의 검법이라고 한다면, 감점주의 인사관리는 권력으로 휘두르는 살인검이다.

열심히 노력을 했지만 결과를 내지 못하는 사람은 무능한 사람이다. 그러나 무능한 직원을 도태시키려는 것보다도 더 중요한 것은 유능한 사람이 기를 펴게 하는 것이다. 성과를 올린 사람이 좋은 평가를 받는 조직에서는 노력하는 사람이 저절로 나오게 된다. 그리고 유능한 사람이 중용되는 조직문화에서는 무능한 사람은 저절로 걸러지게 된다. 그러나 우리 정부의 인사시스템은 성과를 객관적으로 평가하는 시스템을 구축하지 못하고 있다.

우리나라의 정부조직에서 조직의 기초단위는 부문으로 되어 있다.

따라서 직무가 설정되기 이전에 국·과·계 등의 기구가 먼저 결정된다. 그 결과 각 부문에 직원이 기구 단위의 인력으로서 배치되며, 배치된 직원은 그 부문에 종사하면서 일정한 지위를 점하여 계층화된다. 따라서 직위라는 기능성에 입각하기보다는 신분적 의미가 강한 지위의 서열로써 조직의 계층이 구성되고 있다.

또한 직무의 수행이 결재제도에 입각하여 집권적이면서도 집단적으로 실행되기 때문에, 일의 성과에 의한 평가보다는 직무의 수행에 얼마만큼 노력했느냐가 중시된다. 업적에 의한 능력보다도 연공서열이 우선하는 경향은 바로 이러한 시스템의 산물이다. 그리고 전체적으로 볼 때 특정 부문에 종사하는 직원은 공동체적 유대를 형성하여 하나의 가부장적이며 온정적인 집단을 형성하는 집단적 존재가 된다. 직원은 누구나 좋은 일 나쁜 일 할 것 없이 기구집단에 귀속된 존재로 취급되는 이유가 여기에 있다.

이러한 조직에서는 직원 개개인을 평가할 때 그의 업적을 평가하기가 어렵다. 따라서 얼마나 노력했느냐를 평가하게 된다. 그러나 이제 우리도 단순히 노력했다는 것만을 평가하던 것에서 얼마나 성과를 올렸느냐를 기준으로 평가하는 시스템으로 전환할 수 있어야 한다(강형기, 『革新과 診斷』, 1997).

못자리판에서 열매의 등급을 정할 수는 없다

아무리 인사평가를 잘 한다고 해도 애초에 가능성 있는 인재를 채용하지 않았다면 큰 소용이 없다. 특히 기억력을 평가하는 필기시험만으로 사람을 채용한다면 필요한 인재를 충분히 등용할 수가 없다. 서울에서 부산까지의 철도역 이름을 모두 암기한다고 해서 철도업무를 개선할 지혜가 있는 것은 아니다. 인화지(印畵紙)처럼 기억력이 뛰어나도 인간으로서 현명한 지혜가 없다면 쓸모가 없다.

지혜란 문제에 직면했을 때 가능한 한 많은 사람에게 행복을 가져다주는 다양한 방책을 궁리하는 능력이다. 문제를 해결하는 방책을 이끌어 내고 선택하는 사고력을 판단력이라고 한다. 문제를 해결한다는 것은 그 문제에 관계하고 있는 많은 사람을 가장 기쁜 상태로 만들어 갈 수 있도록 하는 것이다. 이렇게 볼 때 단지 기억력의 정도로 평가하는 필기시험만으로 사람을 고르는 것은 근본적인 한계가 있다.

필기시험만으로 사람을 뽑는 것만큼 문제가 되는 것은 고등고시에 합격만 하면 당연히 고위공직자가 되는 것이다. 한 사람이 대학을 졸업했다거나 고등고시에 합격했다는 것은 기껏해야 이제 겨우 가능성 있는 모종(苗)이 된 것에 불과하다.

"모종의 단계에서는 아주 건실해도 이삭을 피워내지 못하는 것이 있다. 이삭을 피우는 단계까지는 앞서고 돋보였지만 제대로 된 열매를 맺지 못하는 것도 있다."「苗而不秀者有矣夫. 秀而不實者有矣夫.」 (논어, 子罕 21).

인생의 젊은 시절에 다른 사람보다 조금 긴 이삭이 돋았다고 해서 그 이삭이 평생 동안 더 길 것이라고 판단하는 것은 인간의 본질을 무시하는 처사이다. 따라서 출신대학이나 고등고시 하나만으로 향후의 모든 인생을 결정하는 인사시스템은 인간의 본질이나 자연의 이치에도 부합되지 않는다. 그것은 마치 못자리판에서 열매의 등급을

정하는 것과도 같기 때문이다.

지금까지 우리나라의 공무원들은 극히 예외적인 경우를 제외하고는 한 부처 내에서만 출세하도록 정해 놓았다. 따라서 공무원들은 저절로 자신이 소속하고 있는 부처와 운명공동체가 되어 국익보다도 부처의 이익을 우선하는 부처할거주의의 성벽을 쌓았고, 공동체화(共同體化)된 집단방위체제를 구축하기도 하였다.

이러한 상황에서 2004년 3월, 우리나라에서도 새로운 인사제도가 시험되었다. 중앙부처가 국장급 22개 직위를 타 부처와 교환하고, 9개 부처의 국장직 공모에서 10자리 모두를 타 부처 출신으로 발탁했다. 부처간 인사교류와 직위 공모제는 전에 없던 획기적인 변화였다. 기대했던 대로 타 부처에서의 근무경험은 파견공직자의 시야와 안면행정의 가능 역역을 넓히는 효과를 발휘했다.

그러나 지난 2년간의 경과를 지켜보면 홀홀 단신의 파견에서 오는 많은 한계점도 부각되었다. 잠시 머물다가 떠날 상관에게 부하직원들은 필요한 정보를 공유하려 하지 않았다. 생소한 환경에서 근무하려면 조직을 문화적으로 영도할 전문능력을 가져야 한다. 그러나 전문성이 부족한 탓에 명령계통을 장악하고 통솔하기에도 근본적인 한계가 있었다.

따라서 정부는 부처간 인사교류의 대안으로서 소위 '고위 공무원단' 제도를 운영하려 하고 있다. 문제는 고위 공무원단 제도에도 역시 전문성 부족이라는 문제점은 그대로 잠복하고 있다는 점이다. 이처럼 인사와 조직풍토의 모든 문제를 단지 하나의 제도로 해결하기는 참으로 어려운 것이다.

그런데 지난번 부처간 인사교류를 보면서 기대보다 오히려 착잡했던 것은 인사교류와 직위공모에 선정된 31명 중 단지 1명을 제외하고는 모두가 고시출신이라는 점이었다. 각 부처에서 일 잘하기로 소문난 선수를 뽑다보니 고시출신을 선발할 수밖에 없었다면 그것은 더욱 문제이다.

다양하고도 급변하는 세상의 문제는 다양한 발상으로 풀어나가야 한다. 고정화된 공무원 사회의 분위기에 젖어 공무원의 잣대로 세상을 보는 사람들로만 정부의 요직을 구성해서는 안 된다. 따라서 고시출신자들만 중요 직책을 차지하는 풍토에서 고시출신자도 중요 직책에 임명되는 개혁을 단행해야 한다.

초천과 구임의 인사

인사행정으로 얻어야 할 또 하나의 중요한 과제는 전문성을 키우는 것이다. 우리나라의 공무원들과 1시간 정도 대화를 하다보면 모르는 것이라고는 없는 사람처럼 느껴진다. 그러나 2시간 정도 대화를 나누다 보면 도대체 아는 것이 없는 사람이라는 생각이 들 때가 많다. 너무나 빈번하게 보직을 옮긴 탓이다.

중앙인사위원회가 2001년 12월부터 2004년 4월까지의 기간 동안에 조사한 결과를 보면, 우리나라 중앙부처 과장급 이상 직위 근무자의 평균 재직기간은 1년 2개월 25일이다. 빈번한 인사이동이 공무원의 전문성을 키우지 못하게 하고 있는 것이다.

선조 6년 10월, 율곡 선생은 제대로 다스려지지 않는 나라를 걱정하면서 임금이 보다 더 분발할 것과 정부의 인사혁신을 건의했다(민족문화추진회편, 『石潭日記』, 1998).

"요사이 천시(天時)와 인사(人事)가 점점 어긋나서 천재지변이 자주 생겨도 두려워하지 않고 기강이 풀리고 인심이 흩어져서 장차 나라꼴이 되지 않을 것 같습니다. 지금 나라에는 되는 일이 없고 한 가지 폐단을 고치려고 손을 쓰면 이것이 다른 폐단을 만들어 오히려 해로움만 더해 가는 것도 다 이유가 있기 때문입니다.

그것은 기강이 서지 않고 인심이 풀어져 있는데다가 관직에는 훌륭한 인재를 택하지 않아 구차하게 벼슬자리만 채운 사람이 많기 때문입니다. 관료들이 그저 녹을 먹는 것만 알고 나라 일은 걱정하지 않아 지금까지 가지고 있는 폐단을 고치라고 명령해도 발뺌할 생각부터 하여 실행치 않을 뿐 아니라 오히려 고의로 폐단이 생기게까지 하니, 나라가 잘 운영될 리가 있겠습니까?

지금은 공도(公道)가 사정(私情)을 이기지 못하고 정도(正道)가 사악(邪惡)을 이기지 못하는데 어떻게 기강이 서겠습니까. 나라에 기강 없이는 무엇 하나 어찌할 수가 없습니다. 만약 지금과 같은 상태가 계속된다면 나라에 희망이 없습니다.

그러나 기강이란 엄히 명령을 내린다고 해서 세워지는 것이 아닙니다. 그렇다고 법령과 형벌로써 억지로 세울 수 있는 것도 아닙니다. 기강은 착한 것은 착하다 하고 악한 것은 악하다고 하는 공정이 확립되고, 사사로운 정이 행해지지 않아야 서는 것입니다. 또한 옳고 그른 것을 한결같은 천칙(天則)에 따라 정연하게 할 때 세워지는 것입니다.

특히 세상이 쇠하고 도가 미미하면 보잘것없는 선비들은 오직 과거(科擧)만이 출세의 길인 줄 알지만, 훌륭한 인물들은 과거를 탐탁치 않게 여깁니다. 따라서 과거로 사람을 쓰는 것은 말세의 일이지 어찌 성세(盛世)의 일이겠습니까.

과거에 급제하지 못한 사람에게 벼슬자리를 주면 혹시 공직에 나쁜 사람들이 섞여 들어올까 걱정하는 사람들도 있지만, 이것은 잘못된 생각입니다. 공론을 거쳐 사람을 구하면 반드시 일 잘하는 인재를 뽑을 수가 있지만, 공론을 거치지 않고 사람을 뽑는다면 글재주는 있어도 쓸모없는 사람이 요직을 차지하는 경우가 많을 것입니다. 따라서 과거로 사람을 뽑지 않을 경우 쓸모없는 사람이 섞이게 될 것이라고 근심하는 것은 잘못된 생각입니다.

참으로 세종대왕의 정치는 본받을 만하다고 생각합니다. 그때에는 사람 쓰는 것을 위계의 높낮이와 근무 연한의 길이와 같은 기존의 상례에 구애받지 않고, 어진 사람을 발탁하고 유능한 사람을 부리어 인재와 직책이 서로 부합되게 했습니다. 그래서 한 직책을 종신토록 지킨 사람도 있었고, 장관과 관료(六卿百司)는 같은 직무를 오랫동안 맡았기에 모든 일을 잘 처리하였습니다. 오늘날도 모름지기 사람을 가려서 믿고 벼슬을 주어 국정을 맡기면 모든 일이 잘될 것입니다."

선조 8년 6월, 율곡은 다시 임금께 건의하였다.

"초천(超遷)과 구임(久任)의 법을 쓰십시오. 진실로 정치를 하시려면 이 법을 써야 합니다. 세종 때 모든 정치가 잘 되었던 것은 이런 방법으로 사람을 썼기 때문입니다. 그러나 지금은 아이들이 장난하듯 관작(官爵)이 자주 바뀌니 온갖 일을 잘 할 수가 없습니다."

초천(超遷)이란 연공서열을 따지지 않고 발탁하는 것이며, 구임(久

任)이란 한 자리에 오래 재직하게 하는 것이다. 제2차 세계대전이 한창이던 시절 루스벨트 대통령은 22명의 소장과 8명의 중장을 제치고 파격적으로 육군준장 조지 마셜을 대장인 육군총참모총장으로 발탁했다. 명종 임금은 경력 3년의 조광조를 대제학으로 발탁했다. 무능한 임금 선조도 한 번 초천(超遷)의 인사를 했기에 위기의 나라를 구할 수 있었다. 1591년 2월, 임진왜란이 일어나기 불과 1년 전, 종6품 벼슬인 정읍현감 이순신을 정3품 전라좌수사로 파격 발탁했다. 그 결과 임진년 왜란이 발발했을 때 남쪽의 바다를 성공적으로 지켜낼 수 있었던 것이다.

그러나 선조는 이순신 장군을 임용함에 있어서 초천(超遷)은 했지만 구임(久任)을 하지 못했다. 원균을 비롯한 서인들의 모함으로 그를 파직, 투옥, 백의종군을 하게 함으로써 그 기량을 모두 발휘하지 못하게 했던 것이다. 좌의정 이덕형이 선조에게 "정유년간 이순신을 통제사에서 해임하지 않았더라면 그런 난리를 겪지 않았을 것"이라는 보고를 올렸던 것도 그러한 사실을 지적한 것이다(『조선왕조실록』, 〈선조실록〉, 1591년, 1592년, 1596-7년).

우리는 지금도 율곡이 선조 임금에게 건의하였던 '초천'과 '구임' 그 모두를 실행하지 못하고 있다. 그리고 아직도 말세의 제도를 유지하면서 서기형 공무원을 양산하고 있다. 사회가 혼란스러워 우선 변통하고 모면할 방도만을 찾다보니 당장 써먹을 작은 재주만 요구할 뿐 멀리 내다보는 깊은 생각은 배척되고 있는 것이다. 그러나 우리가 진정한 발전을 도모하려면 재능과 덕행 그리고 멀리 내다보는 속 깊은 인재를 기르고 등용해야 한다. 초천과 구임의 인사를 실천해야 한다.

제19장 지붕은 장마 오기 전에 손질해야 한다

구름이 끼어야 하늘을 쳐다보고, 비가 와야 하늘을 쳐다본다. 맑은 날 하늘을 잊은 사람일수록 구름이 하늘을 앗아간다고 생각한다. 하늘을 앗아가는 것은 구름이 아니다. 맑은 날 하늘을 외면한 마음이 하늘을 앗아가는 것이다. 따라서 우리가 행복해지려면 평소에 행복해질 수 있는 조건을 만들고 스스로 행복하기 위해 노력해야 한다. 창구멍은 비 오기 전에 막아야 하는 것이다.

의식은 지식을 지배한다

시(豳豊, 鴟鴞)에서 이르기를,
"장마가 오기 전에 뽕나무 뿌리 껍질 벗겨,
새 둥지의 창과 문을 단단히 동여매었네.
이렇게 대비하면, 저 낮은 데 사는 인간들이
어찌 우리를 감히 깔볼 수 있겠는가"라고 하였다.

이 시에 대하여 공자는 다음과 같이 평하였다.

"이 시를 지은 사람은 나라 다스리는 도(道)에 정통하였다. 시에 나오는 새처럼, 미리 만반의 대비를 함으로써 나라를 다스린다면, 누가 감히 그 나라를 깔볼 수 있겠는가?"(맹자, 公孫丑上 4).

돌연사(突然死)가 돌연 오지 않는 것처럼, 위기는 갑자기 만들어지는 것이 아니다. 위기는 그 원인이 조금씩 축적되어 발생하는 것이다. 그래서 노자가 말하기를, "천하의 큰일들은 모두 사소한 일에서 시작되며, 어려운 일들은 쉬운 일에서 비롯된다"고 하였다. 「天下大事, 必作於細, 天下難事, 必作於易.」(老子, 道德經, 63장).

대부분의 큰 사고는 일시에 거대한 규모로 시작되는 것이 아니다. 큰 재앙은 반드시 작은 징조를 먼저 보낸다. 따라서 평소 꾸준히 대형사고의 원인이 되는 사소한 문제점들을 제거하기 위해 노력해야 한다. 「故君子有終身之憂, 無一朝之患..」(禮記, 檀弓上).

큰 피해가 없는 한 본격적인 대응을 하지 않으려는 악폐가 큰 재앙을 만든다. 마치 항공기 사고가 아주 작은 과실에서 비롯되는 것처럼 대부분의 대형 재해는 처음부터 큰 문제로 시작된 것이 아니다.

하인리히(H. W. Heinrich)는 한 건의 대형 인명사고가 발생하는 배후에는 29건이나 되는 동종의 경미한 인명사고가 발생하고, 그러한 29건의 사고가 발생하는 배후에는 인명에 상해(傷害)는 없지만 이변 또는 이상 사태가 300건이나 발생한다는 것을 통계적으로 증명한 바가 있다. 일명 '1대 29대 300의 법칙'으로도 알려져 있는 '하인리히 피라밋'은 한 건의 대형사고를 예방하기 위해서는 그 배후에 있는 29건의 경미한 사건을 최소한 28건으로 줄여야 한다는 것을 암시한다. 그리고 이를 위해서는 300건의 이상사태를 300건 미만으로 줄이지 않으면 안 된다는 것을 가르쳐주고 있다(田中正博, 『自治体の危機管理』, 2003).

조직의 신뢰를 뿌리째 흔드는 한 건의 대형사고가 발생하기 전에 29건의 경미한 불상사가 표면화된다. 그리고 그것이 표면화되기 전에 외부에 표출되지 않는 300건의 불상사가 발생한다는 것이다. 따라서 한 건의 대형 불상사를 예방하기 위해서는 결국 300건의 잠재적 불상사를 300건 미만으로 줄여야 한다. 대형사고를 예방하는 포인트는 크고 결정적인 일을 신중히 처리하는 것이 아니다. 모든 구성원이 일상의 작은 일에서 상식적인 위기의식을 가지고 임하는 것이다.

위기관리에 있어서 의식은 지식을 지배한다. 안전운전에 대한 의식이 없다면 도로교통법과 자동차의 구조를 잘 안다고 해도 사고를 면하기 어렵다. 위기관리에 대한 보고서를 수집한다면 아마도 여러 대의 트럭에 실을 만큼 많을 것이다. 그러나 아무리 지식이 많아도 의식이 없다면 그 보고서들은 글자 그대로 '화물'에 불과하다.

위기의식을 공유하는 조직에는 위기가 오지 않는다. 위기가 도래할 모든 가능성의 싹을 조기에 발견하여 미연에 방지하려고 노력하기 때문이다. 그러나 지식은 한번 습득되면 상당히 오랜 시간 동안 지속되지만 의식은 시간이 지나면서 점점 옅어지는 속성이 있다. 예컨대, 어떤 계기로 위기의식을 갖게 되었지만 반년이 지나면서 그때의 의식이 희미해지고 1년이 지나면 언제 그런 생각을 했었느냐는 듯이 까맣게 잊어버리는 경향이 그것이다. 여기서 문제는, 위기란 그것을 잊어버리는 순간에 찾아온다는 것이다. 우리가 위기에 대한 교육을 주기적으로 해야 하는 이유가 여기에 있다.

위기의식이란 구체적으로 무엇을 의미하는가. 그것은 '무언가 좀 이상하지 않은가?' 또는 '정말 이것으로 충분한가?' 하는 생각을 품는 것이다. 오랫동안 연락도 없이 지내던 사람이 갑자기 찾아와서 베푸는 호의에 생각도 없이 응하다가 수뢰(受賂)에 휘말려드는 경우도 '이 정도쯤이야…' 하는 자만심과 불감증에서 비롯된 것이다. 뇌물죄나 횡령죄로 인생을 망치는 대부분의 공무원들에게는 이러한 의식이 결여되어 있었다.

잘 나가는 일류기업일수록 구성원들이 위기의식을 공유하고 있다. 삼성전자와 LG전자가 일류기업의 자리를 지키는 것은 우연이 아니다. 조금이라도 자만하면 금세 이류 삼류로 밀려나고 새로운 도전을 게을리하는 순간 세상에서 도태된다는 위기의식을 전 사원이 공유하고 있기 때문이다.

물론 자신이 소속되어 있는 사회나 조직의 위기를 인식하는 정도는 사람과 직무 그리고 직위에 따라 다를 수 있다. 그러나 환경의 변화를 읽고 있는 조직일수록 그 구성원들은 위기의식을 공유한다. 그래서 통일된 대응책을 마련하고 실천할 수 있게 된다. 일류 조직이란 위기위식을 공유하고 일체적으로 대응하는 조직을 말한다.

조직이 위기에 빠질 때

개인과 마찬가지로 조직이 위기에 빠지는 요인에는 내적 요인과 외적 요인이 있다. 이 중에서도 내적 요인이야말로 외적 요인을 증폭시키거나 재발시키는 요소로 작용한다. 내적 요인도 크게 나누어 다음과 같이 3가지로 요약할 수 있다(田中正博, 『自治體の危機管理』, 2003).

첫째, 위기의식의 결핍이 초래하는 위기이다. '별일 아닐 거야', '어떻게든 되겠지 뭐', '흔히 있는 일인데…' 하고 문제를 방치해버리는, 즉 '위기를 부르는 3가지의 심리'에 의하여 위기는 키워진다.

둘째, 간부직원들의 할거주의와 보신주의에 의해 위기의 불씨를 키우는 것이다. 조직에서의 관리자는 교차로의 신호등과 같은 역할을 해야 한다. 관리자는 조직의 각종 정보를 빨강색, 노란색, 청색으로 분류하고 유통시키는 책임자이다. 그러나 관리자라는 신호기는 자신에게 유리한 정보는 윗사람에게 흘려보내면서도 자신에게 불리한 정보는 차단시켜 버리는 성향이 있다. 부하가 부정을 저질렀을 때 적당히 얼버무리고 덮어버리는 경향이 여기에 해당한다. 그러나 이러한 행동이 누적되면 생각지도 못한 문제가 발생한다.

상관이 부하의 잘못을 은폐하려는 이유는 '감점주의식 인사평가'에서 자신에게 미칠 불이익을 은폐하려는 것이다. 그러나 나쁜 정보는 마치 주머니 속에 들어 있는 바늘처럼 언젠가는 삐져나온다. 조직 구성원이 각자의 실수를 은폐하기 시작하면 시간이 지날수록 더 큰 문제를 만들게 되고 결국 죄를 더 무겁게 키운다. 윗사람이 은폐에 가담하게 되면 그것은 조직 전체의 문제로 번져 총체적인 위기를 초래할 가능성도 커진다.

셋째, 문제가 있어도 지적하기 어려운 직장풍토가 위기를 키운다. 조직에서 일하는 사람은 상관이나 동료에게 미움을 사기보다는 우호적인 관계를 유지하고 싶어한다. 따라서 문제가 있어도 못 들은 척, 못 본 척 하는 경향이 있다. 그러나 잘못된 것을 잘못되었다고 말하지 못하는 조직에서 언젠가는 터져 나오게 되어 있는 것이 내부고발이다. 이러한 내부고발로 조직의 큰 잘못이 드러날 경우 그 조직의 사회적 신뢰와 위상은 크게 떨어지게 된다.

공공조직에 대한 신뢰감을 상실하게 하는 가장 흔한 요인은 직원들의 부정과 부패이다. 과거나 지금이나 부정부패를 방지하는 것은 위기관리의 기본이다. 따라서 대부분의 조직에서는 벌칙을 명문화하는 법적 규제와 상담시스템 그리고 내부고발과 같은 제도적 규제를 통하여 위법행위나 부정행위를 억제하려고 한다.

그러나 조직원들이 그 행위가 위법인지를 몰라서 부정부패를 저지르는 경우는 거의 없다. 따라서 부정을 억제하는 중요한 장치의 또 하나는 심리적인 규제를 하는 것이다. 심리적 규제란 구성원들의 윤리에 호소하고 또 한편으로는 '언제나 누군가가 보고 있다', '누군가에게는 드러나고 있다'는 것을 의식하게 하는 것이다. 이처럼 부정부패의 방지를 위해서는 법과 제도에 대한 지식을 철저히 주지시키는 것만이 아니라 구성원의 의식을 계발(啓發)하는 것이 중요하다.

천재는 막아도 인재는 못 막아

"서경(書經)의 태갑편(太甲篇)에서 말하기를, '자연적인 재해(災害)는 인간이 애를 쓰면 막을 수 있어도, 인간이 스스로 잘못을 저질러 초래한 재앙으로부터는 벗어날 길이 없다'고 하였다."「太甲曰, 天作孽, 猶可違. 自作孽, 不可活.」(맹자, 公孫丑上 4).

천재(天災)는 막을 수 있어도 인재(人災)는 피할 수가 없다는 것이다. 이처럼 맹자는 고전의 가르침을 인용하면서 유비무환(有備無患)을 깨우쳐 주고자 하였다. 여기에서 무엇보다도 중요한 사실은 화와 복(禍福)이 본인에게 달렸지 하늘에 달려 있지 않다는 것이다. 화복이 본인에게 달려 있다는 말은 무슨 뜻인가. 그것은 스스로 잘 대비하는 자세에 따라 결과가 달라진다는 뜻이다.

위기가 발생하지 않도록 하기 위해서는 '위기의 조짐'을 조기에 발견하여 그 싹을 잘라버려야 한다. 따라서 사고(재해)를 사전에 막으려면 사고발생의 계기가 어떠한 메커니즘으로 전개되며, 어디가 피해를 입고, 그 대책은 어떠해야 할 것이라는 것에 대하여 상상력을 구사하면서 대응해 나가야 한다. '재해를 알고', '약한 곳을 알며', '대책을 세운다'는 3가지의 기본에 입각하여 상상력을 가동시켜야 하는 것이다.

예컨대, 자신이 속한 지역이나 조직에서 어떤 재해가 발생할 가능성이 있는지를 상상하지 못한다면 아무런 대책도 강구할 수가 없다. 모든 지방자치단체들이 '방재기본계획'을 수립하고 매년 이를 수정해 나가야 하는 이유가 여기에 있다.

지금까지 우리나라에서는 주로 자연재해와 그것에 수반하여 발생하는 위기관리에 중점을 두고 대책을 강구해 왔다. 그러나 최근에는 자연재해 이외에도 인간이 유발하는 무수한 인위적 재앙들이 빈번하게 발생하고 있다. 특히 1980년대의 급격한 도시화 시대에 마구잡이 날림공사로 구축된 도시 기반시설들이 수명을 다해 가면서 엄청난 재앙을 예고하고 있다. 지금 우리는 사회재(社會財)의 노후화로 엄청난 재해가 예고되고 있는 시점에 서 있는 것이다.

뿐만이 아니다. 발전된 기술이 가져올 재앙의 크기는 일본 후쿠시마의 원자력발전소를 통해서도 상상해 볼 수 있다. 인위적 재해들은 연쇄·복합적인 양상으로 나타나 심각한 사회불안을 조장하면서 시민생활을 위협하고 있다. 더욱 심각한 문제는 이러한 인위적 재해와 위기가 이미 만성화되어 위험에 둔감해진 것도 많다는 점이다.

현대사회는 문명의 발달이 역설적으로 대형 재난의 가능성을 높이고 있는 위험한 사회이다. 따라서 우리가 안전한 도시에서 안심하고 살기 위해서는 자연재해를 비롯한 다양한 돌발적 사태의 징조를 미연에 파악하고 대책을 세워나가야 한다. 식품오염, 환경악화, 흉악범죄, 전염병, 정보통신시스템의 교란, 교통의 마비, 건축물의 붕괴 등 시민의 생존을 위협하는 무수한 위기에 지혜롭게 대처해 나가야 한다.

다시 말하면, 도시행정 전체를 시민생활의 안전·안심과 위기관리의 관점에서 점검하고 필요한 개선에 힘을 경주해야 하는 것이다. 그리하여 종래의 자연재해를 줄이려는 방재행정은 물론이고 보다 폭넓은 관점에서 위기적 사항을 검토하여 종합적인 대책을 마련해야 한다.

위기란 '예기치 않았던 것이 돌연 발생하여 대응하기까지의 충분한 시간도 정보도 없는 상태'를 말하는 것이다. 위기를 관리한다는 것은 '발생하지 말아야 할 문제가 일어날 경우를 상정하여 시간도 정보도 없는 상태에서 의사결정시스템과 리더십 및 대응시스템을 정립해 두는 것'이다.

현대사회를 살아가는 우리는 언제나 예상되는 위기를 유형화하고 위기발생의 事前·事中·事後의 대응방도를 정리해 두어야 한다. 예상외의 위기에 대해서는 행정부문간의 소극적인 책임회피나 권한쟁탈의 차원을 넘어 신속하고도 효율적으로 대응할 수 있도록 사전에 책임과 권한을 명확히 해 두어야 한다. 시간도 정보도 없는 상태에서 누가 그리고 어떻게 대응하도록 할 것인가를 미리 결정해 두어야 한다는 것이다.

그러나 위기상황에 처했을 때의 리더십 결여는 우리나라의 행정이 가지고 있는 치명적인 결함이다. 매년 어김없이 발생하는 자연재해가 참혹한 피해로 연결되는 원인에는 바로 인재(人災)가 자리하고 있다. 그리고 인재로 인한 자연재해의 대부분은 책임의식의 결여에서 빚어진 것이다. 그럼에도 불구하고 우리는 매년 같은 시기에 똑같은 재해를 당하면서 똑같은 반성만 되풀이하고 있다. 이처럼 우리는 우리 스스로의 잘못에서 비롯된 재앙으로부터 벗어나지 못하고 있다.

위기관리 시스템과 현장의 리더십

위기관리에 아무리 만전을 기한다고 하더라도 사건과 사고 그리고 불상사는 일어날 수 있다. 따라서 현실적으로 위기가 발생했을 때 그것에 신속히 대응하여 피해를 최소화하고 원래의 상태로 복원하기 위한 대응체제의 구축이 중요하다.

위기관리체제는 준비(preparedness) · 대응(response) · 복구(recovery) · 예방(mitigation)을 끊임없이 의식하고 실천하는 시스템을 말한다. 이러한 측면에서 볼 때, 지역의 위기관리는 경찰 · 소방 · 보건

등의 행정기능을 상호 연계할 필요가 있다. 그리고 복지·방재·소방·경찰이 각 분야에서 연대하여 고령자의 안전과 안심을 위한 시스템도 구축해야 한다. 이러한 분야간의 횡단적(橫斷的)인 협력과 대응은 문제를 유기적으로 공유할 수 있게 하여 다양한 위기에 대하여 보다 효과적으로 대응할 수 있게 해준다.

재해가 발생했을 때 무엇보다 중요한 것은 현장에서 지휘명령계통이 적절히 기능하는 것이다. 그러나 우리나라의 행정체제는 일반행정과 경찰행정 그리고 소방행정과 교육행정이 각각 별도로 존재하고 있다. 민첩하고도 종합적인 대응을 원천적으로 불가능하게 하고 있는 것이다. 특히 이 중에서도 경찰과 소방행정이 기초지방자치단체와는 별도로 설치되어 있어서 정보의 수집과 공유 그리고 상황통제에 큰 어려움을 주고 있다. 종합적인 관점에서 방재행정을 수행할수 없게 하는 치명적인 한계를 가지고 있는 것이다. 이는 결국 지방자치단체의 장이 지역방재를 위한 리더십을 확보하고 있지 못한 것과도 같다.

우리는 예기치 못한 위기에 대해 사고발생 현장에서 효율적으로 대응하도록 하고 있는 영국에서 많은 것을 배워야 한다. 영국의 경우 위기관리의 분권화를 통해 위기의 현장에서 신속한 대응을 하고 있다.

예컨대, 런던시는 민·관을 아우르는 위기대응 기관들이 참여하는 위기극복포럼(RRF)에서 전략적인 위기관리계획을 수립하고, 이것을 정밀하게 실천할 수 있는 전략적 조정그룹(SCG)을 비롯한 통제기구를 두고 있다. 그리고 유관기관간의 공조체계가 원활히 작동되어 위기관리가 전방위적이고 체계적으로 이루어지고 있다. 중앙정부의 위기관리기구는 국가적 재난을 제외하고는 지방정부를 지원하는 역할만 하고 있는 것이다(삼성경제연구소, CEO Information, 2005).

위기관리는 시간과의 전쟁이다. 회의를 소집하여 의견을 듣고 '공동무책임'을 위한 합의절차를 밟을 시간도 그리고 여론을 살필 겨를도 없다. 단지 민첩한 결단이 필요할 뿐이다. 이를 위해서는 정보를 결집하는 일원적인 시스템을 설치하고 의사결정의 절차를 간결하게 해야 한다. 또한 결정된 내용을 민첩하게 실천하기 위해서는 광범위한 권한을 위임받아 일원적으로 지휘와 명령을 할 수 있어야 한다. 위기관리 프로그램의 통합은 이래서 중요하다. 위기관리 프로그램의 통합은 지역 전체에서 문제를 공유하게 함으로써 지역자원을 최대한으로 활용하여 가장 효율적으로 대처할 수 있게 해 준다.

우리 국민은 유별나게 정보를 사물화(私物化)하는 특성을 지니고 있다. 정보를 사물화한다는 것은 정보를 숨긴다는 것이다. 정보를 숨기는 습성은 특히 행정에 뿌리 깊게 박혀 있다. 각 기관은 자신이 파악한 정보를 독점적으로 사용하려 하고 가급적 다른 조직이나 일반시민들은 모르게 하려는 악습이 아직도 남아 있다.

모든 위기의 관리는 정보의 공유로부터 시작된다. 정보의 공유는 공동대응의 출발이다. 공동대응은 정보를 공유한 다음부터 가능해지기 때문이다. 정보의 공유는 평소에도 사회적 효율성을 높여 주지만 특히 위기에 처했을 때에는 평소의 연장선상에서 대처할 수 있는 범위를 넓혀 주게 된다. 뿐만 아니라 정보의 공유는 위기를 미연에 방지하게 하거나 피해를 경감하는 예방력을 발휘하게 해준다.

현대의 도시사회가 지진이나 천재지변, 기름 유출, 다이옥신, 급성전염병 등에 대처하기 위해서는 지역 내부에서의 공조와 연대뿐만 아니라 지방자치단체 상호간의 연대와 공조도 중요하다. 기초자치단체와 광역자치단체 및 지방자치단체와 국가기관간의 연대도 중요하지만 인근의 지방자치단체들 간의 연대 또한 중요하다. 그리고 서로 멀리 떨어져 있어서 자연재해 등의 피해를 동시에 겪을 가능성이 없는 지방자치단체가 상호 협정을 맺어 서로 도움을 줄 필요도 있다.

공직자의 호민관 정신과 시민의식

오늘날 우리 시민사회의 문제들 중에는 국가와 지방이 힘을 합쳐야 비로소 해결되는 것들이 많다. 그러나 우리나라는 국가의 리더십이 현장에서 발효되는 시스템이 미약할 뿐만 아니라 현장에 있는 지방자치단체장의 역할도 모호하다. 따라서 국가와 지방간의 명확한 역할 분담이 요청되고 있다.

이러한 역할 분담의 전제는 「큰 재난이 발생했을 경우, 국민의 생명과 재산 보호라는 임무는 국가사무라는 관점에 입각해야 하며, 이를 수행하는 중심은 지방자치단체장」이어야 한다는 것이다. 위기관리체제를 지방자치단체 중심으로 분권화하여 현장의 대응력을 높여주어야 하는 것이다.

그러나 아무리 역할 분담을 제도적으로 한다고 해도 그것으로 모든 재해에 대처할 수 있는 것은 아니다. 재해는 제도와 관계없이 발생한다. 따라서 제도만큼 중요한 것은 위기관리에 임하는 사람의 호민관(護民官) 정신이다. 호민관 정신에 입각하여 일을 처리한다면 제도의 한계는 극복될 수 있다. 따라서 정부조직에서 일하는 모든 공무원들은 위기에 임할 때 필요한 구급기능을 습득하는 등 호민관으로서의 기본자질을 연마할 필요가 있다. 그리고 대표 호민관으로서의 지방자치단체장은 전 직원의 호민관화를 통하여 제도의 장벽을 넘는 시스템경영을 도모해야 한다.

위기가 시민생활의 일상에 잠복해 있고 또 그것이 확대되고 있는 상황에서 위기에 대처하는 시민들의 적극적인 역할도 중요하다. 상상을 초월하는 다양한 위기의 모든 책임을 행정에만 맡길 수는 없다. 그리고 행정이 모든 책임을 질 수도 없는 사회에 우리는 살고 있다.

따라서 이제 시민들은 도시에서 살고 있다는 것 자체가 이미 다양한 위기를 짊어지고 있다는 인식을 가지고 '자신의 몸은 자신이 지킨다'는 위기관리의 출발점에 서서 행동할 필요가 있다. 위기관리는 전문가나 정부만이 아니라 모든 사람이 평소에 해야 하는 것이다. 오늘날 개인과 가족, 지역사회, 기업, 정보네트워크 등 일상생활의 차원에서 자주적·주체적으로 위기관리의 시스템을 구축할 필요는 더욱 커지고 있기 때문이다.

우리 국민들은 매년 반복되는 엄청난 자연재해와 극복 가능한 수많은 인재를 겪으면서도, 시간이 조금만 지나면 기억의 풍화(風化)가 진행되어 무신경 내지는 안전 불감증에 걸린 모습을 하고 있다. 큰 재해를 겪고도 이를 망각하는 '안전 불감증'은 공무원에게만 있는 것이 아니다. 이러한 현상은 오히려 시민에게서 보다 많이 나타나고 있다.

특히 한국의 도시는 자율적인 시민 한 사람 한 사람에 의해 구성된 성숙된 시민공동체가 아니다. 따라서 우리의 위기관리에 있어서 또 하나의 취약점은 공동체의 해체에서 오는 연대감의 상실이다.

재해가 장기화될 경우 생활의 안전을 확인하고 안전을 확보하면서 살아가기 위해서는 공동체의 연대가 필수조건이다. 주민 한 사람 한 사람이 자신의 생명은 자신이 지킨다는 자조(自助)의 정신을 가질 때 비로소 모두가 함께 지키는 상조(相助)의 도시를 만들 수 있게 된다. 그리고 도시의 구성원 한 사람 한 사람이 문제의식을 갖고 이웃과 힘을 합쳐 주체적으로 대응해 나갈 때 지방자치단체나 공공기관이 나서는 공조(公助)도 힘을 발휘하게 되는 것이다. 따라서 우리나라에서는 시민사회의 형성과 커뮤니티의 재생 그 자체가 도시의 위기관리를 위한 최대의 테마라고 할 수 있다.

현대사회의 위기관리에 있어서 지역공동체의 재생과 시민단체의 활성화가 중요한 이유는 이밖에도 여러 가지가 있다. 아무리 훌륭한 방재계획을 수립하더라도 그 내용과 필요성을 주민들이 이해하고 동참하지 않는다면 별 의미가 없다. 따라서 위기관리는 사업자나 시민과 함께 생각하고 실천해야 한다.

이를 위해서는 시민참여를 통하여 '방재계획'을 수립함으로써 안전과 안심의 필요성을 공감하고 공유하면서 실천할 수 있도록 하는 것도 필요하다. 예컨대, 번화가나 지하상가, 영화관, 이벤트 홀, 백화점 등 많은 사람이 몰리는 장소의 건축은 설계단계에서부터 관계자들이 안전과 안심이라는 요소를 스스로 확보하는 것도 시민참여의 하나이다.

이처럼 도시의 방재는 시민과 사업자 그리고 지방자치단체와 중앙정부가 각자의 역할을 담당하고 보완하는 관계 속에서 대응해야 한다. 이를 위해서는 일본의 고베시(神戸市)처럼 '시민안전조례'를 제정하거나 위기에 관한 기본적 사항이나 방침을 명확히 하는 자치입법의 정비도 필요하다.

맑은 날 하늘을 쳐다보자

맹자는 말했다.

"안으로는 법도를 지키고 임금을 보필해주는 어질고 유능한 신하가 없고, 밖으로는 서로 경쟁하는 나라와 외환(外患)이 없으면 그 나라는 언제든지 멸망할 수 있다. 그러므로 인간은 우환 속에서는 살아남을 수 있지만, 안락 가운데서는 멸망하게 됨을 알 수 있다."

「入則無法家拂士, 出則無敵國外患者, 國恒亡. 然後知生於憂患, 死於安樂也.」 (맹자, 告子下 15).

인간은 안락한 때일수록 오히려 현실을 경계하고 미래를 준비해야 한다. 역사적으로 우수하고 강렬한 문명의 번성기에는 그 문명이 영원할 것처럼 보였다. 그러나 강력한 문명도 작은 균열이 나타나면서 서서히 힘이 약해지고 급기야는 쇠퇴의 길로 들어서게 되었다. 그것이 역사의 기록이다.

어떤 연유로 한때 그렇게도 강력했던 문명이 쇠퇴의 길로 들어서게 되는가? 인간은 경쟁심에도 불타지만 동시에 안정을 추구하는 존재다. 인간은 리스크를 피해 안정적인 상황을 추구하지만, 안정을 이루고 편안해지면 뇌세포의 활동이 활성화 되지 않아 창조성이 저하된다. 이렇게 되면 새로운 리스크에 직면하게 되는 불가사의한 한 존재가 바로 인간이다.

따라서 인간의 성공 속에는 쇠퇴의 종자가 들어 있음을 발견할 수 있다. 인간은 풍요함 속에서 교만하게 되고 아무런 걱정이 없는 가운데 유약해짐으로써 쇠망의 길로 빠지게 되는 것이다. 노자가 "화(禍)란 복이 기대어 있는 곳이고, 복(福)이란 화가 엎드려 있는 곳"이라고 말한 것도 이와 같은 맥락의 말이다. 「禍兮, 福之所倚. 福兮, 禍之所伏.」(老子, 『道德經』, 58章).

예술의 분야라고 해서 다르지 않다. 한 장르에서 완성을 이루고 나면 쇠퇴의 길로 접어들게 된다. 한 장르가 완성되면 다음 세대는 그것보다도 더 우수한 작품을 만들어 낼 자신을 상실하고 대중들도 더 우수한 것에 대해 관심을 보이지 않기 때문이다.

어느 시대라도 하나의 체제나 조직은 그것이 오래도록 지속되면 예외 없이 정체와 부패로 인해 말 못할 각종 모순이 발생하고 비뚤어지게 된다. 이렇게 되면 그 사회의 또 한편에서는 이를 바로잡고자 개혁을 외치는 세력이 나타나게 된다.

그러나 개혁이란 하루아침에 달성되는 것이 아니다. 개혁이 성공을 거두는 것도 다 때가 있다.

우리 주위에는 당장 눈앞의 문제만 생각하는 사람이 있는 반면에 먼 장래만 생각하고 발밑의 위험은 무시하는 사람도 있다. 그러나 일면적 사고(一面的 思考)로 살아가는 사람은 큰일을 감당할 수 없다. 물론 인간은 누구나 우선 먼저 해결해야 할 일부터 급히 처리해야 한다. 이것이 본래의 뜻으로 말하는바 급선무(急先務)이다.

하지만 당장의 문제만큼 중요한 것이 먼 장래에 대한 대책이다. 장기적인 전망 없이 당장의 일에만 급급하게 되면 머지않아 숲 속에서 헤매는 신세가 될 것이다. 이익을 보는 경우에는 손해 보는 경우도 생각해야 한다. 성공을 꿈꾸는 경우에는 실패도 고려해 보아야 한다.

구중궁궐의 담장이 아무리 높다고 해도 그 토대의 작은 돌을 빼기 시작하면 언젠가는 무너질 수밖에 없다. 따라서 높은 자리에 앉아 있는 사람일수록 아래에 있는 기반을 중시해야 한다. 성공하는 사람의 특성은 이면적 사고(二面的 思考)로 심모원려(深謀遠慮)를 하는 것이다.

맑은 날에도 언젠가는 비가 올 수 있다는 것을 생각하는 사람만이 맑은 날의 상쾌함을 누릴 자격이 있다. 그러나 실패하는 사람의 특성은 주관적, 일면적, 표면적으로만 세상을 보고 어디를 가더라도 주위상황을 돌아보지 않는다는 것이다. 문제의 본질과 전체를 보지 않고 결정을 내린 결과 실패하는 것이다.

당태종의 브레인이었던 위징(魏徵)은 "군주가 양쪽 말을 다 함께 들으면 명군(明君)이 되고, 한쪽 말만 듣고 그것을 믿으면 암군(暗君)이 된다"고 하였다. 「君子所以明也, 兼聽也. 其所以暗者, 偏信也.」 (『貞觀政要』, 君道 2).

문제를 파악함에 있어서 주관적, 일면적, 표면적으로 보려는 자세야 말로 스스로의 발등을 찍는 것이다. 나무만 보고 숲을 보지 못하면 산을 넘을 수 없기 때문이다. 그래서 공자는 가르치고 있다. "멀리 생각하지 아니하면 반드시 머지않아 우환이 있게 된다." 「人無遠慮, 必有近憂.」 (논어, 衛靈公 12).

제20장 정치의 본분은 기업(起業)하게 하는 것

세상에 나온 모든 정치사상을 모아 한마디로 표현한다면 '안거낙업(安居樂業)'으로 요약할 수 있다. 정치의 기본과제는 국민들이 편안하게 살고 즐겁게 일하도록 하는 것이다. 이 중에서 무엇보다 중요한 것은 먹고 살게 해주는 것이다. 먹여 살려야 지도자이고 임금님이다.

먹여 살려야 임금님이다

일자리가 만들어지고 그 일터에서 국민들이 보람있게 일할 수 있는 환경을 만드는 것은 정치의 기본 소임이다. 국민들이 즐겁게 일하고 편안한 마음으로 살 수 있도록 하는 사람이야말로 최고의 지도자이다.

공자가 위나라를 여행할 때 제자 염유(冉有)가 수레를 몰았다. 공자가 마차 위에서 백성의 수는 많으나 그들이 우왕좌왕하면서 마음이 안정되어 있지 못한 위나라의 모습을 보고 한탄하듯이, "참으로 인구는 많구나!" 하고 말하자, 염유가 질문했다.

"이렇듯 인구가 많은데 여기에 더 보태야 할 것은 무엇입니까?"

공자가 대답했다.

"백성들을 부유하게 해서 생활을 풍요롭게 해주어야 한다."

염유가 다시 질문했다.

"백성들이 부유해져서 생활이 안정되면 그 다음에 더 보태야 할 것이 무엇입니까?"

공자가 대답했다.

"백성들을 가르쳐서 인간다운 길로 가도록 해야 한다." (논어, 子路 9).

제(濟)나라의 선왕(宣王)이 맹자에게 왕이 행해야 할 가장 기본적인 과업이 무엇인지 가르쳐 달라고 요청했다. 이에 맹자는 무엇보다도 민생을 안정시켜야 한다며 다음과 같이 말했다.

"안정된 생업이나 수입이 없어 가난하면서도 언제나 한결같은 마음으로 살아가는 사람이 있다면, 그러한 사람은 많은 수양을 하여 아주 높은 경지에 오른 특별한 사람입니다. 그러나 일반 백성들은 일정한 수입이나 삶의 근거가 될 재산(恒産)이 없으면 한결같이 착한 마음(恒心)으로 살아갈 수가 없습니다. 백성들은 지키고 의지해야 할 마음이 무너지면 방자해지거나 편벽해질 수 있고, 심지어는 사악하고 음란해지면서 사치를 부리는 등 못하는 짓이 없게 됩니다. 그러나 백성들이 이러한 상태에 빠지는 것을 방치해 놓고는 그들이 죄 짓기를 기다렸다는 듯이 붙잡아서 그들을 다스린다면, 그것은 마치 백성들을 법이란 그물로 그물질하여 잡아들이는 것과 같습니다."

「無恒産而有恒心者, 惟士爲能. 若民, 則無恒産, 因無恒心. 苟無恒心,
放辟邪侈, 無不爲已, 及陷於罪, 然後從而刑之, 是罔民也.」(맹자, 梁惠
王上 7).

맹자의 말은 계속된다.

"그러므로 예로부터 현명한 군주들은 우선 백성들의 생업을 안정
시켜 누구나 위로는 부모를 봉양할 수 있게 해 주고 아래로는 족히
처자를 부양할 수 있게 했습니다. 그리고 풍년에 배불리 먹게 하는
것은 물론이고 흉년이 들어도 굶어 죽는 것을 면하게 해 주었습니
다. 이렇게 민생을 안정시키고 난 연후에 백성들을 이끌어 착한 길
로 가도록 했습니다. 그러므로 백성들도 현군의 교화 덕치(德治)를
쉽게 따를 수 있었던 것입니다." 「是故明君制民之産, 必使仰足以事父
母, 俯足以畜妻子, 樂歲終身飽, 凶年免於死亡. 然後驅而之善, 故民之從
也輕.」(맹자, 梁惠王上 7).

공자도 맹자도 먹이는 일을 먼저 할 일이요, 가르치는 것은 그 뒤
에 할 일이라고 했다. 백성들이 1년 내내 고생하고도 먹거리를 걱정
하고, 죽도록 일해도 빚에 쪼들린다면 예의를 차리고 문화를 경작하
는 것은 불가능하다. 민생이 도탄에 빠져 항심(恒心)을 잃고, 가난
때문에 가족이 서로 헤어져야 하는 궁핍한 상황에서는 도덕과 예의
를 지키기 어렵다. 그렇다. 세종대왕이 말한 것처럼 "먹을거리는 백
성의 하늘이다."

그래서 맹자는 "민생이 도탄에 빠진 가운데서 예속(禮俗)을 이루
는 것은 불가능하다"며, 지도자의 근본 도리를 다해야 한다고 역설

한 것이다. 안정된 생업을 갖게 되고 마음이 안락해질 때 비로소 조직이나 회사에 대한 애착도 생긴다. 문화도 교육도 먹고 살게 한 다음에야 비로소 가능해진다. 항산(恒産)이 있어야 항심(恒心)이 있을 수 있는 것이다.

경세제민(經世濟民)의 정치

백성들에게 항산(恒産)을 갖게 하고 생활을 안정시키는 것, 그리하여 효도와 우애의 의리를 가르쳐 인간의 길을 확립하고 질서있는 인간사회를 건설하는 것은 공자도 맹자도 강조했던 정치의 기본이었다. 생활의 안정과 교육의 보급, 즉 문화를 경작하는 것이 바로 정치의 역할이라는 것이었다. 이렇듯 공자도 맹자도 백성들이 수준 높은 문화생활을 영위하도록 하는 것이 바른 정치의 모습이라고 갈파했지만, 이 과업은 왜 그토록 어려운 것일까!

인간사의 기복(起伏)은 경제에서 더욱 눈에 띄게 나타난다. 한때는 호경기의 조건이었던 것이 불황의 원인이 되기도 한다. 경제의 국제적 조정이 한 나라의 경제를 요동치게도 한다. 저임금, 정부 주도의 노동집약형 산업을 성장엔진으로 하던 우리 경제가 중국 등의 부상으로 그 동력이 떨어진 것도 국제적 조정 탓이다. 지역의 높은 지가와 집세, 임금 인상, 사회적 자본의 부족, 도시기능의 저하, 교통 혼잡 등은 국제적인 가격으로 비교되고, 이러한 비교에 의해 산업은 국제적으로 이동하고 있다. 오늘날은 바야흐로 국제적 조정의 시대인 것이다.

따라서 우리는 지방에서 동아시아와 세계를 보아야 한다. 그리고 세계의 눈으로 한국을 보고 세계의 눈으로 지방을 보아야 하는 시대에 살고 있다.

세계의 눈으로 볼 때 지금 우리나라의 지역경제는 시급한 구조전환을 감행해야 한다. 인건비의 상승 등 경영조건이 악화되면서 기업의 해외투자와 수입이 증가하고 공장의 해외이전도 급격히 늘고 있다. 공장의 해외이전으로 초래되는 지역산업의 공동화(空洞化)는 취업난을 가중시켜 지역경제를 더욱 악화시키고 있다. 이러한 사태를 그대로 방치한다면 지역의 쇠퇴는 더욱 가속화될 것이다.

물론 행정이 지역경제의 활성화를 위해 노력한다고 해도 지역경제의 진흥은 하루아침에 이루어지는 것이 아니다. 제대로 된 계획을 가지고 체계적으로 노력한다고 해도 최소한 10년은 소요되는 사업이다. 그러나 많은 지방자치단체가 지역경제 활성화를 위해 모든 힘을 기울여야 한다고 말은 하면서도 지역만의 독특한 산업정책을 가지고 있는 지방자치단체가 거의 없다. 담당 공무원이 넓은 시야를 가지고 경제정세의 동향과 지역산업의 실태를 파악하고 있는 곳이라고는 거의 없다.

대부분의 지방자치단체는 전국 어디에서나 찾아볼 수 있는 일률적인 융자나 투자유치 그리고 상담업무를 수행하고 있을 뿐 지역의 실정에 토대를 둔 면밀한 대응책을 마련하지 못하고 있다. 이러한 상태에서는 지역경제를 진흥시킬 장기적인 비전을 짜고 이를 실천할 수가 없다.

지금까지 새로운 사업을 일으켜 일자리를 만드는 것은 주로 민간이 담당하는 역할이었다. 그러나 이제 일자리의 창출은 행정도 책임을 져야 할 중요 과업이 되고 있다. 지방자치단체가 지역자원을 보다 효율적으로 활용하여 새로운 일자리를 만들도록 지원하는 것이야말로 행정에 부여된 시대의 사명이다. 그렇다면 오늘날처럼 격변하는 경제상황에서 과연 새로운 일자리의 창출은 가능한 것인가.

지금까지의 연장선에서 현상을 보고 사고(思考)한다면 지금 우리 사회에는 더 이상 개발할 여지와 영역이 없어 보일 수도 있다. 그러나 새로운 눈과 새로운 감각으로 현실을 직시한다면 아직 우리가 대응하지 못하고 있는 영역은 무수히 많다. 미래의 시각으로 현실을 직시할 수 있는 새로운 눈만 가질 수 있다면 격변하는 시대야말로 새로운 직업과 사업을 창출할 기회인 것이다. 그러나 새로운 기회란 구태의연한 발상에 입각하는 한 보이지 않는다. 이것이 가장 큰 문제이다.

기업행정(起業行政)의 시대

우리나라에서 지방자치단체의 행정행위는 자원과 예산을 쓰는 것, 즉 효과적이고 효율적으로 예산을 소화시키는 것이 기본이었다. 경영이라기보다는 운영이었던 것이다. 그러나 지역 주권의 관점에 볼 때, 지방자치단체가 전개하는 사업은 지역의 자원과 경제력을 늘려나가는 경영활동이어야 한다.

이제 지방자치단체는 자원과 재정을 소비하는 운영주체에서 자원과 재정의 증식을 목적으로 하는 경영의 주체로 거듭나야 한다. 그리고 이러한 경영시스템의 주요 사명은 업(業)을 일으키는 것이어야 한다. 일자리가 만들어지고 그 일터에서 국민이 보람있게 일할 수 있는 환경을 만드는 것이야말로 정부의 기본 임무이다. 따라서 행정의 본분은 기업(起業)하게 하는 기업행정(起業行政)에 있으며, 공무원의 기본임무는 기업가(起業家)로서의 과업을 수행하는 것이다.

기업(起業)하게 하는 방법에도 여러 가지가 있다. 지연산업(地緣産業)의 기술향상을 도모하도록 지원하는 것도 그 하나이다. 아직 이용되고 있지 않는 지역자원을 활용하여 산업화하도록 하는 것도 중요하다. 투자자와 사업가 그리고 연구자와 개발자를 연결하여 새로운 일자리를 만드는 것도 필요하다. 신규로 유치한 기업과 기존기업 간의 연계도 중요하다. 외부에서 기업을 유치하고 나서 이를 활용하여 지역에 있던 기존의 기업에게 바람직한 파급효과를 널리 미치게 할 때 기업유치의 효과는 더욱 커진다. 실로 외부로부터 기업을 유치하는 것보다 더욱 중요한 것은 기존의 중소기업을 육성하고 활성화시키는 것이다.

기업을 유치하려는 사람이 아침에 일어나 습관적으로 해야 할 행동은 경제신문을 읽는 것이다. 신문을 읽을 때 염두에 두어야 할 것은 10행 정도의 단신기사를 탐색하는 것이다. 기업의 생산 확대나 신규사업에 대한 정보를 빨리 포착하기 위해서이다. 생산 확대에 대한 정보를 입수했을 때에는 기존공장의 확대인지 아니면 신규로 공장을 건설하는 것인가를 알아야 한다. 이미 모든 것이 확정된 사항은 도움이 되지 않는다. 그러나 아직 결정이 되지 않았거나 새로 공장을 건설하려는 경우에는 신속히 회사를 찾아가서 교섭에 들어가야 한다.

투자유치를 담당하는 공무원이 신문기사를 읽고 신속하게 회사를 찾아가더라도 책임 있는 사람으로부터 모든 정보를 단번에 얻을 수는 없다. 그렇다고 포기하면 더 이상의 진전이란 있을 수 없다. 며칠이고 기다리면서 관련 인사를 찾아다니다가 새로 공장을 증축한다는 정보가 나오면 바로 단체장에게 보고하고, 단체장이 직접 사장과 만나면 일은 시작된다. 이렇게 하여 기업체의 대표를 현장으로 오게 하고 현장의 열의를 느끼도록 함으로써 기업이 유치될 가능성은 커진다.

기업유치를 위해 외부기업을 방문하고자 한다면 먼저 자기 지역 내에 있는 기업부터 방문해야 한다. 자기 지역에 있는 기업을 자주 방문하고 그들의 어려움을 해결해 주려는 노력도 하지 않으면서 외부에 나가 새로운 기업을 유치하려는 사람은 그 진정성이 의심을 받게 되고 곧 스스로의 한계에 봉착하게 된다.

지방자치단체의 공무원들이 지역 기업의 어려움을 이해하고 이를 함께 해결하려고 노력하면 행정과 기업간의 신뢰관계가 형성된다. 그리고 이러한 신뢰관계는 지역산업진흥을 위한 행정과 중소기업 간의 공동작업을 가능하게 하는 토대가 된다.

모든 것은 기업(起業)으로 통한다

대량생산·대량소비를 실현시킨 중화학공업의 시대는 이제 그 막을 내리고 있다. 대량생산·대량소비의 실현에 의하여 인간생존에 필요불가결한 기초적 수요가 충족되면 사람들은 보다 청결하고 아름다우며 우아한 것을 추구한다. 소비재 수요가 다양화됨으로써 대량생산시스템을 기반으로 한 사회는 막을 내리고 다양한 수요에 대응한 다품종소량생산체제가 시작된 것이다.

오늘날 진전되고 있는 정보화도 지역마다 개성있는 사업을 추진할 수 있는 조건을 충족시키고 있다. 지금까지는 대기업이나 전국적인 유통시스템에 의존하지 않으면 안 되었으나, 앞으로는 그러지 않고서도 소규모의 업체가 자력으로 판로를 개척하고 사업을 키워나갈 수 있게 되었기 때문이다. 따라서 앞으로 지역경제 진흥에 있어서 무엇보다도 중요한 것은 소자본으로도 창업할 수 있는 환경을 조성하는 것이다.

한 나라나 한 지역의 기능과 기술은 독립하여 창업하려는 젊은 기업가들이 필사의 노력을 다할 때 증진되는 부분이 크다. 슘페터(J. A. Schumpeter)가 지적한 것처럼, 신산업의 담당자는 신인(新人)이며 새롭게 만들어진 기업이다. 그러나 시장경제에만 맡겨 두는 한 젊은 샐러리맨이 창업자금을 스스로 조달하기는 쉽지 않다. 창업을 장려하기 위해 행정이 기업지원(起業支援) 시스템을 가동시켜야 하는 이유가 여기에 있다.

그러나 지방자치단체가 독자적으로 창업을 지원하는 기업행정(起業行政)을 전개하는 것은 간단한 일이 아니다. 단순히 부지를 제공하고 싼값으로 건물을 임대하는 것만으로 창업하게 할 수 있는 것은 아니다. 기업을 운영하는 노하우를 습득하게 하고 실천하게 하는 것도 중요하다. 따라서 기술지원과 경영지원 그리고 영업지원도 적극적으로 할 수 있는 시스템을 갖추어야 한다.

지역경제의 활성화는 경제적인 투자만으로 이루어지는 것이 아니다. 그러나 지역에 능력 있는 인간을 모이게 할 수만 있다면 지역경제를 발전시키는 것은 어렵지 않다. 오늘날은 지역에 사람들이 모이는 이유도 달라졌다. 공업사회에서는 생산기능의 결집에 따라 사람들이 모였고 이들을 위한 생활기능이 집적되게 되었다. 그러나 지식사회에서는 생활기능이 양호한 지역에 생산기능이 결집되게 된다. 생활기능이 우수한 지역사회에는 우수한 인재가 모이고 이러한 인재들은 자연히 지식집약형 산업을 일구게 되는 것이다.

따라서 지역발전의 열쇠는 인간이 인간다운 생활을 영위할 수 있는 지역, 즉 문화적이고 환경을 고려한 지역을 만드는 데 달려 있다. 지역경제의 활성화는 경제적 측면뿐만 아니라 문화와 환경 그리고 복지의 차원에서 노력할 때 비로소 가능해지는 것이다. 이렇게 볼 때, 행정의 모든 활동은 기업(起業)을 위해 작용하는 기업행정(起業行政)이며, 공무원들의 기본 임무는 기업가(起業家)로서의 과업을 수행하는 것이다.

제21장 혁신은 생명을 영속시키는 길

혁신이란 계절에 따라 옷을 갈아입듯이 존재의 영속성을 위한 기초적 활동이다. 혁신을 한다는 것은 우리 몸의 세포가 끊임없이 교체되듯이 생명을 영속시키는 작용이다. 사람도 행정도 마찬가지이다. 몸의 세포가 교체되듯이 행정의 DNA도 바꾸어야 한다. 환경이 바뀌면 대응방법이 달라져야 하듯이, 목표가 바뀌면 수단도 바뀌어야 한다.

새로움을 기도하는 마음

은(殷)나라의 탕왕(湯王)은 자신의 세숫대야에, "만약 하루라도 새로울 수 있거든 나날이 새로워지고, 또 나날이 새로워지라"는 글을 새겨 놓고, 매일 아침 자신의 때를 벗기듯이 마음의 때를 벗기면서 나날이 새로워지고자 노력했다. 「苟日新, 日日新, 又日新.」(『大學』, 第2章).

탕왕이 세숫대야에다 자경(自警)의 글귀를 새겨놓은 것을 보면 '마음 씻기를 마치 몸 씻듯이 하려는 것'이었다. 진실로 하루라도 옛날에 물든 잘못된 자신을 씻어 버리고 스스로를 새롭게 할 수가 있다면, 그날 새로워진 것을 계기로 해서 계속하여 날마다 새롭게 하고, 또다시 진작(振作)시켜 새롭게 하기를 마치 매일같이 목욕하여 때를 씻는 것과 같이 해야 한다고 생각했던 것이다.

지도자는 스스로를 새롭게 할 수 있어야 추종자를 새롭게 할 수 있다. 이렇게 하여 조직의 문화 전체가 새로워질 수 있어야 그 조직은 시대의 새로운 명령을 받아들이고 새로운 시대의 부름에 부응할 수 있게 되는 것이다.

옛날이나 오늘이나 사람의 마음이란 옛것을 지키는 것을 편히 여기고 새로 고치기를 꺼린다. 이러한 가운데 일부 사람들은 옛 버릇만 고수하려고 함으로써 구차한 폐단을 고착시키고 있다. 이에 대한 반동으로 일부 사람들은 단지 비판하기에만 힘쓰고 해결책보다는 문제점을 들추는 데에 온 힘을 쏟고 있다. 그러나 우리가 희망의 미래를 열기 위해서는 이러한 두 가지 극단을 동시에 극복해야 한다.

일찍이 율곡(栗谷) 선생은 새로운 생각을 받아들이지 않고 종전의 구차한 절차만 따르려는 당시의 세태를 두고 다음과 같이 한탄했다. "궁하면 변하는 것이고, 변하면 통하는 법인데, 지금은 궁해도 변하지 않으니 어찌해야 할지 나도 모르겠다." 「窮則變, 變則通. 今窮而不變, 我不知奈何.」 (『栗谷全書』, 〈石潭日記〉).

율곡 선생의 한탄에서도 알 수 있듯이, 개혁은 오늘에만 어려운 과제가 아니다. 그리고 궁하면서도 변하지 않는 것이 공무원 집단에만 한정된 것도 아니다. 특히 오늘날의 불순한 인심은 그릇된 일을 하는데 버릇이 되어 새로운 일을 시작하려는 것을 몹시 어렵게 만들고 있다.

지금 우리는 근원적으로 변한 새로운 환경에 대처해야 한다. 따라서 지금까지와 같은 방식으로 미래를 준비할 수는 없다. 패러다임 자체가 전환되고 있는 상황에서는 근본적으로 새로운 발상이 필요하기 때문이다. 이제는 정부경영도 비즈니스의 세계에서처럼 고정관념의 틀을 깨고 사실에서 출발하여 새롭게 대처해야 한다. 이제 우리는 더 좋은 것이 아닌 새로운 것을 추구해야 한다. 새롭게 그리고 나날이 새롭게 되지 않으면 우리에게 미래는 없다.

그러나 과거의 시스템으로 미래를 준비하려는 자세는 특히 정부조직에서 두드러지게 나타난다. 정부조직의 속성은 특정 제도가 비효율적인 경우에도 그것을 개선하려 하기보다는 오히려 기존의 논리를 더욱 강화시키려는 '자기강화의 힘'을 작동시킨다.

정부조직의 이러한 속성은 다음과 같은 이유에 연원한다.

첫째, 조직구성원 개인의 입장에서 볼 때, 극히 예외적인 경우를 제외하고는, 기존의 틀을 바꾸려 애쓰기보다는 그것에 적응하는 것이 훨씬 더 쉽다. 이러한 가운데 기존 제도가 유발하는 비효율성으로 인해 혜택을 받는 집단이나 조직이 생기고 그들이 작용하기 시작하면 기존의 틀을 바꾸기는 더욱 어려워진다.

둘째, 한 사회가 특정한 경로를 따라 움직이기 시작하면 그곳에서 활동하는 사람들의 조직적 학습, 문화적 관습, 사회적 인식의 형태 등도 제도가 설정해 놓은 궤도(軌道)를 따라서 움직인다. 따라서 기존의 경로는 더욱 고착되어 간다(North, Institutions, Institutional Change and Economic Performance).[1]

정부조직도 민간조직도 그것이 시대의 요구에 부응하도록 하기 위해서는 시스템의 바람직한 변화를 의식적으로 연출해야 한다. 특히 21세기에 있어서 새로운 조타수로서의 지방정부는 지금까지 국가가 하던 많은 역할을 대신할 수 있도록 체질개선을 해야 한다. 이러한 상황에서 시민들은 새로운 '메뉴'를 원하고 있는데도 '양념'만 바꾸고 그것을 새로운 것이라고 우겨서는 안 된다. 우리의 뿌리 깊은 내재적 한계는 외면하고 외과적 증상만을 치료하려 해서도 안 된다.

오늘의 고전은 어제의 혁신이었다

역사의 눈으로 보면, 오늘 우리가 당연하다고 여기는 전형(典型)도 어제는 혁신(革新)의 사례였다. 오늘의 고전(古典)은 어제의 혁신이었던 것이다. 그러한 실태를 우리나라 지방자치단체의 역할 변화로 살펴보자.

정부수립 이후부터 새마을 사업이 시작되기 전까지 우리의 지방행정기관은 하향적인 통치기구로서 기능했다. 당시 우리의 행정에서 가장 중요한 업무는 국가건설을 위해 법질서를 세우고 국민을 계도하는 것이었다.

따라서 행정은 질서와 기강을 세우기 위해 국민을 계도하고 법규를 준수하도록 규제하는 '규제행정'을 주된 업무로 삼았다. 따라서 이러한 목표를 수행하는 지방행정기관은 국가의 하향적인 통치기구

---

1) Robert D. Putnam, *MAKING DEMOCRACY WORK* (New Jersey : Princeton University Press, 1992), pp.179 ~ 180. 재인용.

로 기능했다. 이러한 체제하에서 공무원들은 행정기관이 가진 정보를 주민에게 알려줄 필요도 없고 주민은 알 필요도 없다고 생각했다. 단지 주민들은 국법을 준수하고 따르기만 하면 된다고 생각했던 것이다.

당연한 결과로서, 이러한 공무원들이 현장의 문제를 해결하기 위해 현장을 찾아다니는 경우는 거의 없었다. 공무원과 주민의 관계는 독점기업과 소비자의 관계처럼, 그리고 일종의 시혜자(施惠者)와 수혜자(受惠者)의 관계처럼 형성될 뿐, 주민참여라거나 주민편익이라는 명제(命題)는 그 개념조차도 상상하기 어려운 상태였다.

새마을 사업이 시작되면서 지방행정의 성격은 근본적으로 바뀌었다. 지방행정기관은 중앙의 각 부처로부터 시달된 시책을 집행하는 '집행기구'가 되었다. 조국근대화라는 명제로 각 지방에는 국가로부터 달성해야 할 시책의 목표량이 시달되었다. 따라서 지방공무원의 기본 업무는 중앙에서 내려오는 지시·명령·통첩·시달에 맞추어 대책을 수립하고, 수립한 대책에 주민이 따라 오도록 주민을 지도하고 관리하는 것이었다.

그 결과 유능한 공무원이란 정부의 시책에 주민이 따르도록 주민을 잘 관리하는 사람이었다. 이러한 체제 하에서 모든 지방공무원들은 주민들이 정부의 시책에 따르도록 '지도'하는 '지도자'로 나서게 되었다. 종전까지만 하더라도 현장과 주민을 직접 방문하는 사례가 거의 없던 공무원들이 '지도행정'을 한다면서, 그리고 주민관리를 한다면서 PR(피할 것은 피하고, 알릴 것만 알리는) 활동을 위해 현장의 주민을 찾아 나서기 시작했다.

그 결과는 엄청난 것이었다. 신품종 통일벼로 식량증산을 한 덕택에 굶주리던 우리 사회가 보릿고개를 면하게 되었다. 밤나무와 뽕나무로 소득을 올리고 아궁이 개량, 주거개량, 산아제한 정책도 강력하게 펼칠 수 있었다. 모두가 우리 공무원들이 '지도행정'을 효율적으로 펼친 덕택이었다.

당시 우리의 공무원들은 독립운동을 하듯이 일을 했다. 운동화 끈을 졸라매고 현장을 누빈 만큼 당연히 마을의 풍경도 바뀌기 시작했다. 새마을 지도자 댁이나 이장 댁에 새로 설치한 스피커에서는 하루에도 몇 차례씩 "아, 아, 이거 나오나, 지금 방송 나옵니까?" 하는 귀에 익은 이장의 목소리가 흘러나오고, 이어서 "동민 여러분들께 알려드리겠습니다" 고 하는 면서기의 안내방송이 들리는 것은 마을의 새로운 풍경이 되었다.

"동민 여러분! 다음 장날까지는 논에 농약을 꼭 쳐야 합니다. 이번에 칠 농약은 병뚜껑이 빨간 것입니다. 물 한 말에 병뚜껑으로 두 번 넣어서 치면 됩니다" 하고 외쳤던 것은 문맹자가 많은 당시의 상황을 반영한 것이었다.

'지도행정체제' 속에서 전국의 시와 군들은 중앙에서 내려온 시책을 다른 지방보다 더 많이, 그리고 더 빨리 수행하는 것으로 경쟁했다. 오늘날 우리의 지방이 지역마다의 특색이라고는 없고 어디를 가도 똑같은 모습을 하게 된 것도 지도행정의 결과이다. 모든 지방이 중앙에서 내려온 똑같은 정책을 누가 먼저, 그리고 더 많이 하는가 하는 소위 '넘버 원(Number One)'으로 경쟁했기 때문이다.

이러한 상황에서 우리의 공무원들은 모두가 지시·명령·통첩·훈령에 따라 움직이는 '서기형 공무원'으로 만들어졌다. 그 결과 우리 공무원들은 시키는 일에 대해 빠르고 정확한 대책은 세울 수 있어도 새로운 정책을 구상하는 능력은 기를 수가 없었다. 공무원들은 현실과 현장 그리고 현물보다도 준칙(準則)을 근거로 발상하게 되었고, 행정이란 그저 법규를 방패로 하는 것이라는 생각을 고착시켜 버렸다. 공무원들이 우리 사회의 지도자로 나섬으로써 보릿고개를 넘을 수 있었고, 이러한 행정은 우리나라를 세계에서 가장 빠르게 성장하도록 했다. 그러나 이러한 행정은 우리 국토의 개성있는 발전을 어렵게 하는 족쇄로도 기능했던 것이다.

1995년, 지방자치단체의 장을 민선으로 선출하면서 우리의 지방행정도 드디어 '자치 기구'가 되었다. 지방은 스스로의 정책 주체가 된 것이다. 지방자치단체는 고유한 정책, 고유한 이미지, 고유한 상품, 고유한 조례, 고유한 관례를 스스로 만드는 '정책의 주체'이다. 이처럼 새로운 부름에 따라 지방공무원들은 현실을 가슴에 안고, 현장에 서서, 구체적인 과제를 직접 해결할 것을 요구받았다.

지방자치시대가 전개되면서 공무원들은 종래의 '서기형 공무원'의 틀을 벗고 '프로듀서형 공무원'으로 거듭나기를 요구받았다. 드라마의 프로듀서가 한 사람 한 사람의 출연자를 잘 알고 있듯이, 지역을 위해 필요한 자원을 파악하고 지역에 묻혀 있는 인적 자원, 자연 자원, 물적 자원을 발굴해야 했다. 그리고 동원 가능한 모든 자원을 활용하여 한 편의 훌륭한 드라마를 만들어낸 프로듀서처럼, 새로움을 창조하는 공무원이 될 것을 요구받기 시작했다. 이제 공무원과 행정은 지역을 무대로, 세계를 무대로 새로운 가치를 만들어낼 기반을 정비하는 프로듀서와도 같은 공무원, 그리고 프로듀서와도 같은 행정이 되어야 했던 것이다.

이러한 상황 변화는 지방공무원들을 큰 충격에 직면하게 했다. 지금까지 지도자로서 살아오던 삶을 접고 이제는 주민을 주체로 생각하고 행동해야 하는 시대가 되었기 때문이다. 이 뿐만이 아니다. 'Number One'을 최고의 덕목으로 생각하던 사고방식도 부정되었다. 주민을 참여시켜야 하고, 다른 지방자치단체와는 다른 차별화된 정책을 강구해야 하는, 'Only One'을 추구하는 시대로 바뀌었기 때문이었다. 그러나 이러한 변화에 직면한 지방공무원들의 고통은 생각 이상으로 컸다.

주민을 관리하던 사람들이 갑자기 주민을 주체로 생각한다는 것은 쉬운 일이 아니었다. 고객으로도 생각하지 않던 주민을 주주(株主)라고 생각한다는 것 또한 쉬운 일이 아니었다. 공무원들은 자신들이 왜 그 일에 열심인지, 그 일에 왜 예산을 쓰는지를 설명할 책임을 지는 것도 감당하기 어려웠다. 중앙의 방침에 맞추어 주민을 관리하고 지도하는 것이 주된 임무였던 공무원들에게 현장의 문제를 해결하는 정책을 만들도록 하는 것은 더욱 어려운 일이었다. 머리로는 납득이 가더라도 그것을 행동으로 실천하기에는 DNA에 체화된 유전인자가 여전히 방해하고 있기 때문이다.

공감과 공유를 위한 진단

문제는 여기에서 그치지 않는다. 이제 우리 국민들은 행정에 또 다른 기능을 기대하고 있다. 새로운 '업(業)'을 일으키고 지원하는 기업행정(起業行政)을 전개하라고 명령하고 있기 때문이다.

지역에 새로운 가능성을 연출하고 새로운 프로그램을 짜내는 기업

(起業)하는 공무원이 되려면 먼저 지금까지의 '서기형 공무원'이라는 DNA부터 교체해야 한다. 그래야만 기업행정의 시대가 열릴 수 있다. 그러나 과거의 껍질을 벗고 새로운 시대에 부응한다는 것은 간단한 일이 아니다.

누구나 총론적으로는 혁신은 필요하고 당연한 것이라고 말한다. 행정혁신을 논의할 경우, 행정이란 실체를 단순한 사실로 가정하고 합리적인 혁신의 방향을 얼마든지 구상할 수도 있다. 재정혁신이건 기구혁신이건 간에 이론적으로는 얼마든지 자유롭고 이상적인 입장에서 문제를 지적할 수 있다.

그러나 혁신의 문제는 체제의 밖에서 본 것처럼 그렇게 간단한 것이 아니다. 관료시스템과 그 속에서 일하는 관료의 행위에는 종래의 법체계·관습·절차, 이해관계 등이 얽혀 하나의 문화로서 깊이 뿌리내리고 있다. 특히 공공조직에 몸담고 있는 공무원은 신분이 보장되어 있고 시장경제의 논리에 입각한 비용의식·납기의식·경쟁의식을 갖지 않더라도 도산의 위기감이 없다.

뿐만 아니라 공무원들은 부지불식간에 자신이 속해 있는 부서와 운명공동체가 되고, 그 구성원들 간에는 일종의 '공동체화'된 연대를 형성하게 된다. 공동체화된 조직 속에서는 조직의 본래 목적을 추구하기보다도 구성원 자신들의 사적(私的) 목표를 더 중시하게 되어 내부경쟁을 가능한 한 없애려고 한다. 그러므로 출세의 순서는 연공서열에 입각한다. 객관적인 실적보다는 동료와 상관의 평판이, 실제적인 성과보다도 노력하려는 모습이 평가의 기준이 된다.

이런 분위기 속에서는 공무원들 간에 오랜 기간 합의되어 온 조직문화를 변화시키는 그 어떤 행동도 구성원들의 기득권을 붕괴시키는 행위로 간주되기가 쉽다. 총론적으로는 변화와 혁신을 받아들이더라도 각론에 들어가면 철저히 저항하는 이유가 여기에 있다. 따라서 우리는 '무엇을 개혁하고 혁신할 것인가'만이 아니라 '어떻게 개혁할 것인가'를 고민해야 한다. 현실에 있어서의 혁신은 수많은 저항과 끈질긴 설득의 연속과정으로 이루어지는 것이기 때문이다(강형기, 『관의 논리 민의 논리』, 1998).

설득(說得)이란 다른 의견을 가진 구성원들이 논리적으로 반대할 여지가 없어 도저히 따를 수밖에 없게 하는 것이다. 따라서 설득이란 논리적인 제압이다. 그러나 논리적인 제압을 하려면 누가, 무슨 이유로, 어떤 방법으로, 누구에 대하여, 어떻게 저항하고 있는가를 잘 알고 있어야 한다.

혁신은 작문으로 하는 것이 아니다. 혁신이란 기구를 조작하는 것도 아니다. 혁신은 구성원이 방향과 내용을 공감하고 공유하여 그것이 조직의 풍토로 받아들여지고 또 다른 혁신을 잉태시키는 씨앗으로 작용할 때 진정한 의미가 있는 것이다. 그렇다면 공감은 어떻게 창출되어야 하는가? 콩나물에 물 주듯이 반복된 교육으로 감화를 시키는 것도 하나의 방법이다. 승진이나 복지향상을 통해 동기 부여에 힘쓰는 것도 그 한가지 방법이다.

그러나 이러한 수단은 언제나 동원할 수 있는 것이 아니다. 따라서 현재의 문제점을 객관적으로 진단하고 제시하여 조직 구성원이 자기 자신을 스스로 설득하게 하는 경영진단을 할 필요가 있다. 다양한 이해와 의견이 교차하는 조직사회에서 모든 구성원이 조직의 의사결정에 전적으로 동의하게 한다는 것은 거의 불가능하다. 따라서 미래를 공유하게 하는 경영진단을 통하여 설득을 하는 것은 혁신의 통로를 열어주는 중요한 수단이 된다.

창조적 파괴의 순환

혁신, 그리고 혁신. 온통 혁신이 화두인 가운데 혁신이라는 말만 나와도 몸서리를 치는 혁신피로증이 생기고 있다. 그러나 혁신이란 '새로운 과제에 탄력적이고도 효율적으로 대응할 수 있는 마음가짐을 갖게 하고 이를 토대로 생산적인 시스템을 구축하는 것'이다. 혁신이란 고통을 참고 혜택을 줄이는 것이 아니다. 혁신을 한다는 것은 구성원 모두가 밝고도 적극적인 희망을 공유하도록 하는 것이다 (강형기, 『革新과 診斷』, 1997).

그런데도 왜 혁신이란 말만 들어도 주눅이 드는 것일까? 혁신을 위한 혁신이 강요되고 있기 때문이다. 정권이 바뀔 때마다 이름을 바꾸어 들고 나오는 쇄신·개혁·혁신 정국이 수단을 목표로 섬기도록 강요했기 때문이다.

지금까지 우리나라에서는 행정개혁과 기구개혁을 동일시하는 경우가 많았다. 기구개혁을 인력감축으로 이해하여 대부분의 개혁은 긴축으로 연결되었고 긴축은 곧 위축을 불러 일으켰다. 이리하여 행정개혁이란 후생복지를 줄이는 것, 심지어는 자신들의 설자리를 잃게 하는 '공적(共敵)'으로 인식되었다. 개혁정국이 시작되면 활기가 없어졌던 이유가 바로 여기에 있었다.

진정한 혁신은 자신의 업(業)을 알고 사명감을 갖게 하는 것으로 출발해야 한다. 사명감이야말로 혁신을 가능하게 하는 에너지의 원천이다. 혁신이란 자신의 업(業)을 알고 자신의 업에 충실하려는 사명감만큼 실현되는 것이기 때문이다. 따라서 혁신이란 '변화된 환경에 적응하는 자기연출'이어야 한다. 진정한 혁신이란 새로운 과제에 효율적으로 대응할 수 있는 생산적인 시스템을 구축하는 것이어야 한다.

오늘날 우리는 공감과 공유 속에서 새로운 가치가 창출되는 시대에 살고 있다. 사회의 변혁도 '공감(共感)' 속에서 이루어지는 것이며, 세상을 바꾸는 힘은 '융화(融和)' 속에서 창출된다. 따라서 오늘날 관료제가 안고 있는 내부적인 모순과 과제들은 결코 적대감 속에서 타파될 수 있는 것이 아니라는 것을 알아야 한다. 이제 우리는 공감과 공유를 연출해야 한다(강형기, 『革新과 診斷』, 1997).

하나의 조직을 혁신하는 힘은 세 가지에서 나온다. 구성원의 위기감 공유에 의한 혁신, 이념의 공유에 의한 혁신, 그리고 혁신 주체의 리더십에 의한 혁신이 그것이다. 그러나 현재 우리의 상황은 혁신 주체의 리더십이나 이념에 의한 것만으로 정부혁신이 실현될 단계가 아니다. 이제는 보다 많은 국민들이 우리의 한계와 실상을 이해하고 위기상황을 절감하게 함으로써 국민이 혁신을 지지하고 여기에 참여하게 해야 한다. 이를 위해서는 현실을 가슴에 품고, 현장에 서서, 현물을 접하면서 정책을 만들어야 한다. 이제 더 이상 혁신을 작문으로 하려고 해서는 안 된다. 당장 어렵다고 단기 땜질로 대처해서도 안 된다. 미봉책은 새로운 미봉책을 요구하게 된다는 것을 알아야 한다.

모든 혁신은 조직이 수행할 목표와 기능을 전제로 해야 한다. 행정혁신의 핵심은 행정이 수행해야 할 기능을 근본적으로 재검토하여 업무의 내용과 절차를 바꿈으로써 서비스의 질을 높이는 것이어야 한다. 따라서 기구혁신(restructuring)은 기능혁신이 전제되어야하는 것이며, 새로운 기능은 조직이 달성해야 할 목표에서 도출되어야 한다. 그리고 목표는 주민의 관점에서 현실과 미래를 직시하는 가운데 발상 되어야 한다. 이렇게 볼 때, 구조는 기능에 입각해 다시 설계되어야 하고, 기능은 목표에 의해 향도되어야 하며, 목표는 시민사회의 수요에 따라 수정되어 나가야 하는 것이다. 이처럼 모든 혁신은 창조적 파괴의 순환으로 이루어지는 것임을 알아야 한다.

썩은 나무에는 조각할 수 없다

"썩은 나무에는 조각을 할 수 없고, 거름흙으로 쌓은 담은 흙손으로 다듬을 수가 없다."「朽木不可雕也, 糞土之牆不可杇也.」(논어, 公冶長 10).

그러나 아무리 썩은 것을 도려내는 것이 정당하다고 하더라도 구성원을 납득시키지 못하거나 일부 엘리트의 충성심에만 의존하여 추진하는 혁신은 성공하기 어렵다. 반발을 유발하고 이러한 반발은 위축과 함께 소위 '복지부동(伏地不動)'을 야기하기 때문이다.

혁신은 현실의 어려움을 모면하려는 것이 아니라 앞날에 대한 희망을 연출하려는 것이다. 혁신은 선전하기 위하여 하는 것이 아니라 생존을 위해서 하는 것이다. 그러나 혁신이란 전례에 없는 일을 실천하는 것이므로 감내하기 어려운 불안과 고통도 수반한다. 때로는 갈등과 슬픔의 터널도 건너야 한다.

혁신의 앞길에는 세 가지의 장벽이 가로놓여 있다. 제도의 벽과 물리적인 벽 그리고 의식의 벽이 그것이다. 혁신이란 이러한 세 가지의 벽을 허무는 것이다. 이 중에서도 의식의 벽을 허무는 것이 무엇보다도 중요하다. 의식의 벽을 허물기 위해서는 무엇을 위한 혁신인지 그 혁신의 목표를 분명히 해야 한다. 혁신의 목표를 공감시키고 미래의 가치를 공유시켜야 한다. 그리하여 구성원의 다양한 참여로 힘을 모으며, 현장을 중시하면서, 사랑으로 신뢰를 쌓아야 한다.

따라서 혁신의 왕도는 정보 공유와 참여에 있는 것이다. 정보의 공유는 '왜 혁신을 해야 하는지' 를 공감시키고 미래의 가치를 공유시켜 혁신에 동참하도록 하는 지름길이다. 구성원이 혁신의 취지와 목적 그리고 참여할 방법을 알지도 못하는 상황에서 윗사람이 일방적으로 몰아부치는 혁신은 성공할 수가 없다.

일부의 핵심요원들끼리 종이와 연필로 하는 혁신은 성공할 수가 없다. 우리나라에서 역대 정부의 혁신 과정에 목청을 높인 것은 예외 없이 핵심세력의 일부였다. 그리고 이들에게 대항했던 것은 기득권을 위해 똘똘 뭉친 공무원들과 그 산하 단체들이었다. 우리 주민이 편리한 여객수송이나 따뜻한 난방 대책을 요구할 때에도 마차 생산업자나 화로 공급업자들만이 모여서 자신들의 대책을 마련하듯이, 기관의 입장만으로 일관한 혁신은 성공할 수가 없었다. 혁신의 현장에 주권자의 참여가 필요한 이유가 여기에 있다. 썩은 나무에는 조각을 할 수 없다. 마찬가지로 낡은 방법으로는 혁신을 할 수가 없다.

오늘날에도 공무원의 충성심과 능력의 정도는 한 국가, 한 지방의 성쇠를 가늠하는 결정적인 요소이다. 공무원들에게 활력을 샘솟게 하는 정치나 행정시스템의 확립은 우리가 미래의 희망을 논의할 때 고려해야 할 필수적인 사항인 것이다. 따라서 우리가 지향하는 혁신의 궁극적 목표는 구성원 스스로가 새로운 시스템을 추구하는 담당자가 되고, 스스로가 자기 변혁·자기 혁신을 위해 노력하게 하는 것이다. 그리하여 혁신에 따르는 아픔을 스스로 감당함으로써 보다 큰 성취감을 만끽하게 되는 성숙된 경영시스템을 갖추도록 해야 한다.

지금 우리의 목표가 일시적으로 좋은 세월을 보내는 것이라면 기존의 좋은 법과 관례만을 준수하면 될 것이다. 그러나 우리의 목표가 미래 세대의 행복까지도 생각한 것이라면 우리는 날로 새로워져야 한다. 혁신은 미래 세대를 위한 가장 적극적인 선물이며 생명의 새로운 기운을 만드는 것이기 때문이다.

제22장　1년 내에 기반을 잡고
3년 내에 성과를 내야 한다

　국민들은 오래 기다려 주지 않는다. 1년 안에 기틀을 잡으라고 요구하고, 2년이면 성공체험을 원한다. 그리고 3년이면 성과를 증명하라고 요구한다. 우리의 선거제도가 이러한 성미를 더욱 부채질하고 있다. 그래서 공자는 경고했다. "1년 이내에 기틀을 잡고, 3년 내에 성과를 보여야 한다. 만약 그렇게 하지 못했다면 크게 반성하라!"

민주주의에서 빛을 발하는 공자의 탄식

　세상 사람들의 온갖 냉대에도 불구하고 공자는 인간세상을 구제하려는 뜻을 결코 버릴 수 없었다. 그러나 정녕 기회는 오지 않는 것인가! 만년의 공자는 위(衛) 나라의 임금 영공(靈公)마저도 자신을 등용해 주지 않자 탄식하며 말했다.[1]

　"만약 나를 믿고 써서 정치를 맡겨 준다면 1년 안에 기반을 잡을 것이다. 3년 안에는 눈에 보이는 실적을 올릴 것이다."「苟有用我者, 期月而已可也, 三年有成.」(논어, 子路 10).

이 말은 공자가 난세의 정치현실을 한탄하면서 한 말이었지만, 자신만만한 경륜을 표현한 대목이기도 하다. 물론 아무리 공자라 할지라도 복잡한 요인으로 전개되는 정치를 너무 가볍게 본 것이 아니냐고 생각하는 사람도 있을 수 있다.

그러나 공자가 한 탄식은 오늘날 5년이라는 짧은 임기 내에 그리고 4년이라는 제한된 시간 내에 정치적 성과를 거두어야 하는 우리의 대통령과 지방자치단체장에게 주는 엄청난 경고의 말이다. 정치에도 경영에도 승기(勝機)가 있고 실마리가 있다. 실마리를 잡지 못하고 승기를 활용하지 못하면 희망은 절망으로 바뀐다.

우리는 공자의 탄식에서 여러 가지를 생각할 수 있다.

일단 일을 맡겼으면 일정한 기간 동안 비판을 유보하고 기다려 주어야 한다는 것도 그 중의 하나이다. 공자가 "만약 나를 믿고 써서 단 1년만이라도 실제로 정치를 맡겨준다면 1년 안에 기틀을 잡을 것이다. 만약 3년간 맡겨준다면 눈에 보이는 실적을 올릴 것이다"라고 한 말은 일정한 기간 동안은 의심하지 말고 기다려 주어야 한다는 것을 의미한다.

중요한 정책을 구상하고 이를 실현하기 위한 기반을 정비하려면 최소한 1년이라는 시간은 주어야 한다. 그리고 이를 통해 성과를 내려면 최소한 3년은 기다려 주어야 한다. 그러나 우리나라에서는 장관을 비롯하여 국장과 과장 그리고 계장에게까지도 공통적으로 적

---

1) 이 말은 공자가 노나라를 떠난 후 5, 6년쯤 뒤에 한 것이므로 이 때 공자의 나이는 60세 쯤 되었을 것이다.

용되는 인사 관행이 있다. 1년이면 자리가 바뀌고, 3년이 지나면 그 자리에 있었던 기억도 없어진다는 것이다. 이러한 관행 속에서는 장기적인 관점에서 정책을 구상하고 자신이 제안한 정책을 실천하여 성과를 보이고 책임지는 조직문화를 꽃피울 수가 없다.

새로운 정책과 아이디어를 적용한다는 것은 전례에 없던 일을 하는 것이다. 전례가 없던 일을 하려고 하면 기존의 문화에 물들어 있는 사람들의 입방아 세례를 피할 수 없다. 오늘날 우리 사회의 풍토는 바르고 옳은 일을 한다고 해도 모든 사람들로부터 칭찬받을 수는 없다. 다른 사람의 성공이 두려워 헐뜯기를 일삼는 사람도 많다. 다른 사람이 무슨 일을 하더라도 무조건 그리고 무차별적인 공격을 하는 사람도 있다. 인재를 보배로 보지 않고 경쟁자로 보는 사람들은 다른 사람이 좋은 일을 하는 것을 방해하려고 한다. 그러나 그런 사람의 말에 신경을 쓰다 보면 결국 그 사람에게 구속당하게 된다.

맥계(貉稽)가 맹자에게 호소했다.

"선생님! 저는 여러 사람들로부터 욕을 얻어먹고 있습니다. 어떻게 해야 할지 난감합니다."

맹자가 말했다.

"맥계야! 상심할 것 없다. 지도자는, 특히 좋은 일을 하려는 사람일수록, 무수한 소인배들로부터 비방을 받게 되어 있느니라. 그래서 시경(詩經)에서도 말하지 않았느냐. '마음속에 가득한 근심, 뭇 소인배들의 원한 때문이네' 라고. 공자의 경우가 그러하였느니라. 시경에는 또 다음과 같은 말도 있지 않느냐. '비록 저들의 원한과 노여움을 없애지는 못했을망정, 나 자신의 좋은 명성 실추되지도 않았네'라고. 문왕의 경우가 그러하였느니라."「貉稽曰 : 稽大不理於口.
孟子曰 : 無傷也, 士憎玆多口. 詩云, 憂心悄悄, 慍于羣小. 孔子也. 肆不
殄厥慍, 亦不隕厥問. 文王也.」(맹자, 盡心下 19).

맹자의 가르침처럼 큰일을 하려는 사람은 자질구레한 비난에 동요
되어서는 안 된다. 일을 시작할 때에는 신중히 가려서 하되, 일단
시작했으면 주위의 잘못된 비판이나 저항하는 목소리에 저상(沮喪)
되지 말아야 한다.

기반을 잡는다는 것

기반을 잡는다는 것은 목표를 공유시키고 수단을 정비하는 것이
다. 1년 내에 기반을 잡으려면 무엇보다도 먼저 그 조직이 지향해야
할 목표를 공유하게 해야 한다. 함께 가야 할 방향을 공감하게 하고
이를 모두의 목표로 공유시키는 작업부터 해야 하는 것이다. 지금
어디에 서 있으며 어디로 가야 하는지를 분명히 함으로써 달성해야
할 목표를 명확히 인식시켜야 한다. 그리고 그것을 실천할 열의를
갖게 해야 한다.

성공적인 CEO는 꿈을 공유시킨다. 훌륭한 지도자는 부하들의 꿈
을 조정한다. 어느 조직에서나 지도자의 꿈과 부하의 꿈 그리고 추
종자의 꿈은 다르다. 그러므로 지도자는 자신의 목표와 구성원의 목
표를 일치시키고, 자신의 꿈과 구성원의 꿈을 통일시키는 목표 공유
를 도모해야 한다. 모든 시스템의 생산성은 목표를 공유하는 정도에

달려 있기 때문이다.

목표를 공유시키려면 먼저 목표를 명확히 설정해야 한다. 목표를 설정하려면 자신들이 처한 시간적 조건과 공간적 현실을 토대로 정확한 상황판단부터 해야 한다. 현재의 상태가 어떤지도 모르면서 효율적으로 경영할 수는 없다. 현재 있어야 할 바람직한 위치도 모르면서 미래를 말할 수는 없다. 현실의 한계를 뛰어넘는 방도를 모르면서 미래로 갈 수도 없다. 불리한 상황을 유리한 상황으로, 약점을 강점으로 역전시키려면 먼저 현실을 알아야 한다. 대응해야 할 과제와 무시해야 할 과제를 정확히 판단하여 가치 없는 것에 시간을 낭비하지 말아야 한다.

인간의 건강상태는 종합검진을 통해 알 수 있다. 간 GPT와 혈압 등 사람의 건강을 체크하는 항목은 20개 정도가 된다. 현재의 상태를 알기 위해서는 20개에 걸친 항목을 가지고 3가지의 비교를 해야 한다. 먼저, 과거와 비교한다. 예컨대, 작년에 비해 체지방 비율이 높아졌는지 등을 비교한다. 그리고 모델이 될 만한 다른 사람과 비교하여 자신의 상태를 살핀다. 마지막으로, 자신의 기대 수준과 현재의 상태를 비교해 본다. 스스로 세운 목표나 기대치는 사람마다 다를 수가 있다. 그러나 스스로의 기대 수준을 설정하는 것은 자신을 관리하는 기본적인 방법이다.

비교를 통해서 현상이 파악되면 이를 토대로 새로운 목표를 세워야 한다. 예컨대 체중을 줄이려면 다이어트라는 목표를 세워야 한다. 그리고 나서 이러한 목표를 달성하기 위하여 구체적으로 무엇을 어떻게 해야 할지를 결정해야 한다.

지방자치단체를 경영하는 것도 마찬가지이다. 먼저 현재의 상태를 파악하고 앞으로 달성해야 할 목표를 설정한다. 그리고 목표를 달성하기 위해서는 무엇을 어느 정도로 해야 할지를 결정해야 한다. 어떤 자원을 어느 정도 투입하고 투입한 자원을 효율적으로 활용하기 위해서는 시스템을 어떻게 개선해야 할지를 판단해야 한다.

목표의 실현은 시스템으로 도모해야 한다. 조직 전체의 목표 성취는 부서마다의 하부 목표가 달성됨으로써 이루어지는 것이다. 구성원 개개인이 열심히 일만 한다고 좋은 조직이 되는 것은 아니다. 구성원 개개인이 필요하고 의미있는 일에 열심이어야 한다. 개별 부서마다 상위 목표와 적절히 연계된 기능을 설정하는 것은 그래서 중요하다. 따라서 조직이 가장 먼저 개편해야 할 것은 구조가 아니라 기능이다.

설정된 기능을 효율적으로 실현하기 위해서는 기능에 입각하여 구조를 바꾸고 직무권한과 처리방법 등을 재정립해야 한다. 사업이 합리적·효율적으로 수행될 수 있도록 인적·물적 자원도 새롭게 배분해야 하는 것이다. 큰 목표에 따른 세부사업을 실행하려면 많은 자원을 동원해야 한다. 인력, 법규, 물자와 예산, 지지와 동의 같은 무수한 자원을 동원할 수 있어야 한다. 이 중에서도 가장 중요한 것은 역시 인력자원이다. 따라서 인재를 구하고 기존의 인력을 재교육시켜야 한다.

모든 경영에 있어서는 핵심 주체의 일체화된 이미지와 통합된 모습을 보여주는 것도 중요하다. 다양한 의견을 모으고 이를 검토하는 과정에서는 논란과 갈등이 있을 수 있다. 그러나 외부를 향해서는 조직 구성원들의 일치된 모습을 보여주어야 한다. 그래야 외부의 저항세력을 압도할 수 있다. 내부의 균열은 외부 저항세력의 영양분이기 때문이다. 따라서 경영의 핵심 멤버들은 먼저 자신들이 추구하는 이념으로 스스로를 통합시켜야 한다.

그러나 뗏목도 없이 바다를 건널 수가 없고, 이념무장만으로는 전선을 넘나들 수가 없다. 전사(戰士)들을 독려하면서 수구의 장벽과 저항의 지뢰밭을 넘어 목표고지에 이르기 위해서는 필요한 권한을 적절히 행사할 수 있어야 한다.

성공을 체험시켜야 애초의 뜻이 유지된다

목표가 설정되고 수단을 정비했다고 해서 모든 것이 계획처럼 이루어지는 것은 아니다. 역량을 결집하고 참여를 확산시키면서 성공을 체험시켜 나갈 때 비로소 처음에 세운 꿈들을 유지할 수 있다. 아무리 힘을 얻었다고 할지라도 이치에 맞아야 이를 이룰 수 있다 (氣發而理乘之). 그러나 이치에 맞는 일이라 할지라도 힘이 뒷받침해 주어야 한다(理發而氣隨之).

따라서 현실세계에 있어서 '무엇을 할 것인가'를 논하려면 당연히 '어떻게 할 것인가'를 함께 논해야 한다. 아무리 옳고 절실한 선택을 한 경우라도 그것이 현실에서 받아들여지지 않으면 실현되기 어렵다. 특히 다면적이고 다양한 이해가 얽혀 있는 정치의 세계는 오랜 인습의 힘이 작용하고 많은 문제가 복잡하게 엉켜 있다. 따라서 충분하다고 생각할 만큼 준비를 하고 세력을 규합하더라도 실제로 일을 추진해보면 생각만큼 진척되지 않는 경우가 많다. 심지어는 뜻밖의 역효과와 부작용이 나타나서 뜻한 바(志)와 일(事)이 처음 계획과 달리 전개될 수도 있다.

이상과 현실간의 격투(格鬪)로 이루어지는 현실의 경영에서는 언제든지 제어하기 어려운 갈등이 발생하고 새로운 변수가 돌출할 수 있다. 내부의 사기를 유지하고 외부의 저항에 대처하는 일도 생각처럼 간단치 않다. 따라서 애초의 생각과 목표를 유지하고 지속적인 관심과 지지를 이끌어 내기 위해서는 분야별로 성공을 체험시켜 나가야 한다. 그래야만 구성원과 고객들의 기대를 유지시켜 나갈 수 있다. 노력한 결과 그리고 고통을 분담한 결과 변화하고 있으며 좋아지고 있다는 것을 체험시키는 것은 이래서 중요하다.

목표를 세우고 시스템을 개편하면서 자원을 동원하기 시작하면 많은 사람들이 주목을 한다. 1년 정도의 시간이 지나면 조금씩 자신감도 생기게 된다. 점차 권력자를 둘러싼 핵심멤버 주위에는 아부하는 사람, 권력을 이용하려는 사람들도 모여들게 된다. 이들로부터 일방적인 칭찬의 소리가 전달되기도 한다. 그러나 이러한 상황에서 초심을 잃으면 위기는 금방 닥친다. 권력자가 쓴 소리를 멀리하는 순간 그는 이미 진실로부터 멀어지고 있기 때문이다.

하나의 권력체에는 순응적으로 참여하는 사람, 그냥 지켜보는 사람, 경우에 따라 입장을 바꾸기 위해 지켜보는 사람, 내심 잘못되기를 기다리면서 반발의 때를 기다리는 사람 등 다양한 부류의 사람들이 있다.

그런데 이들 모두에게는 공통된 특징이 있다. 그들은 오래 기다려 주지 않는다는 것이다. 권력자 주변에 있기를 좋아하는 사람일수록 잘 되었을 때와 잘못 되었을 때를 대비한 행동대안을 동시에 준비한다. 따라서 순응하고 참여하는 사람에게도, 그리고 저항할 때를 기다리는 사람에게도, 필요한 것은 성공체험이다.

물론 처음 세웠던 목표에 대한 결과를 모두 보여 줄 수는 없다. 그러나 최소한 '앞으로도 계속하면 이렇게 될 수 있다'는 스케줄상의 성취도라도 보여 주어야 한다. 공평한 인사를 공약했다면 이를 증명하는 실적을 제시해야 한다. 업적 있는 사람을 발탁하겠다고 했다면 지난 시간 동안의 업무능력을 평가하여 발탁하는 것도 성공체험의 하나이다. 능력있는 공무원을 승진시킨 사례도 하나의 성공체험이며, 시민사회로부터 칭찬을 받거나 공인된 기관으로부터 상을 받는 것도 하나의 성공체험이 된다.

재래시장을 활성화시키겠다는 공약을 하고 난 뒤 노점상들의 고질적인 불법 상행위를 근절했고, 이러한 성과에 고무된 상점가들이 인도를 넓히기 위하여 물건 진열대를 2미터씩 자진하여 물렸다면, 이것도 하나의 성공체험이다. 그리고 이에 응답하듯이 행정기관이 아케이드 시설과 주차장을 건립해 주자 이를 기념하여 시장번영회가 시장골목 축제를 개최하여 상인들 스스로가 친절한 접객의식을 다짐하면서 정서가 깃든 시장으로 거듭나고자 하였다면, 이야말로 서로의 성공체험으로 고무되어 새로운 목표를 창출해 나가는 것이라고 할 수 있다.

처음 시작할 때 천명한 목표에 대한 작은 성공체험을 보여 주는 것은 지역의 운명을 바꾸는 지렛대 역할을 하게 된다. 역사의 물꼬는 작은 돌쩌귀로 무너지는 기둥을 받치는 것으로 지탱되고 개척되는 것이다. 작지만 다양한 성공체험이야말로 한 지역을 받치는 운명의 돌쩌귀가 된다.

참여의 확대와 지지의 재생산

어느 사회에서나 참여할 기회와 책임을 부여받은 사람들은 자신의 과업에 대응하는 능력을 키우려고 노력하게 된다. 따라서 시간이 지나면 어느 정도의 실적도 올릴 수 있다. 그러나 문제는 여기에서부터 시작된다. 과거와 달라진 위상으로 충분히 바쁘고, 공동체화(共同體化)된 자신들만의 성곽 내에서 살아가는 것으로도 전혀 외로움을 느끼지 않게 된다. 들려오는 소리는 모두 기분에 맞는 것이며, 만나는 사람마다 입에 담는 소리는 칭찬으로 가득하다.

이러한 분위기는 가급적 자기들끼리 논의하고 자기들끼리 만족해하면서 공동체화된 이너서클의 멤버들끼리 지내는 시간이 늘어나게 한다. 공동체화된 이너서클의 멤버들은 자기들의 활동을 수행하기 위한 나름대로의 내부 기준을 정착시킨다. 이러한 기준은 그 활동을 외부적으로 정당화하기 위한 기관(機關)의 필요성에 의해서가 아니라 구성원의 편의에 입각한 일상적 관례로부터 도출된다. 문제는 기관의 공식 목표보다도 이러한 내부 기준이 더 중요시되는 경향이다. 그러나 이렇게 되면 나태해지고 오만해지는 것도 시간문제이다. 이렇게 되는 순간이야말로 마지막 종이 울리기 시작하는 순간인 것이다.

권력의 자리에 앉아 실권을 행사할 수 있게 되면 많은 사람들에게 혜택과 기회를 줄 수 있다. 따라서 세월이 지나면 지날수록 따르는 사람은 더욱 많아지고 능력도 더욱 커져야 한다. 그러나 현실의 경우에는 대부분 왜 그 반대로 움직이게 되는가? 처음에는 지지하고 기대하던 사람도 시간이 지나면서 점점 멀어지는 것은 왜일까? 그 것은 핵심 멤버들이 자기들만의 역량으로 일하려 하고 자기만족에 빠지기 때문이다. 그리고 앉은 자리를 '일하는 자리'가 아니라 힘 쓰는 자리로 착각하기 때문이다. 권력자의 자리는 세도를 부리는 자리가 아니라 임무를 수행하는 자리다. 윗자리에 오를수록 '인재등용과 발탁의 기능'이 본분임을 망각하고 파벌 규합에 온 신경을 쓰기 때문이다.

사회는 끊임없이 변화하고 새로운 문제는 또다시 나타난다. 하나의 문제를 해결하면 그것이 또 다른 새로운 문제를 만들기도 한다. 따라서 일부의 영역에서 얻은 작은 성공에 빠져버리면 그것이 미래를 가로막아 버린다. 어느 사회에 있어서나 하위 목표의 달성 정도는 상위 목표에 의해 평가되어야 한다. 상위 목표 또한 개별 조직이 자신의 좁은 업무 범위를 고려하기 이전의 단계에서 다시 평가되어야 한다. 이를 위해서는 유연한 마음과 개방된 자세를 견지해야 한다. 그래야만 항상 새롭고도 체계적인 대응이 가능해진다.

유연하고도 개방된 자세를 유지하려면 끊임없이 새로운 인재를 받아들여야 한다. 그러나 오늘날의 시민들은 정치나 행정에 그저 손님으로 참여하려고 하지는 않는다. 저마다 삶의 주인공으로 살아가는 시대에 있어서 모든 존재는 저마다의 크기로 주인공이 되고 싶어한다. 정치도 행정도 결국 이러한 사람들이 가지고 있는 욕구에 대응하고 이해를 구하며, 협력을 얻는 것으로 경작되는 것이다.

따라서 현실세계에서 무엇보다 중요한 것은 무수한 주체들 간의 네트워크를 형성하는 것이다. 그리하여 그 연대로부터 우러나오는 힘을 발산시켜야 한다. 네트워크로 연결된 10인의 진정한 협력자와 함께 호흡하고 있다면 그것은 정보와 자원 그리고 에너지를 10배로 확대시키고 있는 것과도 같다. 정치의 성공체험도 이렇게 넓혀 나가야 한다. 그리고 지지자도 이렇게 확대재생산해 나가야 한다.

현실세계에서 지속가능한 시스템을 유지하기 위해서는 제도적인 권한을 옹호하고 증폭시켜 줄 시민적 지지의 확대라는 에너지가 필요하다. 시민적 지지를 확산시키기 위한 기본은 역시 참여를 확대시키는 것이다. 중요한 과업일수록 혼자 할 수 있는 것은 거의 없다. 목표가 정당하고 실현이 절실한 것일수록 역량을 결집하기 위해 널리 많은 사람들을 참여시켜야 한다.

그래서 토크빌은 다음과 같이 말했다.

"지상에서 가장 힘 있는 민주국가란 그들이 바라는 목표를 여러 사람들이 힘을 합해 함께 추구하는 수완이 뛰어나며, 그러한 지식과 능력을 더욱 많은 대상에 적용하는 사람들이 살고 있는 국가인 것이다."(Alexis De Tocqueville, *Democracy in America*).

객관적인 평가와 지표에 의한 경영

지지자를 확대재생산하기 위해서는 성과를 공시하여 믿고 기다리면서 고통을 분담한 보람을 느끼게 해주어야 한다. 물론 3년 정도의 기간 내에 성과를 낼 수 있는 분야는 그리 많지 않다. 그러나 스케줄상의 목표나 혁신 목표 등은 얼마든지 그 성과를 낼 수 있다. 장기목표도 일이 되어 가는 과정, 즉 스케줄상의 목표 달성 정도는 얼마든지 평가할 수 있다. 여기에서 중요한 것은 평가의 객관성이다.

맹자는 두 가지를 서로 비교할 때 그 기준부터 분명히 해야 한다고 하면서 이렇게 말했다.

"근본을 무시하고 말단만 가지고 서로 비교한다면, 한 치밖에 안되는 나무토막을 큰 누각보다 더 높게 할 수도 있다. 쇠는 본래 깃털보다 무겁다고 말할 때, 그것이 어찌 혁대 고리 하나의 쇠가 한 수레의 깃털보다 더 무겁다는 뜻이겠느냐."「不揣基本, 而齊其末, 方寸之木可使高於岑樓. 金重於羽者, 豈謂一鉤金與一輿羽之謂哉?」(맹자, 告子下 1).

한 치밖에 되지 않는 나무토막을 누각 위에 올려 놓고 그것이 누각보다 높다고 말하듯이, 그 기준이나 근본을 무시한 일방적인 평가로 본질을 오도해서는 안 된다. 자화자찬식으로 부풀리거나 부수적인 문제를 본질적인 것처럼 가장해서도 안 된다. 그렇게 하면 애쓰고 공들인 성과마저도 불신받게 된다.

지난해보다 얼마의 예산을 더 투입했다는 것을 성과로 착각해서도 안 된다. 그것은 성과가 아니라 투입액일 뿐이다. 정부에서는 민간조직처럼 재무재표나 손익계산서로 경영성과를 표현할 수는 없다. 그러나 최소한 얼마를 투입하여 어떤 성과를 올렸으며 처음 계획한 목표를 어느 정도 달성했는가는 공개해야 한다.

예컨대, 지역경제 분야에서 실업률은 어느 정도가 줄어들었으며, 지역의 총생산은 어느 정도 나아졌는지, 그리고 이러한 내용을 다른 지역과 비교할 때 어느 정도인지를 공개할 필요가 있다. 주민참여 분야라면 자원봉사자의 수와 질에 있어서의 변화를 공개할 필요가 있을 것이다.

현실적으로 행정이 수행하는 모든 사업을 다 공개할 수는 없다. 지역의 중요한 과제, 특히 주민이 관심을 가지고 있는 과제, 단체장이 정치적으로 공약한 과제를 중심으로 공개할 수밖에 없다. 그러나 무엇을 공개해야 하며 이를 어떤 방법으로 평가할 것인지를 정부가 일방적으로 정해서는 안 된다.

따라서 우리도 선진국에서 유행하고 있는 것처럼 소위 '시민평가위원회'를 구성하여 평가 내용과 방법을 결정할 필요가 있다. 이렇게 되면 지방자치단체는 미리 정해진 지표에 의하여 평가되므로 결국 '지표에 의한 경영'을 할 수 있게 된다. 지표에 의한 경영체제가 도입되면 시민들도 정치의 효과를 '열심히 일하고 있는 것 같다'는 식의 감각적인 방식으로 평가하지는 않게 된다. 구체적인 숫자로 성과를 확인할 수 있기 때문이다. 이렇게 되면 작문으로 하는 개혁은 더 이상 발을 붙이지 못하게 된다. 말이 아닌 숫자로 성과가 표현되는 개혁이 정착되는 것이다.

사람의 마음을 움직이는 것을 솔선해서 실행하는 사람을 우리는 지도자라고 부른다. 어려운 시대일수록 사람들은 지도자를 더욱 간절히 기다린다. 그러나 민주주의가 저절로 성숙되는 것이 아닌 것처럼 지도자는 갑자기 나타나지 않는다. 민주주의가 참여하면서 기다려 줄 때 성숙되듯이, 지도자도 후원하고 기다려 줄 때 키워진다. 문제는 사람들이 마냥 기다려 주지는 않는다는 것이다. 기대감을 갖게 하고 희망을 연출할 때 비로소 관용하고 기다려 준다. 그리고 성과를 체험시킬 때 그 지지는 확산된다. 그래서 공자는 경고했다. "1년 안에 기반을 잡고, 3년 안에 성과를 증명하라."

제 5 편

우주의 대원리로 경영하라

제 23장 자치는 군자의 큰 나라로 가는 길

군자들은 서로 각자의 개성을 유지하면서도 화합한다. 그러나 소인 집단은 겉으로 보면 일치단결해 있는 것 같아도 실제로는 화합하지 못한다. 「君子和而不同, 小人同而不和.」 (논어, 子路 23).

이 말은 우주의 대원리와 민주사회의 경영원리를 간결하게 표현하고 있다. 그리고 21세기의 우리가 왜 지방자치여야만 하는가를 극명하게 설명하고 있다.

우주의 대원리와 국토경영

모든 지방이 중앙의 명령에 복종하여 하나처럼 되면 겉으로는 일사불란한 것처럼 보인다. 그러나 실제로는 화합하지 못하고 티격태격 다투게 된다. 지역의 특성과 개별적 욕구가 무시되고, 모든 지역이 강자의 논리에 따라 하나의 모델로 균질화되기 때문이다. 이러한 나라는 중앙이 정책을 만들면 모든 지방은 이를 똑같이 적용하는

'소품종 대량생산체제'가 된다.

　소품종 대량생산체제에서 지방자치단체들이 추구하는 정책은 똑같은 내용을 '더 빨리' 그리고 '더 많이' 달성하는 「넘버 원」(number one)의 논리에 갇히게 된다. 그러므로 전국은 어디를 가나 개성 없이 똑같은 모양을 하게 된다.

　모두가 똑같다면 작은 것은 큰 것에 질 수밖에 없다. 그러므로 중앙집권체제에서는 중앙정부가 아무리 균형발전을 외쳐대도 수도권과 대도시로의 집중 현상은 멈추어지지 않는다. 서로 다르지 않은 존재가 같은 이익을 좇을 때는 다툼도 그치지 않는다. 백화점의 모든 진열대에서 같은 품목을 팔면 점포의 주인들이 사이좋게 살아 갈 수가 없다.

　중앙부처마다 관할권을 장악하고 지방을 할거적으로 통치하는 집권체제에서는 자신의 지역이 잘 살지 못할 때 그 책임을 모두 남의 탓으로 돌린다. 자연히 지역간의 감정도 나빠진다. 망국적인 지역감정이 생기는 것이다.

　원래 '지역감정'이라는 것은 아름답고도 숭고한 것이다. 자신이 태어난 지역에 대한 정서적인 일체감과 소속감은 근본과 자연을 생각하게 하는 터전이다. 지역감정은 자기 지역에 대한 애착과 책임감의 출발로서 커뮤니티에 대한 연대의 끈이기도 하다. 이렇게 볼 때 지역감정은 없애고 극복해야 할 과제가 아니다. 오히려 지방자치를 통하여 지역발전의 에너지로 승화시켜야 할 자산이다. 중앙집권체제가 만들어 놓은 망국적인 지역감정은 지방분권을 통하여 각 지방의 문제를 지방 스스로가 책임지고 처리하게 할 때 비로소 불식할 수 있게 되는 것이다.

온 나라의 어디를 가더라도 똑같은 모습이라면 그 나라는 작은 나라이다. 온 나라의 어디를 가 보아도 새롭고 다양한 풍경이 있다면 그 나라는 큰 나라이다. 작은 나라, 그리고 소인(小人)의 나라인 '동이불화(同而不和)'의 중앙집권 체제에서 지방이 추구하는 것은 같은 내용을 '남보다 먼저 하는 것' 또는 '남보다 많이 하는 것'을 제일로 하는 '넘버 원(number one)'이다. 그러나 지역마다의 개성을 살리고 고유한 문화를 경작하려는 '화이부동(和而不同)'의 지방자치 체제는 '그 지역만의 것', 즉 '온리 원(only one)'을 추구한다.

인간은 한 사람 한 사람이 유일한 존재(only one)이다. 따라서 이러한 인간들로 구성된 사회는 '和而不同'해야 하며, 이러한 사회로 구성된 지방 또한 '和而不同'해야 한다. 우주의 대원리는 '和而不同'에 입각하고 있다. 우주는 커다란 유기체이고, 유기체는 '和而不同'의 원리로 유지된다.

인간이 만든 기계도 '和而不同'의 원리로 움직인다. 자동차는 2만 5천여 개의 서로 다른 부품으로, 그리고 컴퓨터 시스템은 수천 수만 개의 회로가 '和而不同'의 원리로 구성되어 있다. 기계와 마찬가지로 인간사회는 그 구성원이 서로 다른 개성과 특성을 유지하는 가운데 공동의 목표를 향해 화합하면서 전체가 같은 방향으로 나아가야 한다.

물에 물을 탄 것을 '동(同)'이라고 한다. 가야금의 같은 줄만 두드리는 것도 '동(同)'이라 할 수 있다. 물에 물을 타듯이 가야금의 같은 줄만 두드린다면 그것은 건설적일수도 생산적일수도 없다. 상관이 무슨 말을 하건 언제나 '옳습니다!'라고만 대답하는 것도 '동(同)'이라 할 수 있다.

소인들은 무조건 남에게 부화뇌동(附和雷同) 하고 만다. 자기의 개성과 생각이 없으므로 비록 사회에 존재하고 있으나 양적으로 하나를 부가했을 뿐, 자신의 사상이나 기능으로 사회의 창조적 존재로서 참여하지는 못한다. 이것이 '동이불화(同而不和)'이다. 모든 지방이 하나의 기준으로 움직이고 넘버원을 추구하는 '동이불화(同而不和)'의 국토에서는 아무리 여러 지방이 있다고 하더라도 그것은 물에 물 탄 것처럼 하나의 모습만 있을 뿐이다.

'화(和)'란 물에 물을 더했을 때처럼 성질이 같기 때문에 이루어지는 것이 아니다. 화합이란 물, 소금, 간장, 양파, 마늘, 고기가 각자의 맛으로써 조화를 이루어 전체적으로 맛있는 요리가 되는 것처럼, 서로 다르기 때문에 좋은 맛을 내는 것이다. '和'란 각자의 개성을 인정함으로써 연대할 수 있게 하는 것이다.

물론 개성만 인정한다고 해서 연대가 되는 것은 아니다. 구성원 모두가 자기 생각만 주장한다면 그 소리의 모음은 결코 음악이 될 수 없다. 서로가 상대방의 입장을 무시하고 일방적으로 자기 입장만 주장한다면 그것은 소음이 될 뿐이다. 그러나 분명한 사실은, 인간도 지역사회도 자립을 하면 할수록 진정한 조화와 연대가 가능해진다는 것이다.

조화(調和)란 각자의 개성과 특질을 살리면서도 하나의 큰 목표를 위해 협조하는 것이다. 그것은 마치 군자가 인(仁)의 구현이라는 대의(大義)를 위해서는 서로 단결하고 협력하지만 그 방법은 개성적인 사상과 학식을 독특하게 발휘하여 사회와 인류의 발전에 자기 나름의 창조적 공헌을 하는 것과도 같다.

음양 상대(陰陽相待)의 원리

인간도 사회도 그리고 우주도 위대한 조화의 대화합으로 이루어지는 것이다. 인간의 신체는 다양한 자극에 반응하면서 변해 간다. 그러나 인간의 신체는 내외부의 자극에 의하여 쉽게 혼란상태에 빠지거나 문제가 발생하지는 않는다. 자극에 대하여 자기 자신을 조절하고 안정시켜 나가는 자기조절 기능을 가지고 있기 때문에 웬만한 자극에도 균형을 유지하게 된다. 이것이 바로 인간이 자신을 유지하는 항상성(恒常性)이다.

인간은 항상성을 상실하게 되면 몸에 질병을 얻게 된다. 인간 신체 각부의 각종 무수한 세포 속에는 위축하는 것과 조장(助長)하는 것이 있다. 조장하는 것은 억제하고, 위축하는 것은 보호함으로써 전체의 통일과 조화를 이루도록 하는 것이 내분비선(內分泌線)이다.

내분비선은 인간의 활동력과 질병을 통제하는 조정자로서 강력한 에너지를 가지고 활동한다. 따라서 이러한 조정자의 기능이 쇠퇴하면 인간의 능력도 쇠퇴하게 된다. 이렇게 볼 때, 인간의 세포라는 것도 화(和)를 통하여 제 역할을 하는 것이며, 인체는 그 자체가 다름 아닌 화(和)의 결정(結晶)으로 존재하게 되는 것이다(安岡正篤, 『人生の大則』, 1995).

동양사상에서는 일체의 모든 존재란 발현(發顯)·분화(分化)·발전을 본령으로 하는 '양(陽)의 원리'와 조화·통일·영원성을 본령으로 하는 '음(陰)의 원리', 즉 음양 상대(相待)의 원리(原理)에 의하여 성립하고 활동한다고 생각한다. 여기에서 음의 원리가 그 사회의 전통에 귀속시키려는 통제력 내지는 구심력(求心力)이라고 한다면, 양의 원리는 새롭게 발현하고 분화하려는 원심력(遠心力)을 말하는 것이다.

음양의 상대적 원리라는 관점에서 볼 때 현대사회는 분화(分化)를 본령으로 하는 양의 원리가 통일(統一)을 본령으로 하는 음의 원리에 비하여 두드러지게 작용하고 있는 것처럼 보인다. 사실 오늘날 인간들이 지나치게 외형에 치중하고 이기주의와 물질만능주의에 빠져 있고, 사회와 문화가 그 정체성(正體性)을 잃어버린 것도 결국은 양의 원리에 너무 편중한 결과이다.

온 천지에 범람하는 외국산 식품처럼 여과되지 않은 서구문화가 우리 문화를 무국적화(無國籍化)와 무계절화(無季節化)의 상태로 만든 것도 '양의 원리'가 창궐한 결과이다. 이렇게 볼 때 지금의 우리는 조화와 통일을 지향하는 동양적 음의 원리를 통해 우리의 고유성을 확립하면서도 세계와의 공존을 도모해야 할 과제를 안고 있다.

인간이 항상성을 상실하게 되면 몸에 질병이 생기게 되는 것처럼, 한 사회가 항상성을 상실하면 혼란에 빠지고 급기야는 파멸할 수도 있다. 그러나 항상성을 유지한다는 행위가 고유성과 특수성의 강조로만 치달을 경우에는 스스로의 존재를 작고 무능하게 만들어 버린다. 따라서 새롭게 발현하는 다양한 욕구를 조화롭게 수용하는 능력의 크기가 그 사회의 크기이다.

사회는 끊임없이 발현하고 분화하는 가운데 발전한다. 여성의 권리 향상, 노동자의 권익 증진, 소비자의 권리 신장을 위한 목소리를 기존의 내분비선을 혼란에 빠뜨리는 도발(挑發)로만 볼 때 우리 사회는 그만큼 작고 허약한 나라가 된다. 새롭게 나타나는 다양한 발현을 시스템 속에서 조화롭게 수용하고 그 발현의 힘들을 우리 사회의 에너지로 활용할 수 있을 때 우리는 비로소 발전이라는 탑을 쌓을 수 있게 된다. 우리는 발현의 목소리를 억제할 것이 아니라 그것보다 더 큰 조화의 역량으로 영원성의 탑을 쌓아야 하는 것이다.

우리 사회에는 아직도 상대적으로 그 발현이 억제되어 우리를 작고 무기력하게 만들고 있는 분야가 많다. 그 중에서도 대표적인 것이 국가의 통제력에 대한 지방의 목소리이다. '음양의 상대적 원리'에 입각할 때 지방분권을 주장하는 것은 지방을 분리시키고 독립시키자는 것이 아니다. 그것은 통일성이라는 틀 안에서 발현과 분화를 통한 발전을 도모하게 하자는 것이다. 이처럼 우리가 추진하려는 지방분권은 통일성과 고유성을 동시에 확보하려는 것이다.

이제 우리는 국가의 전체적인 것에서는 통일성을 확보하고 부분적인 것에서는 현장의 특성을 살려 지역마다의 개성을 창조해야 한다. 그리하여 서로 다른 것 간의 조화(調和)를 통한 상생(相生)의 묘를 연출해야 한다. 21세기에 있어서도 여전히 모든 지방은 국민국가의 구현이라는 대의(大義)를 위하여 단결하고 화해하며 협력해야 한다. 그러나 그 협력의 방법은 국가의 지시와 통제가 아니라 지역 스스로의 이름으로 지역마다의 개성과 장점을 독특하게 발휘하는 '和而不同'으로 확보해야 하는 것이다.

돌멩이를 줄에 매어 돌리면 원을 그리며 돌게 된다. 세게 돌리면 돌릴수록 손에 느껴지는 무게가 커진다. 빠져 나가려는 힘이 그만큼 커지게 되는 까닭이다. 손으로 줄을 당기는 구심력을 중앙정부의 통제력이라고 한다면, 빠져 나가려는 원심력은 자율과 개성을 강조하는 지방자치단체의 자치권이라고 할 수 있다.

하나의 원은 그것을 지탱하고 있는 원심력과 구심력이 조화를 이룰 때 만들어지는 것이다. 원심력의 크기가 커지면 커질수록 원의 둘레는 더욱 커진다. 원심력이 구심력보다 걷잡을 수 없이 커서 감당할 수 없게 되면 원은 허공으로 사라지게 된다. 그러나 구심력을 키운다면서 원심력을 억제하면 원은 활기를 잃고 쪼그라들고 만다.

한 나라의 살림살이나 지역개발의 상태도 이와 같다. 원심력이 왕성할 때 구심력도 탄탄하게 된다. 따라서 힘차게 돌아가는 나라를 만들기 위해서는 원심력과 구심력을 동시에 키워야 한다. 중앙은 중앙의 일을 효율적으로 수행할 수 있도록 해야 한다. 그리고 동시에 지방의 자율을 높이고 개성을 증폭시키는 시스템을 정착시키는 것도 중요한 것이다.

희망은 지방에 있다

인류가 석기시대를 마감한 것은 돌이 모자랐기 때문이 아니다. 그것은 석기시대에 개척한 삶을 한 차원 높이려는 예지(叡智)로써 새로운 문명을 받아들인 결과였다. 현대사회에서 선진국들이 분권개혁을 단행했던 것은 중앙집권이라는 제도 그 자체가 나쁜 것이었기 때문은 아니다. 석기시대를 대체하듯이 새로운 시대의 소명에 응답하려는 것이었다. 그런데 중앙집권의 역사적 사명이 끝났음에도 불구하고 중앙집권으로 현장의 문제를 해결하려 한다면, 그러한 사람은 마치 아직도 돌이 많은데 왜 석기시대를 버리느냐고 항변하는 것과 다를 바 없다.

지난 세기 동안 우리나라에서 중앙집권은 효과적인 제도였기 때문에 강력한 성공을 거두었고 그 역사적 사명을 완수했다. 우리나라에서 중앙집권은 제한된 자원과 인력을 한 곳에 집중시키고 중앙의 의지에 따라 그것을 부문별·지역별로 집중적으로 배분할 수 있게 했다.

중앙집권은 후진적인 상태의 국가를 근대화시키는 데에는 강력하고도 효율적인 제도였다. 중앙집권 시스템은 여당의 강력한 지배, 서울 일극집중(一極集中), 대기업 중심주의 등과 그 궤를 같이 하면서 우리나라를 국민소득 1만 달러의 시대로 이끌어 왔다. 그러나 이제 이러한 중앙집권이 우리의 균형발전을 가로막는 억제장치가 되어 우리 국토를 작고 좁게 만들며 무기력하게 하고 있다.

보통 사람이 들고 운반할 수 있는 짐의 무게는 자기 체중의 9할 정도라고 한다. 그러나 개미는 자기 체중의 40배나 되는 무거운 짐을 운반할 수가 있다. 인간이 자기 체중의 3배나 넘는 무게를 들어올린 경우는 없다. 그러나 개미는 자기 체중의 30배나 되는 물건을 들어올린다.

개미의 무서운 괴력은 어디에서 나오는 것일까? 두 다리로 걷는 인간은 두 쪽 다리로 지탱하고 서지만, 개미는 여섯 다리에 힘을 분산시키기 때문이다. 물론 개미가 가진 놀라운 힘의 원천은 여섯 개의 다리에 있는 것만은 아닐 것이다. 그러나 다리가 두 개인 개미가 자기 몸무게의 30배를 들고 40배를 운반한다는 것은 상상할 수가 없다.

한 나라의 정치와 경제 그리고 문화도 마찬가지이다. 그것이 다차원적으로 구성되어 있으면 그만큼 다양한 경쟁력과 안정된 구조를 취하게 된다. 그러나 지금까지 우리나라는 중앙정부라는 외다리로 안간힘을 쓰며 버티고 있었던 사회였다.

우리는 월드컵 대회를 개최하면서 얻은 생생한 기억을 되살려야 한다. 월드컵이 개최된 도시들은 막대한 비용을 들여서 구장을 만들고 갖은 심부름을 다했다. 월드컵이라는 세기의 축제를 개최함으로써 외국인들을 포함한 많은 사람들을 불러들이고 세계를 향하여 지역문화를 발신(發信)하는 계기를 만들어 지역발전의 전기를 만들려고 했던 것이다.

그러나 애석하게도 이러한 목적을 달성한 지방도시는 한 곳도 없다. 같은 솥에서 만든 시루떡은 한 조각만 먹어봐도 그 맛을 다 알 수 있다. 마찬가지로 우리의 특색 없는 도시 공간은 서울만 보면 다른 지방을 볼 필요가 없다고 생각하게 만들었던 것이다. 이처럼 하나의 구심력으로만 구성되어 있는 사회는 작고 매력없는 나라일 뿐이다.

우리는 우리의 국토를 다양하고 다채롭게 개발하여 경쟁력 있는 큰 나라로 만들어야 한다. 그러나 중앙정부가 직접 나서서 지방의 개성을 만들고 다양성을 창조할 수는 없다. 만약 중앙정부가 그렇게 하려고 노력한다면 기껏해야 '획일적 다양화'를 양산할 수 있을 뿐이다.

21세기에 들어서면서 산업입지를 결정하는 핵심적인 요소는 도시의 물리적 환경수준에서 지적 환경수준으로 바뀌었다. 그러나 개별 도시의 지적 환경수준을 국가가 앞장서서 높일 수는 없다. 도시의 지적 환경수준은 지역의 개성을 살리고 매력을 높이기 위한 내생적 노력을 통해서만 개선될 수 있기 때문이다.

따라서 지방의 산업인프라를 국가가 주도하여 개선해야 하고 시민의 행복도 국가가 책임져야 한다는 종래의 발상에서 과감하게 벗어나야 한다. 이제는 지방 스스로 산업구상의 주체가 되고, 지적 환경 정비의 주체가 되어야 하는 것이다. 오늘날은 국가를 개혁하면 자연히 지방자치단체도 개혁될 것이라는 기존의 상식이 비상식으로 바뀌었다. 오히려 지방자치단체를 개혁함으로써 국가가 개혁되는 시대를 맞이하고 있는 것이다.

20세기의 인류는 나라와 나라 사이에 경계를 긋고 국내적으로 통용되는 규칙만을 준수하면서도 살아갈 수가 있었다. 그러나 지금 우리는 지식과 정보 그리고 금융과 인력의 국제간 이동이 자유로운 21세기를 살고 있다. 전 지구적으로 시장과 정보를 공유하는 세계화의 시대를, 그리고 나라와 나라 사이에 경계선이 없는 시대를 살아가고 있는 것이다.

나라와 나라 사이에 국경이라는 커튼이 없어져도 남는 것은 지방과 도시이다. 따라서 이제 우리는 지방과 도시의 이름으로 국제무대에 나서야 한다. 우리가 20세기를 국가의 시대라고 불렀다면 21세기는 도시의 시대라고 부르는 이유가 여기에 있다.

씨줄과 날줄의 조화

오늘날 우리는 중앙과 지방 그리고 지방과 그 주민이 협력할 때에 비로소 공공과제가 해결될 수 있는 사회에 살고 있다. 그러나 주민의 삶과 지역사회의 존재양식이 중앙정부의 결정과 지배로 짜여지는 체제에서는 주민의 참여도 시민단체의 설 자리도 없어지게 된다.

그리고 지역의 주민은 자신이 살고 있는 지역에 애착을 가지고 공감과 공유 속에서 협동하고 인내할 수도 없게 된다. 따라서 중앙과 지방이 협력하고 현장의 행정과 주민이 힘을 합하여 창조적으로 문제해결에 임할 수 있게 하는 '상향적 참여형' 시스템을 새롭게 구축해야 한다.

아름다운 돗자리는 '씨줄(經)'과 '날줄(緯)'의 조화로 만들어진다.

국가의 법률과 제도를 씨줄이라고 한다면, 지방자치단체의 개성 있는 정책을 날줄이라고 할 수 있다. 중앙정부가 만드는 법률과 제도 그리고 보조금의 지원 요강이 씨줄이라면, 지방이 궁리하여 만드는 정책은 날줄인 것이다. 그러나 씨줄이 너무 촘촘하게 드리워져 있으면 개성 있는 무늬의 아름다운 직물을 짜낼 수가 없다. 아름다운 도시라는 직물은 씨줄의 토대 위에 개성있는 날줄의 조화로 창조되는 것이다.

국가의 정책은 종축(縱軸)으로 움직이고 싶어한다. 예컨대, 국가는 노인복지정책에 대한 지침을 전국에 하달하고, 모든 지방이 이에 의거해서 사업을 하도록 규정하려고 한다. 그러나 지역에서 발생하는 모든 문제를 종축의 시각만으로는 대응할 수가 없을뿐더러 현실의 미묘하고도 중요한 문제는 횡축(橫軸)에서 나온다. 따라서 현실에서 일어나는 일, 시민의 삶 속에서 요구되는 과제는 '경(經)'만이 아니라 그 '위(緯)'를 살펴서, 즉 그 '경위(經緯)'를 알아야 제대로 보이기 시작한다.

그러나 오랜 중앙집권은 우리나라의 지방공무원마저 '경(經)'의 세계를 수호하는 파수꾼으로 개조해버렸다. 지난 오랜 세월동안 성실한 사람일수록 '경(經)'의 세계 속에 갇혀서 살아왔기 때문이다. 따라서 현장에서는 중요한 사안이라 하더라도 그런 문제가 존재한다는 사실조차 잘 포착하지 못한다. 성실하고 열심히 일하는 공무원일수록 오히려 대화가 통하지 않는 상황은 이래서 만들어졌다. 그러므로 '위(緯)'의 세계에서 살고 있는 시민과 '경(經)'의 파수꾼인 공무원들이 마음을 함께 하도록 하여 '경위(經緯)'가 파악되도록 종횡을 융합시키는 것이 중요하다.

공무원들에게 있어서 행정이란 법률에 기초한 기존의 제도나 보조금 또는 사업이라는 '경(經)'에 성실하게 대응하는 것을 말할 따름이다. 그러나 시민의 입장에서 보면 기존의 제도에 따르든 아니든 간에 자신들이 필요로 하는 것이 해결되기만 하면 그만이다.

따라서 '경위(經緯)'의 파악은 협동이 아니라 투쟁으로 엮어진다. 이리하여 질서와 제도를 강조하는 행정과 현장의 문제를 강조하는 주민간의 협업은 갈등을 푸는 작업으로 시작하고 갈등을 푸는 작업으로 끝을 맺는다.

종횡무진(縱橫無盡)이라는 말이 있다. 자유자재(自由自在)하여 끝이 없는 상태를 말한다. 지방이 자유자재하려면 중앙이 유연해져서 종(縱)으로부터 자유롭게 되는 것만으로는 충분치 않다. 자유는 주어진 기회를 활용할 능력이 있는 사람만의 것이며, '자신에게 이유가 있다'는 의식에서 생성된 것이다. 이러한 의식은 '자신과 관련된' 일은 자신이 가장 강하게 느끼고 생각하며 가장 잘 알고 있다는 경험에서 나온다. 자존(自尊)과 자립(自立)이라는 보편적인 욕망은 이러한 경험에서 형성된 것이기도 하다.

따라서 자존을 주장하려면 자립을 해야 하며, 그 전제는 자신에 관한 일은 자신이 가장 잘 알고 있다는 것을 정책적으로 증명해 보여야 한다. 결국 자신을 위하여 무엇을 해야 하는지를 추론해 내는 능력과 그러한 행위를 수행하도록 촉발시키는 능력으로서의 자치력 (自治力)을 키울 때 비로소 자유를 구가할 수 있게 된다는 말이다. 이처럼 지방이 종축으로부터 자유로워지려면 지방의 정책입안 능력을 포함한 자치적 능력이 뒷받침되어야 하는 것이다.

자치와 자율의 화음

인간은 외부의 환경으로부터 많은 영향을 받는다. 그러나 외부의 영향력보다도 더 중요한 것은 얼마만큼 내부로부터 자기 자신을 잘 다스릴 수 있는가 하는 것이다. 우리가 자기 자신을 지배하는 법을 배우고 실행한다면 이미 '자치(自治)' 그 자체를 실행하고 있는 것이다. '自治'는 이미 자신의 손 안에 있는 것이다.

마하트마 간디는 다음과 같이 외쳤다.

"인도가 영국에 예속되어 있기 때문에 사람들이 부자유한 것이 아니다. 사람들이 스스로 자유롭지 않기 때문에, 예컨대 물질을 추구하기 때문에, 인도가 영국에 예속되어 있다. 만약 우리가 자유로워진다면 인도도 자유롭게 된다. 우리가 자기 자신을 지배하는 것을 배울 때 자치는 우리 수중에 있게 된다." (M. K. Gandhi, *Indian Home Rule*, 1908).[1]

완전한 '自治'란 모든 부분이 각자의 역량을 발휘하면서도 다른

---

1) 鶴見和子, 『內發的發展論』(東京 : 東京大學出版會, 1990), p.18. 再引用.

부분과 조화를 이룸으로써 전체의 활동이 융통무애(融通無碍)하게 되는 것을 말한다. 이러한 상태를 개인으로 말하자면 "마음이 내키는 대로 행하여도 정도에서 벗어나지 않는 경지"에 이른 것을 말한다. 「從心所欲, 不踰矩.」 (논어, 爲政 4).

이렇게 볼 때, 자치(self-government)란 자율(autonomy)을 전제로 하는 것이다. 따라서 자치란 오랜 도덕적 단련을 거치고 날카로운 양심으로 욕망을 통제해 나가는 극기(克己)의 생활을 실천할 때 비로소 가능하게 된다. 이것이 바로 완전한 자치를 주장할 자격이 있는 개인의 상태이다.

그러나 현실에 있어서의 '自治'란 반드시 '自律'과 동일한 것은 아니다. 공간적으로만 보더라도 모든 자치적 존재(개인, 가족, 지방자치단체, 국가)들은 다른 자치적 존재와 상호의존 관계에 있다. 따라서 실제에 있어서의 자치란 상호 간섭을 어느 정도에서 멈추게 할 것인가 하는 '룰(rule)' 속에서만 인정된다. 이렇게 볼 때, 오늘날 나라간 그리고 지역간 상호의존성의 증대는 자치적 존재의 안전성을 위협하고 있다. 또한 자치체 구성원(지역주민)의 정주성(定住性)이 약화되어 자치체의 자율성은 심각하게 훼손되고 있다.

주민의 정주성이 약화되면 관습도 약화되고, 그 결과 지방자치의 도덕적 기반이 취약하게 된다. 왜냐하면, 주민(inhabitant)이란 '관습(habit) 속으로 들어가는(in) 사람(-ant)'을 말하는 것이기 때문이다. 따라서 주민의 정주성(定住性)이 약화되면 관습도 약화되고 지방자치의 도덕적 기반이 흔들려 자율은 어렵게 된다. 주민이 단순한 거주자(dweller)가 되어버리면 자치의 자율도 유명무실하게 된다. 자율성은 그 사회의 구성원들 간에 관습이 공유되고 있을 때 비로소 가능해지는 것이기 때문이다.

오늘날 분화(分化)를 본령으로 하는 '양(陽)의 원리'와, 통일(統一)을 본령으로 하는 '음(陰)의 원리'가 가장 격렬하게 재정립되고 있는 분야는 국가경영이다. 국제화에 의해 종래의 국가 기능은 국가의 경계를 넘는 공공 공간(公共空間)으로 분기(分岐)하고 있다. 동시에 분권화에 의하여 일부의 국가 기능은 하위의 공공 공간인 지방자치단체로 분기하고 있다. 그러나 자치적 주체로서의 국가의 자치력만 위축되고 있는 것이 아니다. 자치적 주체로서의 지방자치단체의 자율성도 붕괴 일로에 있다. 따라서 우리는 국제적으로는 국가의 자립을 강화시키고 국내적으로는 지방의 자치력과 자율성을 동시에 확립해야 하는 2중의 확립을 도모해야 한다.

2중의 확립을 도모함에 있어서 무엇보다도 중요한 것은 시대의 흐름을 읽는 것이다. 20세기가 부국강병(富國强兵)을 지상의 목표로 삼았던 '국가의 시대'였다면, 21세기는 개인의 행복과 삶의 질을 우선하는 '지방의 시대'라는 것을 우리는 명심해야 한다. 21세기에는 지방의 개성을 키우는 것이야말로 큰 나라를 만드는 길이다. 우리는 국토의 모든 지역이 고유한 개성을 자랑하는 '和而不同'의 나라를 만들어야 한다.

우리의 부강은 지방과 도시들이 국부(國富)의 언저리로서가 아니라 향부(鄕富)의 중심으로서, 향부의 세기를 주도하는 주역으로 거듭날 때 가능해지는 것이다. 따라서 만약 지금 공자가 살아 있다면 그는 틀림없이 열렬한 지방자치론자로 활약할 것이다. 지방자치는 '군자의 큰 나라(君子之大國)'로 가는 길이기 때문이다(강형기, 『鄕富論』, 2001).

제24장 변화의 본질을 읽어야 한다

미래는 예측하는 것이 아니라 창조하는 것이다. 그러나 우리가 미래를 창조하려면 변화의 본질을 예측하는 것으로부터 시작해야 한다. 미래의 모습은 미래의 시각으로 바라볼 때 그 성격이 드러난다. 우리의 전망이 빗나가고 우리의 대책이 적절치 못하다면, 그것은 변화의 본질과 문제의 근원을 제대로 알지 못하기 때문이다.

격물치지와 전승불복

인간은 누구나 자신의 성공체험을 되풀이하고 싶어하고 현재의 수단으로 미래를 대비하려는 유혹을 느낀다. 그래서 변화에 저항하는 두 개의 큰 장벽은 고정관념과 기득권인 것이다. 이 중에서도 우리가 참으로 극복하기 어려운 것은 눈에 보이는 기득권보다도 숨어 있는 고정관념이다. 인간이 고정관념에 사로잡히면 사실을 사실대로 보지 못하고 사물의 본질도 읽지 못하게 되기 때문이다.

고정관념에 사로잡히지 않으려면 끊임없이 배워야 한다. 「學則不固.」(논어, 學而 7). 그러나 공부만 하면 누구나 고정관념에서 해방되는 것이 아니다. 공부를 하면 할수록 오히려 쓸데없는 고정관념에 더 깊이 빠지는 사람도 많다. 기존의 생각을 뒷받침하는 정보에만 눈을 맞춘 탓이다.

서투르게 공부한 사람들은 자신의 고정관념을 마치 신념(信念)인 것처럼 착각한다. 많은 사람들이 고정관념에서 헤어나오지 못하고 또 잘못을 인정하기도 어려운 이유는 이처럼 고정관념을 신념으로 착각하기 때문이다. 따라서 참다운 공부란 딱딱하게 굳어지려는 자기 존재에 뜨거운 물을 부어 해동시키고 부드럽게 하려는 것과도 같다. 인간은 이렇게 부드러워질 때 고정관념에서 해방될 수 있고, 고정관념에서 해방될 때 비로소 진정한 신념을 가질 수 있게 된다.

결과는 원인의 본질적 요소를 초월하지 못한다. 따라서 문제의 근원을 해결하려면 사물의 본질적 요소를 규명하는 격물치지(格物致知)를 해야 한다. 격물(格物)은 아는 것의 시초가 되는 것이며, 이를 토대로 더욱 궁리하여 그 근본을 빠짐없이 알게 되는 것이 치지(致知)이다.

'格物致知'란 사물의 본질적 요소와 이치를 규명함으로써 그 앎이 극도에 도달하게 되는 것이다. 아는 것이 극도에 도달함으로써 하나도 밝지 않은 것이 없도록 하려면 사물의 근본 이치를 규명해야 한다. 사물의 이치를 알고 바르게 대처하려면 자신이 바라는 방향이나 선입견으로 미루어 짐작해서는 안 된다. 따라서 격물치지를 이루는 근본은 사물의 실체에서 출발하는 것이다(朱熹, 『四書集註』, 〈大學〉 第5章, 釋格物致知之義).

격물치지하는 자세로 살아가면 공자가 그 옛날의 주공(周公)을 통하여 미래의 유토피아를 그렸듯이 과거를 통해서도 미래를 볼 수 있게 된다. 격물치지를 하면 뒤를 향하고 있어도 앞이 보인다. 이순신 장군이 5천 명의 병력으로 30만 명의 왜군을 이길 수 있었던 힘은 격물치지에서 나온 것이다. 장군은 부임하는 임지마다 지형과 풍토를 세심하게 조사했고, 지금까지 구사해온 작전의 내용과 적의 형편을 기록하고 또 연구했던 것이다.

「칠천량 앞바다에서 조선의 수군이 전멸되자 다급해진 도원수 권율(權慄)은 백의종군하고 있는 이순신에게 물었다.

권　　율 : "자네 무슨 방책이 없겠나?"

이순신 : "방책은 물가에 있든지 없든지 할 것입니다. 연안을 다 돌아보고 나서 말씀 올리겠습니다."」

강한 신하의 힘을 이용해서 다른 강한 신하를 죽이는 것으로 왕권을 유지하려고 했던 무능한 임금 선조. 그는 7년 동안의 전쟁기간에 단 한 번도 전선을 시찰한 적이 없었다. 그러면서도 전장에 나가 있는 장수들을 믿지 못하고 온갖 작전 지시를 내려 보냈음이 「선조실록」에 기록되어 있다. 손자(孫子)는 작전을 성공시키려면 현장을 중시하라고 했다. 현장의 장군에게 작전을 맡겼으면 믿고 기다리라고 했다. 후방에 있는 군주가 전방의 상황도 모르면서 자행하는 가장 나쁜 행위는 후퇴와 진격을 명령하고, 행정에 간섭하며, 인사권을 행사하려는 것이라고 했다. 우매한 임금 선조는 자신이 무능한 만큼 장수의 성공이 두려웠다. 실로 바보 같은 지휘관이 적보다 더 무섭다고 했던 말의 참뜻을 선조가 증명했던 것이다.

이순신 장군은 달랐다. 충정만으로 전투를 한 것이 아니었다. 명량해전에서 13척의 전선으로 왜군의 중무장한 133척의 전선을 물리칠 수 있었던 것은 현장의 지리와 풍토, 그리고 적의 병기를 면밀히 조사하여 미리 대응했던 격물치지에 있었다. 현실과 현장 그리고 현물을 토대로 한 작전이 전쟁을 승리로 이끌었던 것이다.

손자(孫子)는 "싸울 장소와 싸울 시간을 사전에 파악하고 있다면 천리의 먼 길에서 행군해 오더라도 승산이 있다"고 하였다. 싸울 시간과 장소를 안다는 것은 적을 자신이 설정한 지점으로 유도하고 적의 동정을 파악하여 전쟁할 시간을 자신이 결정한다는 것이다. 싸워야 할 상대의 상태를 파악하고 관리한다는 것은 그 싸움의 주도권을 장악한다는 것이다.

이순신 장군은 노량해전을 제외한 모든 전투의 때와 장소를 자신이 선택했다. 원하는 장소에 적을 끌어들여 원하는 시간에 싸웠다. 전쟁의 반은 이기고 들어간 셈이다. 이를 위하여 이순신 장군은 얼마나 많은 궁리를 했을까? 이순신은 답답할 정도로 꼼꼼한 사람이었다. 그런 면에서 전형적인 영웅호걸과는 달랐다.

이순신 장군은 적에게서 이길 수 있는 조건을 찾았고, 적의 위치에서 자신의 위치를 결정했다. 지난 싸움에서 승리한 경험으로 새로운 싸움을 준비하지 않았고, 새로운 싸움에는 언제나 새로운 방식으로 대처했다. 싸움은 싸움으로써 언제나 새로운 싸움이 되기 때문에 같은 방식으로는 승리를 되풀이할 수 없다는 전승불복(戰勝不復)의 이치를 알고서 실천했던 것이다.

패러다임의 근본적 변화

전쟁에서만이 아니다. 기업경영에서도 국가경영에서도 변화의 본질을 알아야 근원적인 대응을 할 수 있다. 그렇다면 우리 사회는 어떻게 변해 왔으며 어떻게 변화하고 있는가? 지금 우리는 원인도 모르면서 단지 현상에만 매달려 분주한 시간을 보내고 있지는 않은가?

목표가 달라지면 수단이 달라져야 하듯이, 원인이 달라지면 해결 방법도 달라져야 한다. 우리에게 전개될 대변혁을 정확히 예측하고 대응해 나가야 하는 것이다. 그렇다면 우리 앞에는 어떠한 변화가 기다리고 있는가?

UN 미래포럼은 역사의 변화와 미래 예측을 다음과 같이 하고 있다. 국가가 권력의 주체였던 산업사회에서는 공장에서 기계를 만들어 부(富)의 척도인 자본을 키우는 것으로 경쟁했다. 따라서 국가간의 전쟁은 자원을 획득하는 것에 집중되었다. 그러나 정보화 사회가 되면서 권력의 주체가 국가에서 기업으로 이동하고 있다. 지금 국가가 어지러운 것도 힘이 국가에서 기업으로 넘어가는 중간 지점에 있기 때문이다.

현재 우리는 정보서비스라는 제품을 공장이 아닌 사무실에서 생산하면서 얼마나 많은 접속을 하느냐로 부(富)의 정도가 판별되는 시대에 살고 있다. 따라서 국가간의 전쟁도 땅이나 자원이 아니라 지적 인지(知的認知 : perception)를 둘러싸고 전개되는 상황으로 바뀌고 있다.

정보화시대 다음으로 도래하는 것이 '의식기술 시대(conscious

technology)'이다. 의식기술 시대가 되면 네트워크가 제품으로 기능하기 때문에 개인 한 사람 한 사람이 권력의 주체가 된다. 다시 말하면, 존재 그 자체가 부(富)의 척도가 되기 때문에 모든 동작 하나하나가 생산의 근거 장소가 되는 시대가 된다. 따라서 이러한 세상에서는 정체성을 추구하고 확립하는 것이 모든 경쟁의 핵심이 된다(박영숙, 미래예측리포트, 2005).

이러한 전망에 입각할 때 우리나라의 미래는 결코 밝지 않다. 인구감소와 초고령화로 인한 국력의 쇠락(衰落)이 불처럼 보이기 때문이다. 지금까지 우리의 행정과 기업은 인구가 증가한다는 것을 전제로 시스템과 사업을 설계해 왔었다. 그러나 지금 우리는 인구감소라는 전혀 상상하지도 경험하지도 못했던 사태에 직면하고 있다. 2005년에 60억 명이었던 세계 인구는 2050년에는 93억 명으로 증가할 전망이다. 이러한 가운데 백인의 저출산으로 인해 미국은 유색국가로, 유럽은 아랍국가로, 호주는 아시아국가로 바뀌고, 인구 16억의 인도와 14억의 중국이 세계의 최강자로 부상할 것이다.

문제는 우리 한국이다. 현재 1.17명이라는 한국의 출산율[1]은 미국의 2.07, 프랑스 1.91, 호주 1.78, 독일 1.67, 영국 1.64, 일본 1.29 등 세계 200여 개 나라 중에서 최하위라는 점이다(통계청, 2004). 그 결과 남한의 인구는 2005년 12월 현재의 4천7백만 명에서 2050년에는 3천만 명(통계청 4천만 명)이 될 전망이다. 1명의 한국인이 40명의 인도인 그리고 35명의 중국인과 경쟁을 해야 하는

---

1) 출산율이란 15세에서 45세 사이의 가임여성이 평생 동안 아이를 낳을 수 있는 출생아수를 말한다. 우리나라의 현 인구를 유지하려면 대체출산율이 2.1명을 유지해야 한다.

상황이 되는 것이다. 따라서 그냥 이대로만 간다면 우리 한국은 힘 없는 약소국가로 전락할 것이다.

뿐만이 아니다. 세계에서 가장 빠른 속도로 초고령사회가 되고 있 다는 점도 문제를 더욱 심각하게 만들고 있다. 2026년이 되면 한국 인 5명 중 1명은 65세 이상의 노인이고, 2050년이 되면 55세가 넘 는 인구가 전체 인구의 절반이 된다. 고령화 사회로 가는 소요시간 도 프랑스가 154년, 미국 86년, 이탈리아 74년, 일본 36년이 소요 되었지만 한국은 불과 26년이 소요될 전망이다.

현재의 출산 추세와 고령화가 지속될 경우 어린이 3명에 노인 1명 꼴인 현재의 인구구조가 2050년에는 어린이 1명에 노인 3명꼴로 바 뀌게 된다. 2050년대에는 젊은 사람 3명이 노인 2명을 부양해야 하 는 노인국가가 되는 것이다(박영숙, 미래예측리포트, 2005).

고령화와 저출산이 가져오는 먹구름은 아주 멀리 있는 것이 아니 다. 머지않아 생산력과 소비력은 떨어지고 국가재정도 어려운 상황 에 처할 것이 예상된다. 2005년 현재 일본의 노인복지비용은 GDP 의 6%이다. 그러나 한국의 경우는 사회복지비용 전체가 GDP의 5.7%에 불과한 현실이다. 고령화가 가져오는 자산운용의 보수화, 노동생산성의 저하에 따르는 국력의 쇠퇴는 복지비용의 조달을 더 욱 어렵게 할 것이다.

이러한 변화의 여파는 다양한 소용돌이를 몰고 온다. 예컨대 지방 자치단체에 대한 국가의 재정지원은 줄어들 수밖에 없고, 그만큼 지 방은 스스로 자구책을 마련해야 한다. 정부도 시장의 원리에 따라 민간과 경쟁을 해야 하고, 기업이 결산으로 성과를 평가받듯이 공무 원의 업무도 냉혹하게 평가받는 시스템을 도입하지 않을 수 없게 될 것이다.

인구가 모자라고 정보가 공개·공유되는 사회에서는 전체의 입장에서 구성원을 보는 것이 아니라 구성원의 입장에서 전체를 보는 발상의 전환도 불가피해진다. 예를 들어, 학교에 학생이 모자라는 경우 '학교의 입장에 학생을 맞추는 것이 아니라 학생의 기준에 학교가 맞추는' 발상의 전환이 도모되는 시대가 온다. 기업으로 말하자면, 사원이 회사의 기준에 맞추는 것이 아니라 회사가 사원의 기준에 맞추어 출퇴근 시간을 정하는 시대가 올지도 모른다.

새로운 적, 새로운 싸움

'전쟁의 승리는 반복되지 않는다(戰勝不復)'는 교훈은 전쟁에서만 적용되는 것이 아니다. 비즈니스와 정부경영에서도 고정관념의 틀을 깨고 사실에서 출발하여 새롭게 대처하려는 자세야말로 성공의 기본이다. 정부가 고정관념을 깨는 역발상은 기업이 생산프로그램을 시장에서 발상(發想)하고 소비자의 수요에서 시작하는 것과도 같다. 행정의 과업을 시민의 입장에서 설계하는 것이 그것이다. 지금까지 행정기관은 자신들이 할 일을 자신들의 생각으로 설정하고 그것을 시민들에게 공급했다.

시민들의 입장에서 과업을 설계한다는 것은 상품이 생산되기 전에 먼저 소비자의 수요를 파악하고 나서 소비자의 기호에 따라 생산하는 것과도 같다. 행정서비스라는 상품을 설계할 때 공무원의 입장이 아니라 시민의 수요에서 출발해야 한다는 것이다.

이 경우 정책의 생산과정은 시민의 만족으로 시작한다. 먼저 시장 조사를 통하여 시민이 받아들일 수 있는 기대와 부담을 확정해야 한다. 그 다음에는 기대와 부담에 맞는 사업을 설계하고 마지막으로 투입할 재료를 결정해야 한다. 그러나 정부경영에서는 대부분의 경우 이러한 절차와 방식이 채택되고 있지 않다. 그 결과 정부는 그들의 고객을 설득하는 데에 상당한 시간과 비용을 낭비하고 실패를 반복하는 경우가 많다.

경험이 없는 사태일수록 지금까지의 체험과 지혜로 대응할 수가 없다. 경험과 전례가 기능하지 못하는 상황에서 현장의 생생한 정보는 더욱 중요해진다. 현장에서 치열하게 시행착오를 겪으며 해결책을 찾아야 하기 때문이다. 이러한 환경에서는 현장의 자율성이 더욱 중시될 것이다.

따라서 시민사회의 행복은 지방자치단체의 효율적 경영으로 확보되어야 하는 시대가 되고 있다. 앞으로 시민사회의 중점 테마가 복지와 환경, 즉 지역주민의 일상생활로 옮겨질 경우, 중앙이 통제하는 행정은 종식되고 현장의 자율성은 더욱 강조될 것이다. 중앙이 설정한 일방적·획일적인 기준으로는 문제가 해결되지 않기 때문이다.

주민의 입장에서 본다면 복지도 환경도 도시계획도 쾌적한 삶을 위해 해결해 나가야 하는 하나의 조건일 뿐이다. 주민들은 중앙정부의 부처별 담당업무별로 자신들의 생활환경과 문제점을 생각하는 것이 아니다. 지역에서 생활을 해 나가는 가운데 현실의 필요성만큼 느끼고 요구할 뿐이다. 따라서 효율이 떨어지는 중앙의 할거적 조직을 대체하여 현장에서 문제를 해결할 수 있는 시스템을 만들어야 한다. 이제는 지역에 뿌리를 내리고 지역마다의 표정을 반영하여 문제를 해결하는 시스템을 정착시켜야 하는 것이다.

정보화 사회의 성숙도 새로운 국면을 만드는 계기가 된다. 인터넷의 보급에 의하여 정보가 조직을 넘나들고 있다. 정보 본래의 움직임으로 그 모습이 회귀하고 있는 것이다. 따라서 정보를 조직 내부에 묶어 두려는 어떤 노력도 이제는 그 효과를 거둘 수 없게 되었다. 정보가 '공유하는 것'으로서 새롭게 자리매김을 하고 있는 것이다.

따라서 분야에 따라서는 공무원보다 주민이 정보 우위에 놓이게 되는 경우도 많아진다. 특히 현장정보에 있어서는 주민의 정보력이 더 높을 수 있다. 지금까지 행정은 정보량의 크기로 주민을 리드해 왔지만 이제는 분야에 따라서 이러한 관계가 역전될 수 있다.

물론 정보공유사회에서 행정의 모습이 어떻게 될 것인지는 아직 분명치 않은 것도 많다. 그러나 과거 정보의 편재(偏在)와 비대칭성(非對稱性)이 가져온 불공평과 부정의 문제는 더 이상 유발되지 않을 수 있게 되었다. 정보공유가 기본적인 사항으로 정착된다면 행정의 공평성과 효과성, 효율성과 신속성도 비약적으로 높아질 것이다. 이처럼 정보공유는 자연스럽게 행정 및 재정 개혁을 실현하게 하는 압박의 지렛대로 기능할 것이다.

시민사회의 힘

인간은 한 사람 한 사람 그 자체가 고유한 존재이며 행복할 권리가 있는 유일무이(唯一無二)한 주체이다. 따라서 인간이 큰 목표를 위해 희생하고 화합할 수 있는 것은 그 사회나 조직이 개인의 행복을 위해 존재할 때만이다. 조직을 위해서 개인이 존재하는 것이 아니라 조직이 개인을 위해서 존재하는 것이다.

이러한 관계는 국가와 지역에도 그대로 적용된다. 앞으로는 지역이 국가를 위해 희생해야 하는 것이 아니라 국가가 지역을 위해 존재해야 한다는 논리가 더욱 힘을 발휘할 것이다. 지난 세월 동안 국가는 지방에게 국가의 기준에 따라 가치관을 조정하고 맞추도록 명령했고 '판단정지 처분'도 내렸다. 그러나 이제 그 판단정지 처분이 해제되고 있는 것이다.

판단정지를 명령받았던 지방에 해금(解禁)조치가 내려지면 전혀 새로운 풍조가 만들어진다. 국가를 기점으로 이루어지던 발상이 지방을 기점으로 이루어지게 되는 것이다. 지방의 고유한 발상이 지역사회의 참여와 민주적인 리더십 그리고 합리적인 경영시스템과 결합할 경우 높은 생산성으로 연결된다.

국가 전체의 입장에서 발상하는 팀워크는 동질성을 중시하면서 지방의 개성을 억제하였다. 국가 전체의 기준과 가치관(실제로는 이러한 기대는 하나의 환상에 불과하지만)에 맞추도록 강요해 왔던 것이다. 그러나 지방의 관점에서부터 발상하는 팀워크는 모든 지방이 각 지역의 고유한 관점과 현장의 필요에 입각한 발상을 하게 한다. 따라서 모든 지방은 각자의 개성을 전제로 고유한 역할을 분담하는 팀워크를 고조시켜 나간다.

전자의 팀에서 나타나는 전체의 파워를 합해 보면 그 크기는 후자의 팀에서의 그것보다 작게 된다. 반면, 후자의 팀에서는 승수효과에 의하여 파워가 비약적으로 올라간다. 지방으로부터 발상되는 사회란 다양한 표정을 갖는 지방이 각자의 역할을 분담함으로써 연대를 강화시켜 나가는 사회이기 때문이다.

이러한 관계는 행정과 주민에게도 그대로 적용된다. 행정과 주민의 관계에서도 조직으로부터 발상하는 시스템과 주민 개개인으로부터 발상하는 시스템의 차이는 엄청나게 크다. 전자의 경우 행정은 개개의 주민과의 관계를 기본으로 한다. 노인복지시설의 경우를 예로 든다면, 이용자는 행정이 설치한 시설의 이용자로서 자리매김 될 뿐이다. 행정의 제도나 조직(시설)에 주민이 스스로를 맞추어 가는 것이다. 현재 우리의 경우가 여기에 해당한다. 그 결과는 어떠한가. 지역사회에 있어서 인간의 연대가 점점 파괴되어 버리는 현상을 낳고 있다.

개인을 기점으로 발상하는 사회에서의 모든 사고(思考)는 '주민간의 연대'를 전제로 전개된다. 예컨대 고령자에 대한 지원을 할 경우에도 먼저 주민간의 연대가 전제되어야 한다. 따라서 행정은 이러한 연대를 키우는 역할을 수행해야 한다. 홀로 사는 고령노인을 시설에 입소시키기보다는 자택에서 살게 하고, 행정은 주민의 연대로 만들어진 NGO집단의 노인지원활동을 장려하는 것으로 그 역할을 설정할 것이다.

주민이 주역이 되어 일을 처리하는 사회에서는 당연히 행정의 기본방식도 달라지고 행정의 역할도 근본적으로 변해야 한다. 행정은 주민들이 무엇을 하도록 하고 주민들을 위해서 무엇을 해줄 것인가를 고민하지 않는다. 주민들 스스로가 무엇을 하는 것에 대하여 지원하는 것이 행정의 기본적 역할이 되기 때문이다. 사회의 주역은 주민이며 행정은 그 지원기구로서 존재하게 되는 것이다.

이처럼 주민과 행정과의 관계 변화는 개별 업무의 추진방식과 공무원의 업무처리 자세에도 큰 변화를 요구하게 된다. 행정기관의 입장에서 관리하고 통제하기 쉬운 획일적인 제도로는 문제를 해결할수 없기 때문이다.

운영에서 경영으로

우리 주위에는 경영화를 도모한다면서 입만 열면 코스트의 절감을 외치는 사람이 있다. 그러나 코스트보다 더 중요한 것은 코스트가 창출하는 가치이다. 경영이란 설정된 목적을 실현하기 위하여 일정한 자원을 사용함으로써 최고의 가치를 창출하려는 것이다. 따라서 무엇보다 중요한 것은 비용절감이 아니라 목적에 부합한 가치의 창출이다.

지금 우리 정부는 혁신을 외치고 있다. 그러나 국민이 기대하는 혁신은 그다지 진전되고 있지 않다. 이러한 결과는 혁신의 목적과 가치에 대한 방향을 합의하기도 전에 단지 코스트에 대한 논의만을 앞세운 탓도 크다. 목적도 없이 그저 코스트 삭감만 들고 나서면 공무원들은 위축되고 맥이 빠진다. 혁신의 당사자들에게 동기를 부여하지 못하는 혁신은 성공할 수가 없다. 결점이나 흠을 고치려다가 그 수단이 지나쳐 오히려 큰 손실을 초래하는 교각살우(矯角殺牛)의 과오를 범해서는 안 된다.

행정서비스의 질을 높인다면서 행정의 대응능력을 높이는 것만 지상의 과제로 삼는 경우도 많다. 행정의 대응능력보다 더 중요한 것은 주어진 과제를 해결해 나가는 시스템의 총체적인 생산성이다. 주민이 기대하는 것은 행정의 대응능력이 아니라 안락하고 활력있게 살 수 있는 조건의 실현이다. 따라서 주민도 스스로의 땀과 지혜를 보태는 자세를 갖도록 해야 하는 것이다. 행정이 모든 것을 다 할 수 있는 것도 아니고 행정이 모든 것을 다 해야 하는 것은 더욱 아니다. 행정이 해야 할 역할이 있고 민간이 해야 할 역할이 있다.

민간에도 여러 주체가 있다. 한 지역의 문제는 개인과 가정, NGO와 시민단체, 커뮤니티, 상가 번영회, 기업, 조합, 상공회의소, 학교, 기초지방자치단체, 광역지방자치단체, 국가, 기타 다양한 주체들의 협업으로 꾸려나가는 것이다. 행정의 대응능력이 높아지더라도 민간의 자발성이 떨어진다면 문제의 본질은 해결되지 않는다. 따라서 시민들이 행정의 책임을 묻고 행정의 성과를 따지려면 시민 스스로의 역할을 다했는지도 반성해야 한다. 그리고 행정측도 단지 시민의 비판만 받을 것이 아니라 시민과 민간의 활동을 환기시켜서 협력하게 할 필요가 있다.

흔히 행정개혁의 슬로건으로 고객만족이라는 말을 자주 사용하고 있다. 그러나 주민은 지역사회의 고객이 아니라 주역이다. 기업으로 비교하자면 주주(株主)이지 고객이 아니다. 서비스의 향상이라는 말로 문제의 본질을 애매하게 하는 경우도 많다. 행정서비스가 무엇을 지향하며 무엇을 규정하는 것인지에 관해 분명한 인식도 없이 마치 서비스의 향상을 도모하는 것이 지방자치단체를 혁신하는 것이라며 본질을 호도해서는 안 된다.

지금까지 행정기관이 하는 사업은 자원과 예산을 쓰는 일이었고,

그 기본 발상과 관심은 어떻게 하면 효율적으로 사업을 전개할 것인가에 있었다. 그러나 관민간의 엄청난 발상의 차이도 여기에서 비롯되었다. 예컨대, 어느 도시의 학급붕괴(學級崩壞)가 10%나 된다고 하자. 이때 민간의 발상 방식은 다음과 같다. 즉, 1년 후 이를 3%로 줄이는 것에 의견이 모아지면 이것이 바로 교육목표로서의 아웃풋(output)이 된다. 목표(output)가 설정되면 이를 위해서 무엇을 어떻게 투입(input)할 것인가를 결정하게 된다. 그 결과 자원봉사자를 더 모집하고 교사의 수를 늘리자는 결정이 나오면 이어서 이를 위해 얼마의 예산을 투입할 것인가를 결정한다.

민간과 비교할 때 행정의 발상은 전혀 다르다. 행정은 작년도에 학급붕괴 대책사업에 얼마를 투입했느냐를 기점으로 발상을 한다. 그리고 최소한 작년만큼은 예산을 확보해야 하고 이를 달성하지 못하면 조직의 책임자로서 체면이 말이 아니라는 위기감을 느낀다. 전년도의 예산 실적이 있고 그것을 기초로 내년도의 예산을 요구하도록 되어 있기 때문이다. 예산을 쓰는 것이 관청의 업무이고, 사업비목(事業費目)이 있고 나서야 실적이 있으며, 실적이 있어야 다음해에도 예산을 받을 수 있는 구조가 현재의 행정시스템이다. 따라서 정부의 사업은 경영이라기보다는 운영이고, 말로는 사업이라고 해도 실제로는 예산을 소화하는 것에 불과하다.

그러나 주민 주권의 관점에서 볼 때는, 지방자치단체가 전개하는 사업이란 지역의 자원과 경제력을 늘려 나가는 활동이어야 한다. 분야에 따라서는 지방자치단체도 자원과 재정을 소비하는 주체가 아니라 자원과 재정의 증식을 목적으로 한 경영체로 기능해야 한다. 지방자치단체를 경영의 관점에서 논하는 경우 중시되는 테마는 '자원과 자금의 조달'이다. 운영과 경영의 차이는 사업계획서에 '자금조달' 항목이 들어 있는가의 유무로 구분할 수 있기 때문이다.

우리가 이러한 사실을 깊이 인식해야 하는 이유는, 그것이 단순한 말의 차이가 아니기 때문이다. 표현의 차이에는 발상의 차이가 내포되어 있다. 표현이란 본질을 바라보는 관점이다. 본질은 보지 못하면서 혁신만 따로 할 수는 없다. 그리고 사실에 입각하지 않고 바른 미래를 예측할 수도 없다.

지금까지 우리가 전전긍긍하면서 대증요법적(對症療法的)으로만 대처해 왔다면 그것도 변화의 본질을 간과했기 때문이다. 따라서 지금이야말로 공자가 가르쳤고 이순신 장군이 실천했듯이 '격물치지(格物致知)'로 미래를 대비해야 할 때이다.

제 25장 경영은 天·地·人의 조화를 연출하는 것

성공적으로 살아가기 위해서는 타이밍을 살리고 활용하는 것이 중요하다. 그러나 타이밍보다도 더 중요한 것은 입지(立地)의 장점 등 내적인 조건을 잘 활용하는 것이다. 그리고 이보다도 더 중요한 것은 구성원이 지혜를 발휘하고 인화로 뭉쳐 역량을 최대한 발휘하는 것이다. 「天時不如地利, 地利不如人和.」(맹자, 公孫丑下 1).

天의 時

인간은 각자의 목적과 목표를 지향하여 다양한 삶의 방식을 택한다. 이러한 가운데 성공한 사람의 공통점은 그가 살아가는 방식과 방향이 시대와 합치한다는 것이다. 그런데 문제는 시대의 변화에 대응하여 살아가는 방식을 바꾸기가 쉽지 않다는 점이다. 시대의 변화에 너무 신중히 대처하다 보면 시대가 앞서 가버리기 때문이다. 그래서 세상을 지배한 것은 신중한 사람이 아니라 과감한 사람이었다.

마키아벨리는 단언했다. "세상의 주인이 되려면 신중하기보다는 과감하라. 운명의 신은 여신이다. 그녀로부터 주도권을 얻으려면 저돌적으로 행동하라. 운명을 정복하고 싶다면 그냥 생각만 하지 말고 욕망을 표현하고 과감히 달려들어야 한다." (塩野七生, 『マキアヴェッリ語録』, 2003).

삼국지에 나오는 유명한 관도(官渡)에서의 전투를 통해 타이밍의 의미를 살펴보자.

조조(曹操)가 유비를 정벌하러 나가서 조조의 근거지인 '허창(許昌)'이 비어 있을 때였다. 원소(袁紹)의 참모 전풍(田豊)은 "지금이야말로 좋은 기회이니 허창을 공격하자"고 건의했다. 아무 반응도 없는 원소에게 전풍은 거듭하여 건의했다. 그러자 원소는 "내가 제일 귀여워하는 다섯째 아들이 아파서 지금은 출병할 형편이 못 되니 다음 기회를 보자"고 했다.

아들이 좀 아프다고 하늘이 준 기회를 놓치다니! 전풍은 땅을 치며 탄식했다. 원소는 허창을 얻어서 조조를 궤멸시키고 천하의 주인이 될 황금 같은 기회를 놓치고 만 것이다.

조조에게 있어서도 천하를 얻는 길은 원소를 제압하는 것이었다. 조조는 드디어 원소와의 전쟁을 위해 출병을 했다. 그러나 조조군의 병력 수는 원소의 5분의 1정도였고, 그나마 준비된 군량이 없어서 얼마 버티지 못할 형편이었다. 이처럼 관도에서의 전투는 애초에 싸움이 되지 않는 싸움이었다. 이러한 상황을 잘 아는 조조의 참모 순욱(荀彧)은 속전속결 전략을 세웠다.

한편, 원소의 노여움을 사서 감옥에 갇혀 있던 전풍은 옥 안에서도 앞날이 걱정되어 글을 올렸다.

"지금은 오직 굳게 지키면서 기회를 엿보아야 할 때이지 가벼이 군사를 일으키면 안 됩니다."

그러나 원소는 전풍을 건방진 놈이라며 그의 건의를 무시하고 자기 생각대로 출병했다. 일진일퇴를 거듭하는 전쟁이 지속되었다. 이러한 상황에서 원소의 참모 허유(許攸)가 조조의 밀서를 가지고 허도(許都)에 있는 순욱에게 가던 적병을 생포했다. 밀서에는 "군량이 떨어지게 되었으니 빨리 군량을 보내라"는 내용이 적혀 있었다.

허유는 이제 전쟁이 끝났다고 무릎을 치면서 원소에게 달려가 "지금 조조의 본거지인 허도가 비었으니 군사의 일부를 떼어 허도를 치면 조조는 갈 곳이 없게 됩니다"라고 건의했다. 그러나 원소는 허유의 말을 듣지 않았다. "밀서가 조조의 속임수일지도 모른다"는 것이 그 이유였다. 그럼에도 재차 건의하자 원소는 허유가 어린시절 조조와 친구였던 사실을 들추며 조조와 내통했다는 의심마저 했다. 그때 마침 후방에 있던 허유의 아들이 부정을 저질러 구속되는 일이 발생했다. 보고를 들은 원소는 아들 하나 제대로 다스리지 못하는 주제에 건의는 무슨 건의냐며 허유에게 인간적인 모멸감을 주었다.

원소를 떠나기로 결심한 허유는 그날 밤 조조 진영에 투항했다. 조조를 만난 허유는 자신이 원소에게 건의했던 내용을 말했다. 조조는 깜짝 놀랐다. 만약 원소가 그 작전을 받아들였다면 지금쯤 자신은 길거리를 헤매고 있을 것이라고 했다. 이어서 허유가 원소를 물리칠 방도를 말해 주자 조조는 이를 즉각 행동으로 옮겼다. 허유가 일러준 대로 군량미를 보관하고 있는 '오소(烏巢)'를 급습했던 것이다. 허유의 말대로 오소에 있는 원소의 군량미를 불태우니 원소군은 사흘이 못가서 자멸하고 말았다.

원소가 그 막강한 군사력에도 불구하고 천하의 주인 자리를 조조에게 빼앗기게 된 것은 이처럼 진퇴의 시기를 잘 선택하지 못했기 때문이다. 반면, 조조는 원소가 가지고 있지 않은 승리의 조건을 가지고 있었다. 조조에게는 호기를 놓치지 않는 결단력과 인재를 받아들여 적재적소에 쓸 줄 아는 능력이 있었던 것이다.

때를 잘 선택해야 하는 것은 전쟁에서만이 아니다. 후회 없는 인생을 살려면 그 때에 해야 할 일이 있고 그 때에 보아야 할 미래가 있다. 우리 주위에는 심사숙고를 거듭해도 실패하는 사람이 있는가 하면 격정적으로 행동해도 성공하는 사람이 있다. 과거의 관례와 발상에 발목 잡힌 사람은 심사숙고를 거듭해도 실패하기 쉽다. 그러나 격정적으로 행동해도 시대의 방향과 합치하는 사람은 성공할 가능성이 높다. '시대의 흐름(天時)'을 읽는 것은 이래서 중요하다.

사실 그 사람의 운이 좋고 나쁨은 시대의 변화를 예견하고 그에 대응하여 행동할 수 있는가의 여부에 달려 있다. 따라서 무엇을 이루려고 꿈을 꾼다면 먼저 시대가 변화하는 방향에 맞추어 자신이 살아가는 방법을 고쳐나가야 한다.

역사에는 '피리어드(period)'와 '에포크(epoch)'가 있다. 토탈 시스템으로서의 사회체제가 유지되는 피리어드의 시대와, 하나의 시대가 종말을 고하고 새로운 시대가 시작되는 에포크의 시대가 있다. 지금 우리는 대전환기라는 '에포크'의 시대를 살고 있다. 우리가 이러한 역사의 대전환기에 발 빠르게 적응하려면 새로운 상식이 만들어지는 과정을 직시하여 이미 비상식이 되어버린 과거의 상식을 버리고 새로운 상식을 받아들여야 한다.

이를 위해 우리는 시대의 흐름을 다양한 방법으로 읽어야 한다.

세계정치와 경제는 어떻게 전개될 것이며, 국가정책의 기조와 시대의 지도자들은 무엇을 기획하고 있는지를 읽을 수 있어야 한다. 그리고 무엇보다도 시민의 기대와 희망을 읽어야 한다.

地의 利

맹자는 전쟁에서 이기려면 '天時'를 잘 활용해야 하지만 '天時'가 아무리 중요하다고 해도 '地利'에 비할 수는 없다고 했다. 여기에서 '天時'를 국제정세와 국가의 정책을 포함한 외부적 환경이라고 표현한다면, '地利'는 입지적 조건을 포함한 내부적 환경이다.

국가의 정책과 세계경제의 흐름 같은 외부조건은 내부조건에 따라서 그 의미가 달라진다. 외부환경을 알아야 하는 것은 내부적 조건을 효율적으로 활용하기 위해서이다. 따라서 내부(자신)를 모른다면 외부(남)를 알아도 소용이 없다.

자신의 상태를 모르는 사람은 불가능한 것도 하려고 한다. 아무리 하고 싶은 일이 있어도 그것이 불가능한 일이라면 소용이 없다. 따라서 무엇이 가능하고 무엇이 불가능한지를 아는 것부터 시작해야 한다. 인간은 가능한 일부터 시작할 때 가능성을 점점 키울 수 있는 존재이기 때문이다.

그러나 자신이 할 수 있는 일과 할 수 없는 일을 분별하고 행동하기란 용이한 일이 아니다. 사람들은 자신의 가능성을 잘 몰라서 실제로 가능한 것도 불가능한 것으로 분류하는 경우가 많다. 자신을 알기란 이처럼 어려운 것이다.

　오늘날 우리가 싸워야 할 적은 무수히 많지만 그 중에서도 가장 먼저 싸워야 할 대상은 자기 자신이다. 자기 자신과의 싸움에서 이긴 사람만이 세상의 나쁜 관례와의 싸움에서도 이길 수 있다. 그래서 손자(孫子)는 "자신을 알고 적을 알면 백 번 싸워도 위태롭지 않으며, 상대를 모르고 자신만을 알면 이길 확률이 반반이고, 자신을 모르고 상대도 모른다면 이길 확률이 거의 없다"고 했던 것이다. 「知彼知己，百戰不殆. 不知彼而知己，一勝一負. 不知彼不知己，每戰必殆.」(孫子兵法, 謀攻編).

　자신을 알기도 어렵지만 남을 안다는 것도 쉽지 않다. 상대방을 알기 위해서는 무엇을 알아야 하는가. 손자는 다음의 다섯 가지를 아는 것이 상대를 아는 것이라고 했다(武岡淳彦, 『孫子の經營學』, 1995).

　첫째, 무엇을 위해 언제 싸우려 하는지를 알아야 한다.

　둘째, 병력의 크기와 전략을 알아야 한다.

　셋째, 상하가 단결하고 있는지를 파악해야 한다.

　넷째, 주도면밀한 준비를 하고 있는지를 파악해야 한다.

　다섯째, 장수가 어느 정도로 유능한지를 알아야 한다.

　손자는 싸울 때(天)와 장소(地)를 미리 알고 있다면 천리 밖에 가서 싸우더라도 이길 승산이 크다고 했다. 다시 말하면 '天地'를 분간하여 대처해야 한다는 것이다. 사람들은 천지를 분간하기 위하여 언제나 밖의 형편을 살핀다. 그러나 천지를 분간하기 위해서는 먼저 자기 자신을 알아야 한다. 그런데 문제는 사람들이 자기 자신을 잘 모른다는 점이다. 대부분의 사람들은 자신에 대해 당연히 잘 알고 있다고 생각하지만 실제로는 자신의 능력과 형편을 잘 모른다.

성공한 사람들을 살펴보면 외부조건보다도 먼저 자신의 특성을 최대로 활용했다. 지역개발을 성공적으로 달성한 사례를 보아도 그 중심을 이루는 사업이나 시책에는 지역만의 분명한 논리와 근거가 있다. 지역의 필연성과 고유한 특성을 토대로 그 지역이 매진해야 할 사업이 무엇인지를 세밀히 음미해 나가면서 사업을 전개하고 있다. 이처럼 성공하고 있는 지역은 결코 우발적·충동적으로 사업을 추진하지 않는다.

한 지역의 발전방향이나 성공요인은 먼저 내적인 조건에서 찾고 현장에서 가능성을 발견해야 한다. 현장을 구석구석 세밀하게 조사하여 지역이 가지고 있는 경영자원을 파악하고 지역에 내재하고 있는 자원을 토대로 고유한 개성을 연출해야 한다.

따라서 지역을 개발하려면 먼저 지역이 가지고 있는 역사와 풍토에 토대를 둔 좌표축을 설정하고, 옛날부터 지역에 있었던 기억, 그 장소가 가지고 있는 독특한 분위기를 읽을 수 있어야 한다. 그리고 앞으로 그곳이 어떤 장소가 되어야 할 것인지, 그 장소 스스로가 말하고 있는 무언의 암시에서 비전을 이끌어내야 한다. 이처럼 지역을 발전시키기 위해서는 지역을 읽고 지역을 알아야 한다.

영어로 발전을 의미하는 'develop'의 반대어는 'envelop'이다. 'envelop'이란 '꾸러미를 싸거나(包), 속에 집어넣고 봉하는 것'을 의미한다. 반면에 'develop'이란 '푸는 것 또는 묶음에서 해방시키는 것'을 의미한다. 식물로 말하자면 종자가 싹을 내고 싹이 줄기와 잎으로 발전해 가는 것, 곤충으로 말한다면 알이 유충으로, 유충이 번데기로, 번데기가 성충으로 변하는 것이 발전해 간다는 것이다.

그러나 나무가 책상으로 변한 것을 가지고 발전했다거나 성장했다고는 말하지 않는다. 외부의 압력으로 변형된 것을 발전이라고 말하지 않기 때문이다. 지역의 발전이나 개인의 발전도 마찬가지이다. 발전이란 내재하고 있는 개성을 특화시키고 내재하고 있는 자원을 개화시키는 것이다. 이렇게 볼 때, 지역발전의 근본은 외부에서 공공기관과 공장을 유치해 오는 것이 아니라 지역에 내재하고 있는 능력을 특화시키는 것이다.

발전의 개념을 이렇게 정립하고 보면, 현재 우리나라의 지방자치단체들이 추구하고 있는 발전전략에는 많은 문제가 있음을 알 수 있다. 많은 지방들이 내발적(內發的) 발전을 추구하기보다는 공공사업을 유치하는 등 외생적인 요인에만 관심을 집중하고 있기 때문이다.

지역을 발전시키기 위하여 외부로부터 기업과 공공기관을 유치하는 것도 물론 한 가지 방법일 것이다. 그러나 이보다 더 중요한 것은 지역에 내재하고 있는 능력을 발휘시키는 것이다. 공공사업과 공공기관의 유치는 지역에 내재하는 능력을 북돋우는 보조수단으로서는 추구할 수 있을지 몰라도, 본질은 없고 보조수단만 강조하는 발전전략은 그것이 성공한다고 할지라도 근본적인 한계가 있다.

지역발전은 각각의 지역이 처해 있는 생태계에 적합하고, 주민이 살아가는 생활의 필요에 입각하여 주민의 창의와 노력으로 실현되어야 한다. 그리고 외래의 지식과 기술을 도입하더라도 그 지방 문화의 뿌리를 살리면서 활용해야 한다. 따라서 진정한 발전이란 자연환경과의 조화, 문화 유산의 승계, 그리고 다른 사람이나 다른 집단과도 함께 즐길 수 있는 삶을 통하여 인간과 사회의 창조성을 제고하는 것이어야 한다. 이렇게 볼 때, 지역을 개발하는 작업은 지역에 내재하고 있는 개성과 능력을 발굴하는 것으로부터 출발해야 한다.

우리가 시대를 읽고 장소를 읽을 수 있다면 그 지역에만 유일한 테마를 만들 수 있다. 한 지역의 고유한 발전을 위해서는 다른 곳으로부터 모방하지 말아야 한다. 물론 다른 지역의 다양한 정보를 수집하고 이를 철저히 활용해야 한다. 그러나 다른 사례를 참고로 하더라도 나만의 목표를 설정하고 나만의 실천 수단을 개발해야 한다는 것이다. 지역개발이란 자신이 서 있는 현장을 면밀히 읽어서 무엇이 가능한지를 읽고 그 새로운 가능성을 독창적으로 도출하는 사업이기 때문이다. 모든 지역은 그 자체로서 이미 유일한 존재(only one)이다. 따라서 '넘버 원(number one)'이 아니라 '온리 원'으로서의 테마를 만들어야 하는 것이다.

人의 和

맹자가 말했다.

"사방이 3리 밖에 안 되고 외곽이 7리 밖에 안 되는 작은 성을 포위하고 공격해도 이기지 못하는 경우가 있다. 그것을 포위하고 공격하고 있다면 이미 틀림없이 적절한 시간을 선택했을 것이다. 그런데도 이기지 못한다면, 그것은 하늘이 내려준 시운(天時)이 그곳의 입지적 이점(地利)보다 크지 못하기 때문이다. 반면에, 성곽이 견고하고 무기와 식량이 충분한데도 군사들이 성을 포기하고 도망가는 경우가 있다. 그것은 유리한 지세(地利)가 인화(人和)보다 못하기 때문이다." 「天時不如地利也. 地利不如人和也.」 (맹자, 公孫丑下 1).

세상을 경영하려면 그 어떠한 자원보다도 사람의 마음을 얻어야 한다. 성공과 실패는 시대의 흐름과 조직이 가지고 있는 유형의 자원만으로 결정되는 것이 아니다. 유형적 자원보다도 더 중요한 것은 구성원들이 어떤 생각과 자세로 대응하느냐 하는 것이다. 이러한 사실은 역사에서 얼마든지 찾아 볼 수 있다.

베트남에서 미국은 앞선 군비와 막대한 물자를 투입했지만 호치민이 이끄는 군대에 패퇴하였다. 전쟁의 승패는 물량이 아니라 그곳에 있는 사람들의 마음이 얼마만큼 동일한 방향을 지향하느냐로 결정된다는 것을 증명한 것이다.

구성원들이 꿈을 공유하고 있는 조직은 성공한다. 회사로 말하면, 노동자와 사용자가 회사가 잘되는 것을 공통의 이익이라고 생각한다면 그 회사는 잘 운영될 수 있다. 좋은 사회란 공감과 공유 속에서 서로를 신뢰하는 사회이다. 인간을 발전시키는 경쟁도 협조와의 미묘한 균형 속에서만 가능하게 된다. 개인의 이익도 보다 큰 전체 그리고 긴 미래를 고려하여 공동의 이익을 키울 때 비로소 떳떳하게 얻을 수 있게 된다. 겉으로 볼 때 이기적으로만 보이는 상거래도 상호신뢰를 증진시키는 사회적 네트워크 속에서만 보호되는 것임을 알아야 한다(Robert D. Putnam, *Making Democracy Work*, 1993).

자로가 공자에게 "굳세다(强)는 것은 무엇을 의미하느냐"고 질문했다. 이에 공자가 대답하기를, "군자의 굳셈이란 조화를 중시하면서도 남의 의견에 쏠리지 않는 것"이라고 하였다. 「故君子和而不流, 强哉矯.」(中庸, 第10章).

군자의 꿋꿋함은 남의 의견에 휩쓸리지 않고 어느 한 쪽으로 기울지 않는 것이다. '화이불류(和而不流)'한다는 것은 화합(和合)은 하지만 뇌동(雷同)하지는 않는다는 '화이부동(和而不同)'을 다시 한번 강조한 말이다. 중용에 나오는 이러한 '和而不流'에 대하여 맹자는 "흐름을 좇아 내려가서 다시 돌아오는 것을 잊어버리는 것"이 '流' 라고 설명했다「從流下而忘反.」(맹자, 梁惠王下 4).

'和'란 자신의 개성을 유지하면서도 다른 사람과 협력하여 새로움을 창조하는 것이다. 군자는 자신의 색깔을 잃지 않으면서도 전체의 틀, 공통의 기반을 중시하는 사람이다. 인간은 누구나 '공통의 이익'에 관한 자기 나름의 기준을 가지고 있다. 따라서 자기 나름의 기준에 어긋나는 부조화에 직면하면 불편하고 저항감이 생긴다. 찌그러지고 제멋대로인 더러운 간판을 보면 마음이 어지럽다. 지하철 안에서 노인에게 자리를 양보하지 않는 아이를 보면 마음이 언짢다. 가족이나 친척도 아니지만 어려움에 처한 사람을 보면 보호해 주고 싶고 지원하고 싶어진다.

그러한 마음이 드는 연원(淵源)은 무엇인가. 무의식적으로 그런 마음이 드는 이유, 그리고 그러한 생각에도 여러 격차가 있는 이유는 무엇인가. 모든 나라, 회사, 도시, 개인 등에는 각자 그 집단이나 개인 특유의 개성이 있다. 그러나 아무리 개인차가 있다고 할지라도 인간이라면 누구나 잠재의식 속에 최소한의 공평의식과 사회적 정의감을 자기 나름대로 품고 있기 때문이다.

따라서 우리는 작은 차이, 즉 소이(小異)에 매달릴 것이 아니라 각자의 입장을 초월한 아름다운 큰 같음, 즉 대동(大同)을 키워나가야 한다. 지금 우리가 살고 있는 시대의 문제와 개인의 문제는 아(我)와 비아(非我)의 투쟁만으로 해결되는 것이 아니다. 지금 우리 시대의 문제는 연대하고 공존하는 공동체 속에서만 해결될 수 있다.

風土의 自治

역사는 특수 사례를 대량으로 저장하고 있는 창고이다. 이러한 창고에서 일정한 법칙을 발견해내는 것이야말로 우리가 역사를 공부하는 바른 자세이다. 전쟁이나 기업경영에서만이 아니다. 도시개발 전문가인 '찰스 랜드리(Charles Landry)'는 세계의 도시들을 연구한 결과 "성공과 실패는 그 도시가 가지고 있는 유형의 자산보다도 문제를 해결하기 위하여 그 도시가 어떤 접근법을 동원했느냐에 달려 있었다"고 하였다.

찰스 랜드리의 말은 다음과 같이 계속된다.

"잘 알려지고 화려한 곳에서부터 이름도 희망도 없어 보이는 장소에 이르기까지 여러 곳에서 수행한 수많은 조사를 반추해 보면 하나의 교훈이 떠오른다. 그것은 성공적인 도시에는 상상력이 풍부한 개인이 있고, 상상력을 생산적으로 활용하는 창조적 조직이 있으며, 명확한 목표를 공유하는 정치문화가 있다. 발전하는 도시들에서 활동하는 중심인물들은 다음과 같은 특질을 공유하고 있다. 개방적 시각, 모험을 무릅쓰는 도전 의식, 전략적 사고, 명확한 장기목표의 소유, 지역의 고유성을 토대로 약점을 강점으로 바꾸는 능력, 그리고 적극적으로 배우려는 자세가 그것이다. 이러한 요소들이 사람, 프로젝트, 조직 그리고 최종적으로는 도시를 창조적으로 변화시킨다." (Charles Landry, *CREATIVE CITY*, 2000).

발전하고 성장하기 위해서는 중앙정부로부터 특혜를 받거나 입지가 유리해야 하는 것이 아니다. 발전하고 성장하는 도시는 중앙정부가 포기한 곳을 주민이 애착으로 붙잡고, 역경을 오히려 자원으로 활용한 '인간'이 있는 곳이다. 발전하는 지역에는 제도의 장벽, 자원의 한계를 뛰어넘으려는 애착과 열정 그리고 지혜를 가진 지도자와 주민이 있다.

그러나 가난한 지역에 가보면 "우리 지역에는 자원이 없다"고 말하는 사람이 많다. 지역에 없는 것은 자원이 아니다. 자원을 볼 줄 아는 눈이 없고, 자원을 활용할 줄 아는 지혜와 지역의 가능성에 매달리는 애착이 없다. 미성숙한 공무원들에게 일을 시키면 '돈이 없다', '권한이 없다'는 말부터 한다. 주민들이 주인의식을 갖고 있지 않은 지역을 개발하려고 하면, '돈을 내라', '시설을 해 달라'는 요구부터 한다. 이러한 지역일수록 구성원들은 서로를 헐뜯는다. 구성원들이 서로를 헐뜯게 되면 그 사회는 헐벗게 된다.

가난하고 삶이 힘겨운 마을의 사람들은 소망하고 이루고 싶은 것이 있어도 그저 막연하게 바라고 기다리기만 하는 특성이 있다. 발전하고 성장하는 마을의 사람들이 체계적으로 합심하여 행동할 때 그들은 뿔뿔이 흩어지고 남을 헐뜯는 데에만 입을 모은다.

지역 최대의 자원은 인재(人材)이다. 지역개발은 인재를 만드는 것으로 시작하여 인재들이 일할 수 있는 풍토를 만드는 것으로 마무리된다. 그러나 지금까지 우리나라에서의 지역개발 전략은 이와 반대되는 방향으로 추진되어 왔다. 중앙이 주도하여 '성장의 극(growth pole)'을 대도시나 특정 지역에 만들어내고, 그 파급효과 또는 균점효과(均霑效果)를 인접 지역으로 파급시키려고 하였다. 그 결과는 무엇인가? 우리의 지역 풍토는 점점 더 조악해져서 의존할 뿐 책임을 지지 않는 인간들의 소굴로 변하고 있다.

지역의 발전을 위해서는 지역 구성원 개개인의 내면에서 공동체 정신을 육성하고, 각성(覺醒)한 개인이 화합의 손을 잡도록 해야 한다. 지역의 주체인 주민의 인간적인 발달과 이들이 연대를 창출해 나가는 풍토를 배양할 때 비로소 그 지역의 지속적 발전이 가능해지기 때문이다.

지역구성원이 공동체 정신을 함양하고 지역의 주인으로서 권리와 책임을 다하는 풍토를 만들기 위해서는 무엇보다도 학습하는 문화를 만들어야 한다. 스스로 성숙하는 사람만이 다른 사람도 성숙시킬 수 있듯이, 학습하는 주민만이 지역을 성장시킬 수 있다. 그러나 모든 주민을 한꺼번에 성숙시킬 수는 없다. 따라서 이러한 학습활동의 중점 목표는 각성한 지도자를 육성시키는 것이어야 한다.

한 사회가 안고 있는 불합리한 고통을 감소시키기 위해서는 자진하여 고통의 길을 선택하고 그 고통을 온몸으로 감수하려는 인간의 존재가 불가결하다. 우리는 이러한 인간을 지도자라고 부른다. 우리가 지역을 발전시키려면 지역을 사랑하는 지도자를 길러야 한다.

지역발전의 출발점은 지역사회를 책임질 인재를 키우는 것이며, 이러한 인재들이 능력을 발휘할 시스템을 정비하는 것은 그 다음의 일이다. 그리고 이러한 시스템 정비의 최종 목표는 건전한 풍토를 만드는 것이다. 지역개발도 도시경영도 그리고 이러한 모든 것이 어우러져 이루어지는 인간의 삶도 결국은 풍토에 영향을 받는 것이다. 이렇게 볼 때, 지방자치라는 것도 풍토 위에서 이루어지는 것이며, 결국은 풍토의 자치가 되는 것이다.

제26장 모든 것은 이름으로 시작한다

인생을 멋지게 살아가는 사람과 대화해 보면 그 사람의 말에는 향기가 있다. 그에게는 인생의 테마가 있기 때문이다. 성공한 기업, 성공한 도시에는 테마가 있다. 테마가 있는 곳에는 사람들이 모인다. 그래서 회사를 경영할 때에도 지역을 경영할 때에도 테마를 만들고 테마로 일관해야 한다.

경영의 첫 과제는 이름을 세우는 것

자로(子路)가 공자에게 질문했다.

"위(衛) 나라 왕이 선생님께 나라를 경영하게 한다면, 선생님께서는 무엇부터 하시겠습니까?"

공자의 대답은 간단했다.

"이름부터 바로 잡겠다."「必也, 正名乎.」(논어, 子路 3).

이 말을 듣고 자로는 답답한 심정을 숨길 수 없어서 투덜거리듯 말했다.

"참말로 속 터져서 더 이상 말을 못하겠습니다. 어찌 세상물정을 그리도 모르십니까? 권력만 잡으면 마음대로 할 수 있는 일이 얼마나 많은데, 그 하고 많은 것들 중에서 왜 하필이면 별것도 아닌 '이름 바로잡는 것'부터 하시겠다는 겁니까? 바쁜 세상에 언제 용어(用語)나 가지고 다투고 있겠습니까?"

공자가 생각나는 대로 말하고 있는 자로를 보고 꾸짖었다.

"이 미련한 사람아, 그저 입 다물고 있으면 본전이라도 할 텐데, 어찌 그리도 경솔하게 함부로 말하느냐. 이름이 바르지 못하면 사람 사이에서 말이 순조롭게 통하지 못하여 말과 실제가 서로 맞지 않게 된다. 말과 실제가 서로 맞지 않으면 하려는 일을 이룰 수가 없다. 그러므로 지도자가 이름을 짓는다면 말로 설명할 수 있어야 하고, 말한 것은 반드시 실행해야 한다. 지도자는 자신이 한 말에 대해서 구차스럽게 되어서는 안 되는 것이다." 「名不正, 則言不順. 言不順, 則事不成. 君子於其言, 無所苟而已矣.」(논어, 子路 3).

공자는 자신에게 나라를 맡겨 다스리게 한다면 먼저 "이름부터 바로 잡겠다"고 간단하게 대답했지만, 그것은 결코 간단한 것이 아니었다. 아버지가 아버지답지 못하고, 아들이 아들답지 못하여 서로가 서로를 탓하며 부자간에 전운이 감돌고 있던 위(衛)나라를 제대로 경영하기 위해서는 무엇보다도 먼저 잘못된 이름을 바로잡아야 했던 것이다.

이름을 바로 잡겠다는 말은 개념과 역할을 분명히 하여 각자의 이름에 어울리는 소임을 다하도록 하겠다는 뜻이었다. 개념이란 우리가 무엇을 하고 어떻게 할 것인가를 방향지우는 심리적 지도이다. 이름을 바로 잡아야 한다는 것은 '아버지라는 이름은 무엇을 의미하며 아들이라는 이름은 무엇을 의미하는지'를 알게 해야 한다는 것이다. '가정은 무엇이며 결혼은 무엇인지, 공무원은 무엇이고 주민은 무엇인지' 그 기본 인식을 바로 세워 소임을 다하게 해야 한다는 것이다.

이름은 어떤 사물이나 현상 또는 관념의 속성이나 내용을 말로써 표현한 것이다. 따라서 이름이 실제 내용과 다르면 인식에 혼란이 발생하게 되고, 그 결과 처음 그 이름을 지을 때 의도했던 목표를 달성할 수 없게 된다. 이것은 사람의 이름을 잘못 알면 엉뚱한 판단을 하게 되는 것과 같다. 공자가 아주 사소해 보이는 '이름 바로 잡기'를 정치의 제1순위로 생각했던 것도 바로 이 때문이다.

그러나 대부분의 사람들은 자로와 같았을 것이다. 최고 권력을 손에 잡고 나서 제일 먼저 하고 싶은 것이 '이름 바로 세우기(正名)'라고 한다면, 세상물정 모르는 선생이 하는 좀스러운 짓거리라고 욕했을 것이다. 이름이 좀 잘못되었다고 해서 그게 뭐 그리 대수인가? 누구나 이렇게 생각하기가 쉬울 것이다. 그러나 문제의 근원을 뚫어 보는 공자의 눈에는 그렇지 않았다. 모든 문제는 '잘못된 이름'에서 비롯하는 것이기 때문이다. 이름은 본질을 바라보는 창(窓)이다. 따라서 이름이 잘못되면 모든 것이 뒤틀어진다.

공자의 시대만이 아니라 오늘날의 정치사회에서도 말이 제멋대로 유린되고 있다. 말이 순리로 통하는 것이 아니라, 오히려 역의(逆意)로 기만하기 위해 남용되고 있는 경우가 많다. 인간사회나 정치의 세계가 점점 더 험악해지고 있는 것도 따지고 보면 모두가 개념의 혼란에서 비롯된 것이다. 가정파괴, 신용불량, 근무태만, 역할배반 등 모든 것은 잘못된 개념을 행동으로 옮긴 결과이다.

이름이 역할을 만들고 상품을 만든다

이름은 역할을 규정하고 기능을 부여한다. 이름은 '업(業)의 개념'을 규정하는 것이다. 우리가 어떤 과제에 부여하는 이름은 그것이 어떻게 취급되어야만 하는가를 결정한다. 만약 어떤 도시의 교통 업무를 담당하는 부서가 '커넥션'과 또는 '접근가능성과'로 불린다면 엔지니어만으로 그 업무를 담당하게 하지는 않을 것이다. 자동차의 이동과 대중교통만이 아니라 보행과 이야기 등도 중요한 요소가 되기 때문이다.(Charles Landry, creative city, 2000)

우리 주위에는 이름을 자주 바꾸는 조직이 있다. 그러나 이름이 중요한 만큼 바꾸는 것도 신중해야 한다. 조직이 이름을 자주 바꾸는 이유는 법망을 피하거나 잘못된 과거의 기억을 차단시키려는 경우가 많다. 그리고 나머지는 그 조직이 존재해야 할 본질적인 기능을 가지고 있지 못하거나 존재가 휘둘리고 있는 경우이다.

조직만이 아니다. 개인의 경우에도 자신의 '업'에 대하여 스스로 정립하고 있는 개념은 자신의 역할과 기능의 반경을 설정하게 된다. 따라서 '업의 개념'을 잘못 파악하면 본연의 기능을 수행할 수가 없다. 예컨대 지방의회의원들 중에는 자신이 지방을 경영하는 중역이라고 생각하기보다는 감사로 생각하는 사람이 많다. 따라서 지역의 미래에 책임을 지려고 하기보다는 행정을 비판하는 것으로 그 책임을 다했다고 생각하며 스스로를 위축시킨다.

자기 직업의 이름을 어떻게 해석하느냐에 따라 사장과 종업원으로 신분이 갈린 사례를 보자.

이삿짐센터를 경영하는 사장이 과거 어려웠던 시절을 회상하며 창업 30주년 기념식을 마치고 차를 마시면서 부사장에게 물어 보았다.

"이삿짐센터는 무슨 일을 하는 곳이라고 생각합니까?"

부사장은 당연하다는 듯이 말했다.

"그야 이삿짐을 나르는 곳이지요."

전무와 상무에게도 같은 질문을 했으나 그들의 대답은 한결같았다. 이삿짐센터는 이삿짐을 나르는 곳이라는 대답이었다. 직원들의 대답을 들은 사장은 과거를 회상하듯 눈을 지그시 감고 말을 했다.

"대학까지 나온 당신들이 왜 중학교도 못 나온 내 밑에서 일하고 있는지를 오늘 이 자리에서 알아야 합니다. 나는 초등학교를 졸업하고 가정이 어려워 중학교도 진학하지 못했습니다. 당시, 가난하고 못 배운 나에게 일자리를 준 곳이 바로 이삿짐센터였습니다.

그러나 나는 이삿짐센터에 취직을 한 이후 단 한 번도 이삿짐센터를 그저 짐이나 나르는 곳이라고는 생각한 적이 없습니다. 이삿짐센터란 '이사 가는 사람의 희망과 기대 그리고 기쁨을 나르는 곳'이라고 생각했습니다. 그렇게 생각했기 때문에 내가 보아도 나는 참으로 훌륭한 일을 하는 사람이었습니다. 나는 다른 사람들의 희망과 기대 그리고 기쁨을 날라주는 사람이었기 때문입니다.

따라서 나는 내 일에 긍지와 자부심을 가질 수 있었습니다. 나는 매일 매일 처음 보는 사람 그리고 다시 볼 기약도 없는 사람의 이사를 도우면서 이사 가는 사람에게 희망과 기대 그리고 기쁨을 주려고 말 한 마디 행동 하나 하나에 신경을 쓰고 노력을 다했습니다. 그 결과 내가 한 번만 이삿짐을 날라주면 그 사람은 나를 기억하게 되었습니다. 지금의 우리 회사와 내 인생은 그렇게 해서 만들어진 것입니다."

대학을 나온 부사장과 전무, 그들은 모두 이삿짐센터를 그저 이삿짐 나르는 곳이라고만 생각했다. 그들은 월급받는 대가로 일하는 샐러리맨이었을 뿐이었다. 그러나 초등학교 학력의 사장은 자신의 '업'에 대한 개념을 정립하고 자신의 테마에 충실하려고 노력했기 때문에 많은 사람을 부리는 사장이 되었던 것이다. 자신의 '업(業)'을 어떻게 부르느냐 하는 그 이름의 차이가 사장과 종업원의 차이를 만든 것이다.

이름을 세우고 그것을 바로 해석하는 것은 업무의 출발이고 또한 마무리이다. 이름을 바로 잡아야 하는 것은 살아 있는 존재에만 필요한 것이 아니다. 역사적인 모든 것, 그리고 현재의 상태보다 더 바람직한 미래를 갈망하는 존재라면 모두 다 그 이름을 바로 세워야 한다. 예컨대 지방을 경영한다는 것은 현재 그 지방의 모습보다도 더 바람직한 상태가 되도록 하려는 것이다. 따라서 지방을 경영하는 첫 출발은 그 지방이 무엇을 지향해야 하며, 무엇을 달성해야 할지 그 성공의 목표[1]라는 이름을 분명하게 하는 것이다. 그러나 이러한

---

[1] 목표란 앞으로 달성하고 싶거나 도착하고 싶은 성공의 상태를 말한다. 이에
비하여 목적이란 왜, 그리고 무엇을 위하여, 그 목표를 달성하고 싶은가 하는

작업은 간단한 일이 아니다.

오늘날 어느 지방자치단체에 가 보아도 정문이나 본관 입구에는 그 자치단체가 지향하는 방향을 내걸어 놓고 있다. 그러한 간판은 자치단체가 지향하는 이념과 정책 그리고 자치단체가 달성하고자 하는 성공의 이미지를 한 마디의 이름으로 표현한 것이다. 그러나 우리나라의 여러 지방자치단체가 간판으로 내걸고 있는 이름을 보면 그 지방이 이루고자 하는 성공의 이미지를 함축하여 표현하지 못한 곳이 대부분이다. 설령 있다고 하더라도 그것이 차 하위의 계획으로 연계되어 있는 곳은 많지 않다.

단체장의 집무실이나 현관 입구에 시정방침(施政方針)을 제시하고 있어도 시정목표가 없는 곳도 많다. 시정방침은 시정목표를 달성하기 위한 수단이다. 따라서 시정목표를 설정할 때 비로소 그에 부응한 시정방침을 세울 수 있는 것이다. 서울에 가는 것이 목표라면 버스를 타고 갈 것인지 기차를 타고 갈 것인지를 정한 것이 방침(方針)이다.

농부가 아무리 정성을 들인다고 해도 쟁기만 보고 쟁기질을 하면 긴 밭고랑을 반듯하게 갈묻이할 수가 없다. 따라서 숙련된 농부는 앞에 있는 소나무를 목표로 정해 놓고 소머리를 소나무에 맞추면서 쟁기질을 한다. 소나무가 목표라면 소머리와 쟁기를 소나무로 향하게 하는 행동기준이 바로 방침이다.

누구나 체계적으로 행동하려면 시나리오를 준비해야 한다. 시나리

마음 씀씀이를 말한다. 목표를 눈에 보이는 상태라고 한다면 목적은 눈에 보이지 않는 의식이다. 인간은 자신의 목표와 목적이 명확해지면 그것을 달성하기 위한 에너지가 생기고 또한 집중을 하게 된다.

오는 테마에 의하여 만들어지고, 테마는 목표에서 도출되며, 목표는 이념을 구체화한 것이다. 그리고 지역이 지향하는 이념적 방향을 한마디로 요약하여 부르는 것이 바로 지역의 비전이다. 이러한 비전은 지역이 달성하고자 하는 성공의 이미지를 표방하면서 동시에 정책의 방향을 함축한 것이기도 하다. 따라서 그것은 지역의 모든 행위를 시작하게 하는 출발점이면서 동시에 귀착점이 된다.

모든 공무원이 가슴에 품을 지역의 이념이 없는 곳, 그리고 이러한 이념이 하위의 지역계획에 체계적으로 반영되어 있지 않은 곳에서 개별 공무원의 노력은 제 각각이 되어 마찰을 빚기가 쉽다. 반면에, 공무원들의 개별적인 노력이 하나의 이념으로 향도되고 있으면 하나하나의 모든 행동은 상위 계획에 체계적으로 수렴되고 연계된다. 따라서 공무원들은 각자의 일을 하면서도 모두가 공동의 목표를 향하게 되므로 결국 전체가 같은 방향으로 나아가게 된다.

비전은 이온(ion) 결합의 설계도

생각하지 않은 것은 표현할 수가 없고, 표현되지 않은 것을 실천할 수는 없다. 생각이 막연하여 표현도 막연하면 더불어 그것을 실천할 수가 없다. 바르게 생각한 것이라도 그것을 정확하게 표현할 때 비로소 공감하고 공유하여 다 함께 실천할 수 있게 된다. 표현이 분명치 않으면 본질이 보이지 않게 되고 바른 판단을 할 수 없으므로 결국 바른 정책을 구사할 수 없게 되는 것이다.

지역이 지역답지 못하다는 것은 그 지역이 어떤 지역이어야 하는지, 그리고 어떤 정책을 구사해야 하는지가 엄밀하게 정립되어 있지 않다는 증거이다. 모두가 함께 이루고자 하는 소망이 없다면 그 지역의 사람들은 힘을 모으기가 어렵다. 모두가 함께 이루고자 하는 소망은 지역을 아끼는 열정만큼 만들어진다.

그러나 열정은 있어도 비전을 갖고 있지 않은 사람이 많다. 행동력은 왕성하나 비전이 없는 사람 또한 많다. 멋진 비전을 가지고 있으면서도 행동으로 옮기지 못하는 사람도 많다. 행동이 따르지 않는 비전을 백일몽(白日夢)이라고 한다면, 비전 없는 행동은 악몽(惡夢)과도 같다.

지역을 경영하려면 스스로 자신을 평가해 보아야 한다.

첫째, 자신에게 지역을 가꾸어 나갈 열정이 있는가? 열정이 있으면 가능성도 있다.

둘째, 자신에게 분명한 비전이 있는가? 비전은 다른 사람을 납득시키고 더불어 행동하게 하는 설계도이다.

셋째, 자신에게 행동력이 있는가. 행동력은 비전을 구체적인 현실로 만드는 힘이다.

비전과 열정 그리고 행동력은 함께 할 때 비로소 상승효과를 발휘한다. 비전(vision)과 열정(passion) 그리고 행동(action)은 모두 '이온(-ion)'으로 마무리되는 말이다. 비전과 열정 그리고 행동은 '이온 결합'을 하듯이 하나가 되어야 한다. '이온 결합'이란 이질적인 물질이 결합하여 새로운 물질이 만들어지는 화학반응을 말한다. 지역이 발전하려면 다양한 사람들의 힘이 결합되는 화학반응을 일으켜야 한다. 그리하여 새로운 물결을 일으키고 새로운 희망을 연출해야 한다. 비전이란 바로 새로운 희망의 시나리오인 것이다.

한 지역의 사람들이 현실을 공감하고 미래를 공유하는 시나리오를 쓰기 위해서는 미래를 보는 '틀'이 있어야 한다. 우리는 이를 지역의 '이념'이라고 한다. 지역의 이념이란 그 지방 사람들 모두가 뜻을 모아 지향하는 철학이다. 이러한 철학에 입각하여 한 지역이 나아갈 바람직한 미래를 체계적으로 정리한 것이 바로 장기계획이다.

구체적인 목표와 정책으로 표현된 장기계획을 주민과 지방의회 그리고 공무원 모두가 행동으로 실천할 때 그 지역은 그 지역다운 모습을 띠게 된다. 장기계획을 구체적으로 실천할 때 지역이 달성할 수 있는 성공의 이미지를 한마디로 비전이라고 한다. 따라서 한 지역을 경영함에 있어서 지역의 주인공들이 공유하는 비전이 있다면 이미 경영의 기본은 확립되어 있는 것이다. 나머지는 테크닉의 문제일 뿐이다.

지역발전은 화학반응으로 이루어진다. 지역에는 많은 사람이 함께 살고 있기 때문이다. 지역의 사람들은 각자의 입장도, 역할도, 사고 방식이나 경험도, 그리고 살아온 내력도 모두 다르다. 지역이란 이런 모든 사람들의 손으로 가꾸어 가는 것이다. 입장이 다르고 사고 방식과 지식수준이 다른 주민 한 사람 한 사람이 협동하여 지역을 가꾸어 가기 위해서는 모두가 공유할 수 있는 미래가 있어야 한다.

많은 사람이 같은 방향을 지향할 수 있는 것은 그들이 미래의 모습을 공유하고 있기 때문이다. 지역 사람들이 모여서 그들의 비전을 함께 만들고 모두가 이를 지역의 테마로 받아들이고 존중하도록 할 수만 있다면 지역의 힘을 하나로 모을 수가 있다. 비전을 공유하면 힘이 결집되기 때문이다. 성공의 이미지인 비전을 명확한 이름으로 표현하는 것은 이래서 중요하다.

장기종합계획은 비전의 이름을 해설한 것

우리나라의 지방자치단체들도 지역사회 전체의 미래상과 이를 실현하기 위한 목표로서 장기종합계획을 수립하고 있다. 장기종합계획은 지역경영의 기본 이념, 발전 방향, 복지의 목표 수준, 토지이용 구상, 각종 정책의 골자 등을 제시하고 있는 지역경영의 나침반이다.

그러나 현재 우리나라의 여러 자치단체가 수립하고 있는 장기계획을 보면 그 내용이 지역의 토지개발을 중심으로 한 것이 많다. 장기계획은 단순히 토지이용 방침을 정립한 것이 아니라 지역의 사회계획(social planning)이어야 한다.

장기계획을 세우기 위해서는 시계(視界)를 적절히 하는 것도 중요하다. 계획기간을 20년 내지 30년이라는 초장기로 할 경우, 경영의 기초가 될 구체적 전망을 세우기가 어렵다. 또한 지역의 발전계획을 장기에 걸쳐서 개정하지 못하게 되는 문제도 발생한다. 따라서 장기계획의 기간은 10년 정도가 적당하며, 필요시에는 기존의 계획을 적절히 개편하고 재정립할 필요가 있다.

비전을 공유하기 위해서는 그것을 만드는 과정을 공유해야 한다. 내용이 아무리 바람직하다 해도 그것을 외부의 전문가가 독단적으로 작문한 것이라면 별 의미가 없다. 지역의 비전은 주민과 행정이 공감하는 절차를 거쳐 수립될 때 비로소 미래의 가치를 공유하게 된다. 따라서 비전 수립의 주역은 당연히 주민과 공무원이어야 한다.

비전 수립 과정에서 공무원의 참여는 다양한 효과를 발휘한다. 공무원들이 지역의 전체적 목표를 생각하며 장기적인 시각으로 일하도록 한다. 그리고 미래를 상상하면서 현실을 직시하는 기회를 갖게 하는 것도 중요한 효과이다. 일반적으로 대부분의 공무원들은 현실적으로 동원 가능한 수단의 범위 내에서만 미래를 보려고 한다. 그리고 회계연도라는 짧은 시계로 세상과 접촉하고 순환보직이라는 장치 때문에 멀리 보지 않으려는 타성에 젖어 있다. 그러나 지방자치단체가 수립하는 장기계획에 직원들을 참여시키는 것은 공무원의 이러한 체질을 교정하는 최대의 교육기회가 된다. 장기계획은 미래를 기준으로 현실을 비추어 보는 거울이기 때문이다.

함께 만든 계획만이 함께 실천할 수 있는 계기를 마련한다. 모두의 힘으로 가꾸어야 할 지역발전에 있어서 그 주역은 역시 주민이다. 따라서 모두의 뜻을 모으는 비전의 작성에는 반드시 주민이 참여해야 한다. 주민들은 의견을 제시하고 심의위원회와 공청회 그리고 간담회 등에 참여하고, 전자회의를 통하여 공간과 시간의 장벽을 초월하여 참여함으로써 계획수립의 주인공이 되어야 한다. 이처럼 지역의 비전은 다양한 참여를 통하여 지역사회의 합의과정을 거쳐서 설정되어야 하는 것이다. 그래야만 특정 정치지도자의 교체와도 관계없이 모두에게 오래도록 존중될 수 있기 때문이기도 하다.

어떤 교수가 예쁜 집을 짓고 집들이 잔치를 했다. 집들이에는 설계사와 목수 그리고 미장이와 인부들도 모두 초청되었다. 동네사람들은 집주인인 교수에게 입을 모아 예쁜 집을 지었다고 칭송했다. 그러나 실제로 집을 지은 것은 설계사와 목수 그리고 미장이고 교수는 벽돌 한 장 나른 적도 없었다. 그런데도 사람들은 교수에게 집을 잘 지었다고 말한다.

지역의 미래를 설계하고 지역을 개발하는 것도 마찬가지다. 전문가와 시장이 설계하고 공무원과 기술자들이 작업한 것이라 하더라도 그것은 시민의 이름으로 한 것이며, 시민을 위하여, 그리고 시민이 한 것이다. 그리고 무엇보다 중요한 것은 시민이 그렇게 느끼도록 해야 하는 것이다. 모든 부담은 시민들이 지는 것이며, 그 도시는 시민들이 살아가는 곳이기 때문이다.

장기계획은 미래 세대들의 희망을 담는 것이어야 한다. 그리고 미래세대에게 책임을 지는 것이어야 한다. 미래의 세대들이 살고 싶은 지역을 만드는 것이야말로 장기계획이 꿈꾸는 목표다. 따라서 미래의 주인공들이 계획수립에 참여하도록 하는 것도 아주 중요하다. 미래세대인 초·중·고등학생들을 대상으로 '내가 살고 싶은 고장'을 주제로 한 사생(寫生) 대회와 백일장을 열어, 미래 세대들의 바램과 생각을 반영하는 것도 하나의 방법이다. 미래의 세대가 장기발전계획의 수립에 참여하면 그들에게 향토애를 고취시키는 교육의 기회가 되기도 한다.

그러나 현재 우리나라 대부분의 지방은 아직도 이러한 절차와 내용을 구비하여 지역사회가 합의한 경영이념과 비전을 공유하고 있는 곳이 드물다. 따라서 장기계획을 만들어 놓았지만 그것이 지방의회와 단체장이라는 자치단체의 2원적 대표기관의 행동을 통제하는 고차원의 규범으로서 기능하지 못하고 있다. 심지어는 방향이 아주 잘못되었거나 세상의 좋은 말은 다 늘어놓아 애초에 아무런 의미도 없는 계획을 자랑하듯 내놓은 곳도 많다. 잘못된 비전은 정작 가야 할 방향을 오도할 뿐만 아니라 제대로 된 비전을 만들 기회마저 차단한다. 제대로 된 것이 아니면 차라리 없는 것이 더 낫다.

비전에도 이름이 있다. 우리나라의 여러 지방자치단체에서 볼 수 있는 장기비전의 표지에는 대부분이 「…시(군) 장기종합계획」이라는 이름이 붙어 있다. 비전의 이름을 이렇게 쓰는 것은 마치 집 앞의 문패에 집주인의 이름을 쓰지 않고 '문패'라고 쓴 것이나 다를 바 없다. 문패에 문패라고 쓰지 않더라도 그것은 당연히 문패이다. 문패에는 고유한 이름을 써야 한다. 지방자치단체의 장기종합계획이란 그 자치단체가 나아가고자 하는 고유한 비전의 이름을 해설한 것이어야 한다.

지역개발은 일부의 어른들만이 하는 것은 아니다. 아들딸과 손자까지도 손과 마음을 합쳐야 하는 것이다. 따라서 비전의 이름은 어린아이도 어른도 이해할 수 있어야 한다. 비전의 이름은 형용사로 수놓은 막연한 수식어가 아니라 구체적인 목표를 표현하는 것이어야 한다. 또한 누구나 같은 뜻으로 이해하여 모두의 테마가 되도록 해야 한다. 그리고 그 테마의 주체는 언제나 주민이어야 한다. 이처럼 지역의 이름을 짓고 지켜나가는 것은 지방경영의 시작이고 끝이기도 하다.

나라를 경영할 때나 지방을 경영할 때나 그 근본은 마찬가지다. 이름을 바로 잡고 그 이름을 지켜나가는 것은 모든 경영의 기반이며 기본이다.

제27장   하나로 일관해야 한다

시대의 변화에 발 빠르게 적응하는 것은 모든 생존전략의 기본이다. 그러나 변화에 적응하는 것만큼 중요한 것이 있다. 그것은 변하지 말아야 할 본질적인 원칙을 고수하는 것이다. 시대가 변하고 상황이 변해도 소중히 지켜야 할 원칙을 가지고 있는 사람은 큰 사람이다. 시대가 변해도 변함없이 고수할 자신의 원칙을 가지고 있다면 큰 사람이요 큰 조직이다.

큰 사람은 흔들리지 않는다

아무리 상황이 어렵고 힘들더라도 일관하여 지켜나갈 원칙을 가지고 있고, 흔들리지 않고 그것을 지킬 수 있다면, 그는 위대한 사람이다. 역사상 시대를 리드한 지도자는 상황이 달라지고 궁지에 몰려도 한결같이 자신의 원칙을 지킨 사람이다. 스스로 지켜야 할 불변의 원칙을 가지고 있다는 것은 고유한 영혼을 가지고 있다는 것을 의미한다.

만년의 공자가 자신의 생각을 받아들여 바른 정치를 펼칠 제후를 찾아 여러 나라를 방랑하고 다닐 때였다. 그러나 그의 기대는 모두 어긋나 버렸다. 도를 펴기는 고사하고 도처에서 조소만이 기다리고 있었기 때문이다. 이처럼 갈 곳도 없이 지쳐 있던 공자에게 초(楚)나라 왕으로부터 초청이 왔다. 그리하여 초나라로의 여정에 나선 공자가 제자들을 데리고 초나라의 국경 근처에 이르렀을 때였다. 갑자기 초나라의 적대국들이 공자 일행을 가로막고 나선 뜻밖의 일이 벌어졌다. 진(陳)나라와 채(蔡)나라가 연합한 군대가 공자를 포위해버린 것이었다.

진나라와 채나라의 군사들이 공자 일행을 가로막았던 이유는 단순했다.

"공자는 우리의 사정을 잘 알 뿐만 아니라 그의 가르침은 대단한 것이다. 그런 그가 초나라로 가서 가르치게 되면 초나라는 강국이 될 것이다. 그러므로 공자가 초나라에 들어가는 것은 막아야 한다."

들판에서 포위되어 굶기 시작한 지 사흘이 지나고 나흘이 지나자 제자들 중에는 벌써 지쳐서 쓰러지는 사람도 있었다. 사정이 이런데도 공자는 그저 태연자약하게 거문고를 타면서 시의 구절을 노래하고 있었다. 아무 대책도 없이 태연자약하게 거문고를 타면서 묵상에 잠겨 있는 선생을 보고 제자들의 불평이 터져 나왔다.

"언제 죽을지도 모르는 판에 도는 무엇이고 음악은 또 무엇이란 말인가. 그런 것들은 궁여지책이요, 자기기만에 불과한 것이다."

생사를 가르는 급박한 상황에서 이처럼 배움의 근본마저 의심하는 제자가 나오는 것도 무리는 아니었다. 초가을 밤의 검은 풀밭에서 생사를 헤매며 겨우 숨을 헐떡이고 있는 제자들의 모습은 이미 탈진 그 자체였다.

성미가 급한 자로가 제일 먼저 속을 숨기지 못해 씩씩거리며 질문을 했다.

"군자라 할지라도 궁지에 몰리는 경우가 있습니까?"「君子亦有窮乎?」

가만히 눈을 감고 묵상에 잠겨 있던 공자가 대답했다.

"물론이다. 하지만 군자는 어려움에 처해도 신념이 있어서 기다릴 수가 있다. 그러나 소인은 궁지에 몰리면 참지 못하고 무슨 짓이든 다 하려고 한다."「君子固窮, 小人窮斯濫矣.」(논어, 衛靈公 2).

대답을 마친 공자가 옆에 있던 자공(子貢)에게 물었다.

"자공아, 너는 내가 학문을 연마하고 많은 것을 알고 있어서 어떠한 경우에도 대처하는 방법을 다 알고 있다고 생각하느냐?"「女以予爲多學而識之者與?」

자공이 대답했다.

"물론 그렇게 생각합니다. 그렇지 않습니까?"「然, 非與?」

공자가 대답했다.

"너에겐 그렇게 보일지 몰라도 사실은 그렇지 않다. 나는 단지 하나의 도(道)로써 모든 것을 관철하려고 정성을 다할 뿐이다."「非也, 予一以貫之.」(논어, 衛靈公 3).

공자는 자신에게 무슨 비전(秘傳)이라도 있을 것이라고 기대하는 제자들에게 "내가 가는 길에 비전(秘傳)은 없다"라고 고백이라도 하듯이 말했다. 무슨 비전을 가지고 있기 때문에 바른 길을 갈 수 있는 것이 아니라, 자신은 생활 속에서 언제나 도를 구현하려고 노력할 뿐이라고 설명했던 것이다. 따라서 자신에게서 진정으로 배우려면 말이 아니라 생활을 보라고 가르쳤던 것이다(조수익 역, 이야기논어, 2000).

공자의 이런 설명에도 불구하고 대부분의 제자들은 시큰둥해 있었다. 그도 그럴 것이, 아직 도(道)가 무엇인지를 진정으로 이해하지 못한 이들에게는 언제 해결될지 모르는 들판에서의 굶주림이 더 힘들었기 때문이다. 그러나 공자는 지칠 수가 없었다. 제자들을 진실로 사랑하기에 그들을 끊임없이 깨우쳐주고 싶었을 뿐이었다.

공자는 씩씩거리고 있는 자로를 불러 물어보았다.

"내가 추구하는 도가 잘못되었다고 생각하느냐? 그래서 우리가 이 들판에서 들짐승들처럼 헤매고 있다고 생각하느냐?"

자로가 대답했다.

"선생님의 도가 잘못되었는지는 저도 잘 모르겠습니다. 다만 다른 사람들이 우리를 믿어주지 않는 것은 우리들이 아직 인(仁)을 체득하지 못했기 때문이라고 생각해야 할 것 같습니다. 그리고 다른 사람들이 우리가 베푸는 도를 따르지 않는 것은 아직 우리들의 지혜(知)가 불충분하기 때문이라고 생각해야 하지 않겠습니까?"

불손한 자로의 대답을 듣고 공자가 말했다.

"너의 생각은 잘못된 것이다. 만일 네가 말한 대로 인자의 말이 반드시 믿어져야 한다면 백이(伯夷)와 숙제(叔濟)는 왜 굶어 죽었겠느냐? 그리고 지혜로운 사람의 말이 반드시 행해져야 한다면 왕자 비간(比干)[1]이 학살될 리도 없지 않았겠느냐?"

공자가 이어서 자공을 불러 같은 질문을 하자, 자공이 대답했다.

"선생님께서 가르치시는 도는 너무 이상적입니다. 그래서 세상에서 받아들여지지 못하고 있는 것입니다. 세상 사람들이 이해할 수 있도록 그 수준을 조금 낮추는 것이 좋을 듯 싶습니다만…."

공자가 대답했다.

"자공아 너는 영리한 것 같으나 너무 약고 뜻이 낮구나. 노련하고도 부지런한 농부가 성실히 파종한다고 해도 비바람에 흉작이 되는 경우가 있다. 뛰어난 명인이 아무리 세심하게 물건을 만들어도 그것이 세상 사람들의 취향에 맞지 않을 수가 있다. 군자도 마찬가지이다. 아무리 도를 닦고 마음을 다하여 노력한다고 해도 세상에 받아들여지지 못할 때가 있다. 그러나 군자는 눈앞의 이해를 위해 세상과 영합해서는 안 된다. 눈앞의 안일을 위해서 원칙과 모순되는 일을 꾸미거나 언동을 함부로 해서는 안 된다. 너는 지금 도를 닦는 것에 지쳐서 세간과 일상에 영합하려 하는구나. 도를 닦기보다는 세상으로부터 인정받는 것에 마음을 빼앗기고 있구나. 의지가 그토록 박약해서야 어떻게 하겠느냐."

공자는 마지막으로 안회(顔回)에게 물었다.

안회는 이렇게 대답했다.

"선생님의 가르침은 참으로 큽니다. 그러므로 세상에서 쉽게 받아들이지 못합니다. 그러나 그런 것에 신경 쓸 필요는 없다고 생각합니다. 세상에 쉽게 받아들여지지 않기 때문에 선생님께서 군자이신

---

1) 백이(伯夷)와 숙제(叔齊)는 형제간으로 고죽군(孤竹君)의 아들인데 주무왕(周武王)이 은나라를 멸망시키자 주나라의 곡식을 먹지 않겠다고 수양산으로 들어가 고사리를 캐먹다가 굶어 죽었다. 비간(比干)은 은나라의 왕자이며 폭군인 주(紂)의 숙부인데, 바른 말을 하다가 주에게 죽음을 당했다. : 조수익(역), 이야기 논어(서울 : 한국뉴턴, 2000), pp.163~172.

것이 더욱 분명해집니다. 도를 많이 닦은 사람이 있는데도 불구하고 그릇이 작아서 가르침을 받아들이지 못하는 나라가 부끄러워해야 할 문제를 선생님께서 책임질 수는 없습니다. 따라서 그런 일에 신경쓰지 말고 더욱 정진하는 것이 우리의 길이라고 생각합니다."

굶주림 속에서 그리고 앞길이 보이지 않는 캄캄한 현실에 짓눌려 가르침과 믿음 그 자체를 회의하는 자로, 어려운 상황을 감안하여 현실과 타협하자는 자공, 체력이 약해 몸은 지치고 탈진했어도 마음만은 태산 같은 안회. 이처럼 공자의 제자들도 같은 내용의 정신 에너지를 공급받았지만 그것을 받아들이는 태도는 각각 달랐다.

기다리는 공자와 견디는 제자들

처절하게도 곤궁하고 구차한 환경에서 구원의 손길은 나타날 것인가? 아니면 그대로 죽음을 맞이해야 하는가? 아무것도 모르는 상황에서 그리고 우선 당장 굶어서 쓰러져 가는 처절함 속에서도 공자를 의연하게 했던 그 힘의 원천은 무엇이었을까? 그것은 바로 '일이관지(一以貫之)' 하는 것이었다.

공자는 어려운 현실을 하루하루 견디는 사람이 아니었다. 아름다운 미래를 기다리는 마음 하나로 일관했던 기다림의 성인이었다. 기다림의 성인 공자는 하루하루 일상의 어려움을 견딘 것이 아니라 자신의 이상이 실현될 세상을 기다린 것이다. 그러나 제자들은 아직 자신들이 추구하는 확고한 테마를 갖고 있지 못했기에 이상적인 내일을 기다리지 못하고 혹독한 현실을 견딜 수밖에 없었다.

인생의 80%는 기다림으로 이루어진다는 말이 있다. 세상살이에서 '나는 이렇게 되었으면 좋겠다'라고 생각한 것이 그대로 실현되는 경우는 그리 많지 않다. 사회적 처우라는 것도 대부분은 자신이 생각한 것보다 한참 후에야 돌아온다. 그래서 세상이 자신을 알아줄 때까지 기다리지 못하고 마음 둘 곳을 몰라 안절부절못하는 사람도 많다.

그러나 방법은 하나밖에 없다. 기다리는 것이다. 인간이 살아간다는 것은 기다린다는 것이다. 자신의 능력을 발휘할 기회가 언제 찾아올지는 아무도 약속할 수 없고 보증할 수도 없다. 그러나 산다는 것은 그 날을 기다리는 것이다. 그래서 중요한 것은 기다리는 자세이다.

공자가 기다릴 수 있었던 힘의 원천은 어디에 있었던가?

공자는 증자(曾子)에게 "내가 행하는 도는 언제나 하나의 원리로 일관하고 있다(吾道一以貫之)"고 말한 적이 있다. 큰 선생 공자가 흔들리지 않았던 비결은 자신이 꿈꾸는 세상을 만들기 위하여 일관하여 지키는 원칙을 가지고 있었기 때문이다. 그렇다면 그 원칙은 무엇인가?

증자는 이를 '충과 서(忠恕)'라고 하였다(논어, 里仁 15). '충(忠)'은 '마음(心)'을 '가운데(中)'에 위치시키는 것으로서 성심성의를 다하는 것, 즉 성실(誠實)을 말한다. '서(恕)'란 무엇을 의미하는가. 이에 대해 "단 한 마디의 말이지만 평생토록 지키고 실행해야 할 좋은 말이 있습니까?"라는 자공(子貢)의 질문에, 공자는 다음과 같이 상세하게 설명하고 있다.

"죽을 때까지 실천해도 좋은 유익한 한마디 말이 있다. 그것은 바로 '서(恕)'라는 말이다. 서(恕)란 내가 원치 않는 일은 남에게도 강요하지 않는 것이다."「子貢問曰 : 有一言而可以終身行之者乎? 子曰 : 其恕乎! 己所不欲, 勿施於人.」(논어, 衛靈公 24).

'서(恕)'라는 글자는 '마음 심(心)'자와 '같을 여(如)'자의 합성어이다. 이는 다른 사람의 마음도 나와 같다는 의미이다. 인간은 스스로 자신의 마음을 통하여 다른 사람의 심정도 이해한다는 뜻이다. 자신의 입장에 비추어 남의 처지를 아는 것이 바로 인(仁)을 이루는 방도라는 것이다.

따라서 공자는 내가 하기 싫은 것이면 다른 사람도 하기 싫어하는 것이니, 내가 하기 싫은 것을 남에게 강요하지 말아야 한다고 가르쳤다. 그리고 보다 적극적으로는 "내가 서고자 하면 남도 서게 하고, 내가 이룩하고자 하는 바를 남도 이루게 해야 한다"고 하였다.「己欲立而立人, 己欲達而達人.」(논어, 雍也 30). 이처럼 공자가 제시한 길은 보통의 인간이 실행할 수 없는 신비하고도 어려운 것이 아니었다.

그러나 문제는 공자가 관철했던 하나의 원칙을 증자가 말한 것처럼 '忠恕'라고 한다면 그것은 하나가 아니고 '忠'과 '恕'라는 두 개의 말이요 글자가 된다는 점이다. 그래서 많은 학자들은 공자가 일관했던 하나의 원칙은 다름 아닌 '仁'이라고 설명한다. 그러나 공자가 관철하고자 했던 하나의 원칙이 '仁'이었다면, 공자는 여러 곳에서 새삼 '一以貫之'라고 표현하지 않고 그냥 '仁以貫之'라고 했을 것이다. '一'이라고 한 이유는 그것을 '仁'이라고 표현할 수 없는 다른 요소가 포함되어 있었기 때문일 것이다. 설사 '一'을 '仁'이라 표현한다고 해도 '仁'이 과연 무엇을 의미하는지를 알기도 간단하지 않다. 공자가 여러 곳에서 인의 작용에 대하여 설명하고 있지만 '仁'의 의미를 단적으로 표현한 바가 없기 때문이다.

예컨대, 자장에게는 '仁'을 "공손·관대·신용·민첩·은혜(恭寬信敏惠)"라고 했고, 안회에게는 "자기를 이기고 예로 돌아가는 것(克己復禮)"이라고 했다. 번지(樊遲)에게는 "남을 사랑하는 것(愛人)"이라고 했으며, 중궁(仲弓)에게는 "자신이 바라지 않는 것은 남에게도 시키지 않는 것(己所不欲, 勿施於人)"이라고 했다. 이처럼 공자가 말한 '仁'이란 모든 덕행의 총칭이었던 것이다.

공자는 제자의 수양 정도와 그가 처해 있는 상황에 따라 달리 처방하는 응병여약(應病與藥)의 교육방법을 활용했다. 때문에 같은 질문에 대해서도 상대방의 수준과 가르침이 필요한 정황에 따라 그 가르침이 달랐다. 이러한 사실로 미루어 생각해 보면, 증자를 향하여 '吾道一以貫之'라고 말했던 공자의 깊은 뜻은 증자의 크기만큼 전달되었고, 따라서 증자는 후배들에게 우리 선생이 일관하고 계신 것은 '忠恕'라고 했던 것이다. 증자가 말한 '忠恕'란 다름 아닌 공자가 추구했던 '仁'이라는 크나 큰 테마의 핵심적 사항이었던 것이다.

인간은 자기 자신을 대할 때와 다른 사람 또는 널리 일반을 대할 때에 그 마음 씀씀이가 달라진다. 자기 자신에 대해서는 신중하고 성심성의를 다하게 된다. 이것이 바로 '忠'인 것이다. 그러나 다른 사람을 대할 때에는 소위 맹자가 말하는 '측은히 여기는 마음(惻隱之心)'이 생겨나 남을 사랑하게 되고, 이로 말미암아 자신이 바라지 않는 것은 남에게도 미치지 않게 하는, 즉 '恕'를 실행하게 되는 것이다. 이렇게 볼 때 '忠'과 '恕'는 공자가 가르친 "仁道"라는 원리원칙의 핵심인 것이다.

우리는 무엇으로 일관해야 하는가

원리원칙이란 어느 시대 그리고 어떤 장소에서라도 통용되는 철칙이다. 다른 말로 표현하면 위대한 상식이라고도 할 수 있을 것이다. 따라서 원리원칙이란 어려운 것도 아니고 불가사의한 것도 아니며 종교적인 것을 말하는 것도 아니다. 원칙이란 스스로의 일상에서 실증(實證)하면서 지켜나가야 하는 것을 말한다(Stephen R. Covey, *THE SEVEN HABITS OF HIGHLY EFFECTIVE PEOPLE*, 1989).

물론 세상을 살아가다보면 원리와 원칙을 글자 그대로를 엄수하기란 간단하지가 않다. 따라서 공자의 제자 자하(子夏)가 말한 것처럼 기본적인 큰 덕행의 테두리를 넘지 않는다면 지엽적인 행동에 약간의 융통성을 발휘해도 무방하다. 「大德不踰閑, 小德出入可也.」(논어, 子張 11). 우리가 사적인 예의범절을 지키려고 공무를 소홀히 해서는 안 되듯이, 사사로운 의리를 지키려고 원칙을 손상시켜서는 안 된다. 그러나 기본원칙을 어기는 것이 아닌 한 사사로운 절차를 융통성 있게 조절하는 것을 가지고 원칙을 어겼다고 비난할 수는 없다.

인간이 흔들리지 않는 원칙을 가지고 있어야 하는 것처럼 하나의 조직이나 도시도 세상에서 영원히 그 이름으로 존속하려면 스스로 지켜야 할 원칙이 있어야 한다. 그렇다면 하나의 도시가 발전하기 위해서는 무엇으로 일관해야 하는가. 한마디로 말해서 '이념과 테마'로 일관해야 한다. 지역의 비전과 테마로 일관해야 하는 것이다. 그리하여 '만들고 싶은 도시', '살고 싶은 마을'을 연출해야 하는 것이다. 비전이란 만들고 싶은 도시 그리고 살아보고 싶은 지역의 성공한 이미지를 말하는 것이다.

이름이 없는 사람은 명찰을 새길 수가 없다. 그러므로 일관하여 지킬 명예도 없다. 지방경영의 첫 과업이 이름을 바로 세우는 것이어야 하는 이유가 바로 여기에 있다. 그러나 이름을 짓는 것만큼 중요한 것은 이름을 중단 없이 지켜나가는 것이다. 지역이 스스로의 이름에 충실해야 하는 것처럼, 지도자는 일상에서 자신의 원칙을 실증해 나가야 한다. 자신의 신념을 실증해 나가는 것이 바로 지도자의 길이기 때문이다.

따라서 큰 지도자가 되기 위해서는 자신이 바라는 이상(理想)으로 향하는 신념이 있어야 한다. 지도자에게 가장 강한 무기는 확고한 신념이기 때문이다. 어떠한 정치적 술수도 그리고 어떠한 정치적 셈본으로도 이길 수 없는 단 한 가지의 유일한 힘은 '반드시 만들고 싶은 나라, 반드시 만들고 싶은 지방'에 대한 확고한 신념인 것이다. 이처럼 지도자의 강한 힘은 권력이나 변설에서 나오는 것이 아니다. 그것은 필요한 때에 아무런 불안도 주저함도 없이 자신을 던져 자신이 존재해야 할 이유에 대한 원칙을 지키는 힘에서 나오는 것이다.

공자는 자신이 많이 배우고 그것을 기억하기 때문에 바른 행동을 하는 것이 아니라고 했다. 언제나 기본에 입각하여 원칙을 관철하고자 일이관지(一以貫之)하는 행동 때문에 흔들리지 않는다고 했다. 그러나 원칙은 그것이 단순하면 단순할수록 오히려 지키기 어렵다. 그래서 무엇보다도 어려운 것은 그야말로 가장 초보적이고 단순한 원칙을 변함없이 지켜나가는 것이다.

제 28장　지금, 왜 논어로 경영하는 자치인가

공자의 가르침은 청산해야 할 과거의 유물이 아니다. 공자의 정신은 21세기를 밝힐 에너지요 등불이다. 공자는 "현실이 어려울수록 분명한 목표와 이상을 가지고 현실에 달려들어야 한다"고 가르쳤다. 이러한 가르침이야말로 지금 우리 사회의 중병을 치유할 대안인 것이다. 그래서 지금 우리에게는 21세기의 공자가 절실히 필요하다.

지금 왜 논어인가

안연과 자로가 공자에게 질문했다.

"선생님께서 이상으로 생각하시는 삶은 어떤 것입니까?"

공자가 대답했다.

"선배들을 편안하게 해드리고, 친구들은 신뢰로 힘을 합하며, 후배들을 사랑으로 보살펴 선배를 진심으로 존경하는 세상을 만들고 싶다."「老者安之, 朋友信之, 少者懷之.」(논어, 公冶長, 26).

공자의 대답은 그저 평범한 말로 들릴 수도 있다. 그러나 공자의 소망은 실로 인류사회의 이상 그 자체이다. 공자의 소박한 꿈은 세대간의 대화합을 이루는 것이었다. 이 세상에서 인간이 꿈꾸는 이상향은 별것이 아니다. 은퇴한 세대들은 편안하게 여생을 보내고, 현역세대는 서로 믿고 힘을 합치며, 자라나는 세대들은 선배를 진심으로 존경하여 따르고 선배들은 이러한 후배들을 품으면서 이끌어주는 사회, 그곳이야말로 이상사회이다.

인간사회는 앞 세대와 현세대 그리고 후세대로 구성되어 세대간 문화를 이어가면서 영위된다. 그러나 지금 우리 사회는 세대간의 반목과 질시의 골이 깊어질 대로 깊어지고 있다. 이러한 우리의 모습을 본다면 공자는 무어라 말할까?

공자를 청산해야 할 과거의 유물이라고 말하는 사람이 있다. 공자의 사상이 우리나라에 있어서 왕조적 관료국가의 수호신으로 기능했던 과거의 역사를 청산해야 한다는 의미에서 그런 주장을 하고 있는 것 같다. 그러나 공자는 당시의 부패하고 타락한 사회를 심각하게 혐오한 만큼 혁신의 이상을 품었고, 그 혁신정치를 실현하기 위하여 부단히 노력했다. 후에 와서 체제(體制)의 이론으로 기능해 온 유교도 그 출발점에서는 오히려 반체제의 이론이었던 것이다.

반체제의 이론은 그것이 목적으로 하는 사회가 실현되었을 때 그냥 그대로 체제의 이론으로 전화(轉化)한다. 유교는 과거 구체제의 이론이었고 그러한 구체제가 해체된 지금 공자를 죽여야 한다는 주장에도 설득력이 있어 보인다. 유교가 덕치의 본질로 기능하기보다는 전제군주의 군권(君權)을 옹호하는 수단으로 악용되었던 사실도 이러한 주장에 힘을 실어 준다.

그러나 본질을 살펴보자. 공자의 가르침이 문제였던 것이 아니라 공자의 가르침을 악용한 것이 문제였다. 공자는 퇴보적인 복고주의 자나 보수주의자가 아니었다. 문화발전과 사회발전을 누구보다 갈구했고 또 그렇게 될 것으로 믿었기 때문에 온갖 힘을 다하여 현실악에 맞서 싸웠다(張基槿, 『論語』, 1982).

공자는 현실과 타협하려는 현실주의자가 아니라 현실을 개선하려한 현실주의자였다. 실로 공자는 현실의 어려움을 감수하고 이겨낸 적극적인 투사였다. 그러나 공자의 신념과 가르침은 오늘날에도 제대로 실천되지 못하고 있다. 우리는 공자가 꿈꾸던 이상사회를 단한 번도 경험하지 못했던 것이다.

그렇다면 오늘날 우리는 공자를 어떻게 이해하고 해석해야 하는가. 공자가 아무리 역사적인 인물이라 하더라도 논자의 사관에 따라서 또는 자신의 편의에 따라서 임의의 공자를 마음대로 양산해서는 안 된다. 누구나 자신의 입장에서 공자에게 접근하게 되지만 최소한 공자의 본질을 알고 접근해야 한다.

소크라테스가 그랬던 것처럼 공자는 왕조국가로 이행하고 있던 도시국가에서 출생했다. 공자가 살았던 시대는 춘추 말기로서 여러 제후국들은 분열하고 끊임없는 정쟁(政爭)이 깊어지고 있던 난세였다. 이러한 공자가 세상을 떠난 지 100여 년이 지나자 중국에서는 수많은 사상가가 출현하였고 자기들의 생각만이 바른 것이라고 주장하는 시대가 되었다. 더욱이 공자의 사상을 신봉하는 사람들끼리도 그의 사상을 서로 다르게 풀이하는 경우가 많았고, 공자를 연구하는 학파만도 여러 개로 나뉘고 있었다. 이러한 상황에서 후대의 문인(門人)[1]들이 모여서 논(論)하여 공자와 제자들의 말(語)을 편집

했다.

　고대 개인의 사상을 기록한 문헌은 논어와 맹자를 비롯하여 묵자 (墨子), 노자(老子), 장자(莊子), 순자(荀子), 한비자(韓非子) 등 다양한 서적이 있다. 그러나 논어를 그냥 공자(孔子)라고 하지 않고 논어 (論語)라고 한 것은, 논어에는 공자의 가르침만이 아니라 논어 전편의 약 7% 정도가 제자들의 말로 구성되어 있다는 이유도 있다. 그러나 이보다 더 중요한 이유는 논어란 '논의해서 편집한 책' 이라는 뜻이 내포되어 있는 제명(題名)이다. 이러한 논어는 보편적인 진리를 사변적 · 추상적으로 설파하고 있는 것이 아니다. 논어는 구체적인 현실에 직면하여 공자와 그의 제자들이 고민했던 문제들과 그 지혜를 응축한 것이다.

고난의 세월이 꽃피운 인류의 스승

　공자는 기원전 551년 지금의 산동성(山東省)의 작은 도시국가였던 노(魯)나라에서 출생하였다. 인간이 가야 할 길을 찾고 그 길을 사람들에게 가르친 성인 공자는 참으로 빈천한 환경에서 태어났다.

　노나라의 하급무사였던 아버지 숙량흘(叔梁紇)은 이미 본처와의 사이에 9명의 딸을 두었고, 첩의 몸에서 맹피(孟皮)라는 절름발이 아들도 두고 있었다. 이러한 숙량흘이 공자를 낳았던 것은 야합(野合)

---

1) 논어에서 弟子라고 표현한 것은 공자로부터 직접 배운 제자를 말하며, 門人은 孫弟子(이를 再傳弟子라고도 함)를 의미하는 것이다. 논어의 편자는 공자의 손제자들이다.

에 의해서였다고 사마천(司馬遷)은 『사기』(史記)에서 기록하고 있다. 첩으로도 인정되지 못한 어머니 안재(顔在)의 몸에서 사생아로 태어났던 공자는 3살이 되던 해에는 아버지를, 그리고 17살이 되던 해에는 어머니까지 여의었다.

공자는 주위의 쌀쌀한 시선과 멸시의 눈초리를 견디며 성장했다. 어린시절 잔치 집 심부름과 장례식 도우미의 일을 했고, 어머니가 세상을 떠난 후 20대 초반에는 가장으로서 노나라의 대부 계씨(季氏) 집안의 창고의 물품 출납을 담당하는 창고지기(委吏)와 제사용 소와 양을 기르는 목장의 관리인(乘田)으로 일하면서 생계를 해결했다. 공자의 가르침은 일찍이 인생의 쓴맛을 체험한 인간이기에 체득할 수 있었던 것이었고, 빈곤하고도 낮은 곳에서 살면서도 비꼬이지 않을 수 있었기에 아름다움으로 승화될 수 있었던 것이다.

공자는 자신의 젊은 시절을 다음과 같이 고백하고 있다.

"나는 어렸을 때 비천했으므로 잡일에 능통하다. 그렇다고 군자는 온갖 일에 다 능통해야 하는가? 군자는 잡기에 능통하지 않다." 「吾少也賤, 故多能鄙事. 君子多乎哉? 不多也.」 (논어, 子罕 6).

오늘날 우리 주위에는 구체적 실체도 없이 공자에 대한 막연한 반감을 보이는 사람이 많다. 그러한 반감은 어디에서 연원하는 것일까? 그것은 지금까지 우리가 읽은 논어에는 설교조의 완벽한 인간 공자가 그려져 있었기 때문이다. 우리가 공자에 대해 가졌던 반감은 그러한 완벽·총명에 대한 일종의 위화감에 뿌리를 둔 것이다.

그러나 공자는 어릴 때 신동(神童)적인 능력이 보여 일찍 발탁된 인물이 아니다. 종교적이거나 남다른 어떤 능력을 가진 것도 아니었다. 만년의 공자는 시대의 사표(師表)가 되어 존경을 받았지만 망명

중의 어떤 시기에는 '공자를 죽여도 죄가 되지 않는다'는 말이 있을 정도로 멸시를 받았다. 뜻있는 사람들이 공자를 거두어주는 것조차 눈치를 살펴야 할 만큼 시대로부터 버림을 받았던 사람이었다. 현실에 있어서의 공자는 언제나 패배자였던 것이다.

현실에서는 패배자였기에 공자는 자신의 이상사회에 더욱 접근할 수 있었다. 사회적 성공은 일반적으로 그 사람의 가능성을 한정시키고 때로는 새로운 세계를 거부하게 한다. 사상이 본래 패배자의 소유물인 이유가 여기에 있다. 공자에게 있어서도 그의 험난했던 정치적 방황은 공자의 정신을 고양(高揚)시키는 데 절대적으로 필요했다. 극한적인 상황 속에서 쌓이고 쌓여가는 내면의 갈등을 통하여 인간은 성장하게 되는 것이다. 인간은 그렇게 해서 위대해질 수 있다(白川靜, 『孔子傳』, 2003).

이상주의자인 공자를 세상이 받아들이지 않았기 때문에 생전의 공자는 세상으로부터 냉대와 박해를 받았고 냉소 속에서 살았다. 그 하나의 일화를 보자.

공자가 초(楚)나라에서 채(茶)나라로 가는 길에 길을 몰라 헤매던 중, 마차를 몰던 자로(子路)가 농부(隱者)를 찾아가서 길을 물었다. 그러나 그가 공자의 일행이라는 것을 알아차린 그들은 "그렇게 1년 내내 세상을 헤매고 다니면서도 길을 모른다는 게 말이 되느냐?"며 길을 가르쳐 주지 않았다. 그냥 가르쳐 주지 않은 것이 아니었다. "혼탁한 세상을 바로잡는다며 볼썽사납게 쏘다니지 말고 한곳에 틀어박혀 조용히 지내라"는 핀잔까지 들어야 했다. 그들은 세상을 피해 사는 은자(隱者)들이었던 것이다.

자로로부터 은자들의 이야기를 전해 들은 공자가 말했다.

"나는 인간이 마땅히 가야 할 길을 여러 사람들과 같이 가고 싶다. 내가 천하의 사람들과 더불어 살지 않고 누구와 더불어 살겠느냐? 혼탁한 세상을 버리고 자연과 더불어 은거하면서 살아가는 것을 도(道)의 길이라고 생각하는 사람들이 있다. 그러나 인간이 산야에서 들짐승과 산새들을 벗 삼아 살아갈 수는 없지 않느냐? 나는 사람의 길을 가고 싶다. 인간이 인간사회를 버리고는 행복해질 수가 없다. 우리가 살아가는 세상이 혼탁하다면 그럴수록 세상을 바로잡으려고 노력해야지 그렇다고 세상을 버려서는 안 된다. 처음부터 우리가 살아가는 세상에 도가 있다면 내가 너희들과 함께 나서서 세상을 바꾸어 보려고 노력할 필요도 없지 않느냐?"「鳥獸不可與同羣, 吾非斯人之徒與而誰與? 天下有道, 丘不與易也.」(논어, 微子 6).

세상 사람들은 가시밭길을 돌아가지 않고 그대로 걸어가는 공자를 어리석다고 비웃었다. 그러나 공자는 세상이 조롱하더라도 자신이 가야 할 길이면 가시밭길도 마다하지 않았고, 이상을 실현하기 위한 것이라면 아무리 험한 돌밭이라도 포기하지 않고 개간하려고 했다. 세속의 잘못된 현실로부터 도피하여 초연한 듯 살아가는 자세야말로 세속 그 자체를 긍정하는 것이나 다름없다고 생각했다. 그렇다. 지도자의 위치에 있어야 할 사람들이 지도자 역할과 지도자로서의 서번트이기를 포기할 때 사회는 병든다. 지도자적 잠재력을 지녔음에도 지도자의 길을 걷지 않는 사람이야 말로 아름다운 사회의 적이다.

공자는 일생동안 그렇게도 수많은 모욕을 당하면서도 자신을 모욕한 세상을 향해 분노하거나 노여움을 품지 않았다. 공자는 인간의 본성이 착하다거나 악하다는 고정관념을 전제로 인간을 보지도 않았다. 인간을 있는 그대로 보면서 그러한 인간들을 위하여 구세제민(救世濟民)의 뜻을 펼치려고 했을 뿐이다. 공자는 그 어떤 역경 속에서도 자신의 이상을 버리지 않았던 이상주의자였고 또한 인격의 완성자였던 것이다.

배우고 가르치며 기다린 성인

공자는 애써 상대를 설득하려고 하지 않았다. 상대를 설득하는 기쁨이나 즐거움 그리고 쾌감과 같은 자기만족은 공자의 발언과는 무관한 것이었다. 공자는 자신이 생각한 것을 그대로 말할 뿐, 제자들과 주변의 사람들 그리고 후세의 사람들이 그것을 어떻게 받아들일지는 각자에게 맡겼던 것이다. 그러나 공자는 분명 이상주의자였다. 세상을 구한다며 세상 속으로 들어온 공자는 이상주의자였던 만큼 현실에서의 삶은 좌절로 이어지는 인생을 살았고, 생의 대부분을 좌절과 방랑의 세월로 보냈다.

공자는 언제나 제자들과 함께 행동하고 제자들에게 자신의 모든 것을 드러내 보여주었다. 따라서 논어에는 공자의 모습과 함께 제자들의 다양한 모습과 자세도 기록되어 있다. 이러한 내용은 우리가 논어를 인간학의 교과서로 삼을 수 있는 배경이 된다. 그렇다면 공자는 제자들을 거느리고 무엇을 추구하며 무엇을 이루려고 했던가? 세속적인 성공을 기대하기란 도저히 불가능해 보이는 선생을 필두로 하여 형성된 공자의 교단(敎團)이 지금의 역사에 던지는 의미는 무엇인가?

위인들은 훌륭한 제자를 갖는다. 공자는 일생의 대부분을 좌절과 역경 속에서 보냈지만 제자들은 불운한 선생을 떠나지 않았다. 예수와 석가 그리고 소크라테스처럼, 공자의 가르침도 생존 당시에는 현실적으로 거의 받아들여지지 않았고 존중받지도 못했다. 그러나 훌륭한 제자들이 있었기에 그의 가르침은 후세에 빛을 발하게 되었다. 소크라테스가 플라톤이 쓴 수편의 문장을 통하여 우리에게 존재하게 되었듯이, 공자는 그의 제자들이 편집한 논어를 통하여 우리에게 존재하게 된 것이다.

그렇다면 도대체 공자의 그 위대한 인격은 어디에서 나온 것일까? 그리고 공자가 위대했다면 도대체 얼마나 위대했을까? 세상에서 어느 누구를 위대하다고 한다면 보통 그 위대함이란 그 사람의 이용가치에 있는 것이다. 여기저기에 도움이 되니 위대하다고 하는 것일 뿐이다.

그러나 공자의 경우는 전혀 달랐다. 제자들에게는 단지 공자라고 하는 인간이 존재한다는 그 사실만으로도 충분했던 것이다. 당시의 사람들 중에는 공자의 제자 자공(子貢)이 공자보다도 더 훌륭한 사람이라고 말하는 사람들도 있었다. 공자 만년에 늦게 입문한 젊은 제자 진자금(陳子禽)이 자공을 보고 말했다.

"선배님은 선생님(공자)에 대하여 억지로 제자의 예를 바치고 있는 것은 아닙니까? 아무래도 제가 보기에는 선배님이 선생님보다 더 현명하다고 생각됩니다."

이에 자공(子貢)은 정색을 하면서 다음과 같이 대답했다.

"인간은 한마디 말로써 자신의 유식함을 드러내기도 하고 무식함을 드러내기도 하므로, 말이란 조심하지 않으면 안 된다. 내가 선생님께 미칠 수 없는 것은 마치 사다리를 타고 하늘에 올라가지 못하는 것과도 같다. 만약 선생님께 나라를 다스릴 기회만 주어진다면, 백성들에게 생업을 주어서 자립할 수 있게 하시고, 백성들을 인도하여 바른 길을 가게 하시며, 백성들을 안정시키고 편안하게 하시어 이를 부러워하여 먼 곳에 있는 사람들도 찾아오게 하시고, 백성들을 고무하여 일어나게 하셔서 모두가 화목하게 될 것이다. 그러므로 선생님의 삶은 살아 계셔서는 사람들의 영광이고, 돌아가시면 모두의 슬픔이 될 것이다. 그러니 나 같은 사람이 어찌 미칠 수 있겠느냐!" (논어, 子張 25).

공자는 옛것을 배워서 새로움을 창조하고자 했던 고전학자이면서 현실의 인간사회에 아름다운 질서를 수립하려고 했던 위대한 사회인이었다. 우리가 공자를 성인이라고 부른다면 그것은 종교적·은둔적 성인이 아니라 성스러운 사회인이라는 뜻이다. 공자가 추구했던 구제(救濟)란 내세(來世)의 것이 아니었으며 당연히 천국에서 얻을 수 있는 것도 아니었다.

공자가 추구했던 것은 인간이 태어나서 이 세상을 떠날 때까지의 '지상의 사회'를 구제하려는 것이었다. 따라서 공자는 잘못된 사회를 뒤집으려고 한 '혁명가'가 아니었다. 이미 뒤집어진 사회를 구제하기 위해 '질서의 사상'을 수립하려고 했던 난세의 사상가였다(山本七平, 『論語の讀み方』, 1997).

난세가 되면 질서를 생각하고, 평화가 오면 그 평화의 은혜로움을 모르는 것이 우리 인간들의 모습이다. 그러면서도 우리 평범한 인간들은 언제나 자기에게만은 특별한 것, 그리고 기적이 나타나기를 바란다. 그래서 세상 어딘가에는 기적이 일어날 것이라고 기대하면서 그러한 꿈을 자신이 믿는 지도자에게 의탁하기도 한다. 그러나 공자는 기적을 입에 담은 적이 없고, 기적을 기대하도록 말한 적이 없다. 「子不語怪·力·亂·神.」(논어, 述而 20).[1]

이처럼 공자는 초인적인 영웅의 출현에 의한 기적적인 새로운 질서의 수립과 그것에 의한 이상사회의 출현을 기대한 적이 없다. 난세를 당하여 고민하면서도 쿠데타로 폭군을 몰아낼 생각을 하지 않

---

[1] 공자는 '실체'(realities)가 증명되지 않았거나 비이성적인 방법으로써 문제를 풀려고 하지 않았다. 공자는 이 세상에 비이성적인 현상(怪), 폭력(力), 사회질서를 파괴하는 난동(亂), 인간의 힘을 초월하는 신비한 것(神)이 존재한다는 것을 애써 부정하지는 않았다. 그러나 학문하는 자세로서 이러한 것을 입에 담으려 하지 않았다.

이러한 점에서 우리는 공자의 사상을 '칸트의 이성'과 통하는 것이라고 생각할 수 있다. 공자의 시대에는 은대(殷代)와 같이 점복(占卜)이나 주술에 의존하는 사람이 많았다. 그러나 공자는 불가사의한 주술이나 귀신같은 비과학적인 것에 의탁할 것이 아니라 인간의 각성에 토대를 둔 인문주의와 합리주의에 입각해야 한다는 점을 인식하고 실천한 사상가였다.

'怪·力·亂·神'의 반대는 송(宋)나라의 사량좌(謝良佐)가 말한 '常·德·治·人'이다. 이 말은 우리에게 학문하는 사람의 자세를 제시하고 있다.

큰 학문을 하고 깨달은 사람은 불가사의하고 괴이한 현상에 매달리지 않고 이성적인 실체를 논한다. 인간들의 눈길을 끌기 쉬운 비정상적인 힘에 의존할 것이 아니라 어떻게 하면 덕성을 키울까 고민하여 덕으로 대응하도록 해야 한다. 다스리고 바로세우는 질서를 논할 뿐 파괴와 폭력을 논하지 않는다. 인간의 이성과 지성 그리고 문화의 힘으로 현실사회를 합리적으로 발전시켜 나가려고 노력해야지 인간의 힘을 초월하는 신비적인 힘이나 귀신에 의존하려 해서는 안 된다. : 張基槿, 論語(서울 : 평범사, 1982), p.184 : 吉田賢抗, 論語(東京 : 明治書院, 1960), p.166.

았다. 인류의 문화적인 승리 그리고 인문주의와 인도주의의 승리를 믿었기 때문이었다. 공자는 그야말로 철저한 현실주의자인 동시에 인간세상을 아름답게 만들려는 이상을 가슴에 품고 고뇌하고 기다리던 인류의 선생이었던 것이다.

"기다림은 인간만이 가진 최고의 미덕. 인간이 인간다울 수 있는 최고의 조건은 바로 기다림이다. 인내와 기다림은 같은 뜻인 것 같지만 실은 다르다. 인내는 참는다는 자의식을 동반함으로써 고통이 따르지만 기다림은 참는다는 자의식 없이 견딤으로써 인격을 완성시킨다. 헐벗은 나무는 겨울을 인내하는 것이 아니라 봄을 기다림으로써 마침내 꽃을 피운다. 꽃은 인내 속에서 피어나는 것이 아니라 기다림 속에서 피어나는 것이다." (최인호, 유림, 2005).

공자가 세상을 바로잡기 위해 했던 과업은 배우고 가르치며 기다리는 것이었다. 공자는 자신의 일생을 다음과 같이 표현하고 있다.

"나는 일생동안 묵묵히 공부하면서 깨달은 바를 가슴속에 새겨두고, 또한 널리 새로운 배움에 싫증을 느끼는 일이 없었으며, 내가 배운 것을 남에게 가르치는 일에 게으름을 피우거나 지치지 않았다. 이것이 나의 전부였다." 「黙而識之, 學而不厭, 誨人不倦. 何有於我哉!」(논어, 述而 2).

공자는 천하를 돌면서 배우고 또 강의를 했다. 그리고 배우려는 자세가 되어 있는 사람이면 누구나 차별하지 않고 가르쳤다. 사회는 정치적으로 구제하고 개인은 교육으로 구제해야 한다고 생각했기 때문이다.

공자, 그 오래된 미래의 길

공자는 세상에 나가서 백성을 부자로 만들고 싶어 하였다. "부자가 교만하지 않기란 쉬워도 가난한 사람이 세상을 원망하지 않기란 참으로 어려운 일"이라고 생각했다. 「貧而無怨難, 富而無驕易.」(논어, 憲問 10).

빈곤함은 그 자체가 인간에게는 역경(逆境)이고, 역경에 처한 인간이 각박해지지 않거나 원망하는 마음을 품지 않는다면 그야말로 덕이 큰 사람이다. 부유함은 순경(順境)이고, 순경에서 살아가는 사람은 조금만 자제심을 발휘하면 교만해지지 않을 수 있다. 그러나 역경에 처한 사람이 세상을 원망하지 않기란 보통 힘든 것이 아니다. 따라서 정치가 해결해야 할 가장 기본적인 '업(業)'은 가난을 구제하고 백성을 부유하게 하는 것이라고 생각했다.

공자 자신도 부자가 되고 싶었고 높은 관직에 올라 일할 기회를 얻고자 염원했었다. "내가 만약 부자가 될 수 있다면, 손에 채찍을 들고 길을 트는 천한 길나장이 역할이라도 사양하지 않겠다"고 말했다. 그러나 그것만이 전부는 아니었다. 부자가 되고 높은 관직에 오르는 것 이상으로 중요한 것은 정정당당한 방법으로 그 목적을 성취하는 것이라고 생각했다.

그래서 다음과 같이 자기 정리를 했다. "나는 노력한다고 해도 정당한 방법으로는 부자가 되지 못할 바에는 내가 하고 싶은 덕을 쌓고 학문을 연마하련다." 「富而可求也, 雖執鞭之士, 吾亦爲之. 如不可求, 從吾所好.」(논어, 述而 11).

공자는 세속적인 의미에서도 그리고 결벽(潔癖)한 윤리적 관점에서도 하나의 모델이 되고 있다. 우리가 공자를 성인으로 접근하려할 때 공자의 본질을 놓치기 쉬운 이유가 여기에 있다. 공자의 학식과 사고의 깊이 그리고 육체적인 다양한 능력에 이르기까지 그것은 실로 평범한 인간이 달성한 최고의 완성이었다. 공자, 그 구애될 것도 없고 거칠 것도 없어 보이는 큰 모습은 신이 아닌 평범한 인간의 피나는 학습과 반성을 통하여 이룩할 수 있는 최상의 상태를 보여주고 있는 것이다. 우리에게 공자가 영원히 매력적인 인간의 표상으로 남아 있는 이유가 여기에 있다.

우리 사회에는 돈이라면 염치없이 달려들고 권력이라면 수단과 방법을 가리지 않는 사람이 너무나도 많다. 이러한 사람들은 남을 염탐하여 그 약점을 들추어 공격하는 것도 지혜라고 생각한다. 적을 죽이지 않으면 내가 죽는 피비린내 나는 전쟁터의 지혜를 동업자에게 적용하기 위해 골몰하는 사람도 많다.

남의 약점을 기회로 삼는 마을에서는 모두가 서로를 적이나 경쟁자로 간주하고 경계하고 두려워한다. 그러한 마을에서는 인간과 인간의 관계는 단지 수단으로서만 맺어질 뿐이다. 그러므로 마을 사람들은 언제나 불안하고 초조하다. 가진 사람은 가졌기에 불안하고, 헐벗은 사람은 헐벗어서 적개심에 불탄다. 그래서 그런 동네에는 인간의 향기가 없다. 이것이 바로 오늘 우리가 살고 있는 동네의 모습이다.

지금의 시간은 광복 60주년, 그리고 60갑자 새로운 출발이 시작된 시간이다. 그러나 지금 우리는 분노와 증오의 역사를 기억시키면서 그 분노와 증오를 증폭시키는 이벤트로 힘을 빼고 있지는 않은

가. 과거를 청산한다면서 우리를 과거의 무덤으로 빠뜨린다면 그것이야말로 잘못된 과거로부터 당하는 가장 무서운 재앙이다.

과거청산이란 과거를 뒤져 미래의 무덤을 파는 것이 아니다. 진정한 과거청산이란 새로운 모델을 확립함으로써 미래를 열어나가는 것이다. 그러나 오늘날 우리의 불행은, 부정당하고 단죄되는 과거를 만든 선조를 가졌다는 불행과, 과거라면 부정부터 하고 보는 후손들이 오늘의 주인공이라는 불행으로 인하여 더욱 증폭되고 있다.

우리는 과거의 비행을 고발한다고 하면서도, 정작 오늘을 살아가는 우리들의 바른 모습을 정립하고 그것을 행동으로 보여주지는 못하고 있다. 지금 우리의 모습은 우리가 고발하는 과거의 그것과 무엇이 어떻게 다른가. 우리는 통렬한 반성을 해야 한다.

지금 우리에게 진정으로 필요한 것은 화합과 관용이다. 화합은 우리가 살아가는 동네에서 서로가 동일한 규범을 가지고 살아가고 있다는 신뢰감과, 이러한 신뢰감이 배양한 '전통'이라는 이름으로 구축해 나가야 한다. 그러나 우리는 근대화를 추진한다는 명목 하에 과거라면 무조건 부정부터 하면서 전통적인 질서를 철저히 붕괴시켰고 지금도 변함없이 그러한 자세를 견지하고 있다. 그 결과 지금의 우리는 무규범의 상태에 처해 있다. 지금 세대간에 대화가 통하지 않는 것도 전통의 붕괴로 인해 서로가 공유하는 '공통의 고전'을 갖고 있지 못한 결과이다.

우리가 세워야 할 '이상향'은 서로를 믿고 보듬을 때 비로소 축성(築城)될 수 있는 것이다. 그 왕도의 길은 아득히 먼 곳에 있는 것이 아니다. 이미 오랜 옛날부터 우리의 가슴 속에 간직하고 살아왔던 바 그것에서 찾아야 한다. 지금 우리가 가야 할 길은 우리의 가슴을 열고 그 오래된 미래의 길을 찾아 나서는 것이다. 지금이야 말로 우리는 '오래된 미래'로 돌아가야 한다. 그러나 오래된 미래의 길은 누구나 갈 수 있는 길이 아니다. 그래서 공자는 이미 2500년 전에 그 길의 이정표가 되어주기 위하여 우리에게 왔던 것이다.

【참고문헌】

≪한국문헌≫
· 강형기, 혁신과 진단, 서울 : 한국지방자치경영연구소, 1997.
· 강형기, 관의논리 민의논리, 서울 : 비봉출판사, 1998.
· 강형기, 지방자치 가슴으로 해야 한다, 서울 : 비봉출판사, 1999.
· 강형기, 향부론, 서울 : 비봉출판사, 2001.
· 김진욱 외(역), 막스 베버 저, 직업으로서의 학문, 서울 : 범우사, 1997.
· 민족문화추진회(편), 石潭日記, 서울 : 솔, 1998.
· 박기봉, 논어, 서울 : 비봉출판사, 2003.
· 朴琪鳳, 孟子, 서울 : 比峰出版社, 2001.
· 박영숙, 미래예측리포트, 서울 : 중앙 M&B, 2005.
· 張基槿, 論語, 서울 : 平凡社, 1982.
· 張基槿, 孟子, 서울 : 平凡社, 1980.
· 전병옥(역), 마오쩌뚱 - 孫子에게 길을 묻다. 서울 : 홍익출판사, 2004.
· 조수익(역), 이야기 논어, 서울 : 한국뉴턴, 2000.
· 최인호, 유림, 서울 : 열림원, 2005.
· 최우석, 三國志경영학, 서울 : Forbes Korea, 2004.
· 삼성경제연구소, 격동기-사람이 경쟁력이다, CEO Information, 2004.
· 삼성경제연구소, 영국에서 배우는 위기관리, CEO Information, 2005.
· 삼성경제연구소, 휴먼캐피털과 성장잠재력, 2003.

≪일본문헌≫

· 赤塚忠, 大學 · 中庸, 東京 : 明治書院, 1967.

· 逸見龍生(譯), 帝國と共和國, 東京 : 靑土社, 2003.

· 伊藤 肇, 現代の帝王學, 東京 : PHP硏究所, 1993.

· 伊藤 肇, 人間的魅力の硏究, 東京 : 日經ビジネス人文庫, 2000.

· 稻盛和夫, 生き方, 東京 : サンマーク出版, 2004.

· 井上宏生, 孔子と論語がわかる事典, 東京 : 日本實業出版社, 2002.

· 內野態一郎, 孟子, 東京 : 明治書院, 1962.

· 宇野精一, 論語と日本の政治, 東京 : 明治書院, 2002.

· 江口克彦, 上司の哲學, 東京 : PHP文庫, 2001.

· 江口克彦, 部下の哲學, 東京 : PHP文庫, 2003.

· 大橋武夫, 兵法孫子, 東京 : マネジメント社, 1980.

· 小倉芳彦, 逆流と順流, 東京 : 硏文出版, 1978.

· 小野澤精一, 韓非子, 東京 : 明德出版社, 1968.

· 神野直彦, 自立した地域經濟のデザイン, 東京 : 有斐閣, 2004.

· 北田曉大, 責任と正義, 東京 : 勁草書房, 2003.

· 塩野七生, マキアヴェッリ語錄, 東京 : 新潮社, 2003.

· 司馬遼太郎, 人間というもの, 東京 : PHP硏究所, 1998.

· 攝擇榮一, 論語講義, 東京 : 明德出版社, 1975.

· 攝擇榮一, 論語と算盤, 東京 : 大和出版, 1975.

· 白川靜, 孔子傳, 東京 : 中公文庫, 2003.

· 高坂正堯, 文明が衰亡するとき, 東京 : 新潮選書, 1981.

· 武岡淳彦, 孫子の經營學, 東京 : 經營書院, 1995.

· 武岡淳彦, 孫子を讀む, 東京 : プレジデント社, 1998.

· 武田鏡村, 安岡正篤の行動學, 東京 : 東洋經濟, 2004.

· 田中佩刀, 莊子のことば, 東京 : 期文會, 2003.

· 田中正博, 自治体の危機管理, 東京 : 時事通信社, 2003.

· 田村 一郎, 自律思想の展開, 礼幌 : 北海道大學圖書刊行會, 1989.

· 谷澤永一, 人間學, 東京 : 五月書房, 2000.

· 谷澤永一・渡部昇一, 人生は論語に窮まる, 東京 : PHP, 2000.

· 地方公務員人事實驗會(編), 研修, 東京 : 學陽書房, 1993.

· 中尾政之, "失敗經驗を次の事業に活かすためには" 『これからの
公共事業と技術職員の役割』, 東京 : 東京都職員研修所, 2003.

· 長崎榮一, 人材の育成と組織の活性化, 東京 : ぎょうせい, 1995.

· 中野孝次, 論語, 東京 : 海龍社, 2003.

· 中村聰, 管子の說く覇道, 東京 : 明治書院, 1999.

· 成君憶著 吳常春(譯), 水煮 三國志, 東京 : JMAM, 2004.

· 畑村洋太郎, 失敗學のすすめ, 東京 : 講談社, 2000.

· 堀敏一, 曹操, 東京 : 刀水書房, 2001.

· 正木義也・伴野朗, 三國志, 東京 : 總合法令, 2000.

· 松本一男, 管子, 東京 : 德間書店, 1996.

· 水野實, 孫子の兵法, 東京 : ナシメ社, 2003.

· 森友幸照, 引き際の美學, 東京 : すばる舍, 2002.

· 守屋洋, 諸葛孔明の兵法, 東京 : 德間書店, 1977.

· 守屋洋, 爲政三部書, 東京 : ビジネス社, 1978.

· 守屋洋, 論語の人間學, 東京 : プレジデント社, 1989.

· 守屋淳, 孫子とビジネス戰略, 東京 : 東洋經濟新聞社, 2004.

· 守屋淳, 活かす論語, 東京 : 日本實業出版社, 2003.

· 童門冬二, 男の論語- 上, 下-, 東京 : PHP文庫, 2001.

· 土光敏夫, 經營の行動指針, 東京 : 産能大學出版部, 1996.
· 安岡正篤, 論語の活學, 東京 : プレジデント社, 1999.
· 安岡正篤, 人生の大則, 東京 : プレジデント社, 2003.
· 安岡正篤, 運命を創る, 東京 : プレジデント社, 1985.
· 安岡正篤, 知命と立命, 東京 : プレジデント社, 1991.
· 安岡正篤, 東洋宰相學, 東京 : 福村出版, 1988.
· 安岡正篤, 王道の研究, 東京 : 致知出版社, 2004.
· 安岡正泰, 爲政三部書に學ぶ, 東京 : 致知出版社, 2003.
· 山本七平, 論語の讀み方, 東京 : 文藝春秋, 1997.
· 山本七平, 帝王學, 東京 : 文藝春秋, 1997.
· 寄本勝美(編), 公共を支える民, 東京 : コモンズ, 2001.
· 養老孟司, バカの壁, 東京 : 新潮社, 2003.
· 吉川幸次郎, 論語 － 上, 下 －, 東京 : 朝日新聞社, 1996.
· 吉田賢抗, 論語, 東京 : 明治書院, 2004.
· 和田秀樹, A Bit of Practice Will Make You Sharp, 東京 : 祥
  傳社, 2004.
· 和地孝, 人を大切にして人を動かす, 東京 : 東洋經濟新聞社, 2004.

≪중국문헌≫

· 孟芷, 貞觀政要注譯, 濟南 : 山東教育出版社, 1992.
· 司馬遷, 史記, 西安, 三秦出版社, 1988.
· 楊伯峻, 論語譯注, 北京 : 中華書局, 1990.
· 楊伯峻, 孟子譯注, 北京 : 中華書局, 1988.
· 楊伯峻 撰, 列子集釋, 北京 : 中華書局, 1985.
· 王先謙 撰, 荀子集解, 北京 : 中華書局, 1988.

· 張秉楠, 孔子傳, 長春 ： 吉林文史出版社, 1991.

· 錢穆, 孔子傳, 北京 ： 三聯書店, 2002.

· 曹操等注, 郭化若譯, 十一家注孫子, 北京 ： 中華書局, 1988.

· 朱熹集註, 四書集註, 香港 ： 香港太平書局, 1986

· 陳鼓應 著, 老子註譯及評介, 香港 ： 中華書局香港分局, 1987.

· 陳鼓應, 莊子今注今譯, 香港 ： 中華書局香港分局, 1991.

· 焦循 撰, 孟子正義, 北京 ： 中華書局, 1987.

≪서양문헌≫

· Cohen, AIan. *HANDLE with Prayer*, London ： Hay House, Inc., 1998.

· Covey Stephen R., *THE SEVEN HABITS OF HIGHLY EFFECTIVE PEOPLE*, New York ： Simon & Schuster, 1989.

· Gandhi, M. K. *Indian Home Rule*, Madras ： Ganesg & Co., 1908.

· Gardner John W., *ON LEADERSHIP*, New York ： The Free Press, 1992.

· Glazer Amihai and Rothenberg Lawrence S., *WHY GOVERNMENT SUCCEEDS AND WHY IT FAILS*, Cambridge ： Harvard University Press, 2001.

· Halberstam Joshua, *WORK*, New York ： Discover 21, Inc., 2000.

· Hammond John S. and Keeney Ralph L. and Raiffa Howard, *SMART CHOICE*, New York ： Harvard Business Press, 1999.

· JANSEN MARIUS B., *SAKAMOTO RYOMA AND THE MEIJI RESTORATION*, New Jersey ： Princeton University Press, 1961.

· Keller Jeff, *ATTITUDE IS EVERYTHING*, New York : Attitude is Everything Inc., 1999.

· Landry, Charles. *CREATIVE CITY*, London : EARTHSCAN, 2000.

· Manzoni, Jean-Francois. & Barsoux, Jean-Louis. *THE SET-UP-TO-FAIL SYNDROME, BOSTON* : HAVARD BUSINESS SCHOOL PRESS, 2002.

· Osborne David & Gaebler Ted , *REINVEVTING GOVERNMENT*, New York: International Creative Management, Inc., 1992.

· Putnam, Robert D. *MAKING DEMOCRACY WORK*, New Jersey : Princeton University Press, 1992.

· Schneewind, Jerome B., *The Invention of Autonomy*, Cambridge : Cambridge University Press, 1998.

· Tichy Noel M. and Devanna Mary Anne, *THE TRANS-FORMATIONAL LEADER*, New York : John Wiley & Sons. Inc., 1986.

· Wolf, Charles, Jr., *MARKET OR GOVERNMENT*, Massachusetts : The MIT Press, 1990.